全国统计专业技术资格考试用书 初级

2021版

统计业务知识

全国统计专业技术资格考试用书编写组 编

中国统计出版社
China Statistics Press

图书在版编目(CIP)数据

统计业务知识:2021版/全国统计专业技术资格考试用书编写组编. -- 北京:中国统计出版社,2021.4

ISBN 978-7-5037-9477-3

Ⅰ.①统… Ⅱ.①全… Ⅲ.①统计学-资格考试-自学参考资料 Ⅳ.①C8

中国版本图书馆 CIP 数据核字(2021)第 064005 号

统计业务知识(2021版)

作　　者/全国统计专业技术资格考试用书编写组
责任编辑/罗　浩　姜　洋
执行编辑/荣文雅
封面设计/张　冰
出版发行/中国统计出版社有限公司
通信地址/北京市丰台区西三环南路甲 6 号　邮政编码/100073
电　　话/邮购(010)63376909　书店(010)68783171
网　　址/http://www.zgtjcbs.com
印　　刷/河北鑫兆源印刷有限公司
经　　销/新华书店
开　　本/787×1092mm　1/16
字　　数/570 千字
印　　张/27.25
版　　别/2021 年 5 月第 1 版
版　　次/2021 年 5 月第 1 次印刷
定　　价/79.00 元

序　言

辛丑初夏,重新修订后的《统计业务知识》和《统计相关知识》两册考试用书付梓出版,为统计人才更好地学习统计知识、从事统计工作提供了崭新的教材,具有十分重要的意义。

统计发展,教育为先。在推动统计现代化改革发展的进程中,统计人才是最宝贵的。在人才的成长过程中,培养教育是不可或缺的。人才的培养教育是一项重大的系统工程,而统计教材则是这项工程的基础支撑。

统计工作是党和国家重要的综合性基础性工作,职责明确,重任在肩。党的十八大以来,在以习近平同志为核心的党中央坚强领导下,全国统计部门和广大统计工作者,砥砺奋进、攻坚克难,求真务实、奋发有为,推动中国统计改革发展取得了历史性进步。

踏上新征程,放眼看未来。全面提高统计工作能力、数据质量和政府统计公信力,加快构建现代化统计调查体系,中国统计任重道远。牢记职责,接续奋斗,创新发展,再谱新篇,关键取决于全国统计工作者的履职能力和创新能力。

为推动统计教育事业快速发展,全方位培养统计人才,国家统计局与人力资源和社会保障部自 1995 年起,联合组织开展统计专业技术资格考试,对推动统计人才建设发挥了重要作用。实践证明,统计专业技术资格考试已然成为传播统计知识、培养统计人才、提升统计系统整体素质的重要途径。

统计求新知,书海当为梯。为更好服务于广大统计工作者和参加统计专业技术资格考试的人员,全国统计专业技术资格考试用书编写组根据最新修订的《统计专业技术资格考试大纲》(2021),全面修订了《统计业务知识》和

《统计相关知识》两本考试用书。本套教材内容丰富，重点对近年来变化较大的统计实务、统计法规、统计学成果、经济学知识和会计基础知识等内容进行了更新和规范，能够帮助全国统计工作者更好地掌握统计发展带来的新知识、新成果，全面了解统计现代化改革带来的新情况、新变化，具有集科学性、实用性和资料性于一身的鲜明特色。

《管子》中有云："终身之计，莫如树人"。希冀该套教材能够成为统计工作者和广大考生的良师益友，在统计育人的千秋大业中发挥出应有的作用；希冀全国统计工作者上下求索，共同开创统计教育美好的未来。

2021 年 5 月于北京

前　　言

为了给广大考生提供更加准确和详尽的复习备考资料,我们组织有关专家,根据 2021 年考试大纲,并结合近年来统计改革与发展的实际情况,对考试用书的内容进行了全面修订与更新。

本次修订,从统计和其相关知识需要掌握的系统理论和方法入手,强调知识体系的整体理解,注重前后内容的承接性,理顺了统计及其相关知识循序渐进的领会进程。

考试用书分为两册。一册为《统计业务知识》,包括三个模块,即:统计学基础知识、统计实务、统计法规;另一册为《统计相关知识》,包括两个模块,即:经济学基础知识、会计基础知识。

统计专业技术初级资格考试适用《统计业务知识》,用"＊"标示的内容不做初级考试要求。书中的统计法规和统计学基础知识两个模块适用于"统计学和统计法基础知识"考试科目,统计实务模块适用于"统计专业知识和实务"考试科目;统计专业技术中级资格考试适用《统计业务知识》和《统计相关知识》,书中的统计学基础知识、经济学基础知识和会计基础知识三个模块适用于"统计基础理论及相关知识"考试科目,统计法规和统计实务两个模块适用于"统计工作实务"考试科目。

书中难免有不妥之处,欢迎广大读者和考生提出宝贵意见,以便再版时进行修正。

全国统计专业技术资格考试用书编写组

2021 年 5 月

目　录

统计学基础知识

统计实务

统计法规

统计学基础知识

第一章　统计学和数据

统计学(statistics)是一门收集、分析、表述和解释数据的科学[1]。统计学离不开数据，数据是统计学的基本研究对象。在当今大数据时代下，数据更是无所不在，可以说人们的生活离不开数据，更离不开统计学。如，快到黄金周你打算出门旅行时，一定会事先收集数据了解不同旅游目的地的价格、服务以及旅游人数等，收集到了这些数据，你还得分析并对比哪些旅游目的地的性价比高、出游人数少等，从而得出是否去那个目的地的结论。这个从数据到结论的过程是离不开统计学的。作为从事统计工作的专业人士，更需要了解和掌握统计学的基本理论和统计方法。

第一节　统计学的含义及其应用

一、什么是统计学

统计学是关于数据的一门学问。所有收集而来的数据都需要经过整理、分析才能得出结论，这就是统计学利用数据解决实际问题的全过程。但是你会发现，同一个数据可以使用不同的方法进行分析进而得出不同的结论，不同的数据使用同一种方法进行分析也可以得出不同的结论。如天气预报，不同的预报机构其预报结果不尽相同。而且，由统计分析得出的结论往往还具有不确定性(uncertainty)，因为其描述的往往是某件事发生的机会(opportunity)，可以用概率(probability)来衡量。如天气预报中的降水概率，众所周知，如果降水概率高达90%，那就很可能会下雨，如果降水概率仅为5%，则大家会认为几乎不会下雨。但是实际情况到底下不下雨，只能等到预报的那一天真正到来才知道。

统计学所关注的是大量可重复事物现象数量特征。这是因为在某些领域中，有些结论很难像用数学公式或定理那样进行确定性的描述。比如，父母身高比较高，一般人都会认为其孩子身高也会比较高。但是当你去观测某一对父母及其小孩的身高时，你会发现，有些身高比较高的父母，其孩子身高并不高。所以说，身高具有一定的随机性(randomness)。这种随机性可能跟人的基因、生活环境、后天饮食、生活习惯等各方面的因素都有关系。但是，从总体上来说，身高比较高的父母，其孩子身高保持有比较高的趋势，该规律早已被英国著名生物学家兼统计学家高尔顿(Francis Galton,1822－1911)于1855年通过

---

[1] 《中国大百科全书》(第二版)，北京：中国大百科全书出版社，2009年。大英不列颠百科全书(Encyclopedia Britannica, 2020)也有相同表述：Statistics, the science of collecting, analyzing, presenting and interpreting data.

试验数据所证实。一个人的身高可能高矮程度不同,这是随机的。但是从总体上来说,平均身高的稳定性说明了随机之中存在规律,这种规律就是统计规律。所以,可以更进一步地说,统计学也是一门找出统计规律的学问。

二、统计学的几个基本概念

如何从随机之中找出规律? 这需要搜集数据来进行分析。符合研究目的的数据非常多,如何才能从搜集的数据中找出规律来反映你所搜集数据的那个事物或现象的特征呢? 这需要明确几个基本概率。

(一)总体

总体(population),是所研究的全部个体或数据的集合,其中的每一个个体也称为元素(element, individual)。如,要研究北京市民对汽车限行措施的看法,总体便是全体北京市民对该问题的看法,每一个北京市民对该问题的看法便是构成该总体的个体,单个北京市民则是调查对象(object)。总体往往只有一个,一旦研究问题确定下来,总体也就确定了。所以说总体的特征是唯一确定的,但是是未知。

描述总体特征的概括性数字度量称之为总体参数(parameter),是研究者想要了解的总体的某种特征值。总体参数主要有总体均值 μ、标准差 σ、总体比例 π 等。

总体可以分为有限总体和无限总体。有限总体的范围能够明确确定,且元素的数目是有限的,称为总体容量,一般用 N 表示;无限总体所包括的元素其数目是无限的。

(二)样本

样本(sample),从总体中抽取的一部分元素构成的集合。同一个总体可以抽取出若干个样本组成集合,如从 10000 个北京市民中抽取出 1000 个人,有 C_{10000}^{1000} 种抽法(不重复抽样情况下),每一种抽取方法得到的元素构成的集合都是样本。我们在获取数据的过程中,往往限于人力物力财力等因素,不可能穷尽所有抽取方法来搜集数据,研究者得到的一般都是这么多样本中的其中一个样本。所以,样本对于研究者而言是不唯一、不确定的,但是一旦收集到一个样本的数据,其特征就可以通过所收集到的数据刻画出来。因此,样本的特征是已知的。

描述样本特征的概括性数字度量称之为样本统计量(statistics),它是根据样本数据计算出来的一些量,是样本的函数。样本统计量主要有样本均值 $\bar{x}$、样本标准差 s、样本比例 p 等。构成样本的元素的数目称为样本容量或样本量(sample size),一般用 n 表示。

(三)统计方法

有了数据,就可以运用统计分析方法对其进行分析。统计分析数据的方法大体上可分为描述统计(descriptive statistics)和推断统计(inferential statistics)两大类。

描述统计是研究数据搜集、处理、描述及可视化的统计学方法,其内容包括如何取得研究所需要的数据,如何用图表形式对数据进行处理和展示,如何通过对数据的综合、概括与分析,得出所关心的数据特征。

推断统计则是研究如何利用样本数据来推断总体特征的统计学方法,内容包括参数估计(estimation)和假设检验(hypothesis test)两大类。

第二节　统计学发展简史

统计实践的发展,必然导致统计科学的产生。因此,对统计的发展历史可追溯到远古的原始社会。但是,将统计实践上升到理论,并予以总结和概括成为一门系统的科学——统计学,距今只有300多年的历史。从统计学的产生和发展过程来看,可以把统计学大致分为古典统计学、近代统计学和现代统计学三个时期。

(1)古典统计学时期。这是指17世纪中叶至18世纪中叶统计学的萌芽时期,当时主要有国势学派和政治算术学派两大学派。

国势学派产生于17~18世纪的德国。国势学派又称记述学派,其主创始人为德国Helmstad大学教授H.康令(H. Coning,1606-1681)。康令第一个在德国赫尔莫斯达德大学讲授《欧洲最近国势学》,奠定了国势学的基础。随后Marbury大学的教授G.阿亨瓦尔(G. Achenwall,1719-1772)开设"国家学"课程,其主要著作是《欧洲各国国势学概论》。他们所做的工作主要是对国家重要事项的记录。国势学派对统计学的创立和发展做出的贡献在于:一是提出了"统计学"(statistics)这一世界公认的学科名称;二是其创立的最重要的概念"显著事项"成为后来建立统计指标和使统计对象数量化的重要前提;三是在研究各国的显著事项时,国势学派系统地运用对比的方法来研究各国实力的强弱,统计图表实际上也是"对比"思想的形象化的产物。由于国势学派只是对各国情况做了一般性的比较记述,没有进行数量研究和描述,故国势学派有统计学之名,而无统计学之实。

政治算术学派产生于17世纪中叶的英国,其创始人为威廉·配第(William Patty,1623-1687)。威廉·配第在其代表作《政治算术》(1676)一书中,运用大量的数字资料对英国、法国和荷兰三国的经济实力进行了比较研究,做了前人没有做过的从数量方面来研究社会经济现象的工作。正是在这个意义上,马克思称配第是"政治经济学之父,在某种程度上也可以说是统计学的创始人"。政治算术学派的另一创始人是约翰·格朗特(John Graunt,1620-1674),其《对死亡表的自然观察和政治观察》(1662)一书中,通过大量观察法,研究并发现了一系列人口统计规律,如男婴出生多于女婴,基本上为14:13;男性的死亡率高于女性等。此外,格朗特还在研究中运用各种方法对统计资料进行间接的推算,以便相互印证。政治算术学派在统计发展史上的主要贡献:一是它不仅满足于社会经济现象的数量登记、列表、汇总、记述等过程,还要求把这些统计经验加以全面系统的总结,并从中提炼出某些理论原则;二是比较明确地提出了大量观察法、典型调查、定期调查等思想,以及较为广泛地运用了分类、制表及各种指标来浓缩与显现数量资料所包含的信息;三是第一次运用可度量的方法,力求把自己的论证建立在具体的、有说服力的数字上面,依靠数字来解释和说明社会经济生活。虽然使用了统计方法,但配第始终没有用"统计学"三个字,由此,政治算术学派是有统计学之实,而无统计学之名。

(2)近代统计学时期。这时期是指18世纪末到19世纪末期,在这一百多年中,统计学有了很大的发展,又形成了许多学派,其中主要是数理统计学派和社会统计学派。

数理统计学派产生于 19 世纪中叶，它是在概率论已有相当发展的基础上，把概率论引进统计学而形成的。其奠基人是比利时物理学家和统计学家 A. 凯特勒（A. Quetelet，1796-1874）。国际统计学界有人称凯特勒为"统计学之父"，就在于他发现了大量现象的统计规律性并开创性地应用了许多统计方法。凯特勒把统计学发展中的三个主要源泉，即德国的国势学派、英国的政治算术学派和意大利、法国的古典概率论学派加以统一、改造并融合成具有近代意义的统计学，促使统计学向新的境界发展。他创建"国际统计学会"组织，促进了国际统计学交流与合作。可以说，凯特勒是古典统计学的完成者，又是近代统计学的先驱者，在统计发展史上具有承上启下、继往开来的地位。

社会统计学派由德国大学教授 K. G. A 克尼斯（K. G. A. Knies，1821-1898）首创，主要代表人物为 C. L. E. 恩格尔（C. L. E. Engel，1821-1896）和 G. V. 梅尔（G. V. Mayr，1841-1925）等人。他们认为统计学是一门社会科学，是研究社会现象变动原因和规律性的实质性科学，因此，它同数理统计学派的通用方法论相对立。社会统计学派认为，统计学研究的是社会总体而不是个别的社会现象；而且，由于社会现象的复杂性和整体性，必须对总体进行大量观察和分析，研究其内在联系才能揭示社会现象的规律。这是社会统计学派"实质性科学"的显著特点。从学术渊源上看，他们融合了国势学派和政治算术学派的观点，继承和发扬了凯特勒强调研究社会现象的传统，把政府统计与社会调查结合起来，形成了自己的特色。

（3）现代统计学时期。这个时期是指 20 世纪初迄今的统计学发展时期。这一时期，数理统计学发展的主流从描述统计学转向推断统计学。对现代推断统计学的建立贡献最大的是英国统计学家哥塞特（W. S. Gosset，1876-1937）和费雪（R. A. Fisher，1890-1962）等。

哥塞特在 1908 年首次以"学生"（Student）为笔名，在《生物计量学》杂志上发表了"平均数的概率误差"。由于这篇文章提供了"t 检验"的基础，为此，许多统计学家把 1908 年看作是统计推断理论发展史上的里程碑。也因为哥塞特开创的理论使统计学开始由大样本向小样本、由描述向推断发展，因此，有人把哥塞特推崇为推断统计学的先驱者。费雪是推断统计学的建立者，20 世纪 20 年代后他对统计学进行了深入独到的研究，开辟了方差分析、试验设计等统计分支，给出了哥塞特 t 分布的简洁证明，论证了相关系数的抽样分布，提出了 t 检验、F 检验和相关系数检验等，并编制了相应的检验概率表。费雪在统计学发展史上有着辉煌崇高的地位。J. 内曼（J. Neyman）和 E. 皮尔逊（E. Pearson）在 1928-1938 年期间发表了一系列文章，建立了假设检验的一种严格的数学理论，共同完善了现代统计学的核心内容——区间估计和假设检验的理论。20 世纪 50 年代，A. 瓦尔德（A. Wald）提出了"统计决策理论"和质量检验的"序贯分析"，进一步推动了统计学研究和应用的范围。随着计算机在统计中的应用，由 J. 威夏特（J. Wishart）、H. 赫特林（H. Hotelling）等人发展起来的多变量统计，又重新活跃起来。20 世纪五六十年代以来，稳健统计、时间序列、抽样理论、统计诊断、探索性分析、贝叶斯统计等，皆取得了重要的进展。

统计学的产生虽然可以追溯到 17 世纪，但它的快速发展却是自凯特勒之后出现的。

伴随着应用数学在20世纪的崛起,统计学的发展更加迅速。从世界范围看,自20世纪60年代以后,统计学的发展有三个明显的趋势:第一,随着数学的发展,统计学依赖和吸收的数学方法越来越多;第二,向其他学科领域不断渗透,或者说,以统计学为基础的边缘学科不断形成;第三,随着统计学应用的日益广泛和深入,特别是借助电子计算机后,统计学所发挥的功效日益增强。

统计发展史表明,统计学是从设置指标研究现象的数量变化开始的,随着社会的发展和实践的需要,统计学家对统计方法的不断丰富和完善,统计学也在不断发展和演变。从当前世界各国统计研究的状况来看,统计学已不仅为研究社会经济现象的数量方面,也为研究自然现象的数量方面提供了各种统计方法;它既研究确定现象的数量方面,又研究随机现象的数量方面;从统计学的发展趋势来看,它的作用与功能已从描述事物现状、反映事物规律向抽样推断、预测未来变化的方向发展。

第三节　变量与数据

统计数据是对客观现象特征的反映。由于客观现象的复杂性,在反映这些现象特征时可从不同的角度进行采集,从而得到不同类型的变量(variable)及其对应的数据(data)。

一、变量

每天晚上收看天气预报,你会发现今天的气温与明天的气温不同,今天是晴天,明天可能就是多云转阴;股票市场上的上证股指天天在变化;每个在职工作人员从事的职业不同、月收入不同;每个人的文化程度也不相同。这里的"天气温度""天气形势""上证股指""职业""月收入"以及"文化程度"就是变量。它们的特点是从一次观察到下一次观察会出现不同结果。把观察到的结果记录下来就是数据。

二、数据类型

(一)数值型数据与非数值型数据

数值型数据(numerical data)以数字作为主要特征,并且这些数字具有明确的数值含义,能够进行运算并且能测量出具体大小和差异。如上面例子中的"天气温度""上证股指""月收入"等,这些变量可以用数值表示。

非数值型数据(non-numeric data)以事物现象的属性或类别为主要特征。上面例子中的"天气形势""职业"和"文化程度"等,都是从现象的属性来表现现象的特征。如"天气形势"变量的取值"天气晴"和"阴转多云"就是反映两种天气状况;"生产工人"和"公务员"就是两种不同的职业;"小学"和"大学"就反映了两种完全不同的"文化程度"。这类数据的最大特点是它只能反映现象的属性特点,而不能刻画出数量的差异。

非数值型数据又可以细分为分类数据和顺序数据。

如果各分类类别之间没有顺序或程度上的差别,这种变量的观察结果就是分类数据

（categorical data）。如果类别具有一定的顺序，如"文化程度"，中学的文化程度就是比小学高，大学又比中学高，这种变量的观察结果通常称为顺序数据（ordinal data）。

顺序数据比分类数据向前进了一步。它不仅能用来区分客观现象的不同类别，而且还可以表明现象之间的大小、高低、优劣关系，如产品的质量可以分为优质品、合格品、不合格品等。显然，顺序数据的功能比分类数据要强一些，对事物的划分也更精细一些。

作为统计研究的重要资料，顺序数据最主要的特征在于不论它的数据是用数值表示的还是用文字表示的，都存在一定的客观顺序，是可以按大小、高低、优劣进行排序的，也就是数据之间是可以比较大小、高低、优劣的。

但是，需要注意的是，顺序数据经常会以数字的形式出现。如，产品质量可以分为1、2、3级，这里的1、2、3虽然是以数字的形式出现的，但仍然是用来反映产品之间在质量上的性质差异的。我们并不能说1级质量比2级质量小1，或2级质量是1级质量的两倍。显然，顺序数据之间虽然可以比较大小，却无法计算相互之间大小、高低或优劣的距离。这时顺序数据仍然是用来表示事物在性质上的差异，而不能用来反映事物在数量上的差异。

作为统计研究的主要资料，数值型数据的特征在于它们都是以数值的形式出现的。有些数值型数据只可以计算数据之间的绝对差（绝对距离），而有些数值型数据不仅可以计算数据之间的绝对差，还可以计算数据之间的相对差（相对距离）。显然，数值型数据的计量功能要远大于前面介绍的非数值型数据，其计量精度也远远高于非数值型数据。因此，在统计研究中，数值型数据有着最广泛的用途。

由数值型数据的特点决定了对数值型数据可以运用多种不同的数学方法进行计算，从而给统计学各种分析方法的应用奠定了基本的数据基础，在统计学研究中对数值型数据的研究是定量分析的主要内容。

从上述几类数据的基本特点可以看出，这些数据对事物的描述是由定性到定量、由低级到高级、从粗略到精细的过程。相应的，适用于不同数据的数据处理方法也是由少到多，由易到难。很多适用于数值型数据的统计方法并不适用于非数值型数据，但适用于非数值型数据的方法则大多可以应用于数值型数据。在统计研究中需要明确各种数据所适用的统计方法，正确的选择和应用，这是正确进行统计研究的基本要求。

（二）观测数据和实验数据

无论是哪一类数据，根据获取数据的方法不同，都可以分为观测数据和实验数据。观测数据可能是总体数据也可能是样本数据；实验数据一般都是样本数据。

1. 观测数据

观测数据（observational data）是对客观现象进行实地观测所取得的数据，在数据取得的过程中一般没有人为的控制和条件约束。在社会经济问题研究中，观测是取得数据最主要的方法。很多社会经济问题不适合应用实验的方法，只能通过实际调查得到数据，用各种调查方法得到的数据都属于观测数据。例如，2020年我国的GDP、年末人口数据等。

2. 实验数据

实验数据(experimental data)一般是在科学实验环境下取得的数据。在实验中,实验环境是受到严格控制的,数据的产生一定是某一约束条件下的结果。在自然科学研究中实验的方法应用非常普遍,因此,自然科学研究中所用的数据多为实验数据。例如,新开发药物的疗效测试、农作物品种试验等。

(三)横截面数据、时间序列数据与面板数据

1. 横截面数据

横截面数据(cross-section data)是在同一时间节点上或同一段时间内所收集的数据,描述多个观测对象在相同一段时间内或相同时间节点上的表现。例如,2020 年我国各省、自治区、直辖市的 GDP 等。

2. 时间序列数据

时间序列数据(time series)是按时间顺序在不同时间段或时点上取得的一系列数据,描述观测对象随着时间变化而变化的情况。例如,我国历年的 GDP 等。

3. 面板数据

面板数据(panel data)是对不同观测对象在不同时间段或时点上所收集的数据,描述多个观测对象随着时间变化而变化的情况。例如,2010-2020 年全国各省、自治区、直辖市的 GDP。对于面板数据,如果只考虑某一时间段或时点的时候,它就是截面数据;如果只考虑某一观测对象的时候,它就是时间序列数据。

第四节　数据的搜集

统计数据是进行统计分析的基础,如何取得所需的数据是我们必须了解的内容。

一、数据的来源

从使用者的角度看,统计数据的来源主要有两种渠道:一种是通过直接调查或实验获得的原始数据,这是统计数据的直接来源,一般称之为原始数据或一手数据(first-hand data);另一种是别人调查或收集,并将这些数据进行加工和汇总后公布的数据,通常称之为次级数据或二手数据(second-hand data)。二手数据都是从一手数据过渡而来的。

(一)数据的直接来源——原始数据

搜集数据最基本的形式就是进行统计调查或进行实验活动,统计调查或进行实验就是统计数据的直接来源。

1. 统计调查

统计调查(survey),是指根据统计研究预定的目标、要求和任务,运用科学的方法,有计划、有组织地搜集客观实际资料的过程。通过统计调查得到的数据,一般是观测数据。

2. 实验

实验(experiment),是直接获得统计数据的又一重要来源,通过做实验得到的数据就是实验数据。实验不仅是一种搜集数据的方式,也是一种重要的研究方式。它是通过有

意识地改变或控制某些输入变量,观察其他输出变量的变化,从而达到对事物本质或相互联系的认识。

为了观察对输入变量的控制是否导致了输出变量的改变,在实验中往往需要将研究对象分为两个组:实验组(test group)和对照组(control group)。对实验组的输入变量加以控制或改变,而对照组则不加控制,根据两组的输出结果,可以看到输入变量对输出的影响。

运用实验法要注意的是:首先,实验组和对照组的产生应当是随机的,研究对象的不同单位应当被随机地分配到实验组或对照组,而不应是经过有意识挑选的;其次,实验组和对照组还应当是匹配的,也就是研究对象的背景资料应当是大体相同的,至少不要差异太大。例如,要研究新开发出来的减肥药是否有效,就应当选择一些体重比较重的人分为实验组和对照组,而不应当选择一组体重较重的人而另一组体重较轻的人来做实验。

无论是统计调查还是实验,所搜集的数据都是原始数据,这是统计数据最基本的来源。

(二)数据的间接来源——次级数据

虽然统计数据的搜集主要是指对原始数据的搜集,后面将要介绍的统计调查方法也是围绕搜集原始数据展开的,但数据的收集实际上不仅包括对原始数据的收集也包括对次级数据(二手数据)的收集。在很多情况下,统计研究都是在掌握次级数据的基础上进行的。

次级数据(二手数据)是指由其他人搜集和整理得到的统计数据。限于一定的条件,研究者可能无法亲自收集数据,或者已知有些数据已有他人的调查成果,不必再重新再做一次。这时,就需要收集二手资料以满足研究的需要。这种建立在他人调查整理基础上的次级数据也称为数据的间接来源。

常见的数据间接来源主要有:

①公开出版的数据。主要来自政府部门、组织、学校、科研机构等,如:《中国统计年鉴》《人口普查资料汇编》《北京市统计年鉴》《世界发展报告》以及某大学或科研机构发布的研究数据、专业调查咨询机构发布的调查结果数据、各种媒体和书刊报纸中发布的统计数据等等。

②未公开发表的数据。如各企业的经营报表数据、专业调查咨询机构未公开发布的调查结果数据。需要注意的是,如果引用未公开发表的数据,要注意合规性,需要征得数据所有者的同意,同时要为自己使用这些数据的后果负责。

③网络爬取的数据。大数据时代下,数据规模也是海量增长。在互联网中存在大量的数据,这些数据可以以数字、表格等结构化的形式存在,也可以以声音、图片、文字、视频等方法非结构化的形式存在。人们可以利用网络爬虫等技术手段,自动或者人工获取数据,并对这些爬取的数据进行加工和整理,进而用来分析。这些数据相对于爬取数据的人而言,也是二手数据,因为数据从无到有的过程是别人是实现的,不是爬取数据的人实现的,爬取数据的人只是完成了数据整合或整理的工作。

恰当地运用间接数据在实际中能够节约人力、物力、财力和时间,取得较好的成果和效益。但是,在使用间接数据时要注意其适用性和时效性。研究者应当分析原始资料搜集的目的与自己的研究目的是否相符,要搞清楚原始资料搜集的方法是否科学,原始资料的提供者是否公正、客观,还应注意数据的含义、计算口径和计算方法等是否具有可比性,避免数据误用或滥用。此外,尽量不使用过时已久的数据,在引用二手数据时一定要注明数据的出处或来源,尊重他人的劳动成果。

二、数据的搜集方法

原始数据是通过统计调查或实验得到,社会经济领域中的统计数据大多是通过统计调查获取的。因此,本小节主要介绍数据搜集的统计调查方式。

统计调查是根据调查的目的与要求,运用科学的调查方法,有计划、有组织地搜集统计数据资料的过程。社会经济现象是错综复杂的,调查的目的具有较强的多样性。

要做好统计调查,首先需要制定科学的调查方案。调查方案应当围绕向谁调查和谁来组织调查(Who)? 何时进行调查和资料所属的时间(When)? 在哪里实施调查(Where)? 调查的内容是什么(What)? 和怎样进行调查(How)? 这 5W 来设计。因此,调查方案一般包括调查目的和任务、调查对象和调查单位、调查方式、调查研究的内容、调查时间以及调查工作的组织实施计划等内容。

调查研究的内容取决于调查目的和任务,用一系列的调查项目来体现。而调查项目通常以调查表或调查问卷的形式来反映。选择适当的调查方式与方法对于保证原始数据的质量极为重要。

(一)常用的统计调查方式

1. 普查

普查(census),是指为某一特定目的而专门组织的一次性的全面调查,用来调查属于一定时点上或一定时期内的社会现象总量。它适于搜集某些不能或不适宜于定期的全面统计报表搜集的统计资料,以摸清重大的国情、国力。例如,我国第七次人口普查,就是摸清我国 2020 年 11 月 1 日零时这个时点上全国人口总数等方面国情。

普查不仅可以摸清一个国家的国情、国力,还可以了解与掌握人力、财力、物资资源状况及其利用状况,为国家制定长远规划与政策提供可靠的依据。普查的基本要求有:(1)要有严密的组织和高质量的普查人员队伍;(2)要有严格的时间要求。普查中要规定普查的标准时点,即对调查对象进行登记时要依据事先规定好的统一时点,所有调查资料必须都是反映在这一时点上的情况;(3)普查的登记工作应在整个普查范围内同时进行,以保证普查资料的时效性准确性,避免资料的搜集工作拖得太久;(4)调查项目和指标必须集中统一;(5)同类普查的内容和时间在历次普查中应尽可能保持连贯性。

一般情况下,普查工作应尽可能按一定周期进行,以便进行历次普查资料的动态对比分析,认识客观发展规律。可见,普查的特点为:它是一种全面调查,具有资料包括范围全面、详尽、系统的优点;它是一次性的专门调查,准确性和标准化程度较高。因工作量大,普查时间周期较长、耗资也较多,一般不宜经常举行。

2. 抽样调查

抽样调查(sample survey),是一种非全面调查,它是按照一定程序从总体中抽取一部分个体作为样本进行调查,并根据样本调查结果来推断总体特征的数据调查方法。例如,你想了解消费者对某商品的满意度,可以从全体消费者中抽取出一个样本(如抽取500人)开展调查,获得样本数据。这里的全体消费者对该商品的满意度就是总体,它是包含所研究的全部个体的集合。所抽取出来的500个消费者对该商品的满意度就是一个样本,它是从总体中抽取的一部分个体所组成的集合,其样本量为500。

与其他调查方法相比较,抽样调查具有如下几个特点:

第一,经济性优。这是抽样调查的最显著优点。由于调查的样本通常是总体中的小部分,调查的工作量小,可以节省大量的人力、物力、财力和时间,调查费用较低。

第二,时效性强。抽样调查可以迅速、及时地获得所需要的信息。由于工作量小,调查的准备时间、调查时间、数据处理时间等都可以大大缩减,从而提高数据的时效性。与普查等全面调查方法相比,抽样调查可以频繁地进行。随着事物的发生和发展,及时取得有关信息,以弥补普查等全面调查的不足。

第三,适应面广。抽样调查可以获得更广泛的信息,它适用于对各个领域、各种问题的调查。从适用的范围和问题来看,抽样调查可用于调查全面调查能够调查的现象,也能调查全面调查所不能调查的现象,特别适合对一些特殊现象的调查,如产品质量检查、农产品试验、医药的临床试验等。从调查的项目和指标来看,抽样调查的内容和指标可以设计得更详细、更深入,能获得更全面、更广泛和更深入的数据。

第四,准确性高。抽样调查的数据质量有时比全面调查更高,这是因为全面调查的工作量大、环节多、登记性误差(或调查误差)往往更大。而抽样调查由于工作量小,可使各环节的工作做得更细致,误差往往更小。当然,用样本数据去推断总体特征时,不可避免地会有推断误差,但这种误差的大小是可以计算并加以控制的,因此推断的结果通常是可靠的。

抽样调查是一种非全面的、一次性的或经常性的专门调查,既能节省人力、物力、财力,又可以提高资料的时效性,而且能取得比较正确的全面统计资料,具有许多优点,是实际中应用最为广泛的一种调查方法。

在实际抽样调查活动中,比较关键的步骤是抽样(sampling)。抽样方法主要有两种:概率抽样和非概率抽样。

(1)概率抽样

概率抽样(probability sampling),也称随机抽样(random sampling),是指遵循随机原则进行的抽样,总体中每个个体都有一定的机会被选入样本。从理论上讲,概率抽样是最科学的抽样方法,它能保证抽取出来的样本对总体的代表性。

概率抽样分为等概率抽样(equal probability sampling)和不等概率抽样(unequal probability sampling)。前者是指总体中每个单位被抽中的概率都相等,反之则称为不等概率抽样。

我国习惯上将概率抽样称为抽样调查。与非概率抽样相比,概率抽样具有下列特点:

12

第一,按照随机原则抽取样本。所谓随机原则就是在抽取样本时,每个个体都有一定的机会被抽中并出现在样本中,且被抽中的概率是已知的。抽样的随机性是通过抽样的随机化程序体现的,实施随机化程序可以使用随机数字表,也可以使用能产生符合要求的随机数序列的计算机程序。需要注意的是,随机不等于随便。随机有严格的科学含义,可以用概率来描述;而随便则带有人为的主观的因素。因此,随机与随便的本质区别就在于是否按照给定的入样概率,通过一定的随机化程序抽取个体形成样本。

第二,用样本统计量推断总体参数。概率抽样是依据随机原则抽选样本,因此样本统计量的理论分布是存在的,因此可以根据调查的结果对总体的参数进行估计。

第三,可以计算并控制抽样误差的大小。虽然抽样误差不可避免,但是可以计算并采取相应方法加以控制。

调查的实践中,经常采用的概率抽样方式有以下几种:

①简单随机抽样

简单随机抽样(simple random sampling)也称纯随机抽样,它是直接从总体中抽选个体,每个个体被选入样本的概率都相等,可分为有放回和无放回两种方式。有放回抽样也称为重复抽样(repeated sampling),在一个个体被选入样本后,记录其编号,然后又将其放回总体中继续参与随后的抽样过程;无放回抽样也称不重复抽样(non-repetitive sampling),在一个个体被选入样本后,不再放回总体中继续参与随后的抽样过程。

简单随机抽样是一种最基本的抽样方法,其数学性质简单,理论也最为成熟,其他抽样方法都是在它的基础上发展起来的。这种方法的突出特点是简单、直观,用样本统计量对总体参数进行估计及计算估计量误差均比较方便。但是,简单随机抽样需要包含总体所有个体(即总体容量 N)的抽样框(sampling frame,是指为抽样所使用的所有调查对象的名册或清单),并对抽样框中的每个个体编号,然后从中按照随机的原则一个个地抽取 n 个个体作为样本。但是当 N 很大时,构造这样的抽样框并不容易。根据这种方法抽出的个体较为分散,会给后续调查实施增加困难。这种方法没有充分利用其他辅助信息来提高估计效率。因此,在规模较大的调查中很少直接采用简单随机抽样,一般是把这种方法和其他抽样方法结合起来使用。

②分层抽样

分层抽样(stratified sampling)也称类型抽样,它首先将要研究的总体按某种特征或某种规则划分为不同的层(组),然后按照等比例或最优比例的方式从每一层(组)中独立、随机地抽取个体,最后将各层的样本结合起来对总体的目标量进行估计。

分层抽样有许多优点。这种抽样方法保证了样本中包含有各种特征的抽样单位,样本结构与总体结构比较相近,从而可以有效地提高估计的精度;当层(组)是按行业或行政区划进行划分时,分层抽样为组织实施调查提供了方便;分层抽样既可以对总体参数进行估计,也可以对各层的目标量进行估计。这些优点使分层抽样在实践中得到了广泛的应用。

③整群抽样

整群抽样(cluster sampling),是先将总体分为 R 个群或子总体,然后按某种方式从中随机抽取 r 个群,再对抽中的群中所有个体都进行调查的一种抽样方式。

与简单随机抽样相比,整群抽样的特点在于:首先,抽取样本时只需要群的抽样框,而不必要求包括所有单位的抽样框。这大大简化了编制抽样框的工作量;其次,由于群通常是由那些地理位置邻近的或隶属于同一系统的单位所构成,因此调查的地点相对集中,从而节省了调查费用,方便了调查的实施。

整群抽样的主要缺点是估计的精度较差,因为同一群内的单位或多或少有些相似,在样本量相同的条件下整群抽样的抽样误差通常比较大。一般说来,要得到与简单随机抽样相同的精度,采用整群抽样需要增加基本调查对象。

④系统抽样

系统抽样(systematic sampling),也称等距抽样。它是将总体 N 个个体按某种顺序排列,按规则确定一个随机起点,再每隔一定间隔逐个抽取样本单位的抽样方法。典型的系统抽样是先从数字 1-k 之间随机抽取一个数字 r 作为初始单位,以后依次取 r+k,r+2k,…。

系统抽样的主要优点是操作简便,如果有辅助信息,对总体内的单位进行有组织的排列,可以有效地提高估计的精度;缺点是对估计量方差的估计比较困难。

(2)非概率抽样

不满足概率抽样要求的抽样都被归为非概率抽样(non-probability sampling)。非概率抽样没有完全按照随机原则选取样本单位,其中单个单位被选中的概率是不可知的,样本统计量的分布不确定,因而无法计算抽样误差,也无法使用样本的结果对总体相应的参数进行推断。虽然从理论上讲,非概率抽样不能保证抽出来的个体对总体的代表性,不能够由样本的特征准确地推断总体的特征,但是由于该种方法简单、经济、便捷,所以也是人们常用的方法。常用的非概率抽样方式有:

①方便抽样

方便抽样(convenience sampling),也称为便利抽样、偶遇抽样。它主要用于初期评估的探索性研究。调查过程中由调查员依据方便的原则自行确定抽入样本的个体。如,在实施问卷调查过程中,访问员碰人即问或被调查者主动回答问题。方便抽样的优点是容易实施,调查的成本低;缺点是样本的确定带有随意性,样本无法代表有明确定义的总体。

②判断抽样

判断抽样(judgment sampling),是调查者根据主观经验和判断从总体中选取有代表性的个体构成样本的一种非概率抽样方法。它不能获得估计值的精度,其精度取决于抽样者的经验,适用于总体中的个体极不相同而样本容量又很小的情况。

③配额抽样

配额抽样(quota sampling),类似于概率抽样中的分层抽样,是非概率抽样方法中常用的一种抽样方法。其操作比较简单,而且可以保证总体中不同类别的个体都能包括在所抽的样本中,使得样本结构和总体结构类似。

配额抽样通常分为两个步骤:第一,根据研究人员认为较重要的一些变量把总体分类,指定每一类中的样本数额;第二,在每一类中使用方便抽样或判断抽样的方法抽选指定数量的个体形成样本。

④雪球抽样

雪球抽样(snowball sampling),也称为滚雪球抽样,其原理是先找到最初的样本,然后根据他们提供的信息去获得新的个体形成样本。这种过程不断继续,直到完成规定的样本容量为止。滚雪球抽样往往用于对稀少的特定群体的调查。

3. 统计报表

统计报表(statistical report forms),是按照国家统一规定的调查要求与文件(指标、表格形式、计算方法等),自上而下地统一布置、自下而上地逐级提供基本统计资料的一种调查方式。

国家利用它定期地取得全社会的国民经济与社会发展情况的基本统计资料,是国家取得调查资料的方法之一。这种调查方法是在过去中央计划管理体制下形成的,至今在官方统计的经常调查中依然发挥着一定的作用。其中,按照报送范围,统计报表有全面报表和非全面报表之分:全面报表要求调查对象中的每一个单位均要填报,非全面报表则只要求一部分调查单位填报;按照报送周期,统计报表主要有月报、季报、年报,月报内容简单、时效性强,年报则内容比较全面。

统计报表的内容包括以下几个方面:

(1)表式。它是由国家统计部门根据研究的任务与目的而专门设计制定的统计报表表格,用于搜集统计资料。它是统计报表制度的主体。

(2)填表说明。它是对统计表的统计范围、指标等作出的规定。具体有:填报范围、指标解释、分类目录、其他有关事项的规定。

对于大型、国有企业来说,利用统计报表搜集数据具有时间快、成本低的优点;但对于大量的小型、非国有经济单位,则难以全面采用统计报表调查。具体采用以上哪种方法,要根据调查的目的与任务以及调查对象的特点来决定。

4. 重点调查

重点调查(survey of main units),是在调查对象中选择一部分重点单位进行的一种非全面调查。重点调查的关键是准确恰当地选取重点样本。选取重点样本时,一般采取系统分析、综合比较的方法,选择对总体能起主要或决定作用的因素。这些重点单位虽然数目不多,但它们具有所研究现象的总量在总体总量中占据绝大部分的特点。

因此,当调查的任务只要求掌握事物的基本状况与基本的发展趋势,而不要求掌握全面的准确资料,而且在总体中确实存在着重点单位时,进行重点调查是比较适宜的。例如,为了掌握全国电商零售领域的销售状况,可以选择针对天猫、淘宝、京东、唯品会等几个大型电商企业进行调查,而不必要向全国所有的电商企业调查,即可掌握情况。

同全面调查比较,重点调查可以节省人力、财力,而且及时。所以当调查任务只要求掌握事物的基本情况时,采用重点调查为好。

5. 典型调查

典型调查(typical survey),是一种非全面的专门调查,它是根据调查的目的与要求,在对被调查对象进行全面分析的基础上,有意识地选择若干具有典型意义的或有代表性的被调查对象进行的调查。其主要作用是:第一,补充全面调查的不足。例如补充定期报表、年度报表只有数据而没有具体情况的不足;第二,在一定的条件下可以验证全面调查数据的真实性。

典型调查同其他调查方法比较,具有灵活机动、通过少数典型即可取得深入、翔实的统计资料的优点。但是,这种调查由于受"有意识地选出若干有代表性"的限制,在很大程度上受人们主观认识上的影响。因此,必须同其他调查结合起来使用,才能避免出现片面性。

各种调查的特点,列表说明见表 1-1。

表 1-1　各类统计调查方法的特点

调查方式	调查范围	调查时间	收集资料方法
普查	全面	一次	采访、报告或空间遥感
抽样调查	非全面	经常或一次	直接观察或采访
统计报表	全面或非全面	经常	报告
重点调查	非全面	经常	直接观察或采访
典型调查	非全面	经常	直接观察或采访、报告

(二)搜集数据的方法

调查的方法很多,对于一项具体的社会调查到底应采用什么方法,应以能最有效地实现调查目的和要求为依据进行选定。

无论采用何种调查方式,在取得数据时都需要使用一些具体的搜集方法。这些方法归纳起来可分为询问(访谈)和观察实验两大类。

1. 询问(访谈)

询问是调查者与被调查者直接或间接接触以获得数据的一种方法。常用的询问方法有:

(1)面访

面访(interview),是调查者与被调查者通过面对面地交谈,从而得到所需数据的数据搜集方法。

面访的方式可分为标准式访问和非标准式访问两种。标准式访问又称为结构式访问,它是按调查人员事先设计好的、有固定格式的标准化问卷或表格,有顺序地依次提问,并由被调查者做出回答。其优点是能够对数据搜集过程加以控制从而获得比较可靠的调查结果;非标准式访问又称为非结构式访问,它事先不制作统一的问卷或表格,没有统一的提问顺序,调查人员只是给题目或提纲,由调查人员和被调查者自由交谈,以获得所需数据。市场调查和社会调查中常采用该种方式进行数据搜集。

(2)邮寄

邮寄(direct mail),也称邮寄问卷,是一种标准化数据获取方式。调查者与被调查者没有直接的语言交流,信息的传递依赖于所邮寄的问卷。通过某种方式将调查表或问卷送至被调查者手中,由被调查者填写,然后将问卷寄回指定收集点。

（3）计算机辅助电话调查

计算机辅助电话调查（CATI），是一种计算机与电话相结合完成调查全过程的一种数据搜集方法。在进行数据搜集时,调查问卷、答案都由计算机显示,整个调查的过程包括电话拨号、调查记录、数据处理等。问题的用字和分类以及问题的输入、优先权的选择都利用电脑控制,输入答案后,可以即时修正编辑上的错误和明显的逻辑错误,从而大大缩短调查的时间,提高调查的效率。它一般需要借助专门的软件进行,硬件设备要求较高。

（4）座谈会

座谈会（forum）也称集体访谈。是将一组被调查者集中在调查现场,让他们对调查主题发表意见以获得数据,主要用于定性问题的研究。参加座谈会的人数不宜过多,一般为6至10人,并且是有关调查问题的专家或有经验之人。通过座谈会,调查者可以从一组被调查者那里获得所需的资料。而且,在彼此交流的环境中,各个被调查者之间相互影响、相互启发、相互补充,并在座谈过程中不断修正自己的观点,从而有利于取得较为广泛、深入的想法和意见。

（5）个别深入访谈

个别深入访谈简称深访（in-depth interview），是一种一次只有一名被调查者参加的特殊的数据搜集方法。调查人员运用大量的追问技巧,尽可能让被调查者自由发挥,不断深入被调查者的思想之中,努力发掘其行为的真实动机。深访常用于动机研究,如消费者购买某种产品的动机等,以发掘受访者非表面化的深层意见。该方法最适用于研究较为隐秘的个人隐私或较敏感的问题,如政治方面的问题。

除了上述这些常用调查方法之外,随着社会发展和科技进步,近年来出现了利用卫星、无人飞机、移动通信信令等技术和手段进行调查的新型调查方法。各种调查方法各有优劣,调查者需根据调查目的、调查对象特点、调查时间、调查费用等诸多因素进行合理选择。

2. 观察实验

（1）观察法

观察法（observation），是在一个真实或模拟的环境里,调查对象完全没有意识到的情况下,就调查对象的行动和意识,调查人员边观察边记录以搜集所需信息进行分析。它包括直接观察与间接观察。

（2）实验法

实验法（experiment），是在事先确定调查的问题中,选择影响这些问题的诸多因素中的一个或几个因素,将其置于一定的条件下,进行小规模实验的方法。如在推行某种经销方法前,可先通过试点进行小规模的实验,对实验结果进行分析研究,再决定是否应该大规模推广。

第五节　数据的误差

数据质量的好坏直接影响统计分析的结果,数据的误差是评价数据质量的主要指标之一。误差可以来自许多不同方面,调查误差是主要来源。调查误差就是指搜集数据的观测值与真实值之间的差异。调查误差可归纳为两大类:抽样误差与非抽样误差。

一、抽样误差

抽样误差(sampling error),是由于抽取样本的随机性所造成的样本值与总体值之间的差异,也称为代表性误差。抽样调查中之所以会出现这样一种误差是由于样本只是总体的一部分,它对总体的代表性存在局限性,从而会造成误差。在抽样调查中,抽样误差是不可避免的。在概率抽样中,抽样误差是能够计量且可以得到控制的。

抽样误差的大小取决于以下因素:第一,总体内部的差异程度。在其他条件不变时,总体内部差异越大,抽样误差就越大;反之,抽样误差就小;第二,样本容量的大小。在其他条件不变时,样本容量越大,抽样误差越小。抽样误差常会随着样本容量的增加而缩小,但在一定阶段后便稳定下来;第三,抽样的方式与方法。不同的抽样方法产生的抽样误差也有差异。相同条件下,重复抽样比不重复抽样的抽样误差要大,分层抽样的抽样误差要小于其他类型抽样方式的抽样误差。以上三个因素除第一个因素外,其余两个都是人为决定的。因此,抽样误差可以创造条件加以控制,这就大大提高了抽样调查的应用价值。

二、非抽样误差

非抽样误差(non-sampling error),是指除了抽样误差之外调查中因各种原因所引起的调查误差。通常认为非抽样误差是由于调查程序执行中的错误与不足引起的,它不仅出现在概率抽样和非概率抽样中,也出现在全面调查和非全面调查中,可能产生于调查方案设计、抽样设计、数据搜集、数据处理及分析等各个阶段与环节。抽样调查不能通过增大样本量加以控制,对调查结果的影响也非常大,甚至可能导致整个调查的失败。

与抽样误差相比,非抽样误差具有成因复杂、难以识别和测量、容易造成估计量有偏以及不可能随着样本量的增大而变小的特点。非抽样误差分为抽样框误差、应答误差、无回答误差和计量误差等。

（一）抽样框误差

抽样框误差(sampling frame error),指目标总体和抽样总体不一致时产生的误差。目标总体是指调查研究对象的全体,而抽样总体是从目标总体中抽选样本的总体。在抽样调查中可以把总体分成若干个互不重叠又穷尽的有限个部分,每个部分称为一个抽样单位。抽样单位可以是一个个体,也可以包含多个个体。抽样单位的名单就是抽样框。例如,名单抽样框、区域抽样框、时间表抽样框等。为避免抽样框误差,应尽可能使抽样框与目标总体相一致。

抽样框误差包括以下几种情形：

第一，丢失目标总体单元。在这种情形抽样框没能覆盖全部总体单元，它使总体总和估计偏低，同时也会造成均值(或比例)估计的偏倚。

第二，包含非目标总体单元。抽样框包含了一些不属于研究对象的即非目标总体单元，在这种情形常造成总体总和估计的偏高。

第三，复合连接。抽样框中的单元与目标总体单元不完全是一对一对应而是存在一对多或多对多的现象。这种情况称为抽样框与目标总体存在着复合连接。

第四，不正确的辅助信息。有些复杂抽样框还包含辅助消息，如当采用分层抽样、不等概率抽样以及使用比估计或回归估计等情形，如果这些辅助信息不完全或不正确，不仅不能提高抽样的效率，反而会降低估计的准确性，从而导致误差。

（二）应答误差

应答误差(response error)，是指调查者在接受调查时给出的答案与实际情况不相符。产生应答误差的原因可能有理解、记忆、有意被误导等多种情况。例如被调查者对问题的理解产生偏差，被调查者可能忘记了过去发生的事情但却胡乱猜测，被调查者由于对某些问题不愿回答而避开真实情况，长期问卷调查可能会导致答题疲劳从而给出一些错误的答案，调查者的不正确提示被误导而错答等。

（三）无回答误差

尽管随机抽样可能是从适当的抽样框架中选出的，但也不能保证样本中的每个人都会回答问题或回答所有的问题。无回答误差(response error)，是指在调查中由于各种原因没有能够对被所抽取样本中个体进行计量，没有获得有关样本中个体的信息而造成的偏误。无回答误差可以分为个体无回答和项目无回答。个体无回答是指被调查者没有参与或拒绝接受调查；项目无回答是指被调查者虽然接受调查，但对其中的一些调查项目没有回答。

产生无回答误差的原因很多，主要有被调查者和调查者的原因。如被调查者因繁忙抵触访问；调查问卷中的问题、调查者失误等而拒访或不回答；地址有误、被调查者不在、无法与被调查者取得联系等也会造成无回答误差。此外，无回答误差与一个地区的经济发达程度及公民素质有很大关系。为提高调查回答率，应做好宣传、问卷设计、调查员培训、奖励与激励等工作，使被调查者愿意配合调查。

（四）计量误差

计量误差(measurement error)，是除了抽样框误差、应答误差和无回答误差之外的非抽样误差，它是由多种复杂原因所造成的调查中获得的数据与其真值不一致的误差，可能是由于问卷设计不合理产生的，也有可能是调查时产生的，还有可能是登记错误、数据录入错误等。为减少计量误差，需要科学设计问卷，认真做好数据调查及整理工作。

第二章　数据描述

在对统计数据进行整理后,我们可能面对的还是一堆杂乱无章、看不出任何规律的数据,无法从这些数据中一下子发现这些数据要告诉我们的信息。因此,需要对数据分布的基本特征有一个初步的了解,这就涉及用基本统计量来描述统计数据。除了用概括性的统计量来描述数据外,我们还可以采用表格和图形来对数据进行直观地描述,从而尽可能简单直观的了解数据分布中的一些主要特征。描述统计通常从数据分布的三个主要特征来进行:一是反映数据分布的集中趋势;二是反映分布的离散程度;三是反映数据分布偏斜程度。

第一节　用统计量描述数据

在对统计数据进行整理后,我们需要对数据分布的基本特征有一个初步的了解,这就涉及用基本统计量来描述统计数据。用统计量来对数据进行描述通常也可从数据分布的三个主要特征来进行:一是反映数据分布的集中趋势;二是反映分布的离散程度;三是反映数据分布偏斜程度。这三个方面反映了数据分布特征的不同侧面,从不同视角来分析统计数据,以达到分析和运用统计数据的目的。由于数据的类型不同,反映数据特征的方法也不相同。

一、数据集中趋势的测度

数据的集中趋势(tendency)是指一组数据集中于某一中心的水平位置。测度集中趋势也是寻找数据一般水平的中心值或代表值。常用的数据集中趋势测度值有众数、中位数、分位数、平均数。由于分类数据主要是计数,比较简单。对顺序数据集中趋势常用的方法就是计算百分比、中位数和众数。分类数据集中趋势常用的方法是计算众数;而数值型数据的数值有实际含义,可以进行加减乘除运算,所以数值型定量数据集中趋势的测度值常使用平均数、中位数、众数和分位数。

(一)平均数

平均数也称为均值(mean),一般包括算术平均数和几何平均数两种形式。利用平均数可以将处在不同地区、不同单位的某现象进行空间对比分析,也可以将不同时间内的某现象进行时间对比分析,反映现象一般水平的变化趋势和规律。

1. 算术平均数

算术平均数(average)是一组数据相加后除以数据的个数而得到的结果,是度量数据水平的常用统计量,在参数估计和假设检验中经常用到。比如:用职工平均工资来衡量职工工资的一般水平,用平均体重来观察某一人群体重是否超标等等。平均数的应用非常广泛,但计算方法比较简单,它等于一个变量的所有观测值相加再除以观测值的数目。

根据所掌握数据的不同,算术平均数有不同的计算公式。根据未经分组数据计算的平均数称为简单平均数。假设一组样本数据为 $x_1, x_2, \cdots, x_n$,样本量为 n,则简单样本平均数用 $\bar{x}$ 表示,计算公式为:

$$\bar{x} = \frac{x_1 + x_2 + \cdots + x_n}{n} = \frac{\sum_{i=1}^{n} x_i}{n} \tag{2.1}$$

【例 2.1】2019 年华北地区城镇单位从业人员平均工资水平如下表:

表 2-1　2019 年华北地区城镇单位从业人员平均工资数据

单位:元

地区	北京市	天津市	河北省	山西省	内蒙古自治区
平均工资	166803	108002	72956	69551	80563

计算华北地区城镇单位从业人员平均工资为:

$$\bar{x} = \frac{\sum_{i=1}^{n} x_i}{n} = \frac{166803 + 108002 + 72956 + 69551 + 80563}{5} = 99575(元)$$

若原始数据较多且对其进行了分组,编制成了频数分布数列,这时要计算算术平均数则应采用加权算术平均数,即将各组变量值乘以相应的频数,然后加总求和,再除以总频数。如果数据被分为 k 个组,其计算公式为:

$$\bar{x} = \frac{x_1 f_1 + x_2 f_2 + \cdots + x_k f_k}{f_1 + f_2 + \cdots + f_k} = \frac{\sum_{i=1}^{k} x_i f_i}{\sum_{i=1}^{k} f_i} \tag{2.2}$$

【例 2.2】考虑到华北地区各省市的城镇从业人员人数,那么华北地区城镇单位从业人员平均工资水平如下:

表 2-2　华北地区各省市的城镇从业人员人数与平均工资表

工资收入(元)	166803	108002	72956	69551	80563
人数(万人)	791.3	269.4	576	441.1	280.9

计算华北地区平均工资的平均值为:

$$\bar{x} = \frac{\sum_{i=1}^{5} x_i f_i}{\sum_{i=1}^{5} f_i} = \frac{256418701.5}{2358.7} = 108711.8758(元)$$

若分组资料为组距分组,资料则相应地取各组的组中值作为该组职工工资的平均水平,再代入上式计算平均工资。如果有开口的组,那么在上开口组时,其组中值=该组上限-(下组上限-下组下限)/2;在下开口组时,其组中值=该组下限+(上组上限-上组下限)/2。

【例2.3】2019年全国各地区城镇单位就业人员平均工资分组资料如下:

表2-3 2019年全国各地区城镇单位就业人员平均工资分组数据表

工资收入(元)	地区个数(个)	组中值
59000~69000	2	64000
69000~79000	9	74000
79000~89000	12	84000
89000~99000	3	94000
99000~109000	2	104000
109000~119000	1	114000
119000 以上	2	124000
合计	31	—

计算各地区平均工资的平均值为:

$$\bar{x} = \frac{\sum xf}{\sum f}$$

$$= \frac{64000 \times 2 + 74000 \times 9 + 84000 \times 12 + 94000 \times 3 + 104000 \times 2 + 114000 \times 1 + 124000 \times 2}{22}$$

$$= \frac{2654000}{31} \approx 85612.90(\text{元})$$

算术平均数的计算过程使用了所有数据,因此容易受到极端值的影响,并且严格来讲,无法根据有开口组的分组数据来计算算术平均数。

2. 几何平均数

几何平均数(geometric mean)主要用于计算比率等相对数的平均数,是 n 个比率乘积的 n 次方根。几何平均数有两种计算方法:简单几何平均和加权几何平均法。若数据集合中每个数据只出现一次,计算其几何平均数应采用简单几何平均法,其计算公式为:

$$G = \sqrt[n]{x_1 \cdot x_2 \cdot \cdots \cdot x_n} = \sqrt[n]{\prod x} \tag{2.3}$$

其中,G 表示几何平均数;π 表示连乘积符号。

当数据集合中每个数据出现的次数不止一次时,计算平均数应采用加权几何平均法。其计算公式为:

$$G = \sqrt[f_1+f_2+\cdots f_n]{x_1^{f_1} \cdot x_2^{f_2} \cdot \cdots \cdot x_n^{f_n}} = \sqrt[\sum f_x]{\prod x^f} \qquad (2.4)$$

【例2.4】北京市2016-2019年人口自然增长率如下表1-4所示。

表2-4 北京市2016-2019年人口自然增长率

单位：‰

2016 年	2017 年	2018 年	2019 年
8.12	8.24	9.06	9.32

则这四年北京市的平均人口自然增长率为：

$$G = \sqrt[4]{8.12 \times 8.24 \times 9.06 \times 9.32} \times 1‰ = 8.7‰$$

（二）中位数

中位数（median）是将一组数据按照从小到大的顺序排列（或者从大到小的顺序也可以）之后处在数列中点位置的数值，是典型的位置平均数，不受极端变量值的影响。中位数主要用于顺序数据，也可用数值型数据，但不能用于分类数据。

如果数列是奇数，中位数等于第 $\frac{n+1}{2}$ 个数；如果数列是偶数，中位数等于第 $\frac{n}{2}$ 和 $\frac{n}{2}$ +1个数的平均数。对于一组数据来说，中位数是唯一的。比如，有一组数据是：1,2,5,9,11,还有一组数据是 1,2,5,9,11,12。他们分别的中位数如下示意图所示。

图中箭头所指的位置就是各自的中位数所在的位置。左侧一组数据的中位数所在位置是：从小到大数的第 $3\left(\frac{5+1}{2}\right)$ 个数，故中位数是5。右侧一组数据中位数所在位置是：从小到大数的第 $3\left(\frac{6}{2}\right)$ 个和第 $4\left(\frac{6}{2}+1\right)$ 个数之间，故中位数是 $\frac{5+9}{2} = 7$。

【例2.5】这里用【例2.1】的2019年华北地区城镇单位从业人员平均工资水平数据，如表2-1所示。

将职工工资按大小顺序排列为：69551、72956、80563、108002、166803，中间位置为(5+1)/2=3，则中位数为80563元。

如果数据是分组数据，中位数的一种计算方法是：首先确定中位数所在组，计算公式是 $\frac{\sum f}{2}$，然后利用公式计算中位数的近似值，计算时可以采用下限公式，也可采用上限公式，计算公式为：

$$下限公式：M_e = L + \frac{\frac{\sum f}{2} - S_{m-1}}{f_m} \cdot d \qquad (2.5)$$

$$上限公式：M_e = U - \frac{\frac{\sum f}{2} - S_{m+1}}{f_m} \cdot d \qquad (2.6)$$

式中，L 表示中位数所在组的下限；U 表示中位数所在组的上限；f_m 表示中位数所在组的频数；$\sum f$ 表示各组频数之和；S_{m-1}、S_{m+1} 分别表示中位数所在组以前、以后各组的累计频数；d 表示中位数所在组的组距。

【例 2.6】这里仍用【例 2.3】中的 2019 年全国各地区城镇单位就业人员平均工资分组数据，如表 2-3 所示。

本例中，利用上限公式，计算中位数如下：

工资收入（元）	地区个数（个）	向上累计	向下累计
59000~69000	2	2	31
69000~79000	9	11	29
79000~89000	12	23	20
89000~99000	3	26	8
99000~109000	2	28	5
109000~119000	1	29	3
119000 以上	2	31	2
合计	31	—	

本例中，利用上限公式，计算中位数如下：

中位数所在的位置是：$\frac{\sum f}{2} = \frac{31}{2} = 15.5$，故中位数所在组为第三组，即 79000~89000 这一组。

$$M_e = U - \frac{\frac{\sum f}{2} - S_{m+1}}{f_m} \cdot d = 89000 - \frac{\frac{31}{2} - 8}{23} \times (89000 - 79000) = 85739（元）$$

（三）分位数

把顺序排列的一组数据分割为若干相等部分的分割点的数值即为相应的分位数（quantile）。中位数是分位数中最简单的一种，它将数据等分成两分。由于四分位数（quartile）则是将数据按照大小顺序排序后，把数据分割成四等分的三个分割点上的数值。对原始数据,四分位数的位置一般为 $\dfrac{n+1}{4}$, $\dfrac{2(n+1)}{4}$, $\dfrac{3(n+1)}{4}$。如果四分位数的位置不是整数,则四分位数等于前后两个数的加权平均。

十分位数(deciles)是将数据按照大小顺序排序后,把数据分割成十等分的九个分割点上的数值;百分位数(percentile)是将数据按照大小顺序排序后,把数据分割成一百等分的九十九个分割点上的数值。

(四)众数

众数(mode),是指一组数据中出现次数或出现频率最多的数值,它是一种位置平均数,不受极端变量值的影响。众数主要用于测度分类数据的集中趋势,也可以用来测度顺序数据和数值型数据的集中趋势。一组数据可以有多个众数,也可能不存在众数,对于未分组的定量数据,我们一般很少使用众数。

【例 2.7】这里仍用【例 2.3】中的 2019 年全国各地区城镇单位就业人员平均工资分组数据,如表 2-3 所示。根据表 2-3 计算不同工资收入的频率及累计频率如下:

工资收入(元)	地区个数(个)	频率(%)	累计频率(%)
59000~69000	2	6.45	6.45
69000~79000	9	29.03	35.48
79000~89000	12	38.71	74.19
89000~99000	3	9.68	83.87
99000~109000	2	6.45	90.32
109000~119000	1	3.23	93.55
119000 以上	2	6.45	100.00
合计	31	100.00	—

从表 2-3 可知,79000~89000 收入段的地区最多。

计算等距分组数据的众数有两种方法:一是用众数所在组的组中值估计分组数据的众数。二是根据下面的公式来计算:

$$下限公式:M_0 = L + \dfrac{\Delta_1}{\Delta_1 + \Delta_2} \cdot d \tag{2.7}$$

$$上限公式:M_0 = U - \dfrac{\Delta_2}{\Delta_1 + \Delta_2} \cdot d \tag{2.8}$$

式中,L 表示众数所在组的下限;U 表示众数所在组的上限;Δ_1、Δ_2 分别表示众数所在组的频数与前一组、后一组频数之差;d 表示众数所在组的组距。

该例中 79000~89000 收入段的地区有 12 个,最多,则该组为众数所在的组,将有关数据代入下限(或上限)公式中计算众数:

下限公式：$M_0 = L + \dfrac{\Delta_1}{\Delta_1 + \Delta_2} \cdot d$

$$= 79000 + \frac{12 - 9}{(12 - 9) + (12 - 3)} \times (89000 - 79000) = 81500(元)$$

平均数、中位数和众数是描述数据水平的三个主要统计量。要理解它们并不困难，但要合理使用则需要了解它们的不同特点和应用场合。平均数易被多数人理解和接受，实际中用的也较多，但它的主要缺点是更容易受少数极端数值的影响，对于严重偏态分布的数据，平均数的代表性较差。中位数和众数提供的信息不像平均数那样多，但它们也有优点，如不受极端值的影响，具有统计上的稳健性，当数据为偏态分布，特别是偏斜程度较大时，可以考虑选择中位数和众数，这时它们的代表性要比平均数好。当数据呈单峰对称分布时，均值、中位数、众数三者大小相等；当呈左偏分布时，三者大小关系为：众数>中位数>均值；呈右偏分布时，三者大小关系为：均值>中位数>众数。

二、数据离散程度的测度

在我们生活的世界里，人们看到的数据经常是均值、众数、中位数等集中趋势的统计指标，用以反映事物的一般水平及总体的集中趋势现象。这种趋势现象是建立在将纷杂个性化的数据抽象化的基础之上，这种抽象化掩盖了现实社会中丰富多彩的现实世界。如：我们研究人均收入和人均 GDP 时，经常忽略人均状况下的贫富差距。假设有甲、乙两个地区，其 2020 年的人均收入水平都在 78000 元左右，但是这两个地区的收入差异却不一样。如果甲地区的居民年收入都在 78000 元左右，差异不大，则平均收入的代表性比较好；而乙地区的居民年收入差异较大，收入在 78000 元左右的居民并不多，则平均收入水平的代表性较差。因此，甲、乙两个地区的收入水平并不完全相同。所以不仅需要对现象的集中趋势进行分析，而且还需进行差异程度分析即离散程度分析。研究事物现象的差异性，从差异性的事物现象中，寻求解决差异性的一些方法。反映数据离中趋势或离散程度(dispersion)的常用测度指标有：异众比率、极差、四分位距、平均差、标准差、方差和离散系数等。

（一）异众比率

异众比率(variation ratio)是指非众数组的频数占总频数的比率，其计算公式为

$$V_r = 1 - \frac{f_0}{\sum f_i} \tag{2.9}$$

其中，f_0 为众数组的频数。

异众比率主要用于衡量众数对一组数据的代表程度。异众比率越大，说明非众数组的频数占总频数的比重越大，众数的代表性越差；异众比率越小，说明非众数组的频数占总频数的比重越小，众数的代表性越好。异众比率主要适合测度分类数据的离散程度，对于顺序数据以及数值型数据也可以计算异众比率。

（二）极差

极差又称全距(range),是最简单的离散指标,它是一组数据中的最大值和最小值之差,用 R 表示。其计算公式为:

$$R = \max(x_i) - \min(x_i) \tag{2.10}$$

式中,$\max(x_i)$ 和 $\min(x_i)$ 分别表示一组数据的最大值和最小值。

(三)四分位距

四分位距(interquartile)是上下四分位数之差,也称为样本的内距或四分位差,用 Q_d 表示。其计算公式为:$Q_d = Q_U - Q_L$。

四分位距反映了中间50%数据的离散程度,其数值越小,说明中间的数据越集中;其数值越大,说明中间的数据越分散。四分位距不受极值的影响。此外,由于中位数处于数据的中间位置,因此四分位距的大小在一定程度上也说明了中位数对一组数据的代表程度。四分位距主要用于测度顺序数据的离散程度。对于数值型数据也可以计算四分位距,但它不适合分类数据。

(四)平均差

平均差是一组数据与其均值之差的绝对值的平均数,也称为平均绝对差(mean absolute deviation,简称MAD)。它利用了全部数据计算,因此容易受到极端值的影响,主要用于数值型数据。因其数学性质较差,不常使用。其计算公式为:

$$未分组:MAD = \frac{\sum |x_i - \bar{x}|}{n} \tag{2.11}$$

$$已分组:MAD = \frac{\sum |x_i - \bar{x}|f}{\sum f} \tag{2.12}$$

(五)方差与标准差

方差(variance)是将各个变量值与其均值离差平方的平均数。它反映了样本中各个观测值到其均值的平均离散程度;标准差(standard deviation)是方差的平方根。方差与标准差的计算公式见表2-5。

表2-5　方差及标准差计算公式

	方差		标准差	
	总体	样本	总体	样本
未分组数据	$\sigma^2 = \dfrac{\sum_{i=1}^{n}(X_i - \bar{X})^2}{n}$	$s^2 = \dfrac{\sum_{i=1}^{n}(x_i - \bar{x})^2}{n-1}$	$\sigma = \sqrt{\dfrac{\sum_{i=1}^{n}(X_i - \bar{X})^2}{n}}$	$s = \sqrt{\dfrac{\sum_{i=1}^{n}(x_i - \bar{x})^2}{n-1}}$
分组数据	$\sigma^2 = \dfrac{\sum_{i=1}^{K}(X_i - \bar{X})^2 f_i}{\sum_{i=1}^{K} f_i}$	$s^2 = \dfrac{\sum_{i=1}^{k}(x_i - \bar{x})^2 f_i}{\sum_{i=1}^{k} f_i - 1}$	$\sigma = \sqrt{\dfrac{\sum_{i=1}^{K}(X_i - \bar{X})^2 f_i}{\sum_{i=1}^{K} f_i}}$	$s = \sqrt{\dfrac{\sum_{i=1}^{k}(x_i - \bar{x})^2 f_i}{\sum_{i=1}^{k} f_i - 1}}$

需要指出的是,从方差看,总体方差的分母为 n ,而样本方差的分母却为 $n-1$(自由度),这是因为当我们用 $n-1$ 为自由度的样本方差 s^2 去估计总体方差 σ^2 时,它恰好是 σ^2 的无偏估计量。

为什么样本标准差使用被称为自由度的 $n-1$,而总体的标准差使用 n 呢?这是因为自由度是指一组数据中可以自由取值的个数,当样本数据的个数为 n 时,其样本均值是确定的,只有 $n-1$ 个数据可以自由取值,其中必有一个数据不能自由取值。所以,样本的标准差只能除以 $n-1$,而不能除以 n。如:假定一个样本有 3 个数值4、5、9,它的样本均值 = 6,当我们自由取值 4 和 9 时,另一个数据就不能自由取值了,它必然取 5 这个数字。

在一个统计样本中,其标准差越大,说明它的各个观测值分布的越分散,它的集中趋势就越差。反之,其标准差越小,说明它的各个观测值分布得越集中,它的集中趋势就越好。

【例 2.8】这里仍用【例 2.1】的数据为例。2019 年华北地区城镇单位从业人员平均工资水平如表 2-1 所示。

计算华北地区城镇单位从业人员平均工资的极差为:

最大值 − 最小值 = 166803 − 69551 = 97252(元)

计算华北地区城镇单位从业人员平均工资的方差与标准差为:

首先,计算平均的平均工资,这在前面的【例 2.1】中已经计算过了,

$$\bar{x} = \frac{\sum_{i=1}^{n} x_i}{n} = 99575(元)$$

然后按方差的计算公式计算方差:

$$\sigma^2 = \frac{\sum_{i=1}^{n}(x_i - \bar{x})^2}{n} = \frac{(166803 - 99575)^2 + (108002 - 99575)^2 + (72956 - 99575)^2}{5}$$

$$+ \frac{(69551 - 99575)^2 + (80563 - 99575)^2}{5}$$

$$= 1312417239$$

$$\sigma = \sqrt{1312417239} \approx 36227(元)$$

同时,东北地区的平均工资数据如表 2-6。

表 2-6 东北地区城镇单位从业人员平均工资水平数据

单位:元

辽宁省	吉林省	黑龙江省
72891	73813	68416

我们计算得到东北地区的平均工资数据的平均值是 71706.67,标准差为 2357 的话,则说明东北地区的平均工资的差异程度小于华北地区的平均工资差异。

根据分组后数据的频数分布数列数据资料计算方差需要采用加权平均法。其计算公

式为:

$$\sigma^2 = \frac{\sum_{i=1}^{n}(x_i - \bar{x})^2 f}{\sum_{i=1}^{n} f} = \frac{\sum x^2 f}{\sum f} - \left(\frac{\sum xf}{\sum f}\right)^2$$

【例 2.9】这里仍用【例 2.2】的数据。考虑到华北地区各省市的城镇从业人员人数,那么华北地区城镇单位从业人员平均工资的方差与标准差的计算将采用加权的公式。

首先,【例 2.2】中计算得到平均工资的平均值为:

$$\bar{x} = \frac{\sum xf}{\sum f} \approx 108712(元)$$

下面计算平均工资的加权方差与标准差:

$$\sigma^2 = \frac{\sum_{i=1}^{n}(x_i - \bar{x})^2 f}{\sum_{i=1}^{n} f} = \frac{(166803 - 108712)^2 \times 791.3}{2358.7} + \frac{(108002 - 108712)^2 \times 269.4}{2358.7}$$

$$+ \frac{(72956 - 108712)^2 \times 576}{2358.7} + \frac{(69551 - 108712)^2 \times 441.1}{2358.7}$$

$$+ \frac{(80563 - 108712)^2 \times 280.9}{2358.7}$$

$$\approx 1825530664$$

$$\sigma \approx 42726(元)$$

在上面的【例 2.8】中,华北地区的平均工资和东北地区的平均工资的标准差、方差和极差都已经计算出来,能否直接利用标准差比较华北地区的平均工资和东北地区的平均工资的差异程度呢? 从两者的标准差来看,华北地区的平均工资的标准差要大于东北地区的平均工资的标准差,是否说明华北地区的平均工资的差异程度要大于东北地区的平均工资的差异程度? 由于两者平均工资的均值不同,因此还不能直接利用标准差的大小进行比较,应该先计算离散系数,然后再进行比较。

(六)离散系数

为什么要计算离散系数? 因为标准差的大小会受到数据本身数值大小或者计量单位不同的影响,如数列 1、2、3、4、5 的均值 = 3,标准差 = 1.58;而数列 1001、1002、1003、1004、1005 的均值 = 1003,标准差 = 1.58。虽然这两个数列的标准差相同,但是两数列的差异程度却不相同。明显地,第一个数列的差异程度要大于第二个数列。同样地,假设数列 1、2、3、4、5 是以米为单位计量的,但若改用厘米为计量单位,则数列就变为 100、200、300、400、500,其均值 = 200,标准差 = 158。这时不能说数列的离散程度发生了变化。所以为了更准确地反映研究现象的差异程度,我们要计算离散系数。

离散系数(dispersion coefficient)也称作变异系数、标准差系数,它是将一组数据的标准差除以其均值,用来测度数据离散程度的相对数。其计算公式是:

$$总体数据的离散系数：V_\sigma = \frac{\sigma}{\bar{x}} \qquad\qquad (2.13)$$

$$样本数据的离散系数：V_s = \frac{s}{\bar{x}} \qquad\qquad (2.14)$$

【例2.10】华北地区的平均工资和东北地区的平均工资差异程度比较。需要计算离散系数：

$$V_\sigma(华北) = \frac{\sigma}{\bar{x}} = \frac{36227}{99575} \approx 0.36$$

$$V_\sigma(东北) = \frac{\sigma}{\bar{x}} = \frac{2357}{71707} \approx 0.03$$

经过比较，可以看到，华北地区的平均工资高于东北地区，且东北地区职工平均工资的差异程度要小于华北地区。

（七）标准分数

标准分数(Z-score)也称作标准化值或Z分数，它是变量值与其平均数的离差除以标准差后的值，用以测定某一个数据在该组数据中的相对位置。其计算公式为：

$$z_i = \frac{x_i - \bar{x}}{s} \qquad\qquad (2.15)$$

标准分数最大的用途是可以把两组数据中的两个不同均值、不同标准差的数据进行对比，以判定它们在各组中的相对位置。

【例2.11】在【例2.1】数据中，河北省城镇单位从业人员平均工资为72956元，在【例2.8】中，辽宁省城镇单位从业人员平均工资为72891元，那么两个省份的平均工资在各自所在地区相对高一些呢？

前面的计算中我们知道华北地区平均工资的均值是99575元、标准差36227元，东北地区平均工资的均值是71701元、标准差是2357元。通过计算他们的标准分数，我们得知：

$$河北省平均工资的标准分数：z_i = \frac{x_i - \bar{x}}{s} = \frac{72956 - 99575}{36227} \approx -0.73$$

$$辽宁省平均工资的标准分数：z_i = \frac{x_i - \bar{x}}{s} = \frac{72891 - 71701}{2357} = 0.5$$

很显然，辽宁省平均工资处于高于东北地区平均工资的均值0.5个标准差位置，而河北省平均工资处于低于华北地区平均工资的均值的0.73个标准差位置。所以，辽宁省平均工资在东北地区的相对位置要高于河北省平均工资在华北地区的相对位置。

三、数据分布形状的度量

集中趋势和离散程度是数据分布的两个重要特征。但要全面了解数据分布的特点，我们还须知道数据分布的形态是否对称,偏斜程度以及分布的扁平程度如何。偏态和峰态可以用来测度数据的分布形状。

(一)偏态系数

数据的不对称性称为偏态(skewness),测度数据的偏斜程度用偏态系数(SK)。偏态系数的计算方法有很多(如皮尔逊偏态系数、鲍莱偏态系数、矩偏态系数等)。根据未分组原始数据计算偏态系数时,通常采用下列公式:

$$SK = \frac{n \sum (x_i - \bar{x})^3}{(n-1)(n-2) s^3} \tag{2.16}$$

对于分组数列,其计算公式为:

$$SK = \frac{\sum (M_i - \bar{x})^3 f_i}{ns^3} \tag{2.17}$$

偏度系数越大,表示数据分布的偏斜程度越大。当分布对称时,离差三次方后正负离差相互抵消,偏态系数的分子为零;当分布不对称时,离差三次方后正负离差不能抵消,偏态系数的分子不为零。当 SK 大于零时,表示正偏离差数值较大,可判断为正偏或右偏;反之可判断为负偏或左偏。如图 2-1 所示。

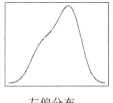
左偏分布

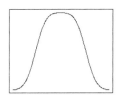
对称分布

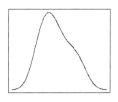
右偏分布

图 2-1　偏态分布示意图

(二)峰态系数

数据分布的平峰或尖峰程度称为峰态(kurtosis)。测量数据的偏态程度用峰度系数(K),将随机变量的四阶中心矩与其标准差的四次方相除,所得比率即为峰度系数。根据未分组原始数据计算峰态系数时,通常采用下列公式:

$$K = \frac{n(n+1) \sum (x_i - \bar{x})^4 - 3\left[\sum (x_i - \bar{x})^2\right]^2 (n-1)}{(n-1)(n-2)(n-3) s^4} \tag{2.18}$$

对于分组数列,其计算公式为:

$$K = \frac{\sum (M_i - \bar{x})^4 f_i}{ns^4} - 3 \tag{2.19}$$

峰态通常是与标准正态分布相比较而言的。如果数据服从标准正态,则峰度系数等

于零;若峰度系数的值明显不为零,则表明数据的分布比正态分布更平或更尖,如图 2-2
所示。

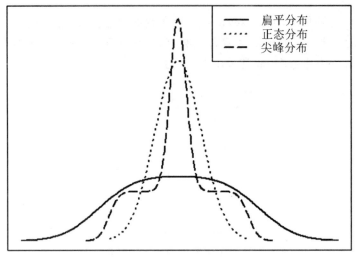

图 2-2　峰态分布示意图

第二节　用表格描述数据

我们生活在充满各种曲线和图表的世界里,统计表格对于大家来说一点都不陌生。
它让人们更加直观地了解我们生活的世界。由于不同类型的数据其特征不同,在利用表
格对其进行描述时步骤也不相同,但是无论数据是何种类型,我们都可以使用频数分布表
来对其进行描述。

一、非数值型数据的频数分布表

非数值型数据本身就是对事物现象属性特征的观测结果。换言之,只要先把所有的
属性特征都列示出来,然后观测出每一属性特征的频数(frequency),就是一张频数分布表
(frequency distribution)。频数分布表中落在某一特定属性特征的数据个数称为次数或频
数,各组频数与各组次数总和之比称为频率(relative frequency)。频数分布包含了很多有
用的信息,通过它可以观察不同属性特征数据的分布情况。例如,通过人口调查可以了解
各地区人口性别结构的分布、人口文化程度的结构分布等;通过社会中不同收入阶层的人
数分布了解收入的分配状况等。

非数值型数据包括分类数据和顺序数据,其本身就是对事物的一种分组。因此,只要
先把所有的类别都列出来,然后统计出每一类别的数据个数(即频数),进一步就可形成
分组列表,即频数分布表。如将人口按性别分为男、女两组并统计出其各自的频数;按经
济类型将企业划分为国有企业、集体企业、私营企业、外商独资企业、中外合资企业等等。

【例2.12】将2019年北京城镇从业人员按其所在企业的登记注册类型分组,并进行统计,形成下面频数分布表(见表2-7):

表2-7 2019年北京城镇从业人员按企业登记注册类型的频数分布表

企业按登记注册类型分类	从业人员人员数(万人)
国有单位	170.8
集体单位	14.9
联营单位	0.2
有限责任公司	327.0
股份有限公司	112.6
外商投资	74.5
港澳台商投资	71.1
私营企业	372.6
个体	35.0
其他	20.2
合计	1198.9

【例2.13】以我国2019年人口抽样调查样本数据为例,下表是1091876个被调查者分年龄段的人数,形成了如表2-8所示的频数分布表。

表2-8 2019年我国人口抽样调查的年龄分布表

年龄	人口数(人)	年龄	人口数(人)
0-4岁	62722	50-54岁	93125
5-9岁	60701	55-59岁	74068
10-14岁	59844	60-64岁	60712
15-19岁	55822	65-69岁	55086
20-24岁	61519	70-74岁	35665
25-29岁	81741	75-79岁	22610
30-34岁	93971	80-84岁	14322
35-39岁	77703	85-89岁	7036
40-44岁	77044	90-94岁	2113
45-49岁	95621	95岁以上	450

通过简单求和计数,我们可以得到如表2-9所示的整合后的频数分布表。

表 2-9　整合后的被调查人年龄段数据

年龄	人口数（人）	年龄	人口数（人）
0-9 岁	123423	50-59 岁	167193
10-19 岁	115666	60-69 岁	115798
20-19 岁	143260	70-79 岁	58275
30-39 岁	171674	80 岁以上	23921
40-49 岁	172665		

二、数值型数据的频数分布表

生成数值型数据的频数分布表时,首先是将数据进行分组,然后再统计出各组别的数据频数。下面结合具体实例说明定量数据频数分布表的生成过程。

【例2.14】我国各地区2019年按登记注册类型分城镇单位就业人员平均工资数据见表2-10。现根据该数据生成频数分布表以了解其分布特征。

表 2-10　2019 年各地区城镇单位就业人员平均工资

单位:元

地区	平均工资	地区	平均工资
北京市	166803	湖北省	79303
天津市	108002	湖南省	74316
河北省	72956	广东省	98889
山西省	69551	广西壮族自治区	76479
内蒙古自治区	80563	海南省	82227
辽宁省	72891	重庆市	86559
吉林省	73813	四川省	83367
黑龙江省	68416	贵州省	83298
上海市	149377	云南省	86585
江苏省	96527	西藏自治区	118118
浙江省	99654	陕西省	78361
安徽省	79037	甘肃省	73607
福建省	81814	青海省	90929
江西省	73725	宁夏回族自治区	83947
山东省	81446	新疆维吾尔自治区	79421
河南省	67268		

首先,要对数据进行分组。统计分组有"分"与"合"两重含义,即通过统计分组将不同性质的单位区分开来,同时把相同性质的单位合并在一起,从而显示出数据的分布特性。因此,统计分组的关键一是选择分组变量,二是划分各组界限。分组数的多少要根据数据本身的特点及数据的多少来确定,一般情况下以能够适当观察数据的分布特征为准。可以采用斯德吉斯(Sturges)提出的经验公式确定:

$$K = 1 + \frac{log\ (n)}{log\ (2)} \tag{2.20}$$

其中,K 表示组数;n 表示数据个数,$2^K > n$。

一般的分组个数在 5~15 之间。本例数据共有 31 个,所以分成 7 组即可。

其次,要确定组距。在组数确定的情况下,组距等于全距(全部数据中的最大值与最小值之差)除以组数。本例中,最大值 = 166803,最小值 = 67268,两者之差 = 99535,组距 = 99535/7 = 14219.29。为便于计算,取整 10000 即可。

各组的组距是各组的最大差异,即各组变量值中的最大值(即上限,各组中较大的数值)与最小值(即下限,各组中较小的数值)之差。每一组组距都相等的数列称为等距数列,每一组组距不全相等的数列称为不等距数列或异距数列。各组组中值等于上限与下限之和除以 2。即:

各组组距 = 上限 - 下限　　　各组组中值 =(上限 + 下限)/2

在确定组限时,第一组的下限应小于最小值,最后一组的上限应高于最大值。因此,本例中每组的下限与上限分别为:59000 - 69000,69000 - 79000,79000 - 89000,89000 - 99000,99000 - 109000,109000 - 119000,119000 以上。在确定组距时,一般应当遵循下列原则:

首先,要考虑各组的划分是否能区分总体内部各个组成部分的性质差别。如果不能正确反映各部分质的差异,必须重新分组。例如,按学生百分制成绩分组,必须要有 60 分的组限,否则不能反映是否及格的本质区别。

其次,要能准确、清晰地反映总体单位的分布特征。在确定组距时,当研究的现象变动比较均匀时,可以采用等距分组;而当研究的现象变动很不均匀时,例如急剧的增长或急剧的下降,波动的幅度很大时,则一般采用不等距分组。例如,在反映居民人均可支配年收入水平时,往往对收入指标采用不等距的分组方法,即年收入水平可分为 5500 元及以下、5500 - 13000 元、13000 - 21000 元、21000 - 32000 元、32000 - 60000 元、60000 元及以上。这是因为多数居民的人均可支配年收入水平在 30000 元以内,而只有少数人在高收入水平。在实际工作中,要结合实际情况确定各组的组距。

最后,统计出各组的频数得出频数分布表。在统计各组频数时,若相邻两组的上下限重叠,恰好等于某一组上限的变量值不算在本组内,而计算在下一组内,即采取"上限不在内"的原则,以保证一项数据只被分在某一组。

表 2-11　2019 年各地区城镇单位就业人员平均工资频数分布表

组距	频数
59000-69000	2
69000-79000	9
79000-89000	12
89000-99000	3
99000-109000	2
109000-119000	1
119000 以上	2
合计	31

第三节　用图形描述数据

图形让人非常容易理解,并且能够快速传递大量信息。故此,统计工作中总是采用各种形式活泼、简洁的图形来描述数据,从而尽可能快速高效地将数据中隐藏的信息表达出来。常用来描述数值型数据的统计图形有:直方图、箱线图、折线图、气泡图、雷达图等。非数值型数据则通常可采用饼图、条形图、环形图、帕累托图等图形来展示。

一、直方图

直方图(histogram)是常见且非常重要的一种描述数值型数据图形。它的横坐标代表变量各组的界限,纵坐标代表各变量值出现的频数或频率,各组与相应的频数就形成了一个矩形,即直方图。直方图用矩形的面积来表示各组的频数分布,但对于不等距分组其纵

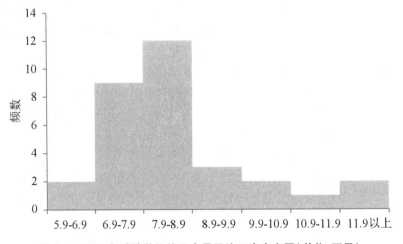

图 2-3　2019 年城镇单位就业人员平均工资直方图(单位:万元)

轴必须表示为频数密度:

频数密度=频数/组距(面积之和=总频数)

【例2.15】仍然使用【例2.14】的数据。我国 2019 年各地区城镇单位就业人员平均工资数据见表 2-10。现采用 Microsoft Excel 软件根据该数据生成直方图,了解其分布特征。

从图 2-3 可以直观地看出,城镇单位就业人员平均工资的分布略微有一点右偏,平均工资在 79000~89000 元之间的地区最多。

二、箱线图

箱线图(boxplot)也可称为盒式图、盒须图,也是用于描述数据分布特征的一种图形,常用于显示未分组原始数据的分布。

箱线图由一组数据的 5 个特征值绘制而成,形式上它由一个箱子和两条线段组成,其绘制方法是:首先找出一组数据的 5 个特征值,即最大值、最小值、中位数(mean 或 Q2)和两个四分位数(下四分位数或 QL 或 Q1,上四分位数或 QU 或 Q3),连接两个四分位数画出箱子,再将两个极值点与箱子相连接。

【例2.16】请用如下 6 个数据绘制箱线图:2,4,6,8,10,12。按照中位数和分位数的定义,得到:Q1=4,Q2=7,Q3=10。并且有最小值是 2,最大值是 12。这样可以做出该数据的箱线图,如图 2-4 所示。

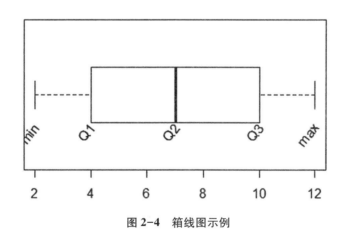

图 2-4　箱线图示例

其中,Q1、Q2、Q3 分别表示数据的下四分位数、中位数和上四分位数。

通过箱线图的形状可以看出数据分布的特征。图 2-5 就是几种不同的箱线图与其所对应的分布形状的比较。

【例2.17】仍然使用【例2.14】的数据。我国 2019 年各地区城镇单位就业人员平均工资数据见表 2-10。现采用 R 软件根据该数据生成箱线图,了解其分布特征。

从图 2-6 的箱线图可以看出,我国 2019 年各地区城镇单位就业人员平均工资呈现右偏分布。

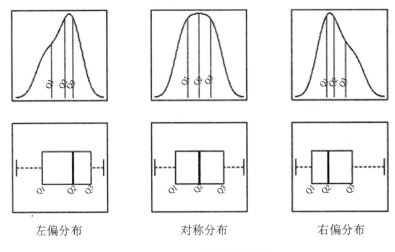

左偏分布   对称分布   右偏分布

图 2-5　不同分布的箱线图

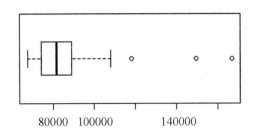

图 2-6　2019 年城镇单位就业人员平均工资箱线图

三、茎叶图

茎叶图(stem & leaf)是由数字形式的茎(stem)和叶(leaf)两部分构成,反映原始数据分布的图形。通过茎叶图,可以看出数据的分布形状及数据的离散状况。主要用于显示未分组原始数据的分布。如,分布是否对称、数据是否集中、是否有离群点等等。

绘制茎叶图的关键是设计好树茎。制作茎叶图时,首先把一个数字分成两部分,高位数与低位数。通常是以该组数据的高位数值作为树茎,而低位数作其叶。低位数生成叶子时,又只保留 1 位数来表示低位数。一般将低位数四舍五入后再取其最高位来表示。例如,125 分成 12|5,12 分成 1|2,1.25 分成 12|5(单位:0.01),67268 分成 6|7(单位10000),等等。前部分是树茎,后部分是树叶。树茎一经确定,树叶就自然地长在相应的树茎上了。

茎叶图类似于横置的直方图。与直方图相比,茎叶图既反映数据的分布状况,又能保留原始数据的大致信息,而直方图虽然能很好地显示数据的分布,但不能保留原始的数值;在应用方面,直方图通常适用于大批量数据,而茎叶图通常适用于小批量数据。

【例2.18】仍然使用【例2.14】的数据。采用 R 软件根据我国2019年各地区城镇单位就业人员平均工资数据做的茎叶图,如下图2-7所示。

The decimal point is 4 digit(s) to the right of the |

```
 6 | 78
 7 | 033444468999
 8 | 112233477
 9 | 179
10 | 08
11 | 8
12 |
13 |
14 | 9
15 |
16 | 7
```

图2-7 2019年城镇单位就业人员平均工资茎叶图

图中 | 左边部分是茎,| 右边部分是叶。图中第一行的文字是对两部分合起来得到原始数据的说明。这里是说原始数据的小数点位置在 | 后面第四位。这样从图中第一行的茎和叶可以得到两个原始数据分别在67000与68000左右。同样,图中第二行的茎叶表示原始数据中有1个原始数据在70000左右,有两个数据在73000左右,有4个数据在74000左右等等。

茎叶图的主要作用是可以反映未经分组数据的分布特征,图2-7显示出70000-79000的数据最多,而110000以上的数据较少,表现出高工资地区少,低工资地区多的总体特征。若在图中线将每个茎后的叶框上,就近似为横着的直方图了。当然,茎叶图除了可以反映数据的分布特征外,其还保留了原始数据资料,这是直方图无法做到的。

四、折线图

折线图(line chart)是利用线段的升降起伏来表现描述的变量在一段时期内变动情况的图形,主要用于显示时间数列的数据,以反映事物发展变化的规律和趋势。

【例2.19】这里使用【例2.3】2019年城镇单位就业人员平均工资的汇总资料绘制折线图。在图2-8中的横坐标是平均工资水平,纵坐标是每组地区的个数。

由图2-8可以看出,6.9-8.9万元的地区个数相对于其他地区的数量较多。

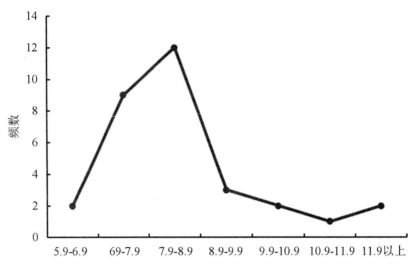

图2-8　2019年城镇单位就业人员平均工资折线图(单位:万元)

五、气泡图

气泡图(bubble chart)是可用于展示三个变量之间关系的图形。绘制气泡图时将一个变量放在横轴,另一个变量放在纵轴,第三个变量则用气泡的大小来表示。

【例2.20】根据表2-12中2018年华北和东北地区的马铃薯产量、有效灌溉面积(千公顷)、农用化肥施用折纯量(万吨)数据绘制的气泡图如图2-9所示。

表2-12　2018年华北和东北地区的马铃薯产量

地区	马铃薯产量(万吨)	有效灌溉面积(千公顷)	农用化肥施用折纯量(万吨)
北京市	0	109.67	7.29
天津市	0.37	304.66	16.95
河北省	106.06	4492.33	312.40
山西省	45.33	1518.68	109.61
内蒙古自治区	149.51	3196.52	222.67
辽宁省	29.97	1619.33	145.02
吉林省	35.33	1893.05	228.30
黑龙江省	79.31	6119.57	245.64

图2-9中,气泡的大小表示产量的大小。由图可知,随着灌溉面积的增加,马铃薯的产量有增加的趋势;随着化肥用量的增加,马铃薯的产量也有提高的趋势(气泡有变大的趋势)。

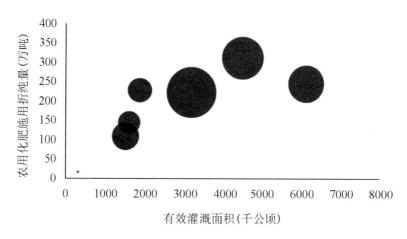

图 2-9　马铃薯产量气泡图

六、雷达图

雷达图(radar)是显示多个变量的常用图示方法,也称为蜘蛛图(spider)。设有 n 组样本 S_1, S_2, ⋯, S_n, 每个样本测得 P 个变量 X_1, X_2, ⋯, X_p。要绘制这 P 个变量的雷达图,具体做法是:先画一个圆,然后将圆 P 等分,得到 P 个点,令这 P 个点分别对应 P 个变量,再将这 P 个点与圆心连线,得到 P 个辐射状的半径,这 P 个半径分别作为 P 个变量的坐标轴,每个变量值的大小由半径上的点到圆心的距离表示,再将同一样本的值在 P 个坐标上的点连线,如此由 n 个样本所形成的 n 个多边形就是一张雷达图。雷达图在显示或对比各变量的数值总和时十分有用。假定各变量的取值具有相同的正负号,则总的绝对值与图形所围成的区域成正比。此外,利用雷达图也可以研究多个样本之间的相似程度。

【例 2.21】根据表 2-13 中 2019 年我国城乡居民家庭平均每人各项生活消费支出构成绘制雷达图。

表 2-13　2019 年我国城乡居民家庭平均每人各项生活消费支出构成

单位:%

项目	城镇居民支出比例	农村居民支出比例
食品烟酒	27.55	30.00
衣着	6.53	5.35
居住	24.16	21.54
生活用品及服务	6.02	5.73
交通通信	13.08	13.78
教育文化娱乐	11.86	11.12
医疗保健	8.13	10.66
其他用品及服务	2.66	1.81

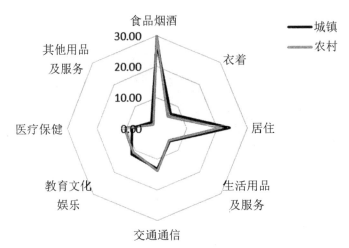

图 2-10　城乡居民家庭平均每人各项生活消费支出构成的雷达图

从图 2-10 中可以看出,无论是城镇居民还是农村居民,其家庭消费支出中食品烟酒支出的比重都最大,其他用品及服务支出的比重都最小;除食品烟酒支出和医疗保健支出、交通通信,城镇居民的支出比重都高于农村;城镇居民支出和农村居民支出在结构上具有很大的相似性。

七、散点图

散点图(scatter)是在直角坐标系中用相对应的两个变量值作为图中一个点的横坐标和纵坐标描点得到的图形,是观察两个变量之间的相关程度和类型最直观的方法。

【例 2.22】2017 年各地区批发零售业和住宿餐饮业全社会固定资产投资如下表(见表 2-14):

表 2-14　两行业全社会固定资产投资额

单位:亿元

地区	批发和零售业	住宿和餐饮业	地区	批发和零售业	住宿和餐饮业	地区	批发和零售业	住宿和餐饮业
北　京	30.66	10.76	浙　江	276.11	331.80	海　南	47.32	84.09
天　津	740.66	74.01	安　徽	605.58	193.48	重　庆	218.41	153.64
河　北	798.17	209.04	福　建	713.46	214.11	四　川	463.59	410.35
山　西	103.98	27.60	江　西	877.43	215.26	贵　州	317.55	221.01
内蒙古	374.14	98.79	山　东	1899.89	425.51	云　南	382.80	358.58
辽　宁	113.37	72.88	河　南	1267.76	435.06	西　藏	32.78	26.15
吉　林	554.74	183.55	湖　北	632.80	257.41	陕　西	655.70	286.70
黑龙江	838.23	248.38	湖　南	1341.08	355.90	甘　肃	184.64	102.75
上　海	19.75	13.83	广　东	709.20	312.08	青　海	41.00	40.55
江　苏	1652.39	418.89	广　西	663.69	248.76	宁　夏	42.04	16.60
						新　疆	181.00	97.44

根据表 2-14 数据绘制出批发零售业和住宿餐饮业两个行业的全社会固定资产投资额的散点图如下（见图 2-11）：

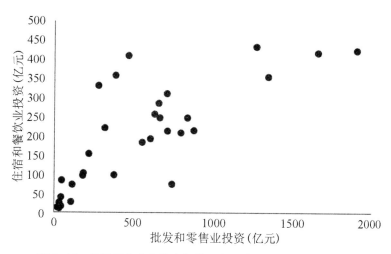

图 2-11　批发零售业和住宿餐饮业全社会固定资产投资额散点图

从图 2-11 可以看出，随着批发零售业全社会固定资产投资额的提高，住宿餐饮业全社会固定资产投资额也在逐步增高，两者之间呈现同方向（正相关）的变化。

八、条形图

条形图（bar chart）也叫柱形图，是用宽度相同的条形高度或长短来表示数据变动的图形，用于观察不同类别数据的多少或分布情况，有单式条形图和复式条形图等形式。绘制条形图时，各类别可以放在纵轴，也可以放在横轴。

【例 2.23】仍然使用【例 2.3】的数据。我国 2019 年各地区城镇单位就业人员平均工资数据见表 2-4。现采用 Excel 根据该数据生成柱形图，了解其分布特征。

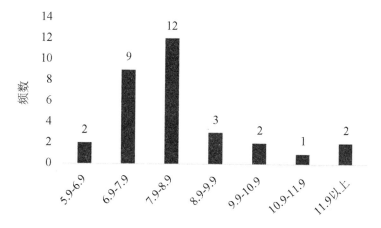

图 2-12　各地区城镇单位就业人员平均工资统计数据图

从每一条的高度可以看出每个平均工资组的地区数目。也可以用柱形图对定量数据进行展示。

【例2.24】根据表2-13中2019年我国城镇居民家庭平均每人各项生活消费支出构成绘制柱形图。

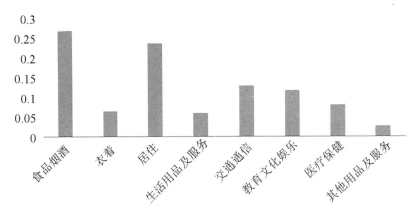

图2-13 城镇居民家庭平均每人各项生活消费支出构成柱形图

从上图可以看到,2019年我国城镇居民家庭平均每人各项生活消费支出中食品烟酒支出比例最高。

条形图与直方图看起来很相像,但有不同:①条形图是用条形的高度表示各类别频数的多少,其宽度(表示类别)则是固定的;直方图是用面积表示各组频数的多少,矩形的高度表示每一组的频数或百分比,宽度则表示各组的组距,其高度与宽度均有意义;②直方图的各矩形通常是连续排列,条形图则是分开排列。

九、饼图

饼图(pie chart)又称圆饼图、圆形图等,它是利用圆形及圆内扇形面积来表示数值大小的图形。饼图用于表示一个样本(或总体)中各组成部分的数据在全部数据中的比重,主要用于结构性问题研究,如三产结构、消费结构、性别结构、年龄结构等。

【例2.25】仍以【例2.13】的数据中年龄的分类资料表2-8为例,可以画出饼图,如图2-14所示。

从饼图中可以清楚地看到,这1091876名调查者中,40-49岁的被调查者最多,占全部调查人数的15.81%。与之比例差不多的是40-49岁的人群与50-59岁的人群。其他年龄段人口比例较低。

十、环形图

饼图只能显示一个样本(或总体)各组成部分所占的比重,而环形图(donut)可以反映多个样本(或总体)之间的结构差异。环形图由若干个"空心圆"组成,每一个样本(或总体)用一个环来表示,样本(或总体)中的每一部分数据用环中的一段表示。环形图可用

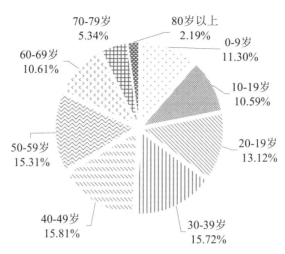

图 2-14 不同年龄段饼图

于结构比较研究,主要用于展示分类数据和顺序数据。

【例2.26】仍然以【例2-13】中的数据为例,我们如果想分析不同年份的年龄分布情况,可以绘制环形图来展示。首先,利用产生频数表的方法整理出不同年份的年龄分布表,见表2-15。

表 2-15 三年的年龄分布表

年龄	2019 年	2018 年	2017 年
0-9 岁	123423	130715	131627
10-19 岁	115666	120506	119978
20-29 岁	143260	161027	173886
30-39 岁	171674	175087	171512
40-49 岁	172665	185958	193189
50-59 岁	167193	166694	156583
60-69 岁	115798	122813	119596
70-79 岁	58275	57609	55143
80岁以上	23921	24236	23733

根据上表绘制环形图,见图2-15。

图中最里环表示2019年被调查者的年龄结构,中环表示2018年被调查者的年龄结构。最外环的是2017年被调查者的年龄结构。可以看到,从2017年到2019年,0-9岁,20-29岁以及40-49岁年龄段的比例减少了,其他年龄段人口比例都增加了或者变化不大。

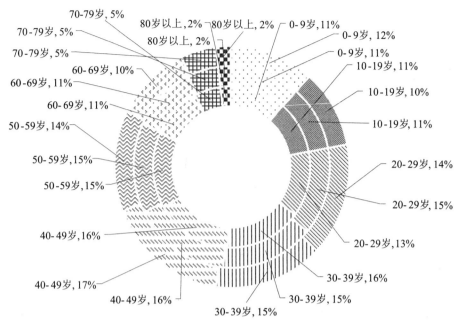

图 2-15　三年的年龄分布图

十一、帕累托图

帕累托图(Pareto)是以意大利经济学家 V. Pareto 的名字命名的,又称排列图或主次图。它是按照各类别数据的频数多少排序(即根据频率降序排列)绘制,并在同一张图中画出累积百分比。

帕累托图用双直角坐标系表示,左边纵坐标表示频数,右边纵坐标表示频率,分析线表示累积频率;通过对条形的排序,容易看出哪类数据出现的多,哪类数据出现的少。因此,帕累托图可以体现帕累托原则:数据的绝大部分存在于很少类别中,极少剩下的数据分散在大部分类别中。这两组经常被称为"至关重要的极少数"和"微不足道的大多数"。

【例 2.27】根据【例 2.12】的 2019 年北京城镇从业人员按其所在企业的登记注册类型分组数据,做出下面的帕累托图,见图 2-16。

十二、绘制统计图的注意事项

统计图在描述数据的时候虽然简单直观,但绘制统计图时应注意的事项主要包括:

第一,通过选择恰当的图形类型、刻度、长宽比例等,使图形能够准确反映数据中包含的信息:①时间一般绘在横轴,指标数据绘在纵轴;②长宽比例要适当,其长宽比例大致为10:7;③一般情况下,纵轴数据下端应从"0"开始。数据与"0"之间的间距过大时,可以采取折断的符号将纵轴折断。

第二,图形要尽量简明。图形应该突出所要传达的信息,不必要的标签、背景、网格线等会分散读者的注意力。

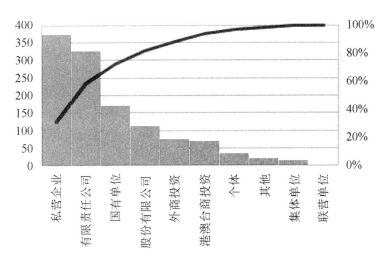

图 2-16　2019 年北京城镇从业人员帕累托图

第三,图形应该有清楚的标题和必要的说明,明确图形的含义、计量单位、坐标轴代表的变量、资料来源等。

第四,反复加工和修改是获得优秀统计图形的重要步骤。在现代大数据时代下,统计图形大都由软件绘制,不能直接应用,需要根据数据特征和研究目的进行反复修改和改善才能达到客观、直观反映数据原貌的目的。

第三章　参数估计

一位研究者要对某地区 150 万名居民的人均收入情况进行调查研究,但他的经费只够对 400 人调查。因此,他打算随机抽取 400 人进行调查,并希望这 400 人的性别、年龄、收入、受教育情况等方面对总体具有代表性。为此,他征求了统计专业人士的意见,统计人员具体说明了随机样本数据与总体数据的关系并给出建议。在这个问题中就需要我们根据样本数据估计总体特征。又如,现在某超市欲从深圳某公司购进一批净水器,国家规定该规格净水器的平均使用寿命不得低于 1000 升。为了检验该产品的质量,超市随机抽取 81 件净水器进行使用寿命的测试,测得其平均寿命为 990 升,低于国家标准,能否就此判定该公司的产品质量不合格? 此问题同样需要抽样并进行统计推断。

事实上,我们每天都在估计,气象台根据卫星提供的天空云量、风速等估计天气状况,卫生检疫局根据企业提供的产品估计产品的质量情况等。这些依据样本数据对总体数据特征进行估计、判断的过程都是统计推断(statistical inference)。统计推断的两种常见形式是:参数估计(parameter estimation)与假设检验(hypothesis testing)。其中,参数估计的方法按照给出估计的形式有点估计(point estimation)和区间估计(interval estimation)两种。

第一节　统计量与抽样分布

某地区居民收入情况、深圳某公司生产的某规格的净水器使用寿命等都是相关研究中的统计总体,每个人的收入状况是不同的,每件产品的使用寿命也是不同的,这些数据所形成的分布就是总体分布(population distribution)。由于总体中的观察值是有差别的,可以视为随机变量,如果我们用 X 表示,那么 X 的分布就是总体分布。如果我们能够得到总体的全部数据,就可以通过频数分布表、直方图等观察到总体分布。

但现实生活中我们往往观察不到总体的全部数据,如研究者没有足够经费调查该地区的所有居民 150 万人,净水器生产厂家也不允许将全部产品都用来进行实验。事实上,我们研究问题的目的也并不是为了获取这些总体的全部具体数据本身,而是为了得到这些数据的特征和规律,即我们关心的是关于总体的均值、某种比例等。这里"该地区居民的人均收入""该地区高收入人群占总人口的比例"等就是所关心的总体参数(parameter),它是对总体特征的某个概括性的度量。

参数通常是不知道的,但又是我们想要了解的总体的某种特征值。如果只研究一个总体,人们所关心的参数通常有总体均值(μ)、总体方差(σ^2)、总体比例(π)等。如果研究两个总体,人们则关心两个总体均值之差($\mu_1 - \mu_2$),两个总体比例之差($\pi_1 -$

π_2)等。

人们可以用样本统计量的某个实际取值作为相应的上述这些总体参数的估计值,这个过程叫作点估计。常用的点估计是用样本均值估计总体均值 μ,用样本比例 p 估计总体比例 π,用样本方差 s^2 估计总体方差 σ^2。在通常情况下,你花 510 元请客吃饭,聊天时你说花了 500 元请客,没有人说你错了,这就是你对你此次花费的一个大致估计。当然了,吃完饭结账时你要按 500 元结账,恐怕饭店不允许,因为付钱时必须是准确的。

一、统计量的抽样分布

总体参数虽然是未知的,但可以利用样本信息来推断。例如,我们从上述研究地区随机抽取 400 人组成一个样本,根据这 400 人的平均收入推断该地区所有人口的平均收入。这里 400 人的平均收入就是一个统计量(statistic),它是根据样本数据计算的用于推断总体的某些量,是对样本特征的某个概括性度量。因此,统计量是不含任何未知参数的样本的函数。由于样本是从总体中随机抽取的,样本具有随机性,由样本数据计算出的统计量也是随机的。所以理论上在抽样中,统计量是一个随机变量。

由样本统计量这个随机变量所形成的概率分布就是抽样分布(sampling distribution),即抽样分布就是统计量的分布,如样本均值的分布,样本比例的分布等。但当样本抽取出来以后,样本值就是已经观察到的值,这个样本的统计量就是已知的某个确定的值,是随机变量的一次实现值。

样本统计量可以看做是样本的函数,并且构成样本统计量的函数中不能包含未知参数。就一个样本而言,我们关心的统计量通常有样本均值($\bar{x}$)、样本方差(s^2)、样本比例(p)等。应该注意到,不同的样本可以计算出不同的统计量值,一个总体能构成多少个不同的样本,就可以计算出多少个统计量的值,这些不同的统计量值就形成了理论上的抽样分布。现实生活中我们不可能把所有的样本都抽取一遍,所以,我们可以观察到一个样本的统计量值,但不能观察到所有可能的统计量值。因此,抽样分布仅仅是一种理论分布。既然统计量的取值是依据样本而变化的,那么,根据统计量来推断总体参数就必然具有某种不确定性。幸运的是,我们可以给出这种推断的可靠性,而度量这种可靠性的依据正是统计量的抽样分布,并且我们确知这种分布的某些性质。因此,统计量的抽样分布提供了该统计量长远而稳定的信息,它构成了推断总体参数的理论基础。

(一)样本均值的抽样分布

设总体共有 N 个元素,从中随机抽取一个容量为 n 的样本,在重复抽样(指在抽取样本单位的时候每次只抽取一个样本单位,观察记录之后再放回到总体中参加下一次的抽样)过程中总体单位总数始终不变时,共有 N^n 种抽法,可以组成 N^n 个不同的样本,在不重复抽样(是指在抽取样本单位的时候每次只抽取一个样本单位,观察记录之后不再放回到总体中参加下一次的抽样)过程中总体单位总数始终在减少时,共有 $C_N^n = \dfrac{N!}{n!(N-n)!}$ 个可能的样本。每一个样本都可以计算出一个均值,这些所有可能的样本均值形成的分布就是样本均值的分布。但现实中不可能将所有的样本都抽出来,因此,样本均值的概率分布实际上是一种理论分布,但统计学家能够证明它服从某种分布。下面,通过一个例子说明样本均值的规律分布。

【例3.1】设一个总体含有4个元素(个体),取值分别为:$x_1 = 1, x_2 = 2, x_3 = 3, x_4 = 4$。从该总体中采取重复抽样方法抽取样本量为 $n = 2$ 的所有可能样本,写出样本均值的概率分布。

先来看看总体的分布状况,如图3-1所示。

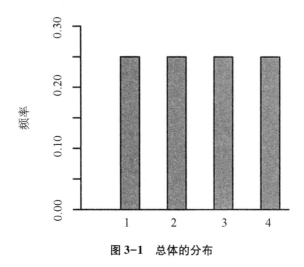

图3-1 总体的分布

总体为均匀分布,即 x_i 取每一个值的概率都相同。总体的均值和方差分别为:

$$\mu = \frac{1}{N} \sum_{i=1}^{N} x_i = 2.5 \qquad (3.1)$$

$$\sigma^2 = \frac{1}{N} \sum_{i=1}^{N} (x_i - \mu)^2 = 1.25 \qquad (3.2)$$

从总体中采取重复抽样方法抽取样本量为 $n = 2$ 的随机样本,共有 $4^2 = 16$ 个可能的样本。计算出每一个样本的均值,结果如表3-1所示。

表3-1　16个可能的样本及其均值

序号	样本中的元素	样本均值 $\bar{x}$	序号	样本中的元素	样本均值 $\bar{x}$
1	1, 1	1.0	9	1, 3	2.0
2	2, 1	1.5	10	2, 3	2.5
3	3, 1	2.0	11	3, 3	3.0
4	4, 1	2.5	12	4, 3	3.5
5	1, 2	1.5	13	1, 4	2.5
6	2, 2	2.0	14	2, 4	3.0
7	3, 2	2.5	15	3, 4	3.5
8	4, 2	3.0	16	4, 4	4.0

每个样本被抽中的概率相同,均为 1/16。将样本均值整理后如表 3-2 所示。

表 3-2　样本均值的分布

样本均值 $\bar{x}$ 的取值	样本均值 $\bar{x}$ 的个数	样本均值 $\bar{x}$ 的概率 $P(\bar{x})$
1.0	1	1/16
1.5	2	2/16
2.0	3	3/16
2.5	4	4/16
3.0	3	3/16
3.5	2	2/16
4.0	1	1/16

将样本均值的分布绘成图,如图 3-2 所示。通过比较总体分布和样本均值的概率分布,不难看出它们的区别。尽管总体为均匀分布,但样本均值的概率分布在形状上却是对称的。

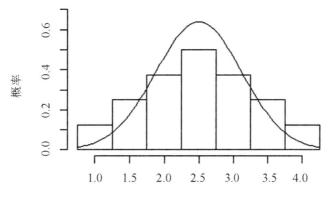

图 3-2　样本均值的概率分布

上图可以清晰地看出,样本均值的抽样分布就是指所有可能抽出来的样本的分布。数理统计学的相关定理已经证明:样本均值的均值就是总体均值,即:

$$E(\bar{x}) = \mu \qquad (3.3)$$

在重复抽样时,样本均值的方差为总体方差 σ^2 的 $\dfrac{1}{n}$,即:

$$\sigma_{\bar{x}}^2 = \frac{\sigma^2}{n} \qquad (3.4)$$

在不重复抽样时,样本均值的方差略小于重复抽样的方差,即:

$$\frac{\sigma^2}{n} \frac{N-n}{N-1} \qquad (3.5)$$

其中，$\dfrac{N-n}{N-1}$ 为修正系数,对于无限总体进行不重复抽样时,可以按照重置抽样计算,当总体为有限总体,N 比较大而 $\dfrac{n}{N} \geqslant 5\%$ 时,修正系数可以简化为 $1-\dfrac{n}{N}$,当 N 比较大而 $\dfrac{n}{N}$ $< 5\%$ 时,修正系数可以近似为 1,即可以按重复抽样计算。

并且我们可以证明当总体服从正态分布时,样本均值一定服从正态分布,即有:

$$x \sim N(\mu, \sigma^2) \ \text{时}, \ \bar{x} \sim N(\mu, \dfrac{\sigma^2}{n}) \tag{3.6}$$

或 $U = \dfrac{\bar{x} - \mu}{\sigma / \sqrt{n}} \sim N(0,1)$,U 为标准化样本均值

若总体为未知的非正态分布,只要样本容量 n 足够大(通常要求 $n \geqslant 30$),样本均值仍会接近正态分布,其分布的期望值为总体均值,方差为总体方差的 $\dfrac{1}{n}$ 。这就是统计上著名的中心极限定理(central limit theorem)。这一定理可以表述为:从均值为 μ 、方差为 σ^2 的总体中,抽取样本量为 n 的随机样本,当 n 充分大时(通常要求 $n \geqslant 30$),样本均值的分布近似服从均值为 μ 、方差为 $\dfrac{\sigma^2}{n}$ 的正态分布。

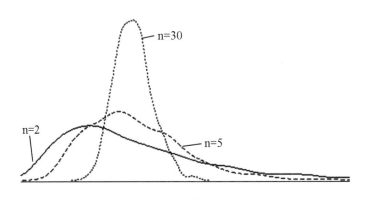

图 3-3　中心极限定理趋势图

如果总体不是正态分布,且 n 为小样本时(通常 $n < 30$),样本均值的分布则不服从正态分布。一般统计学中的 $n \geqslant 30$ 为大样本,$n < 30$ 为小样本只是一种经验说法。

(二)样本比例的抽样分布

研究者研究某地区 150 万居民的人口构成,在抽样时研究者关心样本中男女性别的比例,商家进货时关心商品次品比例等等。所谓比例,是指具有某种属性的单位占全部单位数的比重。可以有总体比例与样本比例,总体比例(通常用“π”表示)是总体中具有某种属性的单位数占全部总体单位数的比例,是一个参数,通常是未知的,是总体的某种特征。我们抽样的目的就是通过样本数据得到一个“数”用于推断总体这个未知的特征。样本比例(通常用“p”表示)是随机抽取的样本中具有某种属性的单位数占样本全部单

位数的比例,是一个样本统计量,随样本不同而不同,是随机变量,是样本的某种特征。描述所有可能样本比例的概率分布就是样本比例的抽样分布。对于一个已经抽取出来的样本来讲,比例是可以观察到的具体的数。

【例3.2】假设某地区总体是 150 万居民。150 万中男性的比例为 51%,女性为 49%,这些比例说明总体的性别构成,这就是一个比例参数。如果随机抽取 100 人组成样本,登记得到样本中男性比例为 50.6%,女性为 49.4%,这些比例是说明样本的性别构成,是比例统计量的一次实现值。我们知道,从 150 万人中抽取 100 人,可以形成很多个不同的样本,不同的样本可以得到不同的性别比例。我们从总体中抽取了 200 个样本(每个样本100 人),各样本中男性人数如下:

55 54 55 50 41 51 51 44 47 47 54 53 51 48 50 52 51 43 54 48
55 42 54 57 52 50 49 54 43 56 55 47 52 53 46 66 45 44 49 55
50 56 52 45 54 55 48 56 51 46 52 49 50 50 45 57 54 50 60 46
57 50 53 58 59 42 52 49 55 54 58 46 46 52 55 56 53 50 46 43
58 46 46 52 51 56 57 50 55 59 49 43 51 56 47 53 59 52 59 52
52 55 55 46 51 57 48 54 54 50 50 45 58 52 54 50 48 46 47 47
53 54 49 49 47 56 52 47 51 49 53 57 53 51 43 51 47 55 56 48
54 55 46 46 56 50 57 48 38 51 46 54 43 54 58 53 43 48 46 38
55 56 57 48 50 50 53 48 52 52 64 49 51 54 56 48 51 46 47 46
52 41 49 44 56 47 54 52 42 45 45 56 51 48 48 52 55 55 52 57

从上述 200 个容量为 100 人的样本可以看出,各样本男性的比例不完全相同,但有一定规律,大部分在总体比例(51%)左右,最低 38%,最高 66%,平均为 50.96%,非常接近总体的比例。下面的直方图也可以清晰地看出这一点。

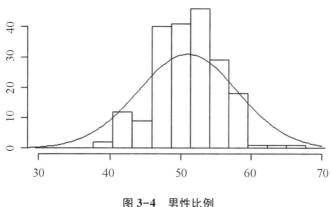

图 3-4 男性比例

在统计学的抽样分布理论中,至今已求出的精确分布并不多。通常,精确抽样分布是很难求得的,有时尽管求出了精确抽样分布,但也因为过于复杂而难以应用。所以统计学家借助极限工具,寻求在样本量 n 无限增大时,统计量 $T = (X_1, X_2, \cdots, X_n)$ 的极限分布。

在实际应用中,当 n 比较大时,就用这种极限分布作为抽样分布的一种近似,这种极限分布称为渐进分布。由二项分布的原理和渐进分布的理论可知,当样本容量比较大时,样本比率 p 近似服从正态分布,且 p 的数学期望就是总体比率 π ,即:

$$E(p) = \pi \tag{3.7}$$

而 p 的方差与抽样方法有关,在重复抽样条件下,有:

$$\sigma_p^2 = \frac{\pi(1 - \pi)}{n} \tag{3.8}$$

在不重复抽样时, p 的方差为:

$$\sigma_p^2 = \frac{\pi(1 - \pi)}{n} \frac{N - n}{N - 1} \tag{3.9}$$

即在重复抽样时, p 的分布为:

$$p \sim N\left(\pi, \frac{\pi(1 - \pi)}{n}\right) \tag{3.10}$$

不重复抽样时, p 的分布为:

$$p \sim N\left(\pi, \frac{\pi(1 - \pi)}{n} \frac{N - n}{N - 1}\right) \tag{3.11}$$

一般来讲,当 $np \geq 5$,且 $n(1 - p) \geq 5$ 时,就可以认为样本容量足够大。对于无限总体,不重复抽样可以视为重复抽样计算方差;对于有限总体,当 N 很大,而 $n/N \leq 5\%$ 时,修正系数会趋向 1,这时也可以按重复抽样计算方差。由上述分析可以看出,随着样本容量的增大,样本比例的方差愈来愈小,说明样本比例随样本容量增大,围绕总体比例分布的峰度愈来愈高。

二、统计量的标准误差

统计量的标准误差(standard error)也称为标准误,它是指样本统计量分布的标准差。标准误差用于衡量样本统计量的离散程度,在参数估计中,它是用于衡量样本统计量与总体参数之间差距的一个重要尺度。就样本均值而言,样本均值的标准误差用 SE 或 $\sigma_{\bar{x}}$ 表示,计算公式为:

$$\sigma_{\bar{x}} = \frac{\sigma}{\sqrt{n}} \tag{3.12}$$

当总体标准差 σ 未知时,可用样本标准差 s 代替计算,这时计算的标准误差称为估计标准误差(standard error of estimation)。由于实际应用中,总体 σ 总是未知的,所计算的标准误差实际上都是估计标准误差,因此估计标准误差就简称为标准误差。相应地,样本比例的标准误差可表示为:

$$\sigma_p = \sqrt{\frac{\pi(1-\pi)}{n}} \tag{3.13}$$

同样,当总体比例的方差 $\pi(1-\pi)$ 未知时,可用样本比例的方差 $p(1-p)$ 代替。

三、点估计及估计量的评价标准

点估计就是直接用样本数据计算出来的统计量当做总体参数的估计值。可用于总体参数点估计的估计量可以有很多。比如,可以用样本均值作为总体均值的估计量,也可以用样本中位数作为总体均值的估计量,等等。那么,用哪种估计量作为总体参数的估计呢?自然要用估计效果最好的那种估计量。什么样的估计量才算是一个好估计量呢?这就需要有一定的评价标准。统计学家给出了评价估计量的一些标准,主要包括下列三个:

(一)无偏性

无偏性(unbiasedness)是指估计量抽样分布的期望值等于被估计的总体参数。设总体参数为 θ ,所选择的估计量为 $\hat{\theta}$,如果 $E(\hat{\theta})=\theta$,则称 $\hat{\theta}$ 为 θ 的无偏估计量。由样本均值的抽样分布可知, $E(\bar{x})=\mu,E(p)=\pi$,同样可以证明, $E(s^2)=\sigma^2$ 。因此, $\bar{x},p,s^2$ 分别是总体均值 μ 、总体比例 π 、总体方差 σ^2 的无偏估计量。

(二)有效性

有效性(efficiency)是指估计量的方差尽可能小。一个无偏的估计量并不意味着它就非常接近被估计的总体参数,估计量与参数的接近程度是用估计量的方差(或标准误差)来度量的。对同一个总体参数的两个无偏估计量,有更小方差的估计量更有效。假定有两个用于估计总体参数的无偏估计,分别用 θ_1 、θ_2 表示,它们的抽样分布的方差分别用 $D(\theta_1)$ 和 $D(\theta_2)$ 表示,如果 θ_1 的方差小于 θ_2 的方差,即 $D(\theta_1) < D(\theta_2)$,就称 θ_1 是比 θ_2 更有效的一个估计量。

(三)一致性

一致性(consistency)是指随着样本量的增大,估计量的值越来越接近被估计总体的参数。换言之,一个大样本给出的估计量要比一个小样本给出的估计量更接近总体的参数。由于样本均值的标准误差 $\left(\sigma_{\bar{x}} = \frac{\sigma}{\sqrt{n}} \right)$ 与样本量大小有关,样本量越大, $\sigma_{\bar{x}}$ 的值就越小。因此可以说,大样本量给出的估计量更接近于总体参数。从这个意义上说,样本均值是总体均值的一个一致估计量。

第二节　区间估计

点估计比较简单,好理解,但没有说明可能的误差有多大。当要求比较严格时,点估计就不能满足需要了,这时就要用区间估计。当我们描述一个人的体形时,经常说身高大约在 1.7 米到 1.8 米之间,体重在 70 到 80 公斤之间,这样对身高、体重的估计就是区间估计。区间估计就是根据估计可靠程度的要求,利用随机抽取的样本的统计量值确定能够覆盖总体参数的可能区间的一种估计方法。但不是所有的参数都很容易给出区间估计。由于正态分布 $N(\mu,\sigma^2)$ 的用途很广,寻求它的两个参数 μ 与 σ^2 的区间估计在实际问题中经常遇到,因此本节主要介绍正态总体两个参数的区间估计与极限分布为正态的二项分布参数的区间估计。

一、区间估计的基本原理

区间估计(interval estimation)是在点估计的基础上,给出总体参数估计的一个区间范围,该区间通常由样本统计量加减估计误差得到。与点估计不同,进行区间估计时,根据样本统计量的抽样分布可以对样本统计量与总体参数的接近程度给出一个概率度量。下面以总体均值的区间估计为例来说明区间估计的基本原理。

【例3.3】对某地区100万居民的体温进行调查,我们知道人的体温是服从正态分布的,那么对这100万居民来说,他们的体温也应服从正态分布。将调查结果绘制分布图,即得到如图3-5所示的正态分布图。

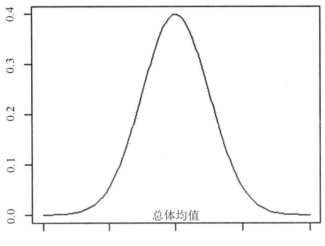

图 3-5　总体体温正态分布图

上图中的曲线称其为正态分布曲线,其横轴表示的是被调查者的体温,纵轴表示的是在某一体温上被调查者的数量的占比。由图3-5可知,被调查者的体温是以平均体温即总体均值为中心的一个对称分布,在体温为均值附近的曲线纵轴最高,表明大多数被调查者的体温在平均水平附近(左右),而远离平均水平的曲线纵轴越来越低,说明远离平均体温的人,即最高的或最低的人都很少。

根据正态分布的 3σ 准则,可知被调查者体温在一个标准差(1σ)的范围是68.27%(见图3-6),即被调查者中有68.27%的人的体温是在离总体均值左右一个标准差的范围里。假设被调查者(总体)的平均体温=36.8℃,标准差=0.3℃,则被调查者中有68.27%的人的体温是在(36.8-0.3,36.8+0.3),即36.5℃~37.1℃之间。

56

同理,被调查者体温在两个标准差(2σ)的范围是 95.45%,即被调查者中有 95.45% 的人的体温是在离总体均值左右两个标准差的范围里(见图 3-7),即被调查者中有 95.45%的人的体温是在(36.8-0.3×2,36.8+0.3×2),即 36.2℃~37.4℃之间。

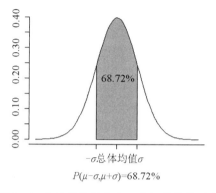

图 3-6　在总体均值左右一个标准差范围内

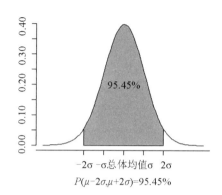

图 3-7　在总体均值左右两个标准差范围内

被调查者体温在三个标准差(3σ)的范围是 99.73%,即被调查者中有 99.73%人的 体温是在离总体均值左右三个标准差的范围里(见图 3-8),即被调查者中有 99.73%的人 的体温是在(36.8-0.3×3,36.8+0.3×3),即 35.9℃~37.7℃之间。

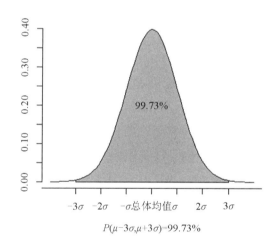

图 3-8　在总体均值左右三个标准差范围内

如果我们想知道体温在某个范围内(图 3-9 中的阴影部分)的概率有多大,即体温在 该范围的人有多少? 直接从这个正态分布中很难计算出来,因此我们要将其标准化,使之 变成标准正态分布。即:均值为 0,标准差为 1 的标准正态分布 $N(0,1)$ 。标准化的公 式为:

$$Z = \frac{观测值 - 均值}{标准差}$$

假如我们计算出来阴影部分下界的 $Z = 0$，上界的 $Z = 0.6$，就可查正态分布概率表，得到对应于 $Z \in (0,0.6)$ 的概率为 0.2257，即体温在 $(36.8, 36.8 + 0.6 \times 0.3) = (36.8, 36.98)$ 范围内的概率为 22.57%，我们只要乘以调查总体的总人数就可知体温在该范围的人有多少了。这就是为什么要将正态分布标准化的原因。

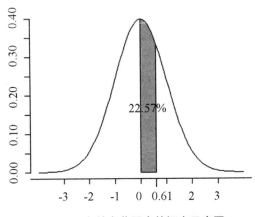

图 3-9　在某个范围内的概率示意图

　　上面我们对体温的总体分布情况进行了说明，但是在实际调查中，由于经费、人员所限，往往不能对总体进行全面调查，而要进行抽样调查。假如这项调查中从 100 万居民中随机抽取了 100 人进行抽样调查，测得的样本平均体温为 36.5℃，标准差 0.28℃，总体平均体温 μ 未知，现在将要对总体的平均体温进行估计。那么由前面所介绍的抽样分布可知，所有可能组成的样本(样本数目将会很大)的均值服从正态分布。由于样本均值的均值等于总体的均值，样本均值的标准差等于估计标准误差，即：样本均值服从 $N\left(\mu, \dfrac{\sigma^2}{n}\right)$ 的正态分布，见图 3-10。

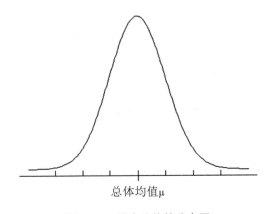

图 3-10　样本均值的分布图

　　同前面我们介绍的正态分布的性质一样：样本均值在总体均值 μ 一个正负标准差的

区间内的概率为 68.27%(图 3-11 左图);样本均值在总体均值 μ 两个正负标准差的区间内的概率为 95.45%(图 3-11 中图);样本均值在总体均值 μ 三个正负标准差的区间内的概率为 99.73%(图 3-11 右图)。

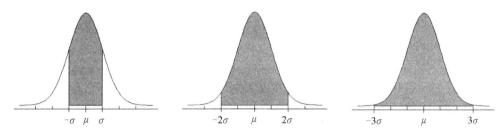

图 3-11　样本均值在总体均值正负一个标准差到三个标准差的区间内

同样,我们可对样本均值的正态分布进行标准化,标准化公式:

$$Z = \frac{样本均值 - 总体均值}{样本均值的标准差} = \frac{\bar{x} - \mu}{\sigma / \sqrt{n}}$$

我们将 z 所对应的概率称为置信度或置信水平(confidence level),将 $\bar{x} - \mu \leqslant z\frac{\sigma}{\sqrt{n}}$ 表示的范围称为置信区间(confidence interval)。但实际估计时,情况恰好相反。$\bar{x}$ 是已知的,而 μ 是未知的,也正是将要估计的。由于 $\bar{x}$ 与 μ 的距离是对称的,如果某个 $\bar{x}$ 在 μ 的 2 个标准差范围内,则 μ 也被包括在以 $\bar{x}$ 为中心两侧 2 个标准差的范围之内。这意味着,约有 95.45% 的样本均值所构造的 2 个标准差的区间会包括 μ。

具体地,我们以 68.27% 的置信水平推断总体参数 μ 的置信区间为($z = 1$):

$$\left(\bar{x} - \frac{\sigma}{\sqrt{n}}, \bar{x} + \frac{\sigma}{\sqrt{n}} \right)$$

我们以 95.45% 的置信水平推断总体参数 μ 的置信区间为($z = 2$):

$$\left(\bar{x} - 2\frac{\sigma}{\sqrt{n}}, \bar{x} + 2\frac{\sigma}{\sqrt{n}} \right)$$

我们以 99.73% 的置信水平推断总体参数 μ 的置信区间为($z = 3$):

$$\left(\bar{x} - 3\frac{\sigma}{\sqrt{n}}, \bar{x} + 3\frac{\sigma}{\sqrt{n}} \right)$$

有关置信区间的概念可用图 3-14 来表示。

图 3-14 中的中间横线表示总体均值真值,若从某总体中随机抽取 20 个样本,将会得到 20 个由样本所构造的置信区间:左图置信度为 69%,右图置信度为 95%。从图 3-14 中可以清楚地看出,当样本量给定时,置信区间的宽度随着置信水平的增大而增大;当置信水平固定时,置信区间的宽度随样本量的增大而减小。但是,并不是所有的区间都包含

总体参数的真值,因为总体参数的真值是固定的、未知的,而用样本构造的区间

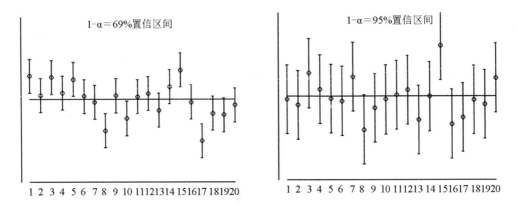

图 3-14　置信区间示意图

则是随机的,置信区间就是一个随机区间。当 α 取 5% 时,我们只能说使用某种方法构造的所有区间中有 95% 的区间包含总体参数的真值,5% 的区间不包含总体参数的真值。在实际中往往只抽取一个样本,所构造的是一个与该样本相联系的特定置信区间,而不再是随机区间,所以无法知道这个样本所产生的区间是否包含总体参数的真值。我们只能希望这个区间是大量包含总体参数真值的区间中的一个,但它也可能是少数几个不包含参数真值的区间(比如 5%)中的一个。例如,图 3-14 中左图的 20 个置信区间有 13 个区间包含了总体参数(均值)的真值,其他的(即样本 1,3,5,8,10,15,17)则没有包含总体参数真值,覆盖了真值的置信区间占比 69% 左右,这就是置信度 $1 - \alpha = 69\%$(其中 $\alpha = 0.31$)的意义。右图的 20 个置信区间有 19 个区间包含了总体参数(均值)的真值,一个(即样本 15)没有包含总体参数真值,覆盖了真值的置信区间占比 95% 左右,这就是置信度 $1 - \alpha = 95\%$(其中 $\alpha = 0.05$)的意义。

二、一个总体参数的区间估计

(一)均值的区间估计

在对总体均值进行区间估计时,需要考虑总体是否为正态分布、总体方差是否已知、用于估计的样本是大样本($n \geqslant 30$)还是小样本($n < 30$)等几种情况。但不管哪种情况,总体均值的置信区间都是由样本均值加减估计误差得到的。一般将置信水平表示为 $1 - \alpha$,统计量分布两侧面积各为 $\alpha/2$ 的分位数值,它取决于事先所要求的置信度(或可靠程度)。因此总体均值在 $1 - \alpha$ 置信水平下的置信区间可一般性地表达为:

$$(\bar{x} - 分位数 \times \bar{x} 的标准误差, \bar{x} + 分位数 \times \bar{x} 的标准误差)$$

1. 大样本的估计

在大样本($n \geqslant 30$)情况下,由前述可知样本均值服从期望值为 μ、方差为 $\dfrac{\sigma^2}{n}$ 的正态分布。因此,当总体方差 σ^2 已知时,总体均值 μ 在 $1 - \alpha$ 置信水平下的置信区间为:

$$\left(\bar{x} - z_{\alpha/2} \frac{\sigma}{\sqrt{n}}, \bar{x} + z_{\alpha/2} \frac{\sigma}{\sqrt{n}}\right) \tag{3.14}$$

式中，α 为事先确定的一个概率值，它是总体均值不包括在置信区间的概率；$1-\alpha$ 为置信水平；$z_{\alpha/2}$ 为标准正态分布上两侧面积各为 $\alpha/2$ 时的 z 值；σ 为总体的标准差；$z_{\alpha/2} \dfrac{\sigma}{\sqrt{n}}$ 为估计误差。

当总体方差 σ^2 未知时，上式中的 σ^2 可以用样本方差 s^2 代替，这时总体均值 μ 在 $1-\alpha$ 置信水平下的置信区间为：

$$\left(\bar{x} - z_{\alpha/2} \frac{s}{\sqrt{n}}, \bar{x} + z_{\alpha/2} \frac{s}{\sqrt{n}}\right) \tag{3.15}$$

【例 3.4】假如从 100 万居民中随机抽取了 100 人进行抽样调查，测得的样本平均体温为 36.5℃，标准差为 0.28℃，总体平均体温 μ 未知，现以 95% 的置信水平对总体平均体温进行估计。

已知 $n=100, \bar{x}=36.5, s=0.28, 1-\alpha=95\%$，则 $z_{\alpha/2}=1.96$。由于总体方差未知，但为大样本，可用样本方差来代替总体方差。根据式（3.15）可得：$36.5 - 1.96 \times \dfrac{0.28}{\sqrt{100}}$，

$1.66 + 1.96 \times \dfrac{0.28}{\sqrt{100}}) \approx (36.45, 36.55)$。即以 95% 的置信水平推断该居民总体平均体温在 36.45℃ 至 36.55℃ 之间。

2. 小样本的估计

在小样本（$n < 30$）情况下，对总体均值的估计都是建立在总体服从正态分布的假定前提下。如果正态总体的 σ^2 已知，样本均值经过标准化后仍服从标准正态分布，此时仍可用式（3.15）建立总体均值的置信区间；如果正态总体的 σ^2 未知，样本均值经过标准化后服从自由度为（$n-1$）的 t 分布。即：

$$t = \frac{\bar{x} - \mu}{s/\sqrt{n}} \sim t(n-1) \tag{3.16}$$

t 分布也是对称分布，只不过计算出来的 t 值对应的概率要查 t 分布概率表或根据统计软件计算得到。在 $1-\alpha$ 置信水平下，总体均值的置信区间为：

$$\left(\bar{x} - t_{\alpha/2} \frac{s}{\sqrt{n}}, \bar{x} + t_{\alpha/2} \frac{s}{\sqrt{n}}\right) \tag{3.17}$$

【例 3.5】某空气净化器公司欲研究滤芯的平均使用寿命，从产品中随机抽取了 25 个调查其滤芯使用寿命，滤芯的使用寿命服从正态分布，测得结果如下：

表 3-3　空气净化滤芯的样本数据

使用寿命(月)	组中值①	产品个数
0-1	0.5	5
1-2	1.5	7
2-3	3.5	8
3-4	4.5	4
4 月以上	5.5	1
总计	–	25

要求:以95%的置信水平估计该公司空气净化器滤芯使用寿命的置信区间。

从表中计算可知,样本使用寿命的均值使用前面学习的加权均值公式计算得到:2.58,标准差使用前面学习的加权均值公式计算得到:1.58,由于总体服从正态分布但 σ^2 未知,且为小样本($n=25$),因此需用 t 分布来估计总体均值的置信区间。因为置信水平 $1-\alpha=95\%$,由软件计算得 $t_{\alpha/2}(n-1)=t_{0.025}(25-1)=2.06$ 。可得平均使用寿命95% 的置信区间为: $\left(2.58-2.06\times\dfrac{1.58}{\sqrt{25}},\ 2.58+2.06\times\dfrac{1.58}{\sqrt{25}}\right)\approx(1.93,3.23)$ 。

即在95%的置信水平下该批净水器(总体)使用寿命均值的置信区间为:2~3 月。

图 3-15 给出不同情形下一个总体均值区间估计的计算公式。

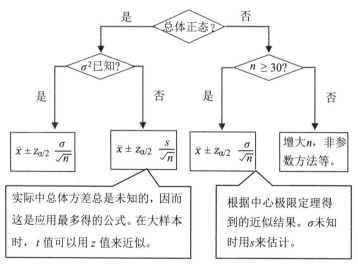

图 3-15　一个总体均值区间估计所使用的计算公式

(二)比例的区间估计

我们经常在各种媒体上看到或听到"某领导人或候选人的支持率为73%,误差是

---

① 对于分组数据,计算组中值作为每组的数值代表,组中值的计算方法为:组中值=(上限+下限)/2。

±3%,置信水平为 95%"等的宣传,这种民意调查的结果就是比例的区间估计。

实际应用时,经常需要估计总体中具有某种属性或特征的单位数占总体单位数的比例。例如在产品的质量检查中,需要估计合格品率或废品率;在服务行业,需要估计顾客对服务的满意度等等。这时我们就要用样本比例 p 估计总体比例 π。在大样本条件下,根据中心极限定理,若 $np \geq 5$,$n(1-p) \geq 5$,则二项分布可用正态分布近似,即:

$$p \sim N\left(\pi, \frac{\pi(1-\pi)}{n}\right) \tag{3.18}$$

标准化后服从标准正态分布,即:

$$z = \frac{p-\pi}{\sqrt{\pi(1-\pi)/n}} \sim N(0,1) \tag{3.19}$$

同总体均值的置信区间构造方法一样,可得在 $1-\alpha$ 的置信水平下的置信区间为:

$$\left(p - Z_{\frac{\alpha}{2}}\sqrt{\frac{\pi(1-\pi)}{n}}, p + Z_{\frac{\alpha}{2}}\sqrt{\frac{\pi(1-\pi)}{n}}\right) \tag{3.20}$$

但一般总体比率 π 未知,需用样本比率 p 代替,即:

$$\left(p - Z_{\frac{\alpha}{2}}\sqrt{\frac{p(1-p)}{n}}, p + Z_{\frac{\alpha}{2}}\sqrt{\frac{p(1-p)}{n}}\right) \tag{3.21}$$

【例 3.6】某在线教育机构为了解学生对在线课程的满意程度,随机抽选了 200 名学生进行调查,结果有 60% 的学生对在线课程满意。试以 95.45% 的置信度估计学生对该在线课程的满意度。

已知 $n=200$,$p=60\%$,$np=120 \geq 5$,$n(1-p)=48 \geq 5$,当 $1-\alpha = 95.45\%$ 时,查表得 $Z_{\alpha/2} = 2$,根据公式(3.21)可得:

$$置信下限:p - Z_{\alpha/2} \times \sqrt{\frac{p(1-p)}{n}} = 0.6 - 2 \times \sqrt{\frac{0.6 \times (1-0.6)}{200}} \approx 53.07\%$$

$$置信上限:p + Z_{\alpha/2} \times \sqrt{\frac{p(1-p)}{n}} = 0.6 + 2 \times \sqrt{\frac{0.6 \times (1-0.6)}{200}} \approx 66.93\%$$

即在 95.45% 的置信度下学生对在线课程的满意度的置信区间为 $[53.07\%, 66.93\%]$。

三、两个总体参数的区间估计 *

对于两个总体,我们所关心的参数主要有两个总体的均值之差 $\mu_1 - \mu_2$、两个总体的比例之差 $\pi_1 - \pi_2$ 等。

(一)两个总体均值之差的估计:独立样本

1. 大样本估计

如果两个样本是从两个总体中独立抽取的,即一个样本中的元素与另一个样本中的元素相互独立,则称为独立样本(independent sample)。如果两个总体均为正态分布,或两个总体不服从正态分布但两样本均为大样本,则两个总体均值 $\mu_1 - \mu_2$ 之差在 $1 - \alpha$ 置信水平下的置信区间为:

$$\left((\bar{x}_1 - \bar{x}_2) - Z_{\alpha/2} \sqrt{\frac{\sigma_1^2}{n_1} + \frac{\sigma_2^2}{n_2}}, (\bar{x}_1 - \bar{x}_2) + Z_{\alpha/2} \sqrt{\frac{\sigma_1^2}{n_1} + \frac{\sigma_2^2}{n_2}} \right) \quad (3.22)$$

当 σ_1^2 和 σ_2^2 未知时,可用样本方差和 s_1^2 和 s_2^2 来代替,此时两个总体均值 $\mu_1 - \mu_2$ 之差在 $1 - \alpha$ 置信水平下的置信区间为:

$$\left((\bar{x}_1 - \bar{x}_2) - Z_{\alpha/2} \sqrt{\frac{s_1^2}{n_1} + \frac{s_2^2}{n_2}}, (\bar{x}_1 - \bar{x}_2) + Z_{\alpha/2} \sqrt{\frac{s_1^2}{n_1} + \frac{s_2^2}{n_2}} \right) \quad (3.23)$$

2. 小样本的估计

当两样本均为小样本时,为估计两个总体的均值之差,需假定两个总体均为正态总体,且两个随机样本独立地分别抽自两个总体。在上述假定下,无论样本容量的大小,两个样本均值之差均服从正态分布。

(1)当两个总体方差 σ_1^2 和 σ_2^2 已知时,可建立两个总体均值之差的置信区间。

(2)当 σ_1^2 和 σ_2^2 未知时,有以下几种情况:

① $\sigma_1^2 = \sigma_2^2$,两个样本均值之差经过标准化之后服从自由度为 $(n_1 + n_2 - 2)$ 的 t 分布,两个总体的均值之差 $\mu_1 - \mu_2$ 在 $1 - \alpha$ 置信水平下的置信区间为:

$$\left((\bar{x}_1 - \bar{x}_2) - t_{\alpha/2}(n_1 + n_2 - 2)s_p^2 \sqrt{\frac{1}{n_1} + \frac{1}{n_2}}, (\bar{x}_1 - \bar{x}_2) + t_{\alpha/2}(n_1 + n_2 - 2)s_p^2 \sqrt{\frac{1}{n_1} + \frac{1}{n_2}} \right)$$
$$(3.24)$$

其中 $s_p^2 = \dfrac{(n)_1 - 1)s_1^2 + (n)_2 - 1)s_2^2}{n_1 + n_2 - 2}$。

② $\sigma_1^2 \neq \sigma_2^2$,两个样本均值之差经过标准化之后近似服从自由度为 v 的 t 分布,两个总体的均值之差 $\mu_1 - \mu_2$ 在 $1 - \alpha$ 置信水平下的置信区间为:

$$\left((\bar{x}_1 - \bar{x}_2) - t_{\alpha/2}(v) \sqrt{\frac{s_1^2}{n_1} + \frac{s_2^2}{n_2}}, (\bar{x}_1 - \bar{x}_2) + t_{\alpha/2}(v) \sqrt{\frac{s_1^2}{n_1} + \frac{s_2^2}{n_2}} \right) \quad (3.25)$$

其中,自由度 $v = \dfrac{\left(\dfrac{s_1^2}{n_1} + \dfrac{s_2^2}{n_2} \right)^2}{\dfrac{(s_1^2/n_1)^2}{n_1 - 1} + \dfrac{(s_2^2/n_2)^2}{n_2 - 1}}$。

图3-16给出不同情形下两个总体均值区间估计的计算公式。

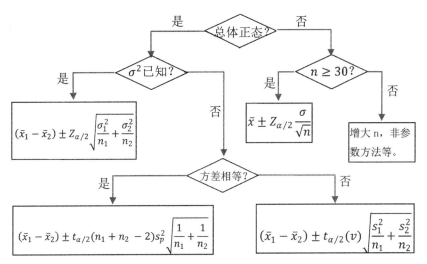

图 3-16　两个总体均值区间估计所使用的计算公式

（二）两个总体均值之差的估计：匹配样本

如果两个样本是非独立的匹配样本（paired-sample），即两个样本中的数据是一一对应的，此时研究两个总体均值的差异就需要采用公式（3.26）、（3.27）建立其置信区间。实际中常用匹配样本研究某种新方法或新技术的效果。

1. 大样本的估计

大样本条件下，使用匹配样本进行估计时，两个总体均值之差 $\mu_d = \mu_1 - \mu_2$ 在 $1 - \alpha$ 置信水平下的置信区间为：

$$\left(\bar{d} - Z_{\alpha/2} \frac{\sigma_d}{\sqrt{n}}, \bar{d} + Z_{\alpha/2} \frac{\sigma_d}{\sqrt{n}} \right) \tag{3.26}$$

式中，d 表示两个匹配样本对应数据的差值；$\bar{d}$ 表示各差值的均值；σ_d 表示各差值的标准差。当总体 σ_d 未知时，可用样本差值的标准差代替。

2. 小样本的估计

小样本情况下，假定两个总体各观察值的配对差服从正态分布。则两个总体均值之差 $\mu_d = \mu_1 - \mu_2$ 在 $1 - \alpha$ 置信水平下的置信区间为：

$$\left(\bar{d} - t_{\alpha/2} \frac{s_d}{\sqrt{n}}, \bar{d} + t_{\alpha/2} \frac{s_d}{\sqrt{n}} \right) \tag{3.27}$$

（三）两个总体比例之差的区间估计

由样本比例的抽样分布可知，从两个二项总体中抽出两个独立的样本，则两个样本比例之差的抽样分布服从正态分布。同样，两个样本比例之差经过标准化之后也服从标准正态分布。则两个总体比例之差 $\pi_1 - \pi_2$ 在 $1 - \alpha$ 置信水平下的置信区间为：

$$\left((p_1 - p_2) - Z_{\alpha/2}\sqrt{\frac{p_1(1-p_1)}{n_1} + \frac{p_2(1-p_2)}{n_2}}, (p_1 - p_2) + Z_{\alpha/2}\sqrt{\frac{p_1(1-p_1)}{n_1} + \frac{p_2(1-p_2)}{n_2}}\right)$$

$$(3.28)$$

式中：p_1，p_2 为样本比例。

第三节　样本量的确定

在进行参数估计时,首先要确定一个适当的样本量。样本量过大会增加调查费用,花费更多的人力,从而不能充分发挥抽样调查的优越性,况且有些抽样调查亦不可能抽取过多单位;样本容量过小,样本没有足够的代表性,统计量的标准误差也将增大,对总体参数的估计不准确,从而也就失去了估计的价值。为了避免样本量的过大或过小,必须恰当地确定样本容量。

必要样本容量主要受下列因素的影响:①总体标准差。总体的变异程度越大,必要样本容量也就越大;②最大允许误差。最大允许越大,需要的样本容量越小;③置信度 $1 - \alpha$。要求的置信越高,需要的样本容量越大;④抽样方式。同等条件下,不重复抽样与重复抽样、简单随机抽样与分层抽样等不同抽样方式下要求的必要样本容量不同。本节首先讨论抽样误差,在此基础上分别介绍估计总体均值及比例时如何确定必要的样本容量。

一、抽样误差

1. 实际抽样误差

样本估计值与总体真实值之间的绝对离差称为实际抽样误差,即 $|\hat{\theta} - \theta|$。由于在实践中总体参数的真实值是未知的,因此实际抽样误差是不可知的。由于样本估计值随样本而变化,因此实际抽样误差是一个随机变量。

2. 抽样平均误差

抽样平均误差是指样本均值的标准差,也就是前面说的标准误,它反映样本均值(或比例)与总体均值(比例)的平均差异程度,即 $\sigma_{\hat{\theta}} = \sqrt{E(\hat{\theta} - \theta)^2}$。例如,对于简单随机抽样的样本均值来说,其抽样平均误差为:

$$\sigma_{\bar{x}} = \sqrt{\frac{\sum(\bar{x} - \mu)^2}{\text{可能组成的样本数目}}}$$

$$(3.29)$$

重复抽样条件下: $$\sigma_{\bar{x}} = \sqrt{\frac{\sum(\bar{x} - \mu)^2}{N^n}} = \frac{\sigma}{\sqrt{n}}$$

$$(3.30)$$

不重复抽样条件下：
$$\sigma_{\bar{x}} = \sqrt{\frac{\sum(\bar{x}-\mu)^2}{\binom{N}{n}}} = \frac{\sigma}{\sqrt{n}}\sqrt{\frac{N-n}{N-1}} \tag{3.31}$$

我们通常说"抽样调查中可以对抽样误差进行控制"，就是指的抽样平均误差。

3. 最大允许误差

最大允许误差也称误差范围，它是在确定置信区间时样本均值（或样本比例）加减的量，一般用 E 来表示。最大允许误差是人为确定的，是调查者能够容忍的误差水平。

二、估计总体均值时样本量的确定

总体均值的置信区间是由样本均值和估计误差两部分组成的。在重复抽样条件下，估计误差为 $Z_{\alpha/2}\frac{\sigma}{\sqrt{n}}$。$Z_{\alpha/2}$ 的值和样本量 n 共同确定了估计误差的大小。而 $Z_{\alpha/2}$ 的值是由置信水平 $1-\alpha$ 确定的。对于给定的 $Z_{\alpha/2}$ 的值和总体标准差 σ，可以确定任意一允许的估计误差所需要的样本量。

设 E 代表允许的估计误差（即最大允许误差），可以推导出重复抽样条件下必要样本容量的计算公式如下：

$$n = \frac{(Z_{\alpha/2})^2\sigma^2}{E^2} \tag{3.32}$$

式中，E 为使用者在给定的置信水平下可以接受的估计误差。如果总体标准差 σ 未知，可以用样本标准差 s 来代替；也可以用试验调查的办法，选择一个初始样本，以该样本的标准差作为 σ 的估计值。可以看出，样本量与置信水平成正比关系，在其他条件不变的情况下，置信水平越高，所需的样本量也就越大。样本量与总体方差成正比，总体的差异越大，所要求的样本量也就越大。样本量与允许的估计误差的平方成反比，即允许的估计误差的平方越大，所需的样本量就越小。简言之，要求一个置信程度很高又误差很小（即精度很高）的估计，就需要更大的样本量。

不重复抽样时所需样本容量的计算公式为：

$$n^* = \frac{n}{1+\frac{n}{N}} \tag{3.33}$$

式中 n 是重复抽样时的必要样本容量，N 是有限总体容量。可见不重复抽样时需要的样本容量要小一些。

【例3.7】一项研究表明，每天减少坐在电脑前的时间将增加寿命。那么到底人们现在一天坐在电脑前有多少时间呢？现在需要抽样人群来对此时间进行估计。根据以往的调查结果已知人们一天坐在电脑前的时间的标准差约为 200 分钟，现在想要估计一天坐在电脑前的时间的 95% 的置信区间，允许的估计误差不超过 30 分钟，则应抽取多大的样本量?

已知 $\sigma = 200$，$E = 30$，$Z_{\alpha/2} = 1.96$。根据式 (3.32) 可得：

$$n = \frac{(Z_{\alpha/2})^2 \sigma^2}{E^2} = \frac{(1.96)^2 \times 200^2}{30^2} = 170.7 \approx 171$$

即应抽取 171 人作为样本。

三、估计总体比例时样本量的确定

与估计总体均值时样本量的确定方法类似，在重复抽样条件下，估计总体比例置信区间的估计误差为 $Z_{\alpha/2}\sqrt{\dfrac{\pi(1-\pi)}{n}}$，$Z_{\alpha/2}$ 的值、总体比例 π 和样本量 n 共同确定了估计误差的大小。由于总体比例的值是固定的，因此估计误差主要由样本量来确定，样本量越大，估计误差就越小，估计的精度就越高。因此，对于给定的 $Z_{\alpha/2}$ 的值，可以计算出一定的允许估计误差条件下所需要的样本量。设 E 代表允许的估计误差，可以得到估计总体比例时所需的样本量，计算公式为：

$$n = \frac{(Z_{\alpha/2})^2 \pi(1-\pi)}{E^2} \tag{3.34}$$

式中，估计误差 E 由使用者预先确定。大多数情况下，E 的取值一般应小于 0.1。

如果总体比例 π 的值不知道，可以用样本比例 p 来代替，或者取 $\pi = 0.5$，以使 $\pi(1-\pi)$ 达到最大。

【例 3.8】某在线药品销售机构根据他们的销售资料表明，过敏人群的比例为 37.3%。一研究机构准备对过敏人群比例进行抽样调查。如果允许误差不超过 5%，推断的置信水平为 95%，需要至少抽取多少人进行调查？

已知 $\pi = 37.3\%$，$E = 5\%$，$Z_{\alpha/2} = 1.96$ 根据式 (3.34) 可得：

$$n = \frac{(Z_{\alpha/2})^2 \pi(1-\pi)}{E^2} = \frac{1.96^2 \times 0.373(1-0.373)}{0.05^2} = 359.4 \approx 360 \text{ 人}$$

即应抽取 360 人作为样本。

第四章　假设检验[*]

假设检验是统计推断的另一种常见形式,它和参数估计类似,也是根据样本信息对总体的某种特征进行推断,但角度不同。参数估计是依据样本信息推断未知的总体参数,而假设检验是先对总体参数或分布形式提出某种假设,然后利用样本信息和相关统计量的分布特征去检验这个假定,做出是否拒绝原来假设的结论。与上一章一样,本章仅讨论正态总体参数的假设检验与二项分布参数的假设检验。

第一节　假设检验的基本原理

一、为什么要进行假设检验

我们用一个例子说明为什么要进行假设检验。

【例 4.1】某袋装食品采用自动生产线包装,标准产品每袋重量为 200 克,标准差为 5 克。为检验生产线工作是否正常,质检人员在一批产品中随机抽取了 50 袋进行检验,测试原始数据如表 4-1 所示:

表 4-1　测试数据

199.0	192.1	199.0	198.5	199.0	197.7	209.2	198.0	199.9	204.5
191.0	203.1	199.7	195.9	197.3	196.1	196.8	200.5	198.3	199.6
210.9	197.6	200.0	200.9	198.7	190.9	199.5	199.7	197.7	203.3
191.5	196.5	195.6	193.1	188.9	197.2	192.6	200.3	204.1	197.8
197.5	204.7	201.2	197.2	197.5	206.5	200.4	200.9	191.1	194.4

为了回答生产线工作是否正常这个问题,我们试想,这 50 袋样本的平均重量与标准产品的总体平均重量 200 克之差:$\bar{x} - \mu = 198.4 - 200 = -1.6$ 克,是由什么原因造成(或带来)的? 该 1.6 克的差异产生的原因可能是下面的两种情况:一是由于抽样误差造成的,生产线正常;另一是不仅存在抽样误差,而且袋装质量严重偏离了 200 克,生产线出现问题。那么到底是什么原因造成了此项差异,这就需要进行假设检验。

二、什么是假设检验

假设检验(hypothesis testing)是指从对总体参数所做的一个假设开始,然后搜集样本

69

数据,计算出样本统计量,进而运用这些数据测定假设的总体参数在多大程度上是可靠的,并做出承认还是拒绝该假设的判断。如果进行假设检验时总体的分布形式已知,需要对总体的未知参数进行假设检验,称其为参数假设检验;若对总体分布形式所知甚少,需要对未知分布函数的形式及其他特征进行假设检验,通常称之为非参数假设检验。此外,根据研究者感兴趣的备择假设的内容不同,假设检验还可分为单侧检验(单尾检验)和双侧检验(双尾检验),而单侧检验又分为左侧检验和右侧检验。

假设检验的基本思想是反证法思想和小概率事件原理。反证法的思想是首先提出假设(由于未经检验是否成立,所以称为零假设、原假设或无效假设),然后用适当的统计方法确定假设成立的可能性大小,如果可能性小,则认为假设不成立,拒绝它;如果可能性大,还不能认为它不成立。小概率事件原理,是指小概率事件在一次随机试验中几乎不可能发生,小概率事件发生的概率一般称之为"显著性水平"或"检验水平",用 α 表示,而概率小于多少算小概率是相对的,在进行统计分析时要事先规定,通常取 $\alpha = 0.01$、0.05、0.10 等。

三、如何进行假设检验

以【例 4.1】的总体均值检验为例来说明假设检验的原理。

首先,假设这 1.6 克差异是由抽样误差造成的。

通过参数估计章节的学习,我们已了解到当总体服从正态分布,或者是大样本($n \geq 30$)时,样本均值 $\bar{x}$ 服从正态分布,即 $\bar{x} \sim N(\mu, \frac{\sigma^2}{n})$,在本例中有 $\bar{x} \sim N(200, \frac{5^2}{50})$,如图 4-1 所示。

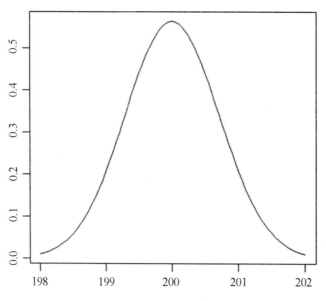

图 4-1　均值为 200,标准差为 $\frac{5}{\sqrt{50}}$ 的正态分布图

由样本均值与总体均值之间的关系可知:样本均值 $\bar{x}$ 与总体均值(μ)之差在一个标准差范围内的概率为68.27%,即 $p\left(\mid\bar{x}-\mu\mid\leqslant\dfrac{\sigma}{\sqrt{n}}\right)=68.27\%$,如图4-2左图;样本均值 $\bar{x}$ 与总体均值(μ)之差在两个标准差范围内的概率为95.45%,即 $p(\mid\bar{x}-\mu\mid\leqslant2\dfrac{\sigma}{\sqrt{n}})=95.45\%$,如图4-2右图。

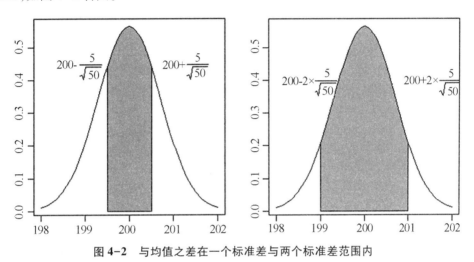

图4-2　与均值之差在一个标准差与两个标准差范围内

那么本例中样本均值与总体均值之差1.6克等于多少个标准差 $\dfrac{\sigma}{\sqrt{n}}$ 呢?如果 $\bar{x}-\mu$ =-1.6克的差异是抽样误差造成的,那么 $\bar{x}-\mu$ 就不应该小于 -1.96(如果 $\bar{x}-\mu>0$,则就不应该大于1.96)个标准差的范围,即 $\left|\dfrac{\bar{x}-\mu}{\sigma/\sqrt{n}}\right|<1.96$。反之,如果 $\left|\dfrac{\bar{x}-\mu}{\sigma/\sqrt{n}}\right|>1.96$,那么我们认为不应该发生的小概率事件发生了,如图4-3,即1.6克的误差不仅是由抽样误差带来的,而且确实是样本均值与总体均值之间存在显著的差异。即此产品生产线出现了问题。因此我们就需要计算:样本均值与总体均值之间的差究竟等于几个标准差:

$$\frac{\bar{x}-\mu}{\sigma/\sqrt{n}}=\frac{-1.6}{5/\sqrt{50}}\approx-2.17$$

即本例中样本均值与总体均值之间相差2.17个标准差,由于 -2.17<-1.96,因此小概率事件发生了(-2.17对应的双尾概率值为 P=0.03)。所以说明造成样本均值与总体均值差异的不仅是抽样误差,而且两者之间确实存在着显著的差异,即这个袋装食品生产线出了问题。

下面以【例4.1】中的袋装食品重量检验为例,给出假设检验的过程:

1. 根据实际问题提出一对假设(包括原假设和备择假设)

原假设也称为零假设(null hypothesis),记为 H_0;备择假设又称为备选假设(alternative hypothesis），记为 H_1。

零假设和备择假设中的假设一般都用比较符号（>、<、≥、≤、=、≠）来表示的，其中带有等号的符号只出现在零假设中。

在选择零假设和备择假设时，通常遵循如下原则：①把研究者要证明的假设作为备择假设；②将所作出的声明作为原假设；③把现状作为原假设；④把不能轻易否定的假设作为原假设。

上例中，如果我们认为样本均值与总体均值之差是由抽样误差造成的假设下，产品重量均值应等于 200 克（$\mu = 200$ 克），$\mu = 200$ 克就是原假设。与此同时，必须提出备择假设，即样本均值与总体均值之差不仅是由抽样误差造成的，而且确实存在显著差异，即产品重量均值不等于 200 克（$\mu \neq 200$ 克），$\mu \neq 200$ 克就是备择假设。形式上，上面的关于总体均值的 H_0 相对于 H_1 的检验记为：

$$H_0 : \mu = 200 \ \text{克} \qquad H_1 : \mu \neq 200 \ \text{克}$$

我们将形式如此的假设检验称为双侧假设检验，其拒绝域如图 4-3 所示。

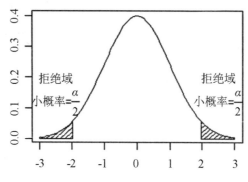

图 4-3　双侧假设检验的拒绝域范围

如果备择假设为：$H_1 : \mu < 200$ 克或 $H_1 : \mu > 200$ 克，则称为单侧假设检验。

表 4-2 列示出双侧假设检验、左侧检验、右侧检验三种常用检验的形式：

表 4-2　双侧检验与单侧检验常见形式

假设	双侧检验	左侧检验	右侧检验
H_0	$\mu = \mu_0$	$\mu \geqslant \mu_0$	$\mu \leqslant \mu_0$
H_1	$\mu \neq \mu_0$	$\mu < \mu_0$	$\mu > \mu_0$

2. 确定检验统计量

检验统计量是指我们用来决策（拒绝或不能拒绝零假设）时所依据的样本统计量。有了两个假设，就需要构造某个适当的检验统计量，并确定其在零假设成立时的分布，并根据观测的样本计算检验统计量的值。对不同的问题和数据我们要采取不同的统计量，在对总体的均值进行检验时，大样本应用正态分布检验，计算 z 统计量，小样本一般用 t 分布检验，计算 t 统计量。

3. 确定显著性水平α

显著性水平就是允许的小概率水平，但小概率并不能说明不会发生，仅仅是发生的概率很小罢了。统计推断中的假设检验是依据样本的数据信息对关于总体参数的某种假设进行判断，由于样本的信息与总体参数的真实情况不完全一致，无论我们做出拒绝或不拒绝原假设的结论，都有可能犯错误。

拒绝正确零假设的错误常被称为第一类错误（type I error）或弃真错误（α）。有第一类错误，就有第二类错误，即当备选假设正确时反而说零假设正确的错误，称为第二类错误（type II error）或取伪错误（β）。假设检验的决策结论及其后果有以下四种情况，见表4-3。

表4-3　假设检验决策结论及其后果

实际情况	决策结果	
	没有拒绝 H_0	拒绝 H_0
H_0 为真	正确决策（$1-\alpha$）	弃真错误（α）
H_0 为伪	取伪错误（β）	正确决策（$1-\beta$）

对于两类错误的分析，要注意只有拒绝原假设时，才有可能犯第一类错误，只有不拒绝原假设时，才有可能犯第二类错误。由于检验决策只能是在拒绝原假设和不拒绝原假设中选择其一，所以不可能同时犯两类错误。当然也不是必然会犯这两类错误，很多情况下我们的决策是正确的，没有犯错误。在一般的假设检验问题中，犯第一类错误的概率最大不超过 α，但是由于备选假设往往不是一个点，所以无法算出犯第二类错误的概率 β。在其他条件不变的情况下，假设检验的两类错误有此消彼长的关系，即减小 α 会引起 β 增大，反之亦然。

扩大样本量可以同时减小犯两类错误的概率，但样本量的扩大取决于调查目的、调查成本、调查时间等多种因素。一般情况下，人们认为犯第一类错误的后果更严重一些，因此通常会取一个较小的 α 值。奈曼—皮尔逊（Neyman Pearson）提出了一个原则："在控制犯第一类错误的概率不超过指定值 α 的条件下，尽量使犯第二类错误 β 小"。按这种法则做出的检验称为"显著性检验"。

假设检验中通常首先控制第一类错误的概率不超过某个小概率水平，在满足该条件的要求下使犯第二类错误的概率尽量小。著名的英国统计学家费希尔（Fisher）在他的研究中把小概率的标准定为 0.05，所以人们通常选择显著性水平为 0.05 或比 0.05 更小的概率。

4. 确定决策规则

在构造了检验统计量在零假设成立时的分布之后，给定显著性水平 α 就可以确定假设检验的拒绝域，从而建立一个决策准则。根据事先给定的显著性水平 α，可以在统计量的分布上找到相应的临界值（critical value），由显著性水平和相应的临界值确定的一个区域称为拒绝域（rejection region）。如果统计量的值落在拒绝域内就拒绝原假设，否则就不能拒绝原假设。

拒绝域的大小与显著性水平有关。当样本量固定时,拒绝域随 α 的减小而减小。除了通过比较检验统计量与其临界值的大小来决定是否拒绝零假设之外,我们还可以通过计算假设检验的 p 值并与给定显著性水平 α 相比较来判断原假设的真伪。

p 值(P value)是一种概率,它是当原假设为真时所得到的样本观察结果或更极端结果出现的概率,是观测到的显著性水平或拒绝原假设的最小显著性水平。如果 P 值小于或等于 α ,说明在原假设为真时发生了一个出现概率比事先给定的小概率还小的小概率事件,而如果原假设为真,这是不可能发生的事件,由此我们可以认定原假设不真,就可以拒绝原假设;反之,就表明在原假设为真的假定条件下,小概率事件并没有发生,检验统计量的实际样本值在一次抽样中出现完全是有可能的,拒绝原假设的证据不足,因此我们不能拒绝原假设。P 值越小,我们拒绝原假设的理由越充分。但是要注意,"不能拒绝零假设"不同于"接受零假设"。

总结上述的检验决策准则:

双侧检验:|统计量的值|>临界值,或 $p \leqslant \alpha$ 时,拒绝原假设;

左侧检验:统计量的值<-临界值,或 $p \leqslant \alpha$ 时,拒绝原假设;

右侧检验:统计量的值>临界值,或 $p \leqslant \alpha$ 时,拒绝原假设。

通过对以上假设检验过程的介绍,我们可以对假设检验进行一下总结:

①假设检验依据的是小概率原理。出现此概率的情况小于我们想象的概率时就拒绝原假设。

②小概率标准在抽样前依照需要来确定。多小的概率为小,即小概率"小"的程度由研究者事先规定。

③假设检验的结果只能是拒绝或不拒绝原来假设,而不能证明原假设成立。大概率事件不能证明假设成立,因为出现这种情况的总体不是唯一的,但出现小概率事件在很大程度上说明原假设不成立。不能否定原假设时,只是目前的证据不足以否定假设,但不能说原假设就是对的。

④统计假设检验的结果不是绝对正确。统计结果不能教条地理解,不是以绝对的把握否定什么或肯定什么,只是在概率的意义上成立。依据样本的信息对关于总体的假设做出判断,无论是拒绝还是不拒绝,都有可能犯错。

这就是统计假设检验背后的哲学思想。

第二节　单正态总体均值的假设检验

总体均值的检验包括:一个总体均值的检验、两个独立总体均值的检验和配对总体均值的检验。这一节主要介绍单正态总体均值的假设检验,下一节介绍两正态总体均值的假设检验。

在对总体均值进行假设检验时,采用什么检验统计量取决于所抽取的样本是大样本($n \geqslant 30$)还是小样本($n<30$),还需要考虑总体是否为正态分布、总体方差是否已知等几

种情况。

一、大样本的检验

在大样本情况下,样本均值的抽样分布服从正态分布,因此采用正态分布的检验统计量,当总体方差已知时,总体均值检验的统计量为:

$$z = \frac{\bar{x} - \mu_0}{\sigma / \sqrt{n}} \tag{4.1}$$

当总体方差未知时,可以用样本方差来代替,此时总体均值检验的统计量为:

$$z = \frac{\bar{x} - \mu_0}{s / \sqrt{n}} \tag{4.2}$$

如上节中【例4.1】介绍的,已知袋装食品总体的平均重量,其中一个随机样本的平均重量,需要用样本的均值检验其总体的均值。

【例4.2】仍然使用【例4.1】的数据。下面来看看正式的求解过程。因在正常情况下该生产厂商生产的袋装食品平均重量为200克,大于或小于200克都说明生产线出了问题。为了证明生产线出了问题,所以应进行双侧检验。

首先,确定假设:

$$H_0 : \mu = 200 \text{ 克} \qquad H_1 : \mu \neq 200 \text{ 克}$$

其次,确定统计量,由于是大样本,因此用正态分布检验统计量,又因为总体方差未知,用样本方差代替,所以由式(4.2),这里 $\mu_0 = 200$,得:

$$z = \frac{\bar{x} - \mu_0}{s / \sqrt{n}} = \frac{198.4 - 200}{5 / \sqrt{50}} \approx -2.17$$

最后,在显著性水平 $\alpha = 0.05$ 的水平下,依据检验决策准则进行判断。由于备择假设是双侧检验,所以对应显著性水平 $\alpha = 0.05$ 的临界值为 -1.96[①]。

在本例中,因为 $z = -2.17 < -1.96$,所以拒绝原假设,接受备择假设,即该自动包装该生产线出了问题。从 p 值看,$z = -2.17$ 的 p 值为0.03,由于 $p < \alpha$,因此同样拒绝原假设。从图4-4可以看出,两边的尾概率 p 值,也就是图中的灰色区域面积和比拒绝域的阴影面积和要小,因而这批样本数据的产生是小概率事件。按理说小概率事件不可能一次抽样就会发生,因此断定出问题的是原假设,所以拒绝原假设。

【例4.2】商场里的白糖,一般包装都是250克一袋。有一位顾客买了一袋白糖,称完重量发现只有249克。于是他找到质量监督部门进行投诉,当然质量监督部门不能仅凭一袋白糖就做出结论。于是质量监督部门找到相同品牌相同包装的白糖50袋,进行秤重记录。计算这50包白糖的平均重量为249.01克,标准差为3.33克。请问:调查结果是否说明该品

---

① 此临界值可以通过查相应的分布表或者通过统计软件计算。

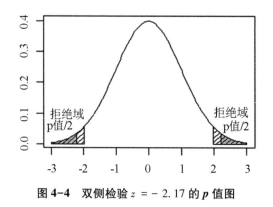

图 4-4 双侧检验 $z = -2.17$ 的 p 值图

牌的白糖每袋重量不足 250 克,存在缺斤少两的现象?(显著性水平 $\alpha = 0.05$)

此调查是要证明白糖重量小于了 250 克,因此确定假设:

$$H_0 : \mu \geqslant 250 \ 克 \qquad H_1 : \mu < 250 \ 克$$

从形式上看,这是一个左侧检验问题。其次,确定统计量,由于是大样本,因此用正态分布检验统计量,又因为总体方差未知,用样本方差代替,所以由式(4.2),这里 $\mu_0 = 250$,得:

$$z = \frac{\bar{x} - \mu_0}{s / \sqrt{n}} = \frac{249.01 - 250}{3.33 / \sqrt{50}} \approx -2.10$$

最后,在显著性水平 $\alpha = 0.05$ 的水平下,依据检验决策准则进行判断。由于备择假设是左侧检验,所以对应显著性水平 $\alpha = 0.05$ 的临界值为 $-1.64$①。

在本例中,因为 $z = -2.10 < -1.64$,所以拒绝原假设,接受备择假设,即该批白糖存在缺斤少两的现象。从 p 值看,$z = -2.10$ 的 p 值 0.018,由于 $p < \alpha$,因此同样拒绝原假设。从图 4-5 可以看出,左侧的尾概率 p 值,也就是图中的灰色区域面积比拒绝域的斜杠面积要小,因而这批样本数据的产生是小概率事件。按理说小概率事件不可能一次抽样就会发生,因此断定出问题的是原假设,所以拒绝原假设。

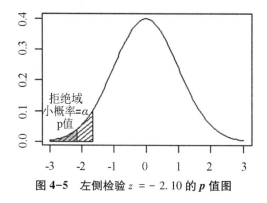

图 4-5 左侧检验 $z = -2.10$ 的 p 值图

---

① 此临界值可以通过查相应的分布表或者通过统计软件计算。

76

二、小样本的检验

在小样本($n < 30$)情况下,检验时首先假定总体均值服从正态分布。检验统计量的选择与总体方差是否已知有关。如果总体方差 σ^2 已知,样本均值经过标准化后仍服从标准正态分布,此时仍可用式(4.1)对总体均值进行检验。如果总体方差 σ^2 未知,样本均值经过标准化后服从自由度为($n-1$)的 t 分布。因此需要采用 t 分布进行检验。检验的统计量为:

$$t = \frac{\bar{x} - \mu_0}{s/\sqrt{n}} \tag{4.3}$$

【例4.3】糖果生产商开发制造一种新型的饼干,如果饼干水分超标就容易促使细菌繁殖,油脂发生氧化,严重缩短产品的实际保质期,因此国家对饼干中的水分含量有严格限定,即水分含量不得超过4.0%。为了检测水分含量,有关工作人员随机抽取该生产商生产的规格为100克/片的饼干15块,进行了水分含量测试,得到这15块饼干含水量的均值为4.03%,标准差为0.43%。请问该饼干质量是否符合国家标准。(显著性水平 $\alpha = 0.05$)

依题意建立的原假设和备择假设分别为:

$$H_0 : \mu \leqslant 4.0 \qquad H_1 : \mu > 4.0$$

由题目中的测试数据已知: $\bar{x} = 4.03$, $s = 0.43$。

根据式(4.3)计算检验统计量为:

$$t = \frac{\bar{x} - \mu_0}{s/\sqrt{n}} = \frac{4.03 - 4}{0.43/\sqrt{15}} \approx 0.27$$

因为是右侧检验,查 t 分布表或者通过统计软件计算得到 $t_\alpha(n-1) = t_\alpha(14) = 1.761$。由于 $t = 0.27 < t_\alpha(n-1) = 1.761$。所以不能拒绝原假设,样本提供的证据还不足以推翻原假设,即没有证据表明该厂商生产的饼干所含水分超过4%的标准。

如果根据检验统计量计算 P 值,得到 $p = 0.396$,大于显著性水平0.05,因此不能拒绝零假设。可从图4-6看出,右侧的尾概率也就是灰色面积,不是小概率,远远比拒绝域

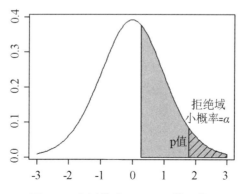

图4-6 右侧检验 $t = 0.27$ 的 p 值图

的斜杠面积要大。

图 4-7 总结出不同情形下一个总体均值的假设检验统计量的计算公式。

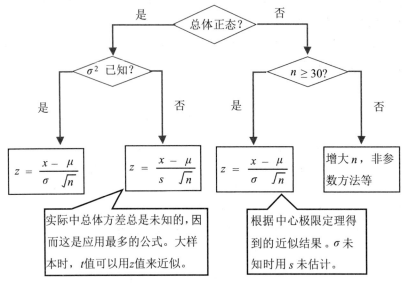

图 4-7 一个总体均值的假设检验统计量的确定

第三节 两正态总体均值差的假设检验

与一个总体的情况类似,两个总体均值假设检验中的备择假设有以下三种情况:

$$H_1 : \mu_1 - \mu_2 \neq D; H_1 : \mu_1 - \mu_2 > D; H_1 : \mu_1 - \mu_2 < D$$

其中 D 是一个给定的值,最常用的值是 0。这时以上三个备择假设就是:

$$H_1 : \mu_1 - \mu_2 \neq 0; H_1 : \mu_1 - \mu_2 > 0; H_1 : \mu_1 - \mu_2 < 0$$

与单个总体均值假设检验时讨论的问题类似,两个总体均值的检验也涉及检验统计量的选择问题。选择什么样的检验统计量取决于所抽取的样本是大样本($n \geq 30$)还是小样本($n < 30$),还需要考虑总体是否为正态分布、总体方差是否已知等几种情况。

一、独立正态总体

(一)两个独立正态分布总体、方差已知,或大样本
检验统计量的计算公式为:

$$z = \frac{\bar{x}_1 - \bar{x}_2 - (\mu_1 - \mu_2)}{\sqrt{\dfrac{\sigma_1^2}{n_1} + \dfrac{\sigma_2^2}{n_2}}} \tag{4.4}$$

当样本为大样本时,可用样本方差估计总体方差。决策规则:与单个总体 z 检验的决策规则相同,可以使用 z 值、p 值或置信区间进行双侧、左侧或右侧检验。

【例4.4】体脂率是指人体内脂肪重量在人体总体重中所占的比例,又称体脂百分数,它反映人体内脂肪含量的多少。人体内脂肪含量的增高使得罹患各种疾病的风险增高,因此一般健康管理专家会建议人们将体脂率控制在一个正常范围内。一般采用的体脂率标准依性别不同:男性一般是 16.5% 左右,波动 1.5%;女性是 22.5% 左右,波动 2.5%。下面分别抽样了 10 名男性和 10 名女性,测得体脂率数据如下(单位:%):

男性:19.92,14.49,18.62,20.72,13.97,20.20,19.92,15.66,11.54,15.13

女性:23.41,20.56,19.69,20.00,15.65,23.69,21.16,23.97,18.71,22.50

如果人群的体脂率服从正态分布,试在 0.05 的显著性水平下检验不同性别的体脂率有无显著差异。

已知: $\bar{x}_1 = 17.02$, $\bar{x}_2 = 20.93$, $\mu_1 = 16.5$, $\mu_2 = 22.5$, $\sigma_1 = 1.5$, $\sigma_2 = 2.5$

要证明不同性别的体脂率不同,因此假设检验问题是:

$$H_0 : \mu_1 - \mu_2 = 0 \qquad H_1 : \mu_1 - \mu_2 \neq 0$$

检验统计量的观测值为:

$$z = \frac{\bar{x}_1 - \bar{x}_2 - (\mu_1 - \mu_2)}{\sqrt{\dfrac{\sigma_1^2}{n_1} + \dfrac{\sigma_2^2}{n_2}}} = \frac{17.02 - 20.93 - (16.5 - 22.5)}{\sqrt{\dfrac{1.5^2}{10} + \dfrac{2.5^2}{10}}} = 2.267$$

显著性水平 $\alpha = 0.05$ 的双侧临界值为 1.96,而 $|z| = 2.267 > 1.96$,所以拒绝零假设,样本数据提供显著证据证明不同性别的体脂率有差异。如果根据检验统计量计算 p 值,得到 $p = 0.01$,小于显著性水平 0.05,同样拒绝零假设。

(二)两个独立正态分布总体,方差未知但相等

检验统计量:

$$t = \frac{\bar{x}_1 - \bar{x}_2 - (\mu_1 - \mu_2)}{\sqrt{s_p^2 \left(\dfrac{1}{n_1} + \dfrac{1}{n_2} \right)}} \sim t(n_1 + n_2 - 2) \qquad (4.5)$$

其中, $s_p^2 = \dfrac{(n_1 - 1) s_1^2 + (n_2 - 1) s_2^2}{n_1 + n_2 - 2}$ 。

决策规则与单个总体 t 检验的决策规则相同,可以使用 t 值、p 值或置信区间进行双侧、左侧或右侧检验。

【例4.5】为了比较不同类型的饲料添加剂对刚孵化的小鸡的重量有没有显著差异。收集了 12 只食用亚麻籽添加剂后孵化的小鸡重量(单位:克),14 只食用大豆添加剂后孵化的小鸡重量(单位:克)。数据如下:

亚麻籽:309,229,181,141,260,203,148,169,213,257,244,271

大豆:243,230,248,327,329,250,193,271,316,267,199,171,158,248

请问分别食用亚麻籽和大豆添加剂后孵化的小鸡体重有无显著差异。(注:经验认为正态分布、方差相等,$\alpha = 0.05$)

食用亚麻籽添加剂后孵化的小鸡平均体重为:$\bar{x}_1 = 218.8$,方差为:$s_1^2 = 2729$。

食用大豆添加剂后孵化的小鸡平均体重:$\bar{x}_2 = 246.4$,方差为:$s_2^2 = 2930$。

$$s_p^2 = \frac{(n_1 - 1)s_1^2 + (n_2 - 1)s_2^2}{n_1 + n_2 - 2} = \frac{11 \times 2729 + 13 \times 2930}{12 + 14 - 2} = 2838$$

假设检验问题为:

$$H_0 : \mu_1 - \mu_2 = 0 \qquad H_1 : \mu_1 - \mu_2 \neq 0$$

计算的检验统计量观测值为:

$$t = \frac{\bar{x}_1 - \bar{x}_2 - (\mu_1 - \mu_2)}{\sqrt{s_p^2 \left(\frac{1}{n_1} + \frac{1}{n_2}\right)}} = \frac{218.8 - 246.4 - 0}{\sqrt{2838 \times \left(\frac{1}{12} + \frac{1}{14}\right)}} = -1.317$$

由于显著性水平 $\alpha = 0.05$ 的双侧临界值为 $t_{0.025}(24) = -2.064$,而 $-1.317 > -2.064$,所以不能拒绝零假设。说明食用亚麻籽添加剂与大豆添加剂后孵化的小鸡体重没有显著差异。

(三)两个独立正态分布总体,方差未知且不相等

检验统计量:

$$t = \frac{\bar{x}_1 - \bar{x}_2 - (\mu_1 - \mu_2)}{\sqrt{\frac{\sigma_1^2}{n_1} + \frac{\sigma_2^2}{n_2}}} \sim t(v) \tag{4.6}$$

其中,自由度 $v = \dfrac{\left(\dfrac{s_1^2}{n_1} + \dfrac{s_2^2}{n_2}\right)^2}{\dfrac{(s_1^2/n_1)^2}{n_1 - 1} + \dfrac{(s_2^2/n_2)^2}{n_2 - 1}}$

决策规则与单个总体 t 检验的决策规则相同,可以使用 t 值、p 值或置信区间进行双侧、左侧或右侧检验。

图 4-8 总结出不同情形下两个独立总体均值的假设检验统计量的计算公式。

二、配对总体均值的假设检验

如果两个样本是非独立的匹配样本,即两个样本中的数据是一一对应的,这时对两个总体均值的比较,就是对两个样本对应数据之差的检验。

【例 4.6】为比较测定污水中氯含量的两种方法,特在各种场合收集到 8 个污水水样,每个水样均用这两种方法测定氯含量,具体数据如下(单位 MG/L):

方法 1:161,165,200,300,102,115,50,80

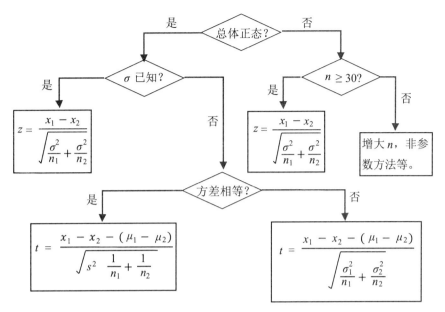

图 4-8　两个独立总体均值的假设检验统计量的确定

方法 2:170,154,180,280,120,136,65,77

试比较两种测定方法是否有显著差异? 显著性水平 $\alpha = 0.05$。

用 d_i 表示第 i 个匹配个体观测结果的差, $i = 1,2,\cdots,n$。此题中 $n = 8$。记:

$$\bar{d} = \frac{1}{n}\sum_{i=1}^{n} d_i \tag{4.7}$$

$$s_d^2 = \frac{1}{n-1}\sum_{i=1}^{n}(d_i - \bar{d})^2 \tag{4.8}$$

如果两种方法所需费用都服从正态分布,则可构造检验统计量如下:

$$t = \frac{\bar{d} - (\mu_1 - \mu_2)}{s_d / \sqrt{n}} \tag{4.9}$$

决策规则同一个总体的 t 检验。

【例 4.6】的求解过程如下:

分别用 μ_1,μ_2 表示方法 1 与方法 2 测得的氯含量的总体均值。

那么该问题的原假设与备择假设是:

$$H_0:\mu_1 - \mu_2 = 0 \qquad H_1:\mu_1 - \mu_2 \neq 0$$

计算得到均值 $\bar{d} = -1.125$,标准差 $s_d = 16.86$,则检验统计量的值为:

$$t = \frac{\bar{d} - (\mu_1 - \mu_2)}{s_d / \sqrt{n}} = \frac{-1.125 - 0}{16.86 / \sqrt{8}} = -0.1887$$

相应的 p 值为 0.4278,大于给定的显著性水平 $\alpha = 0.05$,因而不能拒绝原假设(检验统计量的值 $t = -0.1887 > t_{0.025}(7) = -2.365$,同样不能拒绝原假设),即没有理由认为这两种方法在测定污水氯含量上有显著差异。

第四节　总体比例的假设检验

在抽样分布和参数的区间估计中都讲到了比例的问题,同样假设检验也有总体比例的检验,总体比例的检验与上一节介绍的总体均值检验基本相同,只是检验的参数和检验统计量的表现形式不同。下面分别介绍一个总体比例的假设检验和两个总体比例之差的假设检验。

一、一个总体比例的假设检验

我们生活中经常需要对总体的某些比例进行检验,以证明某种观点能否被否定。

一个总体比例的检验,基本形式有以下三种:

双侧检验: $H_0 : \pi = \pi_0$,$H_1 : \pi \neq \pi_0$

左侧检验: $H_0 : \pi \geqslant \pi_0$,$H_1 : \pi < \pi_0$

右侧检验: $H_0 : \pi \leqslant \pi_0$,$H_1 : \pi > \pi_0$

在大样本时,样本比例会近似服从正态分布。因此,检验统计量仍用 z 统计量,其基本形式为:

$$z = \frac{p - \pi_0}{\sqrt{\pi_0(1 - \pi_0)/n}} \tag{4.10}$$

其中,p 是样本比例。

【例 4.7】一项调查结果显示某市 20-60 岁的人口比重为 60%,该市人口研究会为了检验该项调查是否可靠,随机抽取了 500 名居民,发现其中有 265 人属于 20-60 岁人群,问调查结果是否支持该市 20-60 岁的人口比重为 60% 的说法?(取 $\alpha = 0.05$)

此次调查的目的是要证明该市 20-60 岁的人口比重可能不是 60%,因此确定原假设和备择假设:

$$H_0 : p = 60\% \quad H_1 : p \neq 60\%$$

计算样本比例: $p = \dfrac{265}{500} = 0.53 = 53\%$

计算检验统计量: $z = \dfrac{p - P_0}{\sqrt{\dfrac{P_0(1 - P_0)}{n}}} = \dfrac{0.53 - 0.6}{\sqrt{\dfrac{0.6(1 - 0.6)}{500}}} = -3.195$

这是一个关于总体比例的双侧检验,当 $\alpha = 0.05$,$Z_{0.025} = 1.96$。因为 $|Z| = 3.195 >$

$Z_{0.05/2} = 1.96$,故有充分的理由拒绝该市老年人口比重为60%的说法。

【例4-8】某市媒体宣称本市国Ⅴ及以上标准的汽车占比达到25%以上。为此,研究机构随机抽取了1000辆汽车,发现其中有260辆汽车达到国Ⅴ及以上标准。请问此调查结果是否支持国Ⅴ及以上标准的汽车占比在25%以上这一说法?

此次调查的目的是要证明该市国Ⅴ及以上标准的汽车占比不在25%以上,因此原假设与备择假设为:

$$H_0: p \geqslant 25\% \quad H_1: p < 25\%$$

计算样本比例: $p = \dfrac{260}{1000} = 0.26 = 26\%$

计算检验统计量: $z = \dfrac{p - P_0}{\sqrt{\dfrac{P_0(1 - P_0)}{n}}} = \dfrac{0.26 - 0.25}{\sqrt{\dfrac{0.25(1 - 0.25)}{1000}}} = 0.7303$

这是一个关于总体比例的左侧检验,当 $\alpha = 0.05$,$Z_{0.05} = -1.645$。因为 $z = 0.7303 > Z_{0.05} = -1.645$,故没有充分的理由拒绝国Ⅴ及以上标准的汽车占比在25%以上的说法。

二、两个总体比例之差的假设检验

两个总体比例之差的假设检验分为检验两个总体比例是否相等的假设,即检验两个总体比例之差为零的假设,以及检验两个总体比例之差不为零的假设。由样本比例的抽样分布可知,从两个二项分布的总体中抽出两个独立的样本,则两个样本的比例之差的抽样分布服从正态分布。设两个总体中具有某种特征的单位数所占的比例分别为 π_1, π_2,来自这两个总体的样本(样本容量分别为 n_1, n_2)中具有该种特征的单位数分别为 x_1, x_2,所占的比例分别为 p_1, p_2。即,$p_1 = \dfrac{x_1}{n_1}$,$p_2 = \dfrac{x_2}{n_2}$。

(一)检验两个总体比例是否相等的假设

在这种情况下,检验的假设为:

$$H_0: \pi_1 = \pi_2 \qquad H_1: \pi_1 \neq \pi_2$$

在原假设成立的条件下,最佳的方差是将两个样本合并后得到的合并比例 p,其计算公式为:

$$p = \dfrac{x_1 + x_2}{n_1 + n_2} = \dfrac{n_1 p_1 + n_2 p_2}{n_1 + n_2} \tag{4.11}$$

在大样本条件下,两样本的比例之差服从正态分布,可得检验统计量的表达式为:

$$z = \dfrac{p_1 - p_2}{\sqrt{p(1 - p)\left(\dfrac{1}{n_1} + \dfrac{1}{n_2}\right)}} \tag{4.12}$$

(二)检验两个总体比例之差是否等于某个常数

在这种情况下,检验的假设为:

$$H_0:p_1 - p_2 = d, H_1:p_1 - p_2 \neq d(d \neq 0)$$

可直接用两个样本比例 p_1, p_2 作为两个总体比例 π_1, π_2 的估计量。在大样本情况下,可以得到两个样本比例之差的抽样分布为:

$$p_1 - p_2 \sim N(\pi_1 - \pi_2, \frac{\pi_1(1-\pi_1)}{n_1} + \frac{\pi_2(1-\pi_2)}{n_2}) \tag{4.13}$$

这样两个总体比例之差的假设检验统计量为:

$$z = \frac{(p_1 - p_2) - d}{\sqrt{\dfrac{\pi_1(1-\pi_1)}{n_1} + \dfrac{\pi_2(1-\pi_2)}{n_2}}} \tag{4.14}$$

当总体比例未知时,通常用样本比例 p_1, p_2 代替上式中的 π_1, π_2,此时的检验统计量为:

$$z = \frac{(p_1 - p_2) - d}{\sqrt{\dfrac{p_1(1-p_1)}{n_1} + \dfrac{p_2(1-p_2)}{n_2}}} \tag{4.15}$$

【例4.9】一项研究表明,出租车/网约车司机认为自己没有心理健康困扰的比例比快递员职业人群的比例高20%。为验证这一说法,一研究机构调查了400名出租车/网约车司机与300名快递员。其中162名出租车/网约车司机认为自己没有心理健康困扰,其中79名快递员认为自己没有心理健康困扰。请问这些调查结果是否支持该研究的说法?(显著性水平为0.05)

根据题目意思,提出假设:

$$H_0:p_1 - p_2 \geqslant 20\%, H_1:p_1 - p_2 < 20\%$$

已知:$n_1 = 400, n_2 = 300, x_1 = 162, x_2 = 79$, $p_1 = \dfrac{162}{400} = 0.405$, $p_2 = \dfrac{79}{300} = 0.2633$, $d = 0.2$。

由式(4.15)可得

$$z = \frac{(p_1 - p_2) - d}{\sqrt{\dfrac{p_1(1-p_1)}{n_1} + \dfrac{p_2(1-p_2)}{n_2}}} = \frac{(0.405 - 0.2633) - 0.2}{\sqrt{\dfrac{0.405(1-0.405)}{400} + \dfrac{0.2633(1-0.2633)}{300}}} = -1.65$$

$z = -1.65 < Z_{0.05} = -1.645$,因此拒绝原假设。计算得相应的 p 值为 0.049 小于给定的显著性水平 0.05,因而拒绝原假设,调查结果不能支持出租车/网约车司机认为自己没有心理健康困扰的比例比快递员职业人群的比例高20%的说法。

第五章　相关分析[*]

　　生活中很多现象之间都是彼此关联的,有些彼此关联非常重要,是我们非常感兴趣的。比如父母的收入水平与子女的收入水平之间有关吗? 比如癌症的发病率是否与年龄有关系吗,有什么样的关系? 肝硬化的死亡率与饮酒量之间有何关系? 受教育水平高的收入也会高一些,这种相关性有多强? 因此,如果想要正确把握或者解释某一项事物的内在规律,就必须探讨变量之间的相互关系。相关关系就是研究数值型变量之间关系的统计方法。

　　下面我们来考查两个数值变量之间关系的例子。

　　【例 5.1】欲研究身高和体重之间的关系,收集到了某班级共 24 名同学的身高和体重 y 的数据,表 5-1 显示了其中的部分数据。

表 5-1　某班级同学的身高 x 和体重 y

身高 x（cm）	163	164	165	168	169	170	170	170
体重 y（kg）	60	56	60	55	60	54	80	64

　　在此例中,我们考虑下面的问题:

　　(1)变量 x(身高)和 y(体重)是否含有某种相关关系?

　　(2)如果存在关系,是什么样的关系? 这个关系有多强?

　　(3)观测样本所反映出的变量之间的关系是否能代表总体变量之间的关系?

　　(4)他们之间的关系能否用一个数学模型来描述?

　　(5)这个关系是不是因果关系?

　　要解决这些问题需要更多的统计工具和手段来进行解答,这就是第 5 章和第 6 章的主要研究问题。

第一节　相关关系

　　现象与现象之间关系的方式及关系的密切程度各不相同。其中一种极端的情况是一个现象(或变量)的变化完全决定另一个现象(或变量)的变化,这种关系就是函数关系。当一个或几个变量取一定的值时,另一个变量有唯一确定的值与之对应,则称这种关系为确定性的函数关系,记为 $y = f(x)$,其中 x 称为自变量,y 称为因变量。例如某商业银行的一年期存款利率是 2.7%,若存入的本金用 x 表示,则一年后的本利和为 $y = x + 2.7\%x$。这里,本利和与本金之间是一种确定性的函数关系,在利率不变的情况下,本利和本金的大小可以完全决定一年期的本利和。

函数关系是一一确定的关系,即一个变量发生变动,另一个变量会严格按照函数关系发生变动。实际问题中变量之间的关系往往更复杂,变量的变动会受到很多因素的影响,有的因素可能超过了我们目前的认知,有的无法量化,所以真实世界中的变量关系往往不是函数关系。

比如,身高与体重的关系就不能用函数关系来描述。通常情况下,一个人身高比较高,其体重也会相应比较重,但是体重不是唯一由身高确定的,有些身高很高但是比较瘦的人,其体重反而不如身高低的人体重重。身高和体重之间的关系就是一种相关关系。

再例如,个人的经济地位与父辈的经济地位之间有相关关系,但是不是唯一确定的。一般情况下,父辈经济地位更高的,子辈的经济地位也更高,在高度不平等的国家二者的相关性越强,即收入的代际流动性较低,子女处于父辈的经济阶层的可能性就越高。

我们把这种相互依存的,又不是严格确定的关系称之为相关关系(correlation)。相关分析(correlation analysis)就是两个变量之间的关系的描述与度量。

第二节　相关关系的展示——散点图

数据分析一般首先通过画图来得到一个直观的印象,展示两个数值型变量之间的相关关系常用的是散点图。对于两个变量 x 和 y,通过观察或实验,可以得到若干组数据记为 (x_i, y_i) $(i = 1, 2, \cdots, n)$。用坐标的横轴代表变量 x,纵轴代表变量 y,每组数据 (x_i, y_i) $(i = 1, 2, \cdots, n)$ 在坐标系中用一个点表示,n 个数据在坐标系中形成了 n 个散点。对于表 5-1 中的数据,将身高作为 x 轴,体重作为 y 轴,将每个人的身高体重数据在坐标轴中用一个点标出来,最后得到如图 5-1 所示的散点图。

观察图 5-1,我们发现当一个人身高越高,体重也越大,图中点的趋势说明这两个变量之间存在一定的关系。

根据散点图所反映的点的分布状况可以直观地判断变量之间相关关系的类型,根据散点图的不同表现情形,主要有以下几种类型:

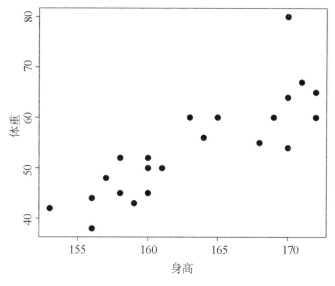

图 5-1　身高体重数据的散点图

一、相关的形态

相关的形态可以分为完全线性相关、线性相关、非线性相关和不相关。

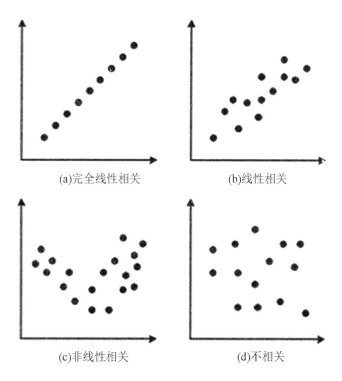

(a)完全线性相关　　　　　　　(b)线性相关

(c)非线性相关　　　　　　　　(d)不相关

图 5-2　相关的形态

图 5-2(a)中的观测点恰好落在一条直线上,表示了两个变量之间是一一对应的函数关系,可以用直线方程来准确描述这两个变量的关系,称为完全线性相关。

图 5-2(b)中观测点散落在一条直线周围,变量的关系近似表现为一条直线,称为线性相关。

图 5-2(c)中观测点近似落在一条曲线附近,称为非线性相关或者曲线相关。

图 5-2(d)中观测点分布的很分散,没有任何规律,表明变量之间没有相关关系。

二、相关的方向

相关的方向可以分为正相关与负相关。

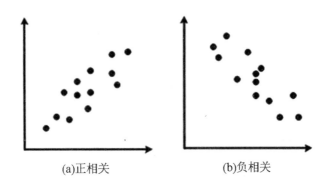

(a)正相关　　　　　　　　　(b)负相关

图 5-3　正相关和负相关

图 5-3(a)中当一个变量增加,另一个变量也增加,两个变量之间的关系称为正相关。如图 5-3(b)所示,如果一个变量增加,另一个变量反而减少,两个变量之间的关系称为负相关。

三、相关的强度

观察图 5-4 中的三个散点图,观测点均落在一条直线附近,但是围绕直线的密切程度是不一样的,直观上看从左到右相关的密切程度依次减弱。

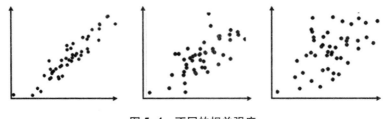

图 5-4　不同的相关强度

根据散点图对相关关系的描述比较简单直观,如果要对相关关系进行进一步的分析和下结论,最好能有个度量指标来量化相关的不同形态、方向和强度大小。下面介绍的相关系数就是用来测量变量之间的相互依存关系。

第三节　相关关系的度量与性质

当散点图中的样本观测点沿着一条直线分布时,可以使用一个系数 r 来衡量这两个变量之间的线性关系强度,这个系数叫作样本相关系数(correlation coefficient), 其计算公式为:

$$r = \frac{\sum (x - \bar{x})(y - \bar{y})}{\sqrt{\sum (x - \bar{x})^2 \sum (y - \bar{y})^2}} \tag{5.1}$$

该系数又可称为简单相关系数、线性相关系数(linear correlation coefficient)、Pearson 相关系数(Pearson's correlation cofficient)。如果相关系数是根据总体全部数据算出来的,称为总体相关系数,记为 ρ。

对于表 5-1 中的身高—体重数据,根据公式(5.1)计算得到的相关系数 $r = 0.83$。比计算这个系数更重要的是这个系数的意义。首先注意到这个数据 r 是正的,这意味着,如果一个变量的值比较小,那么另一个变量的值也比较小;而一个变量比较大时,另一个变量也比较大。所以,身高较高的一般体重也会更重,正的相关系数 r 证实了散点图的这种趋势。另外,这个相关系数的大小, $r = 0.83$ 比较接近最大值 1,这意味着两变量之间有很强的相关性。根据常用的规则,介于 0.8 和 1 之间的 r 值代表了一个很强的正相关性。

所以,为了解释相关系数的含义,必须对它的性质有所了解。r 的取值范围是 $[-1, 1]$, r 的取值不同代表了不同类型的相关, r 取值的正负代表了相关的方向,具体有以下情况:

(1) $|r| = 1$ 表示完全线性相关。如图 5-5 所示,每个散点图中的所有观测点都恰好落在一条直线上,两个变量之间是一一对应的函数关系,可以用直线方程来准确描述这两个变量的关系。

(2) r 的符号正负代表了正相关和负相关。$r > 0$ 表示正线性相关, $r < 0$ 表示负线性相关。如图 5-5(a)和(b)所示,经过观测点的直线斜率为正,代表完全正线性相关。如图 5-5(c)和(d)所示,经过观测点的直线斜率为负,代表完全负线性相关。

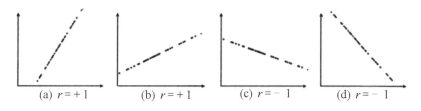

(a) $r = +1$　　(b) $r = +1$　　(c) $r = -1$　　(d) $r = -1$

图 5-5　完全线性相关

(3) $|r|$ 的大小代表了相关程度的大小,也就是两个变量围绕直线分布的密切程度。$|r| \to 1$ 表示线性相关性越强, $|r| \to 0$ 表示线性相关性越弱。如图 5-6 所示,图(a)和

(d)中观测点围绕直线分布的很紧密，$|r|$很大，接近于1。图(b)和(c)中观测点围绕直线分布的相对更散一些，$|r|$相对小一些。

根据经验，$|r|$的大小可以表示不同程度的线性相关关系：

$|r| \geqslant 0.8$：表示高度相关

$0.5 \leqslant |r| < 0.8$：表示中度线性相关

$0.3 \leqslant |r| < 0.5$：表示中低度线性相关

$|r| < 0.3$：表示低度线性相关

相关系数常常使用0.8,0.5,0.3作为分界点，对应分为高度、中度、中低度还是低度的相关，这里的标准只是比较粗糙的标准。对于在不同领域工作的人们，相关系数r的范围也不同，高和低仅仅是看作相对于某一领域的r的普通值而言。比如，一个社会学家通常会认为$r = 0.5$就很高了，而一个经济学家也许会认为$r = 0.5$比较低。然而，0.9对于几乎所有领域的人来说都代表比较高的相关程度。

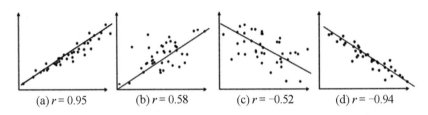

(a)$r = 0.95$　　(b)$r = 0.58$　　(c)$r = -0.52$　　(d)$r = -0.94$

图5-6　不同的线性相关程度

（4）$r = 0$表示不存在线性相关。如图5-7所示，虽然三个散点图中的相关系数都是0，但是显然(b)和(c)中变量之间不是完全独立的，变量之间是存在某种关系的。所以当得到相关系数$r = 0$时，不能下结论说变量之间没有任何关系，有可能存在非线性相关关系。我们这里讨论的Pearson相关系数是线性相关系数，只能度量线性相关。

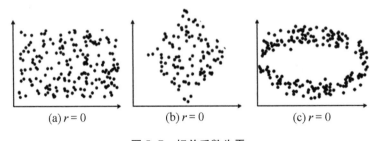

(a)$r = 0$　　　　(b)$r = 0$　　　　(c)$r = 0$

图5-7　相关系数为零

第四节　相关关系的检验

相关分析要解决的其中一个主要问题就是观测样本所反映出的变量之间的关系是否

能代表总体变量之间的关系？换句话说,我们发现的观测样本的变量之间的关系,这种关系能否推广到总体？这个结果是由于样本的随机性所产生的偶然的相关关系,还是受某种系统影响而产生的？如果发现不只是偶然因素引起的,可以从样本推广到总体,并做出在总体中也存在相关关系的结论。

由于样本的随机性、样本数量少等原因,利用样本数据计算出来的相关系数不能直接说明总体变量之间是否存在显著相关,需要进行统计检验。相关系数的检验通常用 Fisher 提出的 t 分布检验,该检验可以用于小样本,也可以用于大样本。该检验的具体步骤如下:

第1步:提出原假设。

$$H_0 : \rho = 0 \, (两变量之间不存在线性相关)$$
$$H_1 : \rho \neq 0 \, (两变量之间存在线性相关)$$

第2步:计算检验的统计量。

$$t = |r| \sqrt{\frac{n-2}{1-r^2}} \sim t(n-2)$$

第3步:进行决策。

根据给定的显著性水平(一般取 $\alpha = 0.05$)和自由度(这里是取 $n-2$)计算临界值,如果 t 检验统计量的值落在拒绝域内,则拒绝原假设,可以认为两个变量之间存在显著的相关关系。或者利用统计软件直接得到 p 值,如果 p 值小于等于指定的显著性水平,则我们可以拒绝原假设,接受备择假设,即这两个变量之间存在线性相关关系。否则不能拒绝原假设,可以认为两变量之间不存在显著的线性相关关系。

讨论【例 5.1】中身高与体重的相关系数检验,使用统计软件很容易得到 t 检验统计量的值是 6.97,自由度为 22,p 值是 5.3×10^{-7},由于 p 值小于 0.05,所以拒绝总体相关系数为 0 的原假设。

第五节　相关关系与因果关系

很多人把相关关系和因果关系混为一谈,但是相关关系不一定就是因果关系,比较典型的例子是"冰激凌销量"与"溺水死亡者数量"之间是正相关,但我们都知道二者之间不存在因果关系,它们都是由一个共同的因素"夏天"导致的。生活中有许多广泛流传的错误言论,也都是因为混淆了相关关系与因果关系而引起的。比如有人认为近些年癌症的发生率与手机的普及率之间存在正相关关系,从而得到手机辐射致癌的结论。实际上原因是因为医疗检测技术的进步和体检的普及将很多无法诊断出来的早中期癌症检查出来了。

人们渴望得到因果关系,而常用的统计工具探求的主要是相关关系。与统计的相关关系相比,因果关系非常难以界定,因果关系是一种很复杂的关系,即使有因果关系也不是单一的变量引起的。比如我们都知道抽烟可能会引起肺癌的风险,即使做出统计上非常显著的结果,我们只能说吸烟和肺癌高度相关,不能说吸烟导致肺癌。还有些其他因素会引起肺癌的高风险,包括年龄、性别、家族遗传等因素。不过有一些统计学的方法有助于发现因果关系。

第六章　回归分析 *

在很多实际问题中,常常要研究某个感兴趣的因素与其他几个影响因素之间的关系。相关分析描述的只是数值型变量之间关系的强度和方向,而回归分析是通过数学模型更准确地描述一个变量的变化如何影响其他变量的统计方法。假如用 Y 表示真正感兴趣的变量,X 表示其他可能与 Y 有关的变量,需要建立 Y 与 X 之间的函数关系 $Y = f(X)$。这里 Y 称为因变量或者响应变量,而 X 称为自变量或解释变量。回归分析(regression)就是建立这种关系的过程。

第一节　一元线性回归分析

一、一元线性回归模型

这里仍然以身高体重数据为例进行说明,因变量 y 是体重,自变量 x 是身高。图 6-1 是在散点图(图 5-1)的基础上,又加了一条穿过这些点的中心的直线,这些观测点基本上都在直线附近,可以认为二者大体上呈现了线性关系。这条直线的斜率是正的,也就是说,身高更高的人体重会更重,身高低的人体重更轻。这条直线如果越陡,代表身高的单位变化所导致的体重的差异更大。直线的陡峭程度由它的斜率来度量,所以如果可以获得直线的斜率,就知道了身高每增加一公分,体重平均会增加多少公斤。如果还可以得到直线的截距项,也就是说当 $x=0$ 时候,这条直线与 y 轴相交的点,那么这条直线就可以用方程表示出来。本例中的这条直线的斜率和截距项分别为 1.3 和 -160,那么这条直线的方程为

$$体重 = -160 + 1.3 \times 身高$$

其中,斜率 1.3 的含义是如果两个人身高相差 1 公分,那么平均体重相差 1.3 公斤。这样的一条直线就是回归直线,这个直线的方程就是回归方程,它用很简洁的方式总结了两个变量的关系。如果擦去原有的观测点只保留这条直线,仍然可以很清楚的了解体重和身高的相关性。所以,相关分析中只能得到相关系数,也就是两个变量的相关程度,而回归直线具体描述了因变量是如何随一个或多个自变量的变化而变化的。

从图 6-1 中可以发现,这些点落在直线附近但又不完全在一条直线上,说明 y 和 x 并非确定性的函数关系。事实上影响体重的因素除了身高之外还有很多其他因素,如遗传基因、营养摄入、收入等会对体重产生影响,把除了 x 之外的所有影响 y 的因素记为 ε ,可

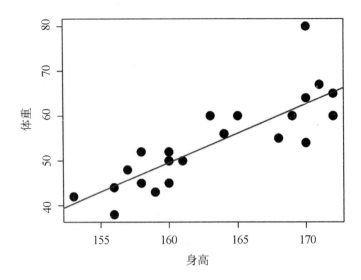

图6-1 身体体重数据散点图(包含回归直线)

以建立如下的一元线性回归模型:

$$Y = \beta_0 + \beta_1 X + \varepsilon \qquad (6.1)$$

其中, β_0 和 β_1 为回归系数; ε 为随机误差项,表示除去 x 之外的其他一切被忽略的、没有考虑到的因素引起的 y 的变化。由于误差项的存在,观测值不可能刚好在这条直线上,但是如果这个模型能够将 x 和 y 的关系描述的比较好的话,这些观测值不会离这条直线太远。对随机误差项需要做如下三个基本假定:

(1) $E(\varepsilon) = 0$, ε 的期望为0。

(2) $Var(\varepsilon) = \sigma^2$,即对于所有的 x 而言 ε 具有同方差性。

(3) ε 服从正态分布,且相互独立。

对(6.1)两边求数学期望得:

$$E(y) = \beta_0 + \beta_1 x \qquad (6.2)$$

从平均意义上表达了变量 y 与 x 的统计规律性,这一点在应用上是非常重要的,因为我们经常关心的正是这个平均值。

理论回归模型中的参数是未知的,回归分析的主要任务就是通过样本观测值 (x_i, y_i) , $i = 1, 2, \cdots, n$ 对 β_0 , β_1 进行估计,在此用 $\hat{\beta}_0$, $\hat{\beta}_1$ 分别表示 β_0 , β_1 的估计值:

$$\hat{y} = \hat{\beta}_0 + \hat{\beta}_1 x \qquad (6.3)$$

称式(6.3)为估计的线性回归方程。

二、参数估计的最小二乘方法

回归直线能代表两个变量之间的关系,那如何来找到最佳的一条直线呢? 回归直线由它的截距项和斜率所确定,那么寻找这条回归直线的过程就是估计回归模型中回归系数 β_0 和 β_1 的过程。如果我们每个人都拿一把尺子去比对图5-1的散点图作一条通过这些点的中心的直线,每个人会做一条稍微不同的直线,显然离所有的点距离最近的直线是最好的直线。最常用的统计准则是普通最小二乘法(ordinary least square,简称OLS),其思想就是寻找一条直线,使得所有观测点 (x_i,y_i) 与它在回归直线上的对应点 $(x_i,\hat{\beta}_0+\hat{\beta}_1x_i)$,在垂直方向上的偏差距离平方和最小(如图6-2所示)。这里的垂直方向的偏差就是残差,即观测值 y_i 与回归拟合值 $\hat{y}_i$ 之间的差

$$e_i = y_i - \hat{y}_i = y_i - (\hat{\beta}_0 + \hat{\beta}_1 x_i)$$

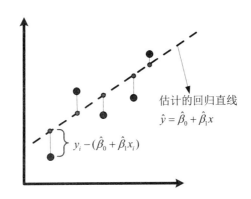

图6-2 最小二乘估计的原理

对每个样本观测值 (x_i,y_i) ,考虑观测值 y_i 与其回归直线拟合值 $\hat{y}_i$ 的离差 $y_i - \hat{y}_i$ (即残差)越小越好,综合地考虑 n 个离差值,定义离差平方和(残差平方和)为:

$$Q = \sum_{i=1}^{n} (y_i - \hat{y}_i)^2 = \sum_{i=1}^{n} (y_i - \hat{\beta}_0 - \hat{\beta}_1 x_i)^2$$

所谓最小二乘法,就是要寻找 β_0 和 β_1 的估计值 $\hat{\beta}_0$ 和 $\hat{\beta}_1$,使 Q 达到最小。求解 $\hat{\beta}_0$ 和 $\hat{\beta}_1$ 是一个求极值问题,由于 Q 是关于 $\hat{\beta}_0$ 和 $\hat{\beta}_1$ 的非负二次函数,因而它的最小值总是存在的。根据微积分求极值的原理, $\hat{\beta}_0$, $\hat{\beta}_1$ 满足下列方程:

$$\left.\frac{\partial Q}{\partial \beta_0}\right|_{\beta_0 = \hat{\beta}_0} = -2 \sum_{i=1}^{n} (y_i - \hat{\beta}_0 - \hat{\beta}_1 x_i) = 0$$

$$\left.\frac{\partial Q}{\partial \beta_1}\right|_{\beta_1 = \hat{\beta}_1} = -2 \sum_{i=1}^{n} x_i(y_i - \hat{\beta}_0 - \hat{\beta}_1 x_i) = 0$$

求解该方程组,即可得到 $\hat{\beta}_0$ 和 $\hat{\beta}_1$。

对于一元线性回归方程,其参数估计值的具体计算公式为:

$$\hat{\beta}_1 = \frac{n\sum_{i=1}^{n} x_i y_i - \sum_{i=1}^{n} x_i \sum_{i=1}^{n} y_i}{n\sum_{i=1}^{n} x_i^2 - (\sum_{i=1}^{n} x_i)^2}$$

$$\hat{\beta}_0 = \bar{y} - \hat{\beta}_1 \bar{x} \tag{6.4}$$

【例 6.1】利用第 5 章表 5-1 中的数据,根据式(6.4)可以估计身高与体重的回归方程中的参数。

使用 Excel 软件输出的回归分析结果(见表 6-1)包括以下几部分:

第一部分是"回归统计",这部分给出了回归分析中的一些常用统计量,包括相关系数(Multiple R)、判定系数(R Square,简称 R^2)、调整后的判定系数(Adjusted R Square)、标准误差、观察值个数等。

第二部分是"方差分析",这部分给出的是回归方程的方差分析表。

第三部分是模型中参数估计的有关内容。具体每一部分输出结果的解读,将在后面介绍。

表 6-1   身高与体重的回归分析结果

1	SUMMARY OUTPUT				
2					
3	回归统计				
4	Multiple R	0.829849509			
5	R Square	0.688650208			
6	Adjusted R Square	0.674497944			
7	标准误差	5.484366592			
8	观测值	24			
9					
10	方差分析				
11		df	SS	MS	F	Significance F
12	回归分析	1	1463.61	1464	48.6601	5.30486E-07
13	残差	22	661.722	30.08		
14	总计	23	2125.33			
15						
16		Coefficients	标准误差	t Stat	P-value	Lower 95%	Upper 95%	下限 95.0%	上限 95.0%
17	Intercept	-159.8766589	30.7046	-5.21	3.2E-05	-223.5542055	-96.1991	-223.5542	-96.199112
18	X Variable 1	1.309133489	0.18767	6.976	5.3E-07	0.919927322	1.69834	0.9199273	1.69833966

由表 6-1 可知,$\hat{\beta}_0 = -159.877$,$\hat{\beta}_1 = 1.309$,身高与体重的回归方程为 $\hat{y} = -159.877 + 1.309x$。回归系数 $\hat{\beta}_1 = 1.309$ 表示:身高每变动(增加或减少)1 厘米,体重平均同向变动(增加或减少)1.309 kg。在回归分析中,对截距 $\hat{\beta}_0$ 通常不作实际意义上的解释。

三、回归方程的评价与检验

当我们得到一个实际问题的经验回归方程后,还不能马上就进行分析与预测等应用,在应用前还需要运用统计方法对回归方程进行评价与检验。进行评价与检验主要是基于以下理由:第一,在利用样本数据估计回归模型时,首先是假设变量 y 与 x 之间存在着线性关系,但这种假设是否存在需要进行检验;第二,估计的回归方程是否真正描述了变量 y 与 x 之间的统计规律性,y 的变化能否通过模型中的解释变量去解释需要进行检验等等。一般进行的评价与统计检验主要有:

（一）实际意义检验

对回归模型进行检验,首先要进行的就是实际意义的检验。所谓实际意义的检验就是利用相关的现实情况及我们所积累的丰富经验,对所估计回归方程的回归系数进行分析与判断,看其是否能得到合理的解释。假如我们以体重为被解释变量,以身高为解释变量,建立的一元线性回归模型如下:$\hat{y} = -159.877 + 1.309x$。回归系数 1.309 的含义是身高每增加 1 厘米,体重平均增加 1.309kg,这与实际情况相符合。当模型明显有不合理的解释,与实际理论不相符,且无合理的原因进行解释,那么该模型则无法应用。

（二）回归方程的拟合优度判定

回归方程在一定程度上描述了变量 y 与 x 之间的内在规律。根据这一方程,我们可由自变量的取值来估计因变量的取值。但估计的精度如何将取决于回归方程对观测数据的拟合程度(goodness of fit)。回归方程的拟合程度分析最常用的指标是判定系数。

1. 判定系数 R^2

判定系数(coefficient of determination),又称可决系数、决定系数,该指标是建立在对总离差平方和进行分解的基础之上的,用来说明回归方程对观测数据拟合程度的一个度量值。以一元线性回归方程为例,若各观测数据 (x_i, y_i) 在坐标系上形成的散点都落在一条直线上,那么这条直线就是对数据的完全拟合,直线充分代表了各个点,此时,用 x 估计 y 是没有误差的。各观测点越是紧密围绕直线,说明直线对观测数据的拟合程度越好,判定系数越高,反之则越差,判定系数越小。

为理解判定系数的含义,我们首先对被解释变量取值的变差进行分析。不同观测的因变量 y 的取值是不同的,y 取值的这种波动称为变差。变差的产生来自两个方面:一是由于自变量 x 的取值不同造成的,二是除 x 外其他因素的影响,对一个具体的观测值来说,变差的大小可以通过该实际观测值 y_i 与其均值 $\bar{y}$ 之差 $y_i - \bar{y}$ 来表示。而 n 次观测值的总变差可以由这些离差的平方和来表示,称为总平方和,即 $SST = \sum (y_i - \bar{y})^2$。从图 6-4 可以看到,每个观测点的离差都可以分解为:

$$y_i - \bar{y} = (y_i - \hat{y}_i) + (\hat{y}_i - \bar{y})$$

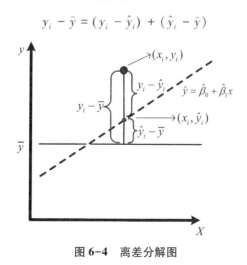

图 6-4　离差分解图

将上式两边平方,并对所有点求和得到(证明略):

$$\sum_{i=1}^{n}(y_i - \bar{y})^2 = \sum_{i=1}^{n}(y_i - \hat{y}_i)^2 + \sum_{i=1}^{n}(\hat{y}_i - \bar{y})^2$$

即总平方和可以分解为两个部分:

第一部分是 $\sum_{i=1}^{n}(\hat{y}_i - \bar{y})^2$ 是回归值 $\hat{y}_i$ 与均值 $\bar{y}$ 的离差平方和,它可以看作是 y 的总变差中由于 x 与 y 的线性关系引起 y 变化的那部分,可以由回归直线来解释 y_i 的变差部分,称为回归平方和,记为 SSR;

另一部分 $\sum_{i=1}^{n}(y_i - \hat{y}_i)^2$ 是各实际观测值 y_i 与回归值 $\hat{y}_i$ 的残差平方和,它是除了 x 对 y 的线性影响之外的其他因素对 y 的变差的作用,是不能用回归直线来解释的 y_i 的变差部分,称为残差平方和或误差平方和,记为 SSE,三个平方和的关系是:

$$SST = SSR + SSE$$

从图 6-4 中可以直观地看到,回归直线拟合的好坏取决于 SSR 及 SSE 的大小,各观察值越靠近直线,SSR 就越大,即 SSR 占 SST 的比例就越大,这样我们可以通过这一比例来反映直线对观测值的拟合程度,这一比例称为判定系数,记为 R^2,即:

$$R^2 = \frac{SSR}{SST} = \frac{\sum(\hat{y}_i - \bar{y})^2}{\sum(y_i - \bar{y})^2} = 1 - \frac{\sum(y_i - \hat{y}_i)^2}{\sum(y_i - \bar{y})^2}$$

判定系数 R^2 的取值范围是 $[0,1]$。$R^2 = 1$ 时,拟合是完全的,即所有观测值都在直线上。若 x 与 y 无关,x 完全无助于解释 y 的变差,此时 $\hat{y}_i = \bar{y}$,则 $R^2 = 0$。R^2 越接近于 1,表明回归平方和占总平方和的比重越大,回归直线与各观测点越接近,回归直线的拟合程度就越好。反之,R^2 越接近于 0,回归直线的拟合程度越差。

2. 估计标准误差

估计标准误差(standard error of estimate)是残差平方和的均方根,用 s_e 表示。其计算公式为:

$$s_e = \sqrt{\frac{\sum(y_i - \hat{y}_i)^2}{n-2}} = \sqrt{\frac{SSE}{n-2}} = \sqrt{MSE}$$

s_e 是度量各观测点在回归直线周围分散程度的一个统计量,反映了实际观测值 y_i 与回归估计值 $\hat{y}_i$ 之间的差异程度。它也是对误差项 ε 的标准差估计,可以看作在排除了 x 对 y 的线性影响后 y 随机波动大小的一个估计量。s_e 从实际意义看,反映了用估计的回归方程预测因变量 y 时预测误差的大小,s_e 越小,说明根据回归方程进行预测也就越准确;若各观测点全部落在直线上,则 $s_e = 0$,此时用自变量来预测因变量是没有误差的。可见 s_e 也从另一个角度说明了回归直线的拟合程度。

在【例 6.2】中估计的回归方程的输出结果中,表 6-2 列出相关系数(multiple R)为 0.830,相关系数的平方即判定系数(R^2)为 0.689,校正后的判定系数(adjusted R square）也为 0.675，标准误差（Std error of the estimate）为 5.484。判定系数的取值越接近于 1，说明自变量所能解释的方差在总方差中所占的比重越大，即该回归方程的拟合程度越好。

表 6-2　回归方程的输出结果

项目	输出结果
Multiple R	0.830
R Square	0.689
Adjusted R Square	0.675
标准误差	5.484
观测值	24.000

（三）回归方程的显著性检验

回归方程的显著性检验主要是检验因变量和自变量之间的线性关系是否显著。对于一元线性回归模型而言，如果回归函数 $E(y) = \beta_0 + \beta_1 x$ 中 $\beta_1 = 0$，则无论 x 怎么变化，y 都不随着 x 的变化而变化，此时认为回归方程不显著，说明回归方程的线性关系是不存在的。否则，如果 $\beta_1 \neq 0$，说明回归方程的线性关系是存在的。

所以，对于一元线性回归模型而言，回归方程的总体显著性检验等价于回归系数 β_1 的显著性检验。即检验如下的假设：

$$H_0 : \beta_1 = 0（两个变量之间线性关系不显著）$$

$$H_1 : \beta_1 \neq 0（两个变量之间的线性关系显著）$$

通常有两种方法进行检验：F 检验法和 t 检验法。

1. F 检验法：

当原假设成立时，统计量：

$$F = \frac{SSR/1}{SSE/(n-2)} = \frac{MSR}{MSE} \sim F(1, n-2)$$

其中，SSR 为回归平方和（具体含义见前述回归方程评价中的介绍）；SSE 为残差平方和；MSR 为回归均方（是回归平方和除以相应的自由度，在一元回归中自由度是 1）；MSE 为残差均方（是残差平方和除以相应的自由度，在一元回归中自由度是 $n-2$）。

最后，根据 p 值进行判断：如果 p 值小于我们事前确定的显著性水平 α 时，拒绝原假设，认为 β_1 是不为零的，回归方程的线性关系是存在的。否则，不能拒绝原假设，即回归方程不存在线性关系。

在【例 6.1】身高与体重的回归分析中，回归方程 F 检验的输出结果如表 6-3 所示：

表 6-3 回归分析中的方差分析结果

	df	SS	MS	F	Significance F
回归分析	1	1463.611	1463.611	48.660	5.30486E-07
残差	22	661.722	30.078		
总计	23	2125.333			

表 6-3 为身高与体重的方差分析表,由于

$$F = 48.660, p \text{ 值} \approx 5.30486 \times 10^{-7} < 0.05$$

因此我们拒绝原假设,即回归方程: $\hat{y} = -159.877 + 1.309x$ 的线性关系是存在的。

2. t 检验法

当原假设成立时,统计量:

$$t = \frac{\hat{\beta}_1}{\sqrt{Var(\hat{\beta}_1)}} \sim t(n-2)$$

其中, $\sqrt{Var(\hat{\beta}_i)}$ 为回归系数的标准差。

判定的标准与 F 检验相同,也是看 p 值是否小于我们事前确定的显著性水平 α 来判断线性关系的存在与否。

这里仍用身高与体重回归分析的 Excel 输出结果(表 6-4),可以看出,截距项和回归系数的 t 检验统计量分别为 -5.207 和 6.976,其 p 值均小于 0.05,所以拒绝原假设,认为 $\beta_1 \neq 0$,即身高与体重之间的线性效果显著。

表 6-4 回归分析中的参数输出结果

	Coefficients	标准误差	t Stat	P-value	Lower 95%	Upper 95%	下限 95.0%	上限 95.0%
Intercept	-159.877	30.705	-5.207	0.000	-223.554	-96.199	-223.554	-96.199
X Variable 1	1.309	0.188	6.976	0.000	0.920	1.698	0.920	1.698

在一元线性回归分析时,由于只有一个解释变量, F 检验与 t 检验的结果是一致的。

四、模型的预测

建立回归模型的目的就是为了用它进行预测和决策。在回归方程通过显著性检验以后,就可以把自变量的值代入回归直线的方程得到因变量的预测值。即当 $x = x_0$ 时, y 的预测值为 $\hat{y}_0 = \hat{\beta}_0 + \hat{\beta}_1 x_0$。这个预测值是在给定自变量 $x = x_0$ 的条件下因变量 y 的均值的一个点预测。置信水平 $1 - a$ 下的预测区间为:

$$\left(\hat{y}_0 - t_{\alpha/2}(n-2)s_e \sqrt{1 + \frac{1}{n} + \frac{(x_0 - \bar{x})^2}{\sum_{i=1}^{n}(x_i - \bar{x})^2}}, \hat{y}_0 + t_{\alpha/2}(n-2)s_e \sqrt{1 + \frac{1}{n} + \frac{(x_0 - \bar{x})^2}{\sum_{i=1}^{n}(x_i - \bar{x})^2}} \right)$$

这里仍利用第五章表 5-1 中的数据,我们已经建立了如下的线性回归模型:

$$\hat{y} = -159.877 + 1.309x$$

如果想知道身高为 167cm 的那个人的体重是多少,则可以根据估计的回归方程,得:

$$\hat{y} = -159.877 + 1.309 \times 167 = 58.726(\text{kg})$$

这个预测值也是对身高为 167cm 的人平均体重的预测,但是身高为 167cm 的体重一般不会正好是 58.726kg。

第二节　多元线性回归分析

在许多实际问题中,影响因变量的因素往往有多个,这种一个因变量同多个自变量的回归就是多元回归(multiple regression),当因变量与各自变量之间为线性关系时,称为多元线性回归(multiple linear regression)。多元线性回归分析的原理与一元线性回归基本相同,但计算上要复杂一些,不过通过计算机进行计算操作的过程基本一致。

一、多元线性回归模型与回归方程

设因变量为 y,$x_1, x_2, \cdots, x_k$ 为影响因变量 y 的 k 个自变量。描述 y 与 $x_1, x_2, \cdots, x_k$ 之间线性关系的数学结构式,即多元线性回归模型(multiple linear regression model)为:

$$y = \beta_0 + \beta_1 x_1 + \beta_2 x_2 + \cdots + \beta_k x_k + \varepsilon \tag{6.5}$$

其中,β_0 为回归常数;$\beta_1, \beta_2, \cdots, \beta_k$ 为回归系数;ε 为随机误差项。显然当 $k = 1$ 时,即为一元线性回归模型。

模型表示 y 与 $x_1, x_2, \cdots, x_k$ 之间的关系可以用两个部分描述:一部分是由于 $x_1, x_2, \cdots, x_k$ 的变化引起 y 的变化的部分 $\beta_0 + \beta_1 x_1 + \beta_2 x_2 + \cdots + \beta_k x_k$;另一部分是由除去 $x_1, x_2, \cdots, x_k$ 外的其他一切被忽略的、没有考虑到的因素引起的变化及数据的测量误差等,即 ε 随机误差项。对随机误差项 ε 的三个基本假定与一元线性回归模型是相同的。

对公式(6.5)两边求数学期望得:

$$E(y) = \beta_0 + \beta_1 x_1 + \beta_2 x_2 + \cdots + \beta_k x_k$$

理论回归模型中的参数是未知的,回归分析的主要任务就是通过样本观测值 $y_i, x_{1i}, x_{2i}, \cdots, x_{ki}, i = 1, \cdots, n$ 对 $\beta_0, \beta_1, \beta_2, \cdots, \beta_k$ 进行估计,在此用 $\hat{\beta}_0, \hat{\beta}_1, \hat{\beta}_2, \cdots, \hat{\beta}_k$ 分别表示 $\beta_0, \beta_1, \beta_2, \cdots, \beta_k$ 的估计值。这样就得到了估计的多元线性回归方程(multiple linear regression equation)。

$$\hat{y} = \hat{\beta}_0 + \hat{\beta}_1 x_1 + \hat{\beta}_2 x_2 + \cdots + \hat{\beta}_k x_k \tag{6.6}$$

二、参数的最小二乘估计

多元线性回归模型的参数 $\beta_0, \beta_1, \beta_2, \cdots, \beta_k$ 仍然是根据最小二乘法求得。也就是使残差平方和最小,即对 $Q = \sum (y_i - \hat{y}_i)^2 = \sum (y_i - \hat{\beta}_0 - \hat{\beta}_1 x_{1i} - \cdots - \hat{\beta}_k x_{ki})^2$ 求最小值。

由此可以求解 $\hat{\beta}_0, \hat{\beta}_1, \hat{\beta}_2, \cdots, \hat{\beta}_k$ 的标准方程组为:

$$\frac{\partial Q}{\partial \beta_0}\bigg|_{\beta_0 = \hat{\beta}_0} = -2\Sigma(y_i - \hat{\beta}_0 - \hat{\beta}_1 x_{1i} - \cdots - \hat{\beta}_k x_{ki}) = 0$$

$$\frac{\partial Q}{\partial \beta_1}\bigg|_{\beta_1 = \hat{\beta}_1} = -2\Sigma x_{1i}(y_i - \hat{\beta}_0 - \hat{\beta}_1 x_{1i} - \cdots - \hat{\beta}_k x_{ki}) = 0$$

$$\vdots$$

$$\frac{\partial Q}{\partial \beta_k}\bigg|_{\beta_k = \hat{\beta}_k} = -2\Sigma x_{ki}(y_i - \hat{\beta}_0 - \hat{\beta}_1 x_{1i} - \cdots - \hat{\beta}_k x_{ki}) = 0$$

求解该方程组,即可得到 $\hat{\beta}_0, \hat{\beta}_1, \hat{\beta}_2, \cdots, \hat{\beta}_k$。

【例 6.2】混凝土结构在建筑工程中占有很大比重,在结构的安全和可靠度方面起绝对重要的作用。所以混凝土的质量控制至关重要,其中混凝土强度是最重要的指标之一。混凝土强度不仅取决于水灰比,而且还受其他混凝土成分的含量影响。为了研究影响混凝土抗压强度的因素,以混凝土强度为因变量(y),以水泥含量(x_1)、矿渣含量(x_2)、粉煤灰含量(x_3)、水含量(x_4)、超塑化剂含量(x_5)、粗集料含量(x_6)、细集料含量(x_7)、老化时间(x_8)作为影响混凝土抗压强度的主要因素。试根据混凝土强度的相关数据建立线性回归模型,表 6-5 只展示部分数据。

表 6-5　混凝土强度相关数据(部分数据)

水泥 (kg/m³)	矿渣 (kg/m³)	粉煤灰 (kg/m³)	水 (kg/m³)	超塑化剂 (kg/m³)	粗集料 (kg/m³)	细集料 (kg/m³)	老化时间 (kg/m³)	强度
141.3	212.0	0	203.5	0	971.8	748.5	28	29.89
168.9	42.2	124.3	158.3	10.8	1080.8	796.2	14	23.51
250.0	0	95.7	187.4	5.5	956.9	861.2	28	29.22
266.0	114.0	0	228.0	0	932.0	670.0	28	45.85
154.8	183.4	0	193.3	9.1	1047.4	696.7	28	18.29
255.0	0	0	192.0	0	889.8	945.0	90	21.86
166.8	250.2	0	203.5	0	975.6	692.6	7	15.75
251.4	0	118.3	188.5	6.4	1028.4	757.7	56	36.64
296.0	0	0	192.0	0	1085.0	765.0	28	21.65
155.0	184.0	143.0	194.0	9.0	880.0	699.0	28	28.99
151.8	178.1	138.7	167.5	18.3	944.0	694.6	28	36.35

水泥 （kg/m³）	矿渣 （kg/m³）	粉煤灰 （kg/m³）	水 （kg/m³）	超塑化剂 （kg/m³）	粗集料 （kg/m³）	细集料 （kg/m³）	老化时间 （kg/m³）	强度
173.0	116	0	192.0	0	946.8	856.8	3	6.94
385.0	0	0	186.0	0	966.0	763.0	14	27.92
190.7	0	125.4	162.1	7.8	1090.0	804.0	3	15.04
312.7	0	0	178.1	8	999.7	822.2	28	25.1

由 Excel 输出的多元回归结果如表 6-6 所示。

表 6-6 多元回归分析结果

1	SUMMARY OUTPUT						
2							
3		回归统计					
4	Multiple R	0.7845507					
5	R Square	0.6155199					
6	Adjusted R Square	0.6125073					
7	标准误差	10.399143					
8	观测值	1030					
9							
10	方差分析						
11		df	SS	MS	F	Significance F	
12	回归分析	8	176762	22095	204.317	6.286E-206	
13	残差	1021	110413	108.14			
14	总计	1029	287175				
15							
16		Coefficients	标准误差	t Stat	P-value	Lower 95%	Upper 95%	下限 95.0%	上限 95.0%
17	Intercept	-23.33121	26.5855	-0.878	0.38037	-75.49968676	28.83726	-75.49969	28.83726
18	X Variable 1	0.1198043	0.00849	14.113	1.9E-41	0.10314642	0.1364622	0.1031464	0.1364622
19	X Variable 2	0.1038658	0.01014	10.247	1.6E-23	0.083976425	0.1237552	0.0839764	0.1237552
20	X Variable 3	0.0879343	0.01258	6.9882	5E-12	0.063242204	0.1126264	0.0632422	0.1126264
21	X Variable 4	-0.149918	0.04018	-3.731	0.0002	-0.228757421	-0.071079	-0.228757	-0.071079
22	X Variable 5	0.2922246	0.09342	3.1279	0.00181	0.108899441	0.4755497	0.1088994	0.4755497
23	X Variable 6	0.0180862	0.00939	1.9257	0.05442	-0.000344078	0.0365165	-0.000344	0.0365165
24	X Variable 7	0.0201904	0.0107	1.8867	0.05949	-0.00080946	0.0411902	-0.000809	0.0411902
25	X Variable 8	0.1142221	0.00543	21.046	5.8E-82	0.103572429	0.1248717	0.1035724	0.1248717

根据表 6-6 的输出结果，得到混凝土强度与水泥含量、矿渣含量、粉煤灰含量、水含量、超塑化剂含量、粗集料含量、细集料含量和老化时间的多元回归方程为：

$$\hat{y} = -23.331 + 0.120x_1 + 0.104x_2 + 0.088x_3 - 0.150x_4 + 0.292x_5$$
$$+ 0.018x_6 + 0.020x_7 + 0.114x_8$$

各回归系数的实际意义为：

$\hat{\beta}_1 = 0.120$ 表示，在除水泥含量的其他七种影响因素不变的条件下，水泥含量每立方米增加 $1kg$，混凝土抗压强度平均增加 0.120 个单位。

$\hat{\beta}_2 = 0.104$ 表示，在除矿渣含量的其他七种影响因素不变的条件下，矿渣含量每立方米增加 $1kg$，混凝土抗压强度平均增加 0.104 个单位。

$\hat{\beta}_3 = 0.088$ 表示，在除粉煤灰含量的其他七种影响因素不变的条件下，粉煤灰含量每立方米增加 $1kg$，混凝土抗压强度平均增加 0.088 个单位。

其他的系数实际意义都是类似的，不再逐一进行解释。

三、回归方程的评价与检验

(一)回归方程的拟合优度检验

多元线性回归方程的评价跟一元线性回归方程类似,可以根据多重判定系数、估计标准误差等统计量来完成。

1. 多重判定系数

跟一元回归分析中一样,在多元线性回归分析中离差平方和的分解也是一样的: $SST = SSR + SSE$

多重判定系数(multiple coefficient of determination)是多元线性回归平方和占总平方和的比例,计算公式为:

$$R^2 = \frac{SSR}{SST} = \frac{\sum (\hat{y}_i - \bar{y})^2}{\sum (y_i - \bar{y})^2} = 1 - \frac{\sum (y_i - \hat{y}_i)^2}{\sum (y_i - \bar{y})^2} \tag{6.7}$$

跟一元回归分析中的判定系数一样,多重判定系数 R^2 度量了多元线性回归方程的拟合程度,它可以解释为:在因变量 y 的总变差中被估计的多元线性回归方程所解释的比例。一般认为: R^2 越大,回归模型的拟合效果越好。在多元线性回归分析中,模型中的解释变量越多,回归平方和 SSR 增大,残差平方和 SSE 减小,对 y 的变差的解释程度也就越高,则用公式(6.7)计算的 R^2 也就越大。即使增加一个与因变量无任何关系的随机变量作为解释变量,判定系数也会增大。如果单纯以 R^2 为目标模型评价标准,容易把不显著的自变量留在线性回归模型之中。因此在多元线性回归模型中一般需要对判定系数 R^2 进行处理,计算调整后的多重判定系数 R_a^2(adjusted multiple coefficient of determination):

$$R_a^2 = 1 - \frac{\dfrac{SSE}{n - k - 1}}{\dfrac{SST}{n - 1}}$$

$$= 1 - \frac{n - 1}{n - k - 1}\left(1 - \frac{SSR}{SST}\right)$$

$$= 1 - \frac{n - 1}{n - k - 1}(1 - R^2)$$

因为随着自变量个数 k 的增加, $1 - R^2$ 减少,但是 $\dfrac{n - 1}{n - k - 1}$ 随着 k 的增加而增大,所以 R_a^2 不一定随着自变量的增加而增大。我们可以直接利用统计软件得到其计算结果。

R^2 的平方根称为多重相关系数,也称为复相关系数,它度量了因变量同 k 个自变量的总体相关程度。

2. 估计标准误差

104

多元线性回归中的估计标准误差是对多元回归模型中误差项 ε 方差的一个估计值，其计算公式为：

$$S_e = \sqrt{\frac{\sum (y_i - \hat{y}_i)^2}{n - k - 1}} = \sqrt{\frac{SSE}{n - k - 1}}$$

其中，k 为自变量的个数。

由于 S_e 是测量误差的标准差的估计量，因此，其含义可以解释为：根据自变量 $x_1, x_2,$ $\cdots, x_k$ 来预测因变量 y 时的平均预测误差。例 6.2 中估计的回归方程的输出结果中，表6-6 列出复相关系数 R 为 0.785，相关系数的平方即多重判定系数（R Square）为 0.616，调整后的判定系数（adjusted R square）也为 0.613，估计标准误差（Std error of the estimate）为 10.399。判定系数的取值比较接近于 1，说明自变量所能解释的方差在总方差中所占的比重比较大，即该回归方程的拟合程度比较好。

（二）回归方程的显著性检验

在一元线性回归分析时，由于只有一个解释变量，因此 t 检验与 F 检验的结果是等价的。但是在多元回归中，这两种检验不再等价。线性回归方程的显著性检验主要是检验因变量同多个自变量的整体线性关系是否显著。回归系数的检验则是对每个回归系数分别进行单独的检验，以判断每个自变量对因变量的影响是否显著。

1. 线性回归方程的显著性检验——F 检验

F 检验是从回归效果检验回归方程的显著性。如果是显著的，说明回归方程线性关系是存在的，如果不显著，说明回归方程的线性关系是不存在的。检验的具体步骤是：

首先，提出假设：

$$H_0: \beta_1 = \beta_2 = \cdots = \beta_k = 0$$
$$H_1: \beta_1, \beta_2, \cdots, \beta_k \text{ 至少有一个不为 } 0$$

然后，计算检验统计量 F，并得出对应的 p 值。

$$F = \frac{SSR/k}{SSE/(n - k - 1)} = \frac{MSR}{MSE} \sim F(k, n - k - 1)$$

最后，如果 p 值小于我们事前确定的显著性水平 α 时，拒绝原假设，认为 $\beta_1, \beta_2, \cdots, \beta_k$ 中至少有一个是不为零的，回归方程的线性关系是存在的。否则，不能拒绝原假设，即回归方程不存在线性关系。

表 6-5 显示的【例 6.2】中回归分析的方差分析结果为：

$$F = 204.317, p \text{ 值} = 6.286 \times 10^{-206} < \alpha = 0.05$$

因此拒绝原假设，即 $\beta_1, \beta_2, \cdots, \beta_k$ 中至少有一个是不为零的，回归方程的线性关系显著。

2. 回归系数的显著性检验——t 检验

回归系数的显著性检验就是检验解释变量 x_i 对因变量 y 的影响是否显著。

首先,检验的假设是:

$$H_0:\beta_i = 0$$
$$H_1:\beta_i \neq 0$$

如果 H_0 成立,则因变量 y 与解释变量 x_i 之间并没有真正的线性关系,即 x_i 的变化对 y 并没有显著的线性影响。否则,认为 x_i 对 y 有显著的线性影响。

其次,计算检验统计量 t,并得出对应的 P 值。

检验统计量:$$t = \frac{\hat{\beta}_i}{\sqrt{Var(\hat{\beta}_i)}} \sim t(n - k - 1)$$

其中,$\sqrt{Var(\hat{\beta}_i)}$ 为回归系数的标准差。

最后,根据 p 值进行判断。如果 p 值小于我们事前确定的显著性水平 α 时,拒绝原假设,认为 $\beta_i \neq 0$,即解释变量 x_i 对 y 的线性效果显著。否则,不能拒绝原假设,认为 x_i 对 y 的线性影响不显著。

表 6-5 显示的【例 6.2】中回归分析的回归系数输出结果表明:

$t_1 = 14.113$,p 值 $= 1.9 \times 10^{-41} < \alpha = 0.05$,因此拒绝 $\beta_1 = 0$ 的原假设,即自变量 x_1 对 y 的线性影响显著;

$t_2 = 10.247$,p 值 $= 1.6 \times 10^{-23} < \alpha = 0.05$,因此拒绝 $\beta_2 = 0$ 的原假设,即变量 x_2 对 y 的线性影响显著;

$t_3 = 6.988$,p 值 $= 5 \times 10^{-12} < \alpha = 0.05$,因此拒绝 $\beta_3 = 0$ 的原假设,即自变量 x_3 对 y 的线性影响显著;

$t_4 = -3.731$,p 值 $= 0.0002 < \alpha = 0.05$,因此拒绝 $\beta_4 = 0$ 的原假设,即自变量 x_4 对 y 的线性影响显著;

$t_5 = 3.128$,p 值 $= 0.00181 < \alpha = 0.05$,因此拒绝 $\beta_5 = 0$ 的原假设,即自变量 x_5 对 y 的线性影响显著;

$t_6 = 1.926$,p 值 $= 0.0544 > \alpha = 0.05$,因此不能拒绝 $\beta_6 = 0$ 的原假设,即自变量 x_6 对 y 的线性影响不显著;

$t_7 = 1.887$,p 值 $= 0.0595 > \alpha = 0.05$,因此不能拒绝 $\beta_7 = 0$ 的原假设,即自变量 x_7 对 y 的线性影响不显著;

$t_8 = 21.046$,p 值 $= 5.8 \times 10^{-82} < \alpha = 0.05$,因此拒绝 $\beta_8 = 0$ 的原假设,即自变量 x_8 对 y 的线性影响显著。

因此,综合上述的回归方程的评价和检验,得到的回归方程是有意义的。

第七章　时间序列分析

历史数据往往以时间序列的形式呈现出来,如改革开放以来中国 CPI 走势、最近 100 年美国 GDP 的增长率情况、气象台工作者每日记录的最高气温和最低气温、某种商品的日成交量、某只股票的日收盘价格、公司历年的利润额等。这些数据都是随着时间的变化而变化的,反映了事物、现象在时间上的发展变动情况,是相同事物或现象在不同时刻或时期所形成的数据,称之为"时间序列数据",简称时间序列或时间数列(time series)。

第一节　时间序列的基本形式

时间序列在日常生活中十分常见,如我国国内生产总值(GDP)季度数据就是时间序列,它由观测值及观测值对应的时间两个基本要素构成。

【例 7.1】2010 年以来我国国民经济快速发展,国内生产总值大大提高,为研究自 2010 年来,我国国民经济发展变化的规律,我们收集了我国 2011 年至 2020 年国内生产总值(GDP)的季度数据,数据见表 7-1:

表 7-1　我国 2011 年至 2020 年各季度国内生产总值

单位:亿元

季度 年份	1	2	3	4
2011	99022.00	110504.30	115510.00	127393.50
2012	107062.30	118956.30	124215.40	137742.20
2013	115470.20	127948.40	134061.90	148354.90
2014	123982.20	137517.90	143619.80	159074.40
2015	132628.00	147119.40	153466.30	169911.20
2016	161 259.20	179751.20	188440.90	205903.80
2017	172460.60	192157.30	201348.70	219803.30
2018	202035.70	223962.20	234474.30	258808.90
2019	217168.30	241502.60	251046.30	279798.00
2020	205727.00	248985.10	264976.30	296297.80

数据来源:国家统计局网站(http://www.stats.gov.cn/)

时间序列分析的目的一般分两个方面:一是认识产生观测序列的随机机制,也就是建立时间序列模型;二是基于序列的历史数据,对序列未来的可能值给出预测。

根据记录的时间间隔的不同,观测值可以是年度数值、季度数值、月度数值等。根据时间序列观测值表现形式的不同可以分为绝对数、相对数或平均数时间序列。

1. 绝对数时间序列

绝对数时间序列,又可分为时期序列和时点序列。时期序列是序列中的观测值反映现象在一段时期内发展过程的总量,不同时期的观测值可以相加,相加结果表明现象在更长一段时间内的活动总量,例如我国历年的 GDP 序列。时点序列是序列中的观测值反映现象在某一瞬间上所达到的水平,不同时期的观测值不能相加,相加结果没有实际意义,例如我国各年年末人口数序列。

2. 相对数时间序列

相对数时间序列是将同类的相对指标按照时间先后顺序排列起来组成的数列,比如各年度某公司中年轻员工所占的比例,各项数据不具有可加性。

3. 平均数时间序列

一般用来反映社会经济现象总体一般水平的发展变动趋势。比如某个班级各学期的平均成绩序列。

第二节 时间序列的分析指标

实践中常用的时间序列的分析包括水平分析和速度分析。其中,水平分析指标包括发展水平、增长量、平均发展水平和平均增长量;速度分析指标包括发展速度、增长速度、平均发展水平和平均增长速度。

一、水平分析

(一)发展水平

发展水平是时间序列中对应某个时期(或时点)的指标数值,说明现象在各个时期(或时点)上所达到的规模和水平,一般用符号 $y_t(t=1,2,\cdots,n)$ 表示,其中 t 表示所对应的时间。如我们用 y_t 表示北京地区的绿化面积,t 表示年份,则 2010 年北京地区绿化面积可表示为 y_{2010},即 2010 年所对应的发展水平。对于时间序列 $y_t(t=2010,2011,\cdots,2020)$,$y_{2010}$ 表示期初水平,y_{2020} 表示期末水平,其他的均为期中水平。

在对比不同时间的发展水平时,常将研究时期的发展水平称为报告期水平,而作为对比基础的发展水平称为基期水平。

(二)增长量

增长量是指时间序列中两个不同时期的发展水平之差,反映社会经济现象报告期比基期增加或减少的数量,即

$$增长量=报告期水平-基期水平$$

由于采用的基期不同,增长量有以下两种:

一是逐期增长量,它是报告期水平与前一期水平之差,说明报告期比前一时期增长的绝对数量,可以表示为:

$$y_2 - y_1, y_3 - y_2, \cdots, y_n - y_{n-1} \tag{7.1}$$

二是累计增长量,它是报告期水平与某一固定时期水平之差,它说明本期比某一固定时期增长的绝对数量,也说明在某一较长时期内总的增长量。

$$y_2 - y_1, y_3 - y_1, \cdots, y_n - y_1 \tag{7.2}$$

二者的关系是:逐期增长量之和等于相应时期的累计增长量。

(三)平均发展水平

将不同时期的发展水平加以平均得到的平均数称为平均发展水平,也称序时平均数或动态平均数。不同序列平均发展水平的计算方法有所不同。

1. 时期序列的平均发展水平

$$\bar{y} = \frac{y_1 + y_2 + \cdots + y_n}{n} = \frac{\sum_{i=1}^{n} y_i}{n} \tag{7.3}$$

其中,$\bar{y}$ 是平均发展水平;$y_1, y_2, \cdots, y_n$ 为各期发展水平。

2. 时点序列的平均发展水平

"连续"时点序列的平均发展水平按照式(7.3)计算。如将某月每天的出勤人数相加再除以天数就等于该月平均每天的人数。

"间断"时点序列的平均发展水平按照下式计算:

$$\bar{y} = \frac{\frac{y_1 + y_2}{2} \times f_1 + \frac{y_2 + y_3}{2} \times f_2 + \cdots + \frac{y_{n-1} + y_n}{2} \times f_{n-1}}{f_1 + f_2 + \cdots + f_{n-1}} \tag{7.4}$$

$$\bar{y} = \frac{\frac{y_1}{2} + y_2 + y_3 + \cdots + \frac{y_n}{2}}{n - 1} \tag{7.5}$$

式(7.4)适用于间隔不相等的时点序列,它是先计算出两个点之间的平均数,再用相隔的时期长度加权计算总的平均数。其中,$\bar{y}$ 是平均发展水平;f_i 是两个点之间相隔的时期长度。如果各时间点之间的间隔相等,则采用式(7.5)计算平均发展水平。

3. 相对数和平均数时间序列的平均发展水平

根据相对数和平均数时间序列计算平均发展水平时,其基本方法是先按构成相对数或者平均数的两个数值(分子和分母)的性质分别求出它们的平均发展水平,再将两者相除即可得到总的平均发展水平。用公式表示为:

$$\bar{z} = \frac{\bar{y}}{\bar{x}} \tag{7.6}$$

【例 7.2】利用表 7-2 中我国 2011 至 2020 年各年度国内生产总值数据,计算 2011 至 2020 年我国 GDP 的平均发展水平。

表 7-2　我国 2011-2020 年各年度国内生产总值

单位:亿元

年份	GDP
2011	452430. 8
2012	487976. 2
2013	525835. 2
2014	564194. 3
2015	603124. 9
2016	735355. 1
2017	785769. 9
2018	919281. 1
2019	989515. 2
2020	1015986. 0

由于 GDP 数据是时期序列,故采用式(7.3)计算:

$$\bar{y} = \frac{452430.8 + 487976.2 + \cdots + 1015986}{10} = 7079469（亿元）$$

【例 7.3】某种商品 5 月份的库存量记录如表 7-3,计算 5 月份平均日库存量。

表 7-3　某种商品 5 月份库存数据

日期	1~4 日	5~10 日	11~20 日	21~26 日	27~31 日
库存量(台)	50	55	40	35	30

由于库存量数据为时点序列数据,所以采用式(7.4)计算:

$$\bar{y} = \frac{50 \times 4 + 55 \times 6 + 40 \times 10 + 35 \times 6 + 30 \times 5}{4 + 6 + 10 + 6 + 5} = 42（台）$$

4. 平均增长量

平均增长量是某种社会经济现象在一定时期内平均每期增长(或减少)的绝对数量。其计算公式为:

$$平均增长量 = \frac{逐期增长量之和}{逐期增长量个数} = \frac{y_n - y_0}{n}$$

二、速度分析

(一)发展速度

发展速度是表明现象发展程度的动态相对指标,它是两个不同时期的发展水平对比的结果。其计算公式为:

$$发展速度 = \frac{报告期水平}{基期水平} \times 100\%$$

由于采用的基期不同,发展速度可分为环比发展速度和定基发展速度。环比发展速度是报告期水平与前一期水平之比,反映了现象逐期发展变化速度;而定基发展速度是报告期水平同某一固定时期水平之比,表明现象在较长时期内总的发展变化速度,又称总速度。

环比发展速度与定基发展速度存在如下关系:

第一,环比发展速度的连乘积等于对应的定基发展速度,即

$$\frac{y_1}{y_0} \times \frac{y_2}{y_1} \times \cdots \times \frac{y_n}{y_{n-1}} = \frac{y_n}{y_0} \tag{7.7}$$

第二,相邻时期的两个定基发展速度相除的商,等于相应的环比发展速度。

对于具有季节变化的一些社会经济现象,为了消除季节变动的影响,可以计算年距发展速度,用以说明本年某期发展水平与去年同期发展水平对比而达到的发展速度。其计算公式为:

$$年距发展速度 = \frac{本年某月(季)发展水平}{去年同月(季)发展水平}$$

(二)增长速度

增长速度是表明现象增长程度的动态相对指标。它是增长量与基期水平的结果。其计算公式为:

$$增长速度 = \frac{增长量}{基期发展水平}$$

增长速度与发展速度有着密切的关系,两者只相差一个基数,即:

$$增长速度 = 发展速度 - 1$$

增长速度同发展速度一样,由于采用的基期不同,也分为环比增长速度和定基增长速度。环比增长速度是逐期增长量与前一时期发展水平对比的结果,表示现象逐期的增长程度;定基增长速度是累计增长量与某一固定时期发展水平对比的结果,表示现象在较长时期内总的增长程度。

$$环比增长速度 = 环比发展速度 - 1$$
$$定基增长速度 = 定基发展速度 - 1$$

在实际工作中,为了消除季节变动的影响,也可以计算年距增长速度,计算方法参照年距发展速度的计算思路。

(三)平均发展速度和平均增长速度

平均发展速度是一定时期内各个环比发展速度的平均数,它说明某种现象在一个较长时期内逐期平均发展变化的程度。平均增长速度是各个环比增长速度的平均数,但它不是根据各环比增长速度计算的,而是根据平均发展速度计算的。它说明某种现象在一个较长时期内逐期平均增长变化的程度。

平均发展速度与平均增长速度之间的关系是:

$$平均增长速度 = 平均发展速度 - 1$$

平均发展速度一般用水平法计算,又称几何平均法,计算各环比发展速度的几何平均数。其计算公式为:

$$\bar{x} = \sqrt[n]{x_1 \cdot x_2 \cdots x_n} = \sqrt[n]{\frac{y_1}{y_0} \cdot \frac{y_2}{y_1} \cdots \cdot \frac{y_n}{y_{n-1}}} \tag{7.8}$$

其中,x_i 表示第 i 年的发展速度;y_i 表示第 i 年的发展水平;$\bar{x}$ 表示平均发展速度。

由于环比发展速度的连乘积等于相应的定基发展速度,因此平均发展速度公式也可写成:

$$\bar{x} = \sqrt[n]{\frac{y_n}{y_0}} \tag{7.9}$$

【例 7.4】根据表 7-4 所给出的某地区 2013-2017 年的人均可支配收入资料,计算该地区人均可支配收入的平均发展速度与平均增长速度。

表 7-4　某地区 2013-2017 年的人均可支配收入

单位:元

年份	2013	2014	2015	2016	2017
年人均可支配收入	26359	28832	31291	34074	37022

2013-2017 年该地区人均可支配收入的平均发展速度为:

$$\bar{x} = \sqrt[n]{\frac{y_n}{y_0}} = \sqrt[4]{\frac{37022}{26359}} = 1.185129$$

$$平均增长速度 = 平均发展速度 - 1 = 118.5\% - 100\% = 18.5\%$$

这说明该地区 2013-2017 年人均收入年均增长了 18.5%。

这种方法的特点是它侧重考察期末发展水平,不反映中间各项水平的变化,如果时期内各期发展水平忽高忽低或者最初和最末水平受特殊因素的影响而过高过低时,运用该方法计算出的平均发展水平就没有代表性,不能说明平均发展趋势。

第三节　时间序列的探索性分析

当我们收集到时间序列数据时,首先要做的是通过画图的方式展示数据的直观特征。对于时间序列数据,最常用的图就是时间序列图。用 $\{y_t, t = 1, 2, \cdots, n\}$ 来表述长度为 n 的时间序列,时间序列图就是以时间 t 为横坐标,y_t 为纵坐标,将观测点 (t, y_t),$t = 1, 2, \cdots, n$ 在坐标轴中逐个描点,然后按时间顺序连成折线。

【例 7.5】本例研究某航空公司 1949 年至 1960 年的每月乘坐人数(单位:千人)。对该数据的进行分析可以预测未来航空市场的需求状况,比如为了满足逐年递增的乘客人数可根据预测人数提前安排好适量的航空仓位等。因为篇幅限制,表 7-5 只显示 1949-1951 之间三年的月度乘坐人数数据。

表 7-5　某航空公司 1949 年至 1960 年的每月乘坐人数(部分数据)

单位:千人

月份 年份	1 月	2 月	3 月	4 月	5 月	6 月	7 月	8 月	9 月	10 月	11 月	12 月
1949	112	118	132	129	121	135	148	148	136	119	104	118
1950	115	126	141	135	125	149	170	170	158	133	114	140
1951	145	150	178	163	172	178	199	199	184	162	146	166
…												

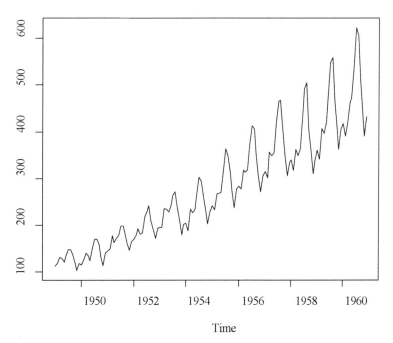

Time

图 7-1　1946-1960 年航空旅客人数的时间序列数据

据图 7-1 中可以看到,航空旅客人数时间序列存在几个特征:首先,序列存在明显的增长趋势,即所谓的"趋势性",由于人口增长、经济发展水平的提高以及航空公司间的价格竞争等因素导致了航空旅客人数呈现增长趋势;其次,还可以清晰地观察到周期为一年的循环变化规律,称为"季节性",这是由于每年固定的节假日导致旅客人数的周期变化;再次,从图中还可以看到序列存在一定的随机波动性。这些特征能够帮助我们找到合适的时间序列模型,比如确定性的长期趋势可以使用时间 t 为解释变量的回归模型来解释。

为了凸显趋势性,我们将每年度内 1 月至 12 月的月度旅客人数求和,可得到每年期的航空旅客人数,即年度旅客人数时间序列数据。绘制它的时间序列图如图 7-2 所示,可以观察到序列的增长趋势更加明显,而季节性通过同年度月度数据求和后消除了。

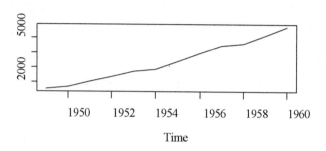

图 7-2　1949-1960 年的航空旅客数据:年度航空旅客人数的序列图

想要直观的观察季节性特征,对 1949 年至 1960 年各年份中同月份的月度旅客人数绘制一个箱线图,得到了如图 7-3 所示的 12 个月的箱线图,从中可以看到季节变化规律,六至八月是出行高峰期。

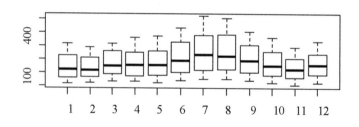

图 7-3　1949-1960 年的航空旅客数据:月度箱线图

第四节　时间序列的分解

很多时间序列会表现出很明显的规律性,这种规律往往是由确定性的因素所导致的,比如明显的趋势性或者周期变化模式,就像【例 7.5】航空乘客人数时间序列表现的趋势特征和季节特征。传统的时间序列分析的重点就是提取这种确定性的信息,这种方法称之为确定性的时间序列的分析方法,其特点是认为数据去掉了随机干扰之外,剩下的可以

114

由确定的时间函数来表示。具体地,假设 Y_t 表示某个时间序列,该序列可以分解为以下几个部分:

$$Y_t = f(T_t, S_t, C_t, I_t)$$

其中,T_t 为长期趋势项(T,trend),序列明显的长期趋势(递增或递减);S_t 为季节项(S,seasonal variation),序列表现出与季节变化相关的稳定的周期变化,即每年相同季节都会有相同幅度和方向的变化趋势。季节的周期一般是一年;C_t 为循环项(C,cyclical variation),序列呈现由高到低,再由低到高的反复循环的波动。与季节变动不同,循环的幅度可以不规则,周期可能不固定。如某些经济周期可能表现出的以 8 年或 9 年为一个周期的循环;I_t 为不规则变动(I,irregular variation),不可预期的偶然因素对时间序列的影响;上述的四个成分中循环成分在识别中比较复杂,所以一般情况下我们只考虑不包括循环的时间序列,即序列由趋势项、季节项和随机干扰项组成。用公式表示为:

$$Y_t = f(T_t, S_t, I_t)$$

在实际应用中这样的模型是无法使用的,因为没有给出函数 f 的具体形式,一般我们使用如下两类模型:

(1)加法模式是假定三种变动因素是相互独立的,则时间序列各期发展水平是各个影响因素相加的总和,即有

$$Y_t = T_t + S_t + I_t \tag{7.10}$$

(2)乘法模式是假定三种变动因素存在着某种相互影响关系,互不独立。因此,时间序列各期发展水平是各个影响因素相乘之积,即

$$Y_t = T_t \times S_t \times I_t \tag{7.11}$$

那如何选择使用加法模型还是乘法模型呢,简单的方法是观察时间序列图。如图 7-4 中左图所示,季节波动幅度跟观测值的大小无关,可以选择加法模型。跟左图不同,右图中的时间序列的季节波动幅度会随观测值的变化而变化,也就是说,当序列观测值变大,季节波动幅度也随之而变大,这种情况下建议使用乘法模型。但是,如果通过看图观察,实际数据中这两种特征都不明显,可以两种模式都尝试一下,哪种方法的拟合精度更高就选择哪种方法。虽然在统计领域中加法模型更流行一些,但实际上乘法模型在预测问题中适用范围更广。

基于时间序列分解的方法非常简单也容易理解,常被用于时间序列建模和预测。如果想要对时间序列进行深入分析,把序列的各个成分分解出来也会有很大帮助。尤其对于有季节波动的数据来说基于分解的方法比时间序列中其他经典模型(如 ARIMA 模型)更加精确,也能提供更多关于趋势和季节性的信息。

很多统计软件都可以轻松地把时间序列分解为这三个成分。图 7-5 就是对【例 7.5】中的航空乘客人数序列的分解后各个成分的时间序列图。观察图 7-5 最上面的原始序列图,季节波动的幅度随着时间的推移逐渐增大,即趋势和季节有相关性,选择乘法模型进

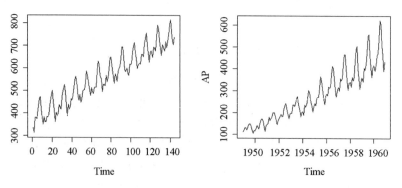

图 7-4　时间序列的分解:加法模型(左图);乘法模型(右图)

行分解。

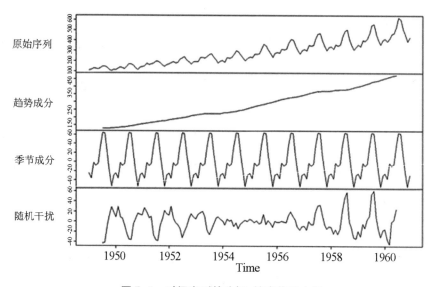

图 7-5　时间序列的分解:航空旅客人数

第五节　趋势分析 *

很多序列都具有很明显的长期趋势,通过测定分析这种发展趋势可以更好的认识和掌握事物发展变化的规律。研究长期趋势的主要目的有两个,一个是为了预测,二是拟合趋势后从原序列中减掉趋势的影响,可以更好的研究其他的特征,比如季节成分或循环波动。

一、趋势拟合法

趋势拟合法就是利用回归分析方法,将时间 t 作为解释变量,建立现象随时间变化的趋势方程。在建立趋势线方程之前,首先要确定趋势的形态,可以观察时间序列折线图,也可以以时间 t 为横坐标,观测点为纵坐标,画出 (t,y_t),$t=1,2,\cdots,n$ 的散点图,若散点图是直线趋势形态,可拟合直线方程;若为曲线形态,则可拟合曲线方程。根据时间序列图的形状,经常使用如下曲线:

（一）线性趋势模型

如果序列的长期趋势呈线性特征,可以选择用线性模型来拟合。模型可以表示为

$$y_t = a + bt + I_t \tag{7.12}$$

其中, t 表示时间序列中指标所属的时间; $T_t = a + bt$ 表示时间序列的长期趋势; a,b 为待定参数; I_t 是随机波动成分,假设其期望为 0,方差是常数。

参数 a,b 的估计和检验跟前面学过的一元线性回归是一样的,也是利用最小二乘法对参数进行估计。

（二）指数趋势模型

如果长期趋势呈非线性特征,可以利用曲线模型来拟合。如指数模型:

$$T_t = ab^t$$

两边取自然对数得到: $\ln T_t = \ln a + t\ln b$

再令: $T_t' = \ln T_t, a' = \ln a, b' = \ln b$

原模型变换为: $T_t' = a' + tb'$

参数 a,b 的估计也是通过线性最小二乘法,首先估计出 a' 和 b',再做变换 $a = \exp(a')$, $b = \exp(b')$。

（三）二次趋势模型

$$T_t = a + bt + ct^2$$

令 $t_2 = t^2$,原模型变为: $T_t = a + bt + ct_2$

参数 a,b,c 的估计依然是线性最小二乘估计。

【例 7.6】依据表 7-5 是中的数据以时间 t 为解释变量,分析航空旅客人数随时间 t 变动的趋势方程。利用 Excel 进行回归分析的结果如表 7-6 所示。

表 7-6　航空旅客数据:回归分析结果

	回归统计				
Multiple R	0.920910913				
R Square	0.848076909				
Adjusted R Square	0.847007028				
标准误差	47.14681564				
观测值	144				
方差分析					
	df	SS	MS	F	Significance F
回归分析	1	1761994.404	1761994.404	792.6834563	5.69592E-60
残差	142	315640.7559	2222.822225		
总计	143	2077635.16			
	Coefficients	标准误差	t Stat	P-value	Lower 95%	Upper 95%	下限 95.0%	上限 95.0%
Intercept	86.86956099	7.898907347	10.99766805	9.81348E-21	71.25491411	102.4842079	71.25491411	102.4842079
X Variable 1	2.661090346	0.094516955	28.15463472	5.69592E-60	2.47424819	2.847932502	2.47424819	2.847932502

由表 7-6 说明该回归方程拟和效果比较好, $R^2 = 0.848$,即该方程对变量的解释程度高达 84.8%。F 检验的 p 值小于 0.05,说明航空乘客人数与时间 t 之间存在显著的线性关系。解释变量 t 的 p 值小于 0.05,说明回归系数是显著的。因此可以得到回归方程为:

$$T_t = 86.87 + 2.66t$$

根据该回归方程计算出每年的趋势值,并据此绘制反映长期趋势的图形。如图 7-6 所示,虚线是拟合出的回归直线,该直线很好的描述了数据的趋势。

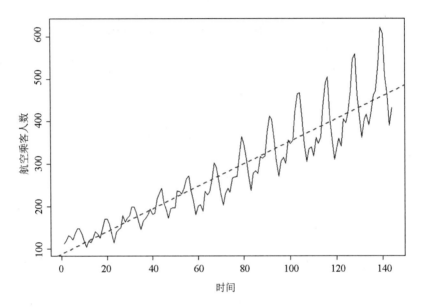

图 7-6　航空乘客人数序列线性模型拟合图

二、移动平均法

移动平均法的思想是,对于一个时间序列 $\{Y_t\}$,假定在一个比较短的时间间隔里,序列的取值是比较稳定的,它们之间的差异主要是由于随机干扰造成的。根据这种假定,可以用一定时间间隔内的平均值作为下一期的估计值。

n 期简单移动平均是指用最近 n 期数据(包括当前数据)的平均值作为当期的移动平均值,其计算公式如下:

$$\widetilde{y_t} = \frac{1}{n}(y_t + y_{t-1} + \cdots + y_{t-n+1})$$

移动平均法可以用来预测,即使用最近的移动平均值作为未来一个时期的预测值,如:

为预测 y_{t+1} ,可使用:

$$\hat{y}_t(1) = \frac{1}{n}(y_t + y_{t-1} + \cdots + y_{t-n+1})$$

为预测 y_{t+2}，可使用：

$$\hat{y}_t(2) = \frac{1}{n}(\hat{y}_t(1) + y_t + \cdots + y_{t-n+2})$$

以此类推。

移动平均法中的期数选择对趋势拟合效果影响很大，确定移动平均的期数需要考虑如下方面：

（1）时间序列是否有季节性。如前面讨论的航空乘客人数是月度数据，有明显的季节波动，就应该做期数为 12 的移动平均，这样可以消除掉季节波动的影响，让趋势成分更明显。

（2）对趋势平滑程度的要求。如果想要得到更平滑的长期趋势，就需要增大期数。

（3）趋势反映近期变动的敏感程度的要求。用移动平均法获得事物发展的趋势具有滞后性，移动平均的期数越长，滞后性越强。如果希望得到的趋势拟合线能对近期的变动更敏感，可将期数设置的更少一点。

所以，如果想要将季节成分从时间序列中分离出来，可以使用周期长度作为移动平均的期数。如果更关注短期的趋势变化，则可使用更少的期数。反之，如果想得到长期趋势，则使用更多的期数。

简单移动平均法是股票分析中被普遍运用的技术，使用移动平均法可以得到市场的趋势，是上升、下降还是横向运动，帮助判断买入或者卖出的时机。

【例 7.7】对 2020 年 10 月 1 日到 2021 年 1 月 5 日贵州茅台（股票代码：600519）每日股票的收盘价数据进行期数为 5 日、10 日和 20 日的移动平均。结果见图 7-7 所示，从中可以看到随着期数的增大，移动平均线越来越平缓，滞后性更强。

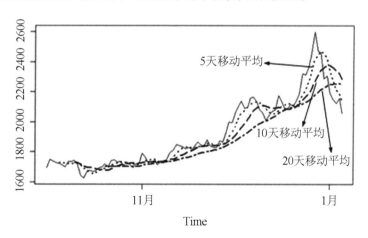

图 7-7　贵州茅台股票移动平均线

【例 7.8】对表 7-5 中的航空乘客人数序列分别进行期数为 5 和 12 的移动平均。从中可以看到当移动平均的期数刚好等于 12 的时候，季节性被消除掉了，趋势线更明显了。而期数为 5 时，仍然可以看到季节性，每年固定的时间会有相同幅度和方向的波动规律。

119

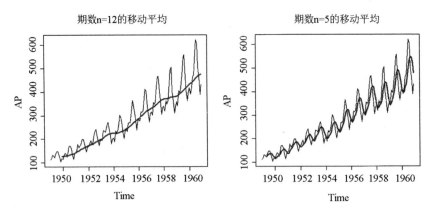

图 7-8　航空乘客人数的移动平均线

简单移动平均等于对平均周期内的每个数据同等对待,给它们的权重相同,都是 $\frac{1}{n}$。

但是经验告诉我们如果预测未来,近期的数据比更早期的数据更有参考价值,应该对近期的数据给予更高的权重。以 4 期移动平均为例:

$$\hat{y}_t(1) = \frac{1}{4}(y_t + y_{t-1} + y_{t-2} + y_{t-3}) = \frac{1}{4}y_t + \frac{1}{4}y_{t-1} + \frac{1}{4}y_{t-2} + \frac{1}{4}y_{t-3}$$

最近的 4 个数据的权重都是 $\frac{1}{4}$。一般地,近期的数据参考价值更大,应当赋予更大的权重,所以可以调整各期的权重进行如下计算:

$$\hat{y}_t(1) = 0.4y_t + 0.3y_{t-1} + 0.2y_{t-2} + 0.1y_{t-3}$$

也就是说,随着时间的推移,越陈旧的数据,重要性越低。这种对不同时期的数据分别赋予不同权重的方法就是加权移动平均法,一般公式如下:

$$\tilde{y}_t = w_1 y_t + w_2 y_{t-1} + \cdots + w_n y_{t-n+1}$$

但是,如何确定权重的大小是加权移动平均法的难点。下面即将介绍的指数平滑法就是一种加权移动平均法,它给出了设置权重的具体方法。

三、指数平滑法

指数平滑法也是一种加权移动平均的方法,充分考虑了时间间隔对数据的影响,给出了设置权重的具体方法,即各期权重随着时间间隔的增大而呈指数衰减。简单指数平滑法的具体公式如下:

$$\tilde{y}_t = \alpha y_t + \alpha(1-\alpha)y_{t-1} + \alpha(1-\alpha)^2 y_{t-2} + \cdots$$

其中,α 为平滑系数,满足 $0 < \alpha < 1$。这是对过去所有序列值的加权平均,权重呈指数级衰减。

因为 $\tilde{y}_{t-1} = \alpha y_{t-1} + \alpha(1-\alpha)y_{t-2} + \alpha(1-\alpha)^2 y_{t-3} + \cdots$ 容易整理得到一个简单的递推

公式,即:$\tilde{y}_t = \alpha y_t + (1 - \alpha)\tilde{y}_{t-1}$。

具体的,第 1 期的平滑值为:

$$\tilde{y}_1 = \alpha y_1 + (1 - \alpha)\tilde{y}_0$$

这里涉及初值 $\tilde{y}_0$ 的选择,通常设 $\tilde{y}_0 = y_1$,所以 $\tilde{y}_1 = y_1$。

第 2 期的平滑值为:

$$\tilde{y}_2 = \alpha y_2 + (1 - \alpha)\tilde{y}_1 = \alpha y_2 + (1 - \alpha)y_1$$

第 3 期的平滑值为:

$$\tilde{y}_3 = \alpha y_3 + (1 - \alpha)\tilde{y}_2 = \alpha y_3 + \alpha(1 - \alpha)y_2 + (1 - \alpha)^2 y_1$$

其他期的平滑值以此类推。

可见任何预测值都是以前所有的实际观测值的加权平均,且权数由近及远分别按几何级数衰减,满足近期权重大,远期权重小的要求,并且利用了时间序列中的全部数据信息,它能克服移动平均法的不足之处。由于权重符合指数规律,又具有平滑数据的作用,故称为指数平滑法。如果使用指数平滑法进行预测,那么预测值总是等于上一期的平滑值,即

$$\hat{y}_t(1) = \tilde{y}_t = \alpha y_t + (1 - \alpha)\tilde{y}_{t-1}$$

平滑系数 α 的确定与移动平均法中期数的确定类似。如果 $\alpha \to 0$,$1 - \alpha$ 更接近于 1,权重随着时间的滞后衰减的速度慢,各权重相差不大,也就是说,过去很久的数据仍然对未来有影响,相当于期数 n 很长的移动平均法。反之,如果 α 越大,对近期的数据赋予更多的权重,相当于移动平均法中选择较小的期数 n。一般对于变化缓慢的序列,通常取比较小的 α;相反,对于变化迅速的序列常取比较大的 α。经验表明,α 介于 0.1 和 0.5 之间,修匀效果更好。一般统计软件会自动给出 α 的大小。

【例 7.9】对表 7-5 中的航空乘客人数序列分别进行平滑系数 $\alpha = 0.05, 0.15, 0.4$ 的指数平滑,如图 7-9 所示,可以看到当 α 取值越小,平滑曲线越光滑,而当 α 取值越大时,平滑曲线的波动幅度更接近原始序列,更能反映数据近期的变化。

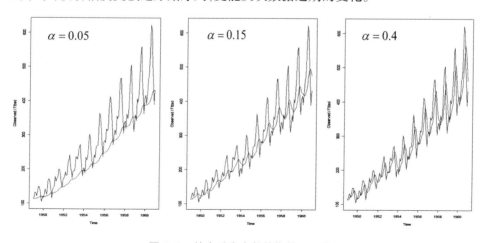

图 7-9 航空乘客人数的指数平滑曲线

四、季节分析

季节性是每年相同时间段出现相同幅度和方向的波动,由于气温季节、传统节假日等因素的影响,很多时间序列具有季节效应,比如某景点的旅客人数、每月的气温、每月的空气污染指数、每月的商品销售额等都会呈现明显的季节变动规律。

时间序列如果有季节成分,长期趋势有时候很难判断。尤其对于宏观经济调控部门,主要关注的是长期趋势 T_t,而季节性会掩盖真正的发展变化趋势,有人可能误把周期性的季节变动解读为经济形势的变化。所以去掉了季节成分的序列能够较好的反映社会经济指标运行的基本态势。

【例 7.10】以北京市 2014-2020 年期间的月平均 pm2.5 为例,介绍季节指数的提取方法和具体操作步骤。首先绘制时间序列图,如图 7-10 所示。

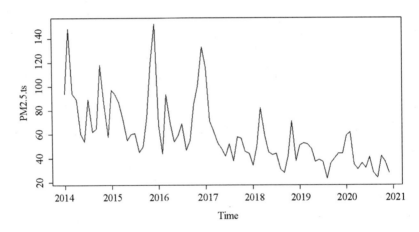

图 7-10　北京市 2014-2020 年期间月平均 pm2.5 序列时序图

通过时序图我们发现 2014-2020 年期间 pm2.5 有轻微的逐年下降的趋势,每月 pm2.5 随着季节变动有着非常规律的变化,每年冬天是空气污染最严重的时候,pm2.5 达到峰值。

为了量化季节成分,我们构造出季节指数的概念,即用简单平均法来计算周期内各时期季节性影响的相对数。季节分析的方法很多,这里介绍两种方法,一种是不考虑长期趋势的季节指数法;另一种是考虑长期趋势的回归方程法消除法。

(一)季节指数法——不考虑长期趋势

这里以月度数据为例,给出季节指数的计算方法:

第一,对各年相同月份的数据求平均,得到各月平均数。

第二,计算所有月份数据的总平均数。

第三,用各个月份的月平均除以总平均数就是各月的季节指数。

这就是季节指数的构造方法,反映了该月份与总平均值之间一种比较稳定的关系,如果这个比值大于1,说明该月份的值常常会高于总平均值,如果该比值小于1,说明该季度的比值常常低于总平均值,如果序列的季节指数都近似为1,说明该序列没有明显的季节效应。

下面我们具体到【例7.10】的季节指数,计算结果如表7-7所示。把季节指数绘制成图,如图7-11所示。可以看到每年1,2,3,10,11,12月份的空气污染程度超过了平均水平,其中1月和2月的季节指数最大,污染最为严重。

表7-7 pm2.5各月季节指数的计算结果

年份	1月	2月	3月	4月	5月	6月	7月	8月	9月	10月	11月	12月
2014	94	148	94	89	61	54	89	62	65	118	86	58
2015	97	93	86	71	55	60	61	45	50	74	119	152
2016	68	44	93	69	54	59	69	47	55	85	100	133
2017	116	71	63	53	48	42	52	38	58	57	46	44
2018	34	50	82	59	45	43	44	31	28	42	71	38
2019	51	53	52	48	37	39	37	23	36	40	44	44
2020	59	62	35	31	36	32	41	28	24	42	37	28
月平均	**74**	**74**	**72**	**60**	**48**	**47**	**56**	**39**	**45**	**65**	**72**	**71**
总平均	**60**											
季节指数=月平均/总平均	**1.23**	**1.23**	**1.20**	**0.99**	**0.80**	**0.78**	**0.93**	**0.65**	**0.75**	**1.08**	**1.19**	**1.18**

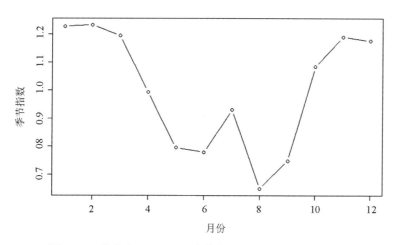

图7-11 北京市2014-2020年期间月平均pm2.5的季节指数

需要注意到这种计算方法没有考虑长期趋势,如果序列中的长期趋势特征非常明显时,应用该方法得到结果的准确性会大打折扣。一般经济现象都存在一定的长期趋势,为准确反映现象随季节变动的特征,应先消除长期趋势的影响。

（二）季节指数法——考虑长期趋势

近年来在北京市政府的持续努力下空气质量不断得到改善,从图 7-10 中可观察到 pm2.5 序列呈持续的下降趋势。长期趋势的消除方法很多,比如移动平均法,回归方程法等,这里仅介绍回归方程剔除法。这种方法假设乘法模型,即 $Y_t = T_t \times S_t \times I_t$。回归方程剔除法的具体步骤如下:

第一,建立 y_t 与 t 的线性回归模型,利用最小二乘法求出回归拟合值 $\hat{y}_t$。这个回归拟合值就是趋势部分即 $T_t = \hat{y}_t$;

第二,用观察值 y_t 除以拟合值 $\hat{y}_t$,剔除原时间序列中的长期趋势;

第三,计算剔除长期趋势之后的时间序列 $y_t/\hat{y}_t$ 的同期平均值;

第四,用 $y_t/\hat{y}_t$ 的同期平均值除以 $y_t/\hat{y}_t$ 的总平均值,得到季节指数。

上面的步骤中第三步和第四步其实就是对剔除趋势后的序列 $y_t/\hat{y}_t$ 应用不考虑长期趋势的季节指数法。

考虑【例 7.10】中的 pm2.5 序列,使用最小二乘法拟合 pm2.5 序列与时间 t 的回归方程得到:

$$\hat{y}_t = 91 - 0.72t$$

其中,回归系数等于-0.72,与拟合回归直线的下降趋势相符,P 值远小于 0.05,则回归方程和回归系数的显著性检验通过。回归直线如图 7-12 中虚线所示。

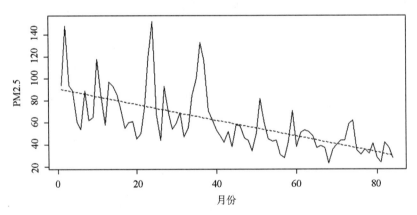

图 7-12　北京市 2014-2020 年期间月平均 pm2.5 序列:拟合的回归直线

下面的计算方法与不考虑长期趋势的季节指数法求季节指数的方法相同,只是应用在剔除趋势后的序列 $y_t/\hat{y}_t$ 上。最终得到的季节指数如表 7-8 所示。

表 7-8　pm2.5 各月季节指数的计算结果（剔除趋势后）

年份	1 月	2 月	3 月	4 月	5 月	6 月	7 月	8 月	9 月	10 月	11 月	12 月
季节指数	1.17	1.18	1.15	0.97	0.81	0.80	0.95	0.66	0.77	1.12	1.25	1.20

124

回归方程可以得到每个月 pm2.5 序列趋势拟合值 $\hat{y}_t$,让趋势拟合值 $\hat{y}_t$ 乘以季节指数,就得到了历史数据的估计值。

假设未来 pm2.5 的规律与前面的几年相同,预测未来半年各月的 pm2.5。方法是先将未来 6 个月的时间 t 代入回归方程 $\hat{y}_t = 91 - 0.72t$ 来预测趋势成分,然后让趋势成分乘以 1-6 个月的季节指数,就得到未来 6 个月的 pm2.5 的预测值。计算结果如表 7-9 所示。

表 7-9　2021 年 1-6 月的 pm2.5 预测值

时间	趋势预测值	季节指数	pm2.5 预测值
2021 年 1 月	29.7	1.17	34.7
2021 年 2 月	28.9	1.18	34.1
2021 年 3 月	28.2	1.15	32.3
2021 年 4 月	27.5	0.97	26.5
2021 年 5 月	26.8	0.81	21.6
2021 年 6 月	26.1	0.80	20.7

将预测的 pm2.5 序列与原始的 pm2.5 序列画在同一张图中,如图 7-13 所示,其中实线代表原始的序列,虚线是预测值。可以看到这样的计算方式比较好的描述了历史数据的发展模式,并能够对未来做合理的预测。

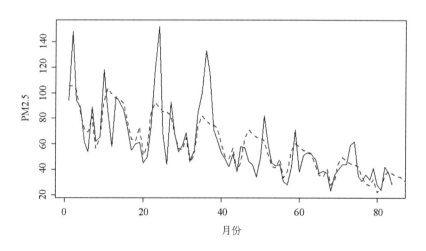

图 7-13　北京市 2014-2020 年期间月平均 pm2.5 序列:预测曲线

第八章　统计指数

生活中我们经常会接触到指数,如股指(上证指数、道琼斯指数、纳斯达克指数、日经指数、恒生指数等)、CPI(消费者物价指数)、经济景气指数、PMI(采购经理指数)、CCI(消费者信心指数)等。他们都是常见的统计指数,都有一个共同的特征,那就是能够用来反映某一方面的综合变动情况。那么统计指数的确切含义是什么? 它们是如何计算出来的? 如何用统计指数来反映事物现象的综合变动情况? 本章的目的就在于阐述统计指数的含义和计算方法。

第一节　统计指数的概念和种类

一、统计指数的概念

指数(index)有广义和狭义之分。从广义上讲,凡是表明社会经济现象总体数量变动的相对数都是指数。例如,某只股票当前交易日的收盘价格为 78.5 元,前一交易日收盘价为 73.5 元,那么可以计算出该只股票的价格指数为 1.068(= 78.5/73.5) 或 106.8%,说明该只股票的价格上升了 6.8%。这种指数是反映单个商品随时间推移而发生的变化。但是实际生活中我们经常要面对很多商品价格的综合变化,如就该例子中的股票而言,往往人们持仓股票不止一只,如果要反映所持所有股票价格的综合变动情况,这时就要涉及狭义指数的概念。

从狭义上讲,统计指数(statistical index)是表明复杂社会经济现象总体数量综合变动的相对数。所谓复杂社会经济现象总体是指那些由于各部分性质不同而在研究数量特征时不能直接进行加总或对比的总体。例如,要反映市场上猪肉、鸡蛋和菜花等三种商品的综合变动情况,我们不能把 1 斤猪肉跟 1 斤鸡蛋以及 1 斤菜花直接相加,因为他们是不同的商品,加总起来毫无意义。因此,由不同的产品或商品所组成的总体便是一个复杂总体,要反映复杂总体数量的综合变动便不能简单地采用一般相对数的方法,而应当有专门的、特殊的方法。统计指数就是反映复杂总体数量综合变动的一类方法。利用统计指数的原理和方法,通过编制实物量指数、价格指数等,可以反映不同产品或商品的实物量、价格等的综合变动情况。

广义的统计指数与狭义的统计指数在实际中均得到较为广泛的应用。但从指数理论和方法上看,统计指数所研究的主要是狭义指数。因此,本章主要阐述狭义指数的基本计算原理、原则、方法及其应用。

二、统计指数的种类

（一）个体指数和综合指数

指数按其反映对象范围的不同,分为个体指数和综合指数。

个体指数(individual index)是表明某单一要素构成现象变动的相对数。如,某一种产品或商品的价格相对变动水平就是个体指数,通常用 $k_p = p_1/p_0$ 代表价格个体指数, $k_q = q_1/q_0$ 代表物量个体指数。其中 p 和 q 的下标 1 和 0 分别表示报告期和基期。所谓报告期就是指所搜集到数据的最新一期或所考察的当期;基期是指所搜集的数据是在之前的某一指定时期。

综合指数(composite index)是表明多种要素构成现象的综合变动的相对数,是统计指数的最主要形式。如,多种不同的产品或商品的价格综合变动水平就是价格综合指数,通常用 $I_p = \sum q_1 p_1 / \sum q_1 p_0$ 表示。

（二）数量指数和质量指数

指数按其所表明的经济指标性质的不同,分为数量指数和质量指数。

数量指数(quantity index)也称物量指数,是表明总体单位数量、规模等数量变动的相对数,如产量指数、销售量指数、职工人数指数等即为数量指数。

质量指数(quality index)是表明总体单位水平、工作质量等质量变动的相对数,如价格指数、单位成本指数、劳动生产率指数等即为质量指数。

第二节 综合指数

在很多情况下,我们需要将多个事物现象的变化综合为一个指数,用以比较不同时期事物现象的总变化。如,考察某菜市场所出售商品的价格指数,这个指数包含猪肉、牛肉、鸡蛋、菜花、鱼以及水果等各类商品的价格。如何对这些价格进行综合? 通常采用加权综合指数方法。

【例 8.1】某超市出售商品的价格和销售量数据如表 8-1 所示。

表 8-1 某超市商品销售量与价格资料

商品	计价单位	销售量		价格(元/计价单位)	
		基期 q_0	报告期 q_1	基期 p_0	报告期 p_1
猪肉	斤	2800	3500	16.7	14.8
牛肉	斤	2100	2000	36.5	38.0
鸡蛋	斤	1600	1800	4.2	3.6

由表中数据可知,每种商品的价格不同。但是我们不能简单地将不同商品的价格直接相加来反映价格的综合变化情况。虽然这三种商品的计量单位相同,都是"斤",但是

他们的内涵不同,一斤猪肉跟一斤牛肉虽然斤两相同,但确是两种性质的物品,不能直接加总。此外,这三种商品的销售量是不同的,对价格变化所起的作用也是不同的。因此要想反映价格的综合变化,可以用销售量作为权数进行加权,这就是加权综合指数法。

所以,加权综合指数的本质在于:商品组合中的每一项应该根据它的重要性而赋予不同的权数。那接下来的问题便是销售量也有两期的数据,是采用基期的销售量还是报告期的销售量作为权数呢?两期的销量数据都可以作为权数。从而便有两种计算加权综合指数的方法:拉氏指数和帕氏指数。

一、拉氏指数

拉氏指数(Laspeyres index)是德国经济学家拉斯贝尔斯(Étienne Laspeyres)于1864年首先提出的,称为拉斯贝尔斯公式。他主张无论是物价指数还是物量指数都采用基期作为权数来计算指数,其物价指数和物量指数的编制方法如下(以例8-1为例):

$$拉氏物价指数\ I_p = \sum q_o p_1 / \sum q_0 p_0 \times 100 \qquad (8.1)$$

$$拉氏物量指数\ I_q = \sum p_o q_1 / \sum p_0 q_0 \times 100 \qquad (8.2)$$

因此,使用拉氏价格指数求得这三种商品的综合价格指数为:

$$I_p = \frac{\sum q_o p_1}{\sum q_o p_0} \times 100 = \frac{2800 \times 14.8 + 2100 \times 38.0 + 1600 \times 3.6}{2800 \times 16.7 + 2100 \times 36.5 + 1600 \times 4.2} = \frac{127000}{130130} \times 100 \approx 97.59$$

该指数计算结果表明,报告期与基期相比,三种商品的综合价格降低了2.41% = (100 - 97.59)/100,即:如果以基期销售量为准,该超市所有消费者在购买这三种商品时,报告期比基期少支出了3130元(= 12700-130130)。

同理,如果我们要考虑报告期与基期相比这三种商品的销量变化情况,就可以编制综合拉氏物量指数:

$$I_p = \frac{\sum p_o q_1}{\sum p_o q_0} \times 100 = \frac{16.7 \times 3500 + 36.5 \times 2000 + 4.2 \times 1800}{16.7 \times 2800 + 36.5 \times 2100 + 4.2 \times 1600} = \frac{139010}{130130} \times 100 \approx 106.82$$

该指数计算结果表明,报告期与基期相比,三种商品的销售量综合提高了6.82% = (106.82-100)/100。即,如果以基期价格为准,超市在销售这三种商品时,报告期将比基期多收入8880元(= 139010-130130)。

二、帕氏指数

帕氏指数(Paasche index)是德国经济学家帕舍(Hermann Paasche)于1874年首创的,称为帕氏公式。他主张不论是物价指数还是物量指数都采用报告期作为权数来计算指数,其物价指数和物量指数的编制方法如下:

$$帕氏物价指数\ I_p = \sum q_1 p_1 / \sum q_1 p_0 \times 100 \qquad (8.3)$$

$$\text{帕氏物量指数 } I_q = \sum p_1 q_1 \Big/ \sum p_1 q_0 \times 100 \qquad (8.4)$$

因此,例 8-1 中的这三种商品的综合帕氏物价指数为:

$$I_p = \frac{\sum q_1 p_1}{\sum q_1 p_0} \times 100 = \frac{3500 \times 14.8 + 2000 \times 38.0 + 1800 \times 3.6}{3500 \times 16.7 + 2000 \times 36.5 + 1800 \times 4.2} = \frac{134280}{139010} \times 100 \approx 96.60$$

该指数计算结果表明,报告期与基期相比,三种商品的综合价格降低了 3.40% = (96.60-100)/100。即,如果以报告期销售量为准,该超市所有消费者在购买这三种商品时,报告期比基期少支出了 3740 元(= 134280-139010)。

同理,当考虑报告期与基期相比这三种商品的销量变化情况,也可以编制帕氏综合物量指数:

$$I_p = \frac{\sum p_1 q_1}{\sum p_1 q_0} \times 100 = \frac{14.8 \times 3500 + 38.0 \times 2000 + 3.6 \times 1800}{14.8 \times 2800 + 38.0 \times 2100 + 3.6 \times 1600} = \frac{134280}{127000} \times 100 \approx 105.73$$

该指数计算结果表明,报告期与基期相比,三种商品的销售量综合提高了 5.73% = (105.73-100)/100。即,如果以报告期价格为准,超市在销售这三种商品时,报告期将比基期多收入 7280 元(= 134280-127000)。

由上面的计算可知,拉氏指数和帕氏指数采取的基期不同,计算出来的价格指数也不相同,那么应该使用哪种指数呢？何时用拉氏指数最合适,何时用帕氏指数最好？拉氏指数和帕氏指数在一般意义上并无优劣之分。拉氏指数主要受基期商品结构的影响,帕氏指数主要受报告期商品结构的影响。在实际应用中,由于帕氏指数要求每期更换权数资料,计算起来比较麻烦;而拉氏指数的权数固定在基期,在编制长期连续性的指数数列时比较方便,拉氏指数能够得到更普遍的应用。但是从实际意义上看,帕氏物量指数的解释更符合现实意义。因此,实际中多采用拉氏物量指数和帕氏物价指数来编制指数。上述原则适用于质量(如价格等)指数和数量(如销量等)指数的编制,即在编制质量指数时一般将数量因素作为权数且固定在报告期,而在编制数量指数时一般将质量因素作为权数且固定在基期。

第三节　几种常用的价格指数

统计指数在现实经济生活中用途非常广泛。本节介绍一些比较常见的价格指数。我国目前编制的价格指数主要有居民消费价格指数、商品零售物价指数、农产品收购价格指数、工业品出厂价格指数、股票价格指数、固定资产投资价格指数、房地产价格指数等。其中与人民生活关系最为密切的是居民消费价格指数和股票价格指数。

一、居民消费价格指数

居民消费价格指数(consumer price index,简称 CPI),是度量消费商品及服务项目价格水平随着时间变动的相对数,反映居民购买的商品及服务项目价格水平的变动趋势和变动程度。其按年度计算的变动率通常被用来反映通货膨胀或紧缩的程度;CPI 及其分类指数还是计算国内生产总值以及资产、负债、消费、收入等实际价值的重要参考依据。

CPI 的编制方法是在众多计量对象中选择代表规格品,采集其价格数据,计算这些代表规格品的平均价格和个体价格指数,然后运用几何平均计算出基本分类价格指数,再运用加权平均方法逐级计算小类、中类和大类价格指数,直至总价格指数。按照国家统计局针对 CPI 指标的诠释,其计算过程如下:

首先,国家统计局和地方统计部门分级确定用于计算 CPI 的商品和服务项目以及调查网点。国家统计局根据全国城乡居民家庭消费支出的抽样调查资料统一确定商品和服务项目的类别,设置包括食品烟酒、衣着、居住、生活用品及服务、交通通信、教育文化娱乐、医疗保健、其他用品及服务八大类 268 个基本分类,基本涵盖了城乡居民的全部消费内容。全国抽选约 500 个市县,确定采集价格的调查网点,包括食杂店、百货店、超市、便利店、专业市场、专卖店、购物中心、农贸市场、服务消费单位等共 6.3 万个。

其次,按照"定人、定点、定时"的方式,统计部门派调查员到调查网点现场采集价格。目前,分布在全国 31 个省(区、市)500 个调查市县的价格调查员共 4000 人左右。价格采集频率因商品而异,对于 CPI 中的粮食、猪牛羊肉、蔬菜等与居民生活密切相关、价格变动相对比较频繁的食品,每 5 天调查一次价格;对于服装鞋帽、耐用消费品、交通通信工具等大部分工业产品,每月调查 2-3 次价格;对水、电等政府定价项目,每月调查核实一次价格。

最后,根据审核后的原始价格资料,计算单个商品或服务项目以及 268 个基本分类的价格指数。然后根据各类别相应的权数,再计算类别价格指数以及 CPI。

我国 CPI 中的权数,主要是根据全国城乡居民家庭各类商品和服务的消费支出详细比重确定的。CPI 汇总计算方法采用链式拉式公式,编制月环比、月同比以及定基价格指数。

CPI 等于 100,表明报告期与基期相比综合物价没有变化;居民消费价格指数大于100,说明报告期与基期相比综合物价上升,价格指数越高,反映物价上涨得越多;居民消费价格指数小于 100,说明报告期与基期相比综合物价下降。表 8-2 显示了 2001-2020 年我国全体居民、城市居民和农村居民的消费价格指数。

表 8-2　2001-2020 年我国居民消费价格指数(上年=100)

年份	全国	城市	农村
2020	102.5	102.3	103.0
2019	102.9	102.8	103.2
2018	102.1	102.1	102.1
2017	101.6	101.7	101.3
2016	102.0	102.1	101.9
2015	101.4	101.5	101.3

年份	全国	城市	农村
2014	102.0	102.1	101.8
2013	102.6	102.6	102.8
2012	102.6	102.7	102.5
2011	105.4	105.3	105.8
2010	103.3	103.2	103.6
2009	99.3	99.1	99.7
2008	105.9	105.6	106.5
2007	104.8	104.5	105.4
2006	101.5	101.5	101.5
2005	101.8	101.6	102.2
2004	103.9	103.3	104.8
2003	101.2	100.9	101.6
2002	99.2	99.0	99.6
2001	100.7	100.7	100.8

资料来源:历年《中国统计年鉴》,中国统计出版社出版。

居民消费价格指数除了能反映城乡居民所购买的生活消费品价格和服务项目价格的变动趋势和程度外,还具有以下几个方面的作用:

第一,反映通货膨胀状况。通货膨胀的严重程度是用通货膨胀率来反映的,它说明一定时期内商品价格持续上升的幅度。通货膨胀率一般以居民消费价格指数来表示。计算公式为:

$$通货膨胀率 = \frac{报告期居民消费价格指数 - 基期居民消费价格指数}{基期居民消费价格指数} \times 100\% \quad (8.5)$$

第二,反映货币购买力变动。货币购买力是指单位货币能够购买到的消费品和服务的数量。居民消费价格指数上涨,货币购买力则下降,反之则上升。因此,居民消费价格指数的倒数就是货币购买力指数。计算公式为:

$$货币购买力指数 = \frac{1}{居民消费价格指数} \times 100\% \quad (8.6)$$

第三,用于缩减经济序列。在很多情况下我们从统计年鉴中直接得到的宏观经济总量数据,如 GDP、总消费、总投资等,都是以当年价格计算的,而我们在经济分析中需要剔除价格因素的影响。这时就需要用相应的价格指数来"缩减"现价指标。经济学中一般把按当年价格计算的指标称为名义指标,以可比价格计算的指标称为实际指标。

$$实际指标 = \frac{名义指标}{相应的定基价格指数} \tag{8.7}$$

第四,反映对实际工资的影响。居民消费价格指数的提高意味着实际工资的减少,消费价格指数下降则意味着实际工资的提高。因此,利用居民消费价格指数可以将名义工资转化为实际工资。计算公式为:

$$实际工资 = \frac{名义工资(现价工资)}{居民消费价格指数} \tag{8.8}$$

第五,计算商品需求的价格弹性系数。需求价格弹性在经济学中一般用来衡量需求随商品价格的变动而变动的情况。商品的需求价格弹性系数为 0,表明商品完全无弹性;弹性系数为 1,表明商品具有单位弹性、单一弹性或恒一弹性;弹性系数介于 0~1 之间,表明商品缺乏弹性、不富弹性或无弹性;弹性系数大于 1,表明商品富有弹性;弹性系数无穷大,表明商品具有完全弹性。商品需求价格弹性系数的计算公式为:

$$需求价格弹性 = \frac{需求量变化的百分比}{价格变化的百分比} \tag{8.9}$$

二、股票价格指数

股票在最初发行时,通常是按面值出售的。股票面值是指股票票面上所标明的金额。但股票在证券市场上交易时,就出现了与面值不一致的市场价格。股票价格一般是指股票在证券市场上交易时的市场价格。

股票市场上每时每刻都有多种价格各异、涨跌不同的股票进行交易。用单一股票的价格显然不能反映整个股票市场的价格变动,这就需要计算股价平均数和股票价格指数。股票市场上股票交易品种繁多,在计算股价平均数和股票价格指数时并非对所有股票进行计算,而是就样本股票来计算。这就要求所选择的样本股票必须具有代表性和敏感性。

代表性是指在种类繁多的股票中,既要选择不同行业的股票,又要选择能代表该行业股价变动趋势的股票;敏感性是指样本股票价格的变动能快速反映整个股市价格的升降变化。

(一)股价平均数

股价平均数是股票市场上多种股票在某一时点上的算术平均值,一般以收盘价来计算。其计算公式为:

$$股价平均数 = \frac{\sum p_i}{n} \tag{8.10}$$

其中,p_i 为第 i 种股票的收盘价;n 为样本股票数。

(二)股票价格指数

股票价格指数是反映某一股票市场上多种股票价格变动趋势的一种相对数,简称股价指数或股指(stock index),其单位一般以"点"(point)表示,即将基期指数作为 100,每上升或下降一个单位称为"1 点"。

股票价格指数的计算方法很多,但一般以发行量为权数进行加权综合。计算公式为:

$$p = \frac{\sum p_{1i}q_i}{\sum p_{0i}q_i} \tag{8.10}$$

其中, p_{1i} 为第 i 种股票报告期价格; p_{0i} 为第 i 种股票基期价格; q_i 为第 i 种股票的发行量,可以确定为基期,也可以确定为报告期。

目前世界上大多数股票价格指数都是以报告期发行量为权数帕氏指数,也有少数证券交易所采用拉氏指数公式编制股票价格指数(如香港恒生指数、德国法兰克福证券交易所的股价指数、美国的标准普尔指数等)。

(三)常见的股票价格指数

世界各国的主要证券交易所都有自己的股票价格指数,常见股价指数主要有道·琼斯股票价格指数、标准·普尔股票价格指数、纽约证券交易所股票价格指数、香港恒生指数、纳斯达克指数、伦敦股票价格指数、德国法兰克福股市 DAX 指数、伦敦金融时报指数等。各种股票价格指数的编制方法基本相同,本小节仅介绍几种重要的代表性股票价格指数。

1. 道·琼斯股票价格指数

道·琼斯股票指数是世界上历史最为悠久的股票指数,由道·琼斯公司(Dow Jones & Company)创始人查尔斯·亨利·道(Charles Henry Dow)于 1884 年开始编制。最初的道·琼斯股票价格平均指数是根据 11 种具有代表性的铁路公司的股票,采用简单算术平均法进行计算编制而成。其计算公式为:

$$股票价格平均数 = \frac{入选股票的价格之和}{入选股票的数量} \tag{8.11}$$

道·琼斯股票价格指数共分四组:第一组是工业股票价格平均指数,它由 30 种有代表性的大工商业公司的股票组成;第二组是运输业股票价格平均指数,它包括 20 种有代表性的运输业公司的股票,即 8 家铁路运输公司、8 家航空公司和 4 家公路货运公司;第三组是公用事业股票价格平均指数,是由代表着美国公用事业的 15 家煤气公司和电力公司的股票所组成;第四组是平均价格综合指数,它是综合前三组股票价格平均指数 65 种股票而得出的综合指数,这组综合指数虽然为优等股提供了直接的股票市场状况,但现在通常引用的是第一组——工业股票价格平均指数(The Dow Jones Industrial Average,简称DJIA)。

道·琼斯股票价格平均指数以 1928 年 10 月 1 日为基期,在纽约交易所每 30 分钟公布一次,用当日当时的股票价格算术平均数与基期的比值求得,各国投资者都极为重视,是西方新闻媒介引用最多的股票价格指数。

2. 标准·普尔股票价格指数

标准·普尔股票价格指数(S&P500)在美国很有影响,它是美国最大的证券研究机构标准·普尔公司(Standard & Poor's Financial Services LLC)编制的股票价格指数。该公司于 1923 年开始编制发表股票价格指数。最初采选了 230 种股票,编制两种股票价格指数。到 1957 年,这一股票价格指数的范围扩大到 500 种股票,分成 95 种组合。其中最重要的四种组合是工业股票组、铁路股票组、公用事业股票组和 500 种股票混合组。从 1976 年 7 月 1 日开始,改为 400 种工业股票、20 种运输业股票、40 种公用事业股票和 40 种金融业股票。几十年来,虽然有股票更迭,但始终保持为 500 种。

标准·普尔公司股票价格指数以 1941 年至 1943 年抽样股票的平均市价为基期,以上市股票数为权数,按基期进行加权计算,其基点数为 10。以目前的股票市场价格乘以股票市场上发行的股票数量为分子,用基期的股票市场价格乘以基期股票数为分母,相除之数再乘以 10 得出股票价格指数。

3. 香港恒生指数

香港恒生指数(Hang Seng Index,简称 HSI)是香港股票市场上历史最久、影响最大的股票价格指数,由香港恒生银行于 1969 年 11 月 24 日公布使用,目前已经过多次调整。恒生股票价格指数的编制是以 1964 年 7 月 31 日为基期,基点确定为 100 点。其计算方法是将 33 种股票按每天的收盘价乘以各自的发行股数为计算日的市值,再与基期的市值相比较,乘以 100 就得出当天的股票价格指数。

1980 年 8 月香港当局通过立法,将香港证券交易所、远东交易所、金银证券交易所和九龙证券所合并为香港联合证券交易所。在目前的香港股票市场上,只有恒生股票价格指数与新产生的香港指数并存。

恒生股票价格指数包括从香港 500 多家上市公司中挑选出来的 33 家有代表性且经济实力雄厚的大公司股票作为成份股,分为金融业股票(4 种)、公用事业股票(6 种)、地产业股票(9 种)和其他工商业(包括航空和酒店等 14 种)四大类,这些股票占香港股票市值的 65% 以上,因该股票指数涉及香港的各个行业,具有较强的代表性。由于恒生股票价格指数所选择的基期适当,因此不论股票市场狂升或猛跌,还是处于正常交易水平,恒生股票价格指数基本上能反映整个股市的活动情况。

4. 上证股价指数

上证股价指数是由上海证券交易所编制并发布的指数系列,包括上证综合指数(简称上证指数)、上证 180 指数、A 股指数、B 股指数等。其中编制最早且最具典型意义的是上证指数。该指数自 1991 年 7 月 15 日起正式发布,以 1990 年 12 月 19 日为基期,以所有上市股票票(包括 A 股和 B 股)为样本,以报告期股票发行量为权数进行编制。

5. 深证成份股指数与深证综合指数

深证成份股指数(简称深证成指)与深证综合指数(简称深证综指)均是深圳证券交易所编制和发布的股价指数。深证成指是一种成份股指数,是从深圳证券交易所挂牌上市的所有股票中抽取具有市场代表性的 40 家上市公司的股票作为计算对象,并以流通股为权数计算得出的加权股价指,综合反映深交所上市 A、B 股的股价走势;深证成指的基日为 1994 年 7 月 20 日,基日指数定为 1000 点,于 1995 年 1 月 23 日试发布,1995 年 5 月 5 日正式起用。深证综指以深圳证券交易所挂牌上市的全部股票为计算范围,以计算日总股本数(即发行量)为权数加权计算股价指数,综合反映深交所全部 A 股和 B 股上市股票的股价走势;深证综指以 1991 年 4 月 3 日为基日,基日指数定为 100 点,1991 年 4 月 4 日开始发布。除了上证股价指数、深证成指和深证综指之外,深沪交易所还根据投资者需求编制了沪深 300、上证 50、中小板指、创业板指、B 股指数(上证)、成分 B 指等,分别反映不同范围的股票价格变动。

统计实务

第一章 综 述

第一节 统计的职能和调查方法

一、统计的基本任务

现代社会是信息社会,政府能否准确地、及时地掌握大量的信息是其能否管理好经济和社会事务的关键。统计作为人们认识客观事物的一种工具,是各级政府部门取得国民经济和社会发展状况的信息数据的主要手段。它不仅为决策提供事实依据和咨询意见,服务于决策之前,而且在决策之后,通过掌握回馈的信息,对决策的执行效果进行监督,修正错误或者做出新的决策。

《中华人民共和国统计法》规定:统计的基本任务是对经济社会发展情况进行统计调查、统计分析,提供统计资料和统计咨询意见,实行统计监督。

这里所说的统计,是指各级人民政府、县级以上人民政府统计机构和有关部门组织实施的统计活动,主要包括各级人民政府组织实施的统计,国家统计局及其派出的各级调查队和县级以上地方各级人民政府统计机构组织实施的统计,国务院和县级以上地方各级人民政府各部门组织实施的统计。

(一)进行统计调查、统计分析

在统计工作中,统计调查和统计分析是紧密衔接的两个环节。统计调查,是根据统计设计规定的统计调查对象、统计指标、分类标准和调查方法,有组织地向调查对象搜集原始数据的过程,它的任务是取得原始数据,然后对这些原始数据进行数据整理和统计加工,形成规范的统计资料。统计分析,是运用统计方法,通过对统计数据和有关情况的系统整理和研究,从数量方面来说明经济社会现象的变化,揭示其本质和规律性,预测未来发展趋势。

(二)提供统计资料和统计咨询意见

统计资料,是通过统计调查所取得的反映国民经济和社会发展情况的各种统计信息的总称。它是统计调查工作的成果,包括原始调查数据和经过整理分析的综合统计数据,以及统计分析报告。统计资料可以用表格、图形和文字等多种形式表现。提供统计资料是统计工作的一项经常性的任务。统计资料反映的国民经济和社会发展情况,是社会的公共信息资源,除了属于国家秘密的统计资料应当保密外,其他的统计资料都应当及时地通过新闻发布会、统计公报、年鉴、资料汇编等多种方式公布,提供给全社会的统计信息用户。

统计咨询意见,是指利用统计部门所掌握的丰富统计信息资源,运用科学的统计分析方法和先进技术手段,对国民经济和社会发展情况深入进行综合分析和专题研究,为科学决策和管理提供实施意见和对策建议。改革开放以来,为适应国家管理国民经济和社会事务的需要,各级政府统计机构不仅分别向党中央、国务院和地方各级党政领导机关及社会有关方面提供统计信息,而且通过统计分析,为国家的宏观决策提供了重要的咨询意见。

(三)实行统计监督

统计监督,是根据统计调查和统计分析,从总体上反映国民经济和社会发展的运行状态,并按照客观规律的要求对其实行全面、系统的定量检查、监测和预警,以促使经济和社会持续、协调、稳定地发展。统计监督在国家宏观调控和监督体系中具有重要的地位和作用。统计监督的内容是国民经济和社会的运行状态,即依据一整套能够及时、准确、全面、系统地反映国民经济和社会运行状态的统计信息,对国民经济和社会的运行状态是否符合客观规律进行监测,对于违背客观规律的状态及时地向决策机关发出预警信息;同时还可以根据客观实际的变化,及时向决策机关提出适时调整政策的统计咨询意见。

统计的信息、咨询和监督三大职能,是相互作用、相互促进、相辅相成和密切联系的。信息职能是统计最基本的职能,是保证咨询和监督职能得以有效发挥的前提。咨询和监督职能是在信息职能基础上的拓展和深化,在充分发挥信息资源作用的基础上,进一步提高统计的整体效能。

统计调查是根据调查的目的与要求,运用科学的调查方法,有计划、有组织地搜集数据信息资料的统计工作过程。政府统计常用的调查方法有:周期性普查、全面调查、抽样调查、重点调查和行政记录等。在实际工作中,政府统计不只使用一种调查方法,而是根据调查对象的特点和调查机构的条件,灵活地选用不同调查方法搜集统计资料。

二、普查

普查是指对统计调查总体的全部单位进行调查以搜集统计资料的工作。普查一般用于一个国家或者一个地区详细了解某项重要的国情、国力情况。由于普查涉及面广、调查单位多,需要耗费大量的人力、物力和财力,一般每隔 10 年或 5 年进行一次。如我国的人口普查、农业普查每 10 年开展一次,经济普查每 5 年开展一次。普查所获得的资料全面,可以掌握全部调查对象的相关情况,准确性高,能为抽样调查或其他调查提供基本依据。但普查工作量大,花费大,组织工作复杂,还可能由于工作量大而导致调查的精确度下降,调查质量不易控制。目前世界各有关国家开展的周期性普查主要有人口普查、经济普查和农业普查等。

(一)人口普查

相对其他普查来说,人口普查的历史最为悠久。一般认为,现代意义上的人口普查是从美国 1790 年人口普查开始的。美国是世界上最早定期进行人口普查、公布普查结果并把人口普查作为一项条款写进宪法的。从世界范围来看,现代人口普查的历史大体可分为 3 个时期:

1. 1790—1870年，正值资本主义进一步发展，资产阶级出于制定法律或掠夺殖民地的需要，一些资本主义国家力图确定本国及其殖民地的潜在资源包括劳动力资源。这个时期，先后有美、英、法等国进行了人口普查，普查范围占世界人口的20%。

2. 1871—1950年，帝国主义重新划分殖民地和势力斗争的范围，引起了考察新领土劳动潜力的兴趣，如埃及、印度作为英国殖民地在此期间进行了人口普查。十月革命后，苏联于1920年进行了人口普查，使全世界人口普查的范围增加到占总人口的76%。

3. 从1950年到现在，通称战后人口普查。这一时期，由于许多国家摆脱了殖民统治，获得独立，纷纷进行新的人口普查，为国家建设提供人口资料。最引人瞩目的是中国1953年举行的第一次人口普查，使全世界进行过普查的人口增加为占世界人口的98%。战后人口普查的显著特点，一是普查项目普遍增多；二是使用电子计算机汇总人口普查资料日益普遍，有利于人口普查资料的开发和利用。

我国人口普查每10年进行一次，在逢"0"的年份实施。新中国成立后，我国相继进行过六次全国性的人口普查。1953年以7月1日零时为标准时点进行了第一次人口普查，调查指标包括本户地址、姓名、性别、年龄、民族、与户主关系等6项，在新中国历史上第一次查清了中国人口底数。第二次人口普查以1964年7月1日零时为标准时点，增加了本人成分、文化程度、职业3个调查指标。1982年以7月1日零时为标准时点进行了第三次人口普查，调查指标增加到19项，还第一次使用电子计算机进行数据处理。第四次人口普查以1990年7月1日零时为标准时点，登记的指标共21项，是以往历次人口普查调查指标最多的一次。与前三次人口普查采取的设立普查登记站的办法相比，这次人口普查改为主要采取普查员入户点查询问、当场填报的方式进行。第五次人口普查以2000年11月1日零时为标准时点，普查指标增加到49项，并首次采用光电录入技术，为中国经济社会进一步发展提供了重要的人口依据。第六次人口普查以2010年11月1日零时为标准时点，普查对象是在中华人民共和国境内的自然人以及在中华人民共和国境外但未定居的中国公民，不包括在中华人民共和国境内短期停留的境外人员。这次普查采用按现住地登记的原则。每个人必须在现住地进行登记，普查对象不在户口登记地居住的，户口登记地要登记相应信息。普查登记的主要内容包括：姓名、性别、年龄、民族、国籍、受教育程度、行业、职业、迁移流动、社会保障、婚姻、生育、死亡、住房情况等。这是我国进入21世纪后进行的第一次全国范围的人口普查。第七次人口普查的标准时点是2020年11月1日零时。这是在我国人口发展进入关键期开展的一次重大国情国力调查，为编制"十四五"规划，推动高质量发展，完善人口发展战略和政策体系，促进人口长期均衡发展，开启全面建设社会主义现代化国家新征程，向第二个百年奋斗目标进军提供重要信息支持。这次普查，普查对象首次可以使用移动终端扫描二维码联网进行自主填报。

（二）经济普查

世界最早的经济普查可追溯到1810年美国经济普查，当时的经济普查，只是在人口普查中增加了一些反映经济情况的指标，行业上只包括制造业。此后，随着制造业的发展，调查内容逐步增加，普查的行业分类也不断细化。1880年，根据国会通过的新法,普查由专业人士来进行,根据行业设计不同的调查问卷,并规定提供假数据要受到惩罚。此次普查问卷达到 49 种,涉及 29 个方面的问题,但普查工作仍然没有独立出来。1902 年,国会通过法案,决定成立普查局,经济普查从人口普查中分离出来,每 5 年进行一次专门的经济普查,普查范围仅包括制造业;20 世纪 30 年代的经济普查开始涉及到制造业以外的行业;到了 40 年代,经济普查工作有了一个跨时代的进步,首次制定了行业分类标准,同时国会通过了新的法案,决定经济普查 5 年一次,5 年间通过行业调查进行动态观察;50 年代,关于普查的立法进一步完善,1954 年的普查立法全面确立了经济普查的范围、人力、物力、财力等。因此,今天所讲的完整的普查立法就是 1954 年的立法。自此,美国经济普查的涵盖范围、基本内容、经费预算、调查时间等均固定下来,并一直延续到今天。

世界上许多国家都十分重视经济普查,除美国每 5 年组织一次经济普查以外,日本、德国、巴西、印度等国家不定期开展经济普查。经济普查数据被政府、部门(行业协会)、研究机构和企业广泛运用于修订 GDP、预测经济形势、制定公共政策、开展市场分析、进行生产和投资决策等各个方面。从普查的范围和内容来看,目前世界各国的经济普查所包括的范围不尽相同。大体分为三类:第一类是涵盖国民经济所有重要行业(除农业)的经济普查,例如中国、美国、日本和印度等国家。第二类是只涵盖部分国民经济行业的经济普查或者在不同年份对不同行业进行的普查,例如埃及等国家。第三类是一般不进行大规模经济普查,仅通过日常统计和行政资料收集取得所需信息,大多是国家较小,单位较少,或者名录库系统比较完善并且信息十分丰富,例如新加坡、加拿大等国家。

新中国成立特别是改革开放以来,我国多次开展工业普查、农业普查、第三产业普查、基本单位普查。2004 年,根据形势发展的需要,国务院决定将工业普查、第三产业普查和基本单位普查整合为经济普查。通过经济普查全面掌握国民经济发展规模、结构和效益等情况,为加强和改善宏观调控,加快经济结构战略性调整,科学制定中长期发展规划,提供翔实可靠的统计信息支持。通过经济普查全面更新覆盖国民经济各行业的基本单位名录库、基础信息数据库和统计电子地理信息系统,为科学组织统计调查工作,建立健全统计工作的部门协调机制和信息共享机制奠定基础。我国经济普查每五年进行一次,分别在逢 3、逢 8 的年份实施,标准时点为普查年份的 12 月 31 日,普查时期资料为普查年份的年度资料。到目前为止,我国分别于 2004 年、2008 年、2013 年和 2018 年成功开展了四次全国经济普查,为查清当时全国二、三产业家底、掌握基本经济单位情况、制定中长期发展规划、促进经济社会发展发挥了重要作用。在第四次全国经济普查中,遵循数据处理与方案设计同步推进的原则,严把普查工作、软件质量和数据质量关,保证普查全流程的信息化、电子化、无纸化;制定普查微观数据抽样和匿名化处理工作方案,积极推进普查数据在部门间的共享共用,充分发挥普查数据价值。在第四次经济普查中,充分利用"五证合一"改革成果,广泛应用部门行政记录,全面推广应用电子签名,采取网上填报与手持电子终端等设备现场采集数据相结合的方式开展普查,探索直接使用智能手机采集数据,提高普查数据采集抗干扰能力和数据采集处理效能。

（三）农业普查

1810 年,美国第三次全国人口普查开始采集一些产品的种类、数量和价值方面的数据,并第一次要求普查对象回答是否从事农业活动,结果大约 80% 的人回答从事农业活动。这一做法持续了 30 年。从 1840 年起,美国人口普查开始单独收集较为详细的采矿业、农业、商业、制造业、航运等方面数据。1840 年的人口普查涉及的农业问题包括:谷物和其他农作物以及牲畜产品的生产活动情况。鉴于农业统计的极端重要性,国际农业研究会(International Institution of Agriculture,简称 IIA)于 1924 年发起了第一次世界农业普查项目。在 1930 年,共有 60 个国家实施了世界农业普查项目。由于二战爆发,计划在 1940 年开展的世界农业普查项目未能继续。

1943 年 5 月根据美国总统 F. D. 罗斯福的倡议,在美国召开有 44 个国家参加的粮农会议,决定成立粮农组织筹委会,拟订粮农组织章程。1945 年 10 月 16 日粮农组织在加拿大魁北克正式成立,1946 年 12 月 14 日成为联合国专门机构。总部设在意大利罗马。粮农组织现有 191 个成员国和 1 个成员组织(欧盟)。中国是该组织的创始成员国之一。1973 年,中华人民共和国在该组织的合法席位得到恢复,并从同年召开的第 17 届大会起一直为理事国。联合国粮食和农业组织(Food and Agriculture Organization of the United Nations, 简称 FAO)是联合国专门机构之一。其宗旨是:保障各国人民的温饱和生活水准;提高所有粮农产品的生产和分配效率;改善农村人口的生活状况,促进农村经济的发展,并最终消除饥饿和贫困。1946 年 IIA 解散,其工作由 FAO 接替。

自 1950 年起,FAO 开始致力于促进 10 年一次的世界农业普查项目(World Programme for the Census of Agriculture)。到目前为止,已经连续组织了 1950、1960、1970、1980、1990 和 2000 年等 6 次世界农业普查(World Census of Agriculture,简称 WCA)。世界农业普查项目帮助各国开展至少 10 年一次的基于国际标准概念、定义和方法的农业普查,以便取得国际可比的有关农业统计数据,如分规模的农场数量和面积,分品种、年龄和性别的牲畜数量,土地占有及使用情况,作物种植及农业投入情况等。FAO 原则上要求世界各国在同一年份参与由其组织的世界农业普查,以获得可比性强的世界农业普查数据。然而,由于各国的农业国情不同,以及它们在以"0"结尾的年份还要进行 10 年 1 次的人口普查,所以不要求这些国家在同一年进行世界农业普查(1930 和 1940 年 WCA 除外),如 1990 年 WCA 允许各国在 1986-1995 年任何一年进行。

在 FAO 的努力下,1950 年参与世界农业普查的国家有 81 个,1970 年为 111 个国家,2000 年为 122 个国家。目前,欧洲和亚洲国家定期普查比例大幅度提高,非洲许多国家也由过去资助逐渐转为自主进行 10 年 1 次的农业普查。各成员国按要求向 FAO 统计处提交本国农业普查报告,在 122 个参与 WCA 2000(1996-2005 年)的国家中,有 114 个国家向 FAO 提交了普查报告。FAO 统计处基于这些报告加工生成具有国际可比性的各国农业数据,进行相关农业普查方法研究,在其官方网站发布各国农业统计主要数据及相关元数据。

我国农业普查每 10 年进行一次,在逢"6"的年份实施。到目前为止,我国共开展了三次农业普查,分别是 1996 年第一次全国农业普查、2006 年第二次全国农业普查和 2016 年第三次全国农业普查。农业普查作为重大的国情国力调查,主要是为了查清农业、农村和农民的发展变化情况,掌握我国农业生产、农田水利和农村基础设施建设、农村劳动力转移等方面的基本信息,为研究确定国民经济发展战略和规划,制定各项经济社会政策提供依据。第三次全国农业普查充分利用现代信息技术,创新调查手段,首次应用遥感技术测量主要农作物播种面积,大力推进手持电子移动终端和联网直报在普查中的应用,提升了普查的工作效率、数据质量和服务水平。

此外,我国在 2020 年至 2021 年年初开展了国家脱贫攻坚普查。国家脱贫攻坚普查是精准扶贫精准脱贫的重要基础性工作,是对脱贫攻坚成效的一次全面检验。普查重点围绕脱贫结果的真实性和准确性,全面了解贫困人口脱贫实现情况,为分析判断脱贫攻坚成效、总结发布脱贫攻坚成果提供真实准确的统计信息,为党中央适时宣布打赢脱贫攻坚战、全面建成小康社会提供数据支撑。普查标准时点为 2020 年 12 月 31 日。普查内容包括建档立卡户基本情况、"两不愁三保障"实现情况、主要收入来源、获得帮扶和参与脱贫攻坚项目情况,以及县和行政村基本公共服务情况等。

三、抽样调查

抽样调查是指从研究对象的总体中抽取一部分单位作为样本进行调查,据此推断有关总体的数量特征。抽样调查在现实社会中应用非常广泛。生活中每个人都无时无刻不在利用抽样调查。比如说,我们衣服鞋帽的大小型号,就是通过抽样调查得出的。我们炒菜的时候,尝一尝味道怎么样,也是一种抽样调查。大规模应用抽样技术的例子也比比皆是,如利用抽样调查进行石油等矿产的勘察、估计一国或地区的农产品产量、核查或审计一个公司的账目、对纳税人缴税情况进行检查、对运动员使用兴奋剂情况进行调查、对工业产品质量进行抽查等。

抽样调查的显著特点是经济性好、实效性强、适应面广、准确性高。抽样方法多种多样,但大体上可分为两种类型,一种是凭调查者的主观认识有意识地抽选样本进行调查,如典型调查、重点调查;另一种是按随机原则抽选样本后进行调查。随机绝不意味着"随便"或"任意"。所谓随机原则就是在取样时必须保证总体中每个单位的中选或不中选都不受任何主观因素的影响,样本单位的抽选既不取决于调查者的爱好愿望,也不取决于被调查者的合作态度,而完全是由调查总体中的诸多随机因素来决定的。在统计上将这两种不同类型的抽样方法称为非概率抽样和概率抽样,统计上最常用的抽样方法就是概率抽样法。

(一)非概率抽样

非概率抽样是一种主观的(非随机的)方法从总体中抽选单元进行调查。它不需要完整的抽样框,调查者也不需要对总体特征有一定程度的了解,它得出的调查结果不能用来推算或估计总体的情况;因为非概率抽样调查所得到的结果不能用来推断总体,而且也无法估计抽样误差,只能用来反映局部情况,起到解剖麻雀的作用。非概率抽样的几种主要类型:

1. 随意抽样。样本限于总体中易于取得的部分,如从敞开的货车上去取一个煤的样本,可能是从煤堆的顶部取得。或者样本是随便抽取的,如从一个实验室的大笼子里取10只兔子,研究人员可能把他手碰到的那些兔子取来。

2. 志愿者抽样。在有些调查中,调查过程对那些被调查者来说,是不愉快的和麻烦的,那么有可能出现的情况是,调查样本基本上由自愿被调查的人员组成。如一种新药物的临床试验。

3. 判断抽样。调查者根据过去对总体了解的经验,有针对性的抽选一些样本进行调查。

4. 重点调查。是指在调查对象中,选择一部分重点单位作为样本进行调查。重点调查主要适用于那些反映主要情况或基本趋势的调查。例如,要了解某省近百户亏损企业由亏转盈情况,就可以有重点地选择其中几户由亏转盈的企业进行调查。重点调查的重点单位,通常是指在调查总体中具有举足轻重的、能够在很大程度上代表总体的基本情况、主要特征和发展变化趋势的那些样本单位。这些单位可能数目不多,但有代表性,能够反映调查对象总体的基本情况。

选取重点单位,应遵循两个原则,一是要根据调查任务的要求和调查对象的基本情况而确定选取的重点单位及数量。一般来讲,要求重点单位应尽可能少,而其标志值在总体中所占的比重应尽可能大,以保证有足够的代表性;二是要注意选取那些管理比较健全、业务力量较强、统计工作基础较好的单位作为重点单位。重点调查的主要特点是:投入少、调查速度快、所反映的主要情况或基本趋势比较符合客观实际。由于上述特点,重点调查的主要作用在于反映调查总体的主要情况或基本趋势。因此,重点调查通常用于不定期的一次性调查,但有时也用于经常性的连续调查。

5. 典型调查。是指从众多的调查研究对象中,有意识地选择若干个具有代表性的典型单位进行深入、周密、系统的调查研究。进行典型调查的主要目的不在于取得社会经济现象的总体数值,而在于了解与有关数字相关的生动具体情况,起到"解剖麻雀"的作用。典型调查的优点在于调查范围小、调查单位少、灵活机动、具体深入、节省人力、财力和物力等。其不足是在实际操作中选择真正有代表性的典型单位比较困难,而且还容易受人为因素的干扰,从而可能会导致调查的结论有一定的倾向性,且典型调查的结果一般情况下不宜用以推算全面数字。

典型调查主要有两种类型:一种是一般性的典型调查,即对个别典型单位的调查研究。在这种典型调查中,只需在总体中选出少数几个典型单位,通过对这几个典型单位的调查研究,用以说明事物的一般情况或事物发展的一般规律。另一种是具有统计特征的划类选点典型调查,即将调查总体划分为若干个类,再从每类中选择若干个典型进行调查,以说明各类的情况。

(二)概率抽样

概率抽样是根据调查总体中部分样本的非全面资料和信息,来推断总体全面的情况。在具体抽样过程中,对总体中的每一个可能样本都有一个确定的被抽中的概率,这个概率可以相等,也可以不相等,而且要通过某种随机形式来实现。因此概率抽样是根据确定的概率来"抽取"样本,而不是根据某种准则来"挑选"样本。概率抽样不仅能避免调查者的各种主观因素,保证所抽取样本对调查总体的代表性,还能根据样本数据在获取总体目标量估计的同时,获得对这种估计的精度估计。概率抽样具有三个最基本的特征:一是由部分推断总体;二是抽样方法建立在概率论的科学基础上;三是抽样方法运用不确定的概率估计法,即可靠性区间估计。

概率抽样调查作为统计中应用与发展较早的一个分支,在现代各种调查中起着举足轻重的作用。1895年,奥斯陆统计局局长凯尔首次在统计调查中引入抽样方法,独立使用抽样调查收集数据,系统建立了抽样调查方法实例,开启了抽样调查的历史。如今,抽样调查已经成为世界各国日常统计调查的主要方法。例如,就业和失业率、居民收支情况、住房条件、教育卫生状况等民生统计,工业、农业等国民经济行业统计。市场研究者也常常开展抽样调查来估计市场需求和消费者偏好。衡量一个国家统计工作现代化的重要标志之一就是该国抽样调查的应用程度和水平。抽样调查方法越科学,抽样调查应用领域越广泛,统计现代化的水平就越高。从实践来看,进入世界统计先进行列的国家都是抽样调查运用的佼佼者,美国、加拿大、澳大利亚、德国等发达市场经济国家都大量使用抽样调查。可以说离开了抽样调查的广泛应用,就谈不上现代统计调查体系。

1. 简单随机抽样(SRS)

简单随机抽样是一种一步抽样法,它保证每个可能的样本都有相同的被抽中的概率。更准确地说,是保证总体中每个单位都有相同的入样概率。简单随机抽样作为一种最基本的概率抽样方法,是其他复杂抽样形式的基础,也是衡量其他抽样效果的比较标准。

与其他抽样方法相比,简单随机抽样有以下优点:

(1)最简单的抽样技术;

(2)抽样框不需要其他辅助信息就能进行抽样,唯一需要的只是一个关于调查总体所有单位的一个完全清单以及如何联系的信息;

(3)关于样本量的确定、总体估计、方差估计都有现成的标准公式可以利用。

简单随机抽样的主要缺点是:

(4)在能够获取具有丰富辅助信息的抽样框的条件下,没有充分利用辅助信息进行抽样设计和总体估计,不仅会影响调查精度,也降低了统计效率;

(5)可能抽到一个地理分布范围比较广泛的样本,从而增加了现场调查的难度和费用;

(6)如果运气不好,有可能抽到一个"非常差"的样本。

简单随机抽样有放回和不放回两种。放回抽样允许一个单位多次被抽中,不放回抽样意味着一个单位一旦被抽中,就不能再次被抽中。在大小为 N 的总体中用简单随机抽样方法抽取样本量为 n 的样本,如采用放回抽样,则每个样本被抽中的概率为 $(1/N)^n$;如采用不放回抽样,则每个样本被抽中的概率为 $1/C_N^n$。一般情况下,不放回抽样得到的结果更加精确一点,实际操作也方便一些。如果样本量相对于总体大小只占非常小的比例,则同一个单位被抽中一次以上的可能性非常小,这时放回的简单随机抽样和不放回的简单随机抽样实际上是差不多的。在实际工作中,我们一般是用不放回抽样。

2. 等距抽样或系统抽样(SYS)

146

等距抽样又名系统抽样,它首先将总体(N)中各单位按一定顺序排列,根据样本容量大小(n)确定抽选间隔,每隔一定的间隔抽取一个单位的一种抽样方式。等距抽样是纯随机抽样的变种。在等距抽样中,首先要将总体单位排序并编号,再计算抽样距离 $K = N/n$。然后在 $1 \sim K$ 中抽取第一个样本单位 k_1,接着取 k_{1+K},k_{1+2K},…,直至抽够 n 个单位为止。

总体单位排序主要有按无关标志排序和按有关标志排序两种方法。按无关标志排序,即总体单位排列的顺序和所要研究的标志是无关的。如调查职工的收入水平,可按姓氏笔画排列的职工名单进行抽样;工业生产质量检验可按产品生产的时间顺序进行等距抽样等等。按有关标志排序,即总体单位排列的顺序与所要研究的标志是有直接关系的。例如,农产量抽样调查时,可按照当年估产或前几年的平均实产由低到高或由高到低的顺序进行抽样。按有关标志排队的等距抽样能使标志值高低不同的单位,均有可能选入样本,从而提高样本的代表性,减小抽样误差。

等距抽样的具体方法主要有:

(1)随机起点等距抽样,即在总体分成 K 段($K = N/n$)的前提下,首先从第一段的 1 至 k 号总体单位中随机抽选一个样本单位,然后每隔 k 个单位抽取一个样本单位,直到抽足 n 个单位为止。这 n 个单位就构成了一个随机起点的等距样本。这种方法能够保证各个总体单位具有相同的概率被抽到,但是,如果随机起点单位处于每一段的低端或高端,就会导致往后的单位都会处于相应段的低端或高端,从而使抽样出现偏低或偏高的系统误差。

(2)半距起点等距随机抽样,这种方法又称为中点法抽取样本,它是在总体的第一段,取 1,2,…,k 号中的中间项为起点,然后再每隔 k 个单位抽取一个样本单位,直到抽足 n 个样本单位为止。当总体是按有关标志的大小顺序排列时,采用中点法抽取样本,可提高整个样本对总体的代表性。

(3)随机起点对称等距抽样。这种方法是在总体第一段随机抽到第 i 个单位,而在第二段抽取第 2k-f+1 的单位,在第三段抽取第 2k+f 的单位,而在第四段抽取第 4k-f+1 的单位…,以此交替对称进行。可概括为:在总体奇数段抽取第 jk+i 单位($j = 0, 2, 4 \cdots$);在总体偶数段抽取第 jk-i+1 单位($j = 2, 4 \cdots$)。这种抽样方法能使处于低端的样本单位与另一段处于高端的样本单位相互搭配,从而抵消或避免抽样中的系统误差。

(4)循环等距抽样。当 N 为有限总体而且不能被 n 所整除,亦即 k 不是一个整数时,可将总体各单位按顺序排成首尾相接的循环圆形,用 N/n 确定抽样间隔 k,k 可以取最接近的整数,然后在第一段的 1 至 k 号中抽取一个作为随机起点,再每隔 k 个单位抽取一个样本单位,直至抽满 n 个为止。

等距抽样方法与简单随机抽样相比,抽一个样本比较简单,实施时也不容易出错,直观上似乎比简单随机抽样更精确。等距抽样类似于分层抽样,区别在于等距抽样的样本单位总是在每一层的同样位置上。等距抽样这一特征往往会产生系统性偏差,例如,军队人员名单通常按班排列,10 人一班,班长排第 1 名,若抽样距离也取 10 时,则样本或全由士兵组成或全由班长组成。因此在实际抽样工作中,经常采用对称等距和半距起点的方法。

3. 分层抽样(SRS)

分层抽样法,也叫类型抽样法。就是将总体单位按其属性特征分成若干类型或层,然后在每一类型或层中相互独立地随机抽取样本单位,各层中抽取的样本构成总体样本。由于对总体单位进行了划类分层,增大了各层中单位的共同性,因此容易抽出代表性强的调查样本。分层抽样方法适用于总体情况复杂,各单位之间差异较大,单位较多的情况。例如,进行有关啤酒品牌知名度方面的调查,初步判别,在啤酒方面男性的知识与女性的不同,那么性别应是划分层次的适当标准。需要强调的是分层抽样必须具备一定的前提条件,如事先掌握各层的总体单位数及相关分布特征。分层抽样的优点在于:

(1)取得总体中某些分类数据;

(2)调查的组织管理工作;

(3)便于对总体中的不同部分采用不同的抽样方法;

(4)能有效提高调查精度。

4. 整群抽样

整群抽样是将总体各单位按某种属性划分为若干个群体,然后以群为抽样调查单位,从总体中随机抽取一部分群,对抽中群内所有单位进行全部调查。对于总体中各群内所包含的单位数可以是相同的,也可以是不同的。整群抽样要求总体中的所有单位必须属于一个群,群与群之间不重叠,即总体中的任一单位必须属于而且只能属于某一个群。整群抽样划分群的目的与分层抽样划分层的目的有着很大区别,分层抽样划分层的目的是缩小总体,将标志值相似的总体单位划归同一层,从而减小层总体的变异程度。分层抽样抽取的单位仍是总体的基本单位。而整群抽样划分群的目的是扩大总体"单位",便于组织和节约经费。整群抽样抽取的单位不是总体的基本单位,而是总体的群单元。

整群抽样主要有两大优点,一是设计和组织抽样较为方便;二是节省人财物力和时间。不可否认的是,相对于简单随机抽样来说,在相同的样本量情况下,前者抽样误差较大,抽样估计精度较低。这是因为整群抽样的调查单位相对集中,在总体中分布不太均匀,对总体的代表性差。

5. 二阶及多阶段抽样

二阶抽样(亦称二阶段抽样)是将一个很大的总体划分为若干样本群(称一级单位),每个群都包括许多个单位(二级单位)。首先从总体中抽出若干个一级单位(初级样本),再从抽中的各一级单位中抽取若干个二级单位(二级样本),进行调查观测和抽样推断。如果抽样是按更多个阶段进行,那么可以继续从抽中的各二级单位中抽取三级单位,以此类推,这就形成了多级段抽样。

多阶段抽样的主要优点是:

(1)有利于抽样的组织和实施;

(2)有利于提高抽样估计精度;

(3)有利于各阶段对调查资料的需求;

(4)适合于大规模抽样。

表 1-1　二阶抽样与分层抽样、整群抽样的比较

	第一阶段	第二阶段
分层抽样	抽全部	抽部分
整群抽样	抽部分	抽全部
二阶抽样	抽部分	抽部分

6. 与规模成比例的概率抽样(PPS)

前述抽样方法的一个共同特点是总体中的每个单位都有相同的概率被抽中作为样本单位。与此相对应的一种抽样方法叫作不等概率法,即总体中每个单位被抽中的概率是不一样的。为什么要采用不等概率抽选样本单位? 第一,解决总体的调查单位与抽样的总体不一致的问题。例如,以全校学生花名册为抽样框,进行学生家庭情况调查,每个学生作为抽样调查的总体单位,这样做的好处是比较方便。但是如果出现有两个或两个以上的学生来自同一个家庭,还仍然对每个学生赋予同样的抽选概率,那么有两个或两个以上学生的家庭,被抽中的概率就是有一个学生的家庭被抽中的概率的两倍或更大。为了保证每个家庭被抽中的概率相等,就需要考虑采用不等概率抽样;第二,解决调查单位在总体中的地位(或比重)不一致的问题。我们经常遇到同一总体中单位的大小或重要程度相差很大,如以城市为总体单位的调查,显然直辖市、省会城市、地级市、县级市在总体中的重要程度差异非常大,如果给予每个城市相同的概率,估计效果一般不好,采用不等概率抽样,让大城市入选概率大,小城市入选概率小,就有可能大大增加抽样估计精度。

四、统计报表

统计报表是一种全面调查方法。它是由政府综合统计部门或行业主管部门制定统一格式的统计表格,自上而下层层布置到生产经营单位,由企事业、行政单位或基层组织提供基本统计数据,自下而上层层汇总上报的一种报告制度。

统计报表是依靠行政手段执行的一项统计报告制度,要求各级各部门各企事业和行政单位严格按照规定的时间、指标和程序上报数据。因此,统计报表具有 100% 的回收率,而且填报的项目和指标具有相对的稳定性,可以完整地积累形成时间序列资料,便于进行历史对比和社会经济发展变化规律的系统分析。

统计报表既可以越级汇总,也可以层层上报、逐级汇总,以便满足各级管理部门对主管系统和区域统计资料的需要。按调查范围,统计报表可分为全面统计报表和非全面统计报表。全面统计报表要求调查对象中的每一个单位都要填报。非全面统计报表只要求调查对象的一部分单位填报。按填报单位不同,分为基层统计报表和综合统计报表。基层统计报表是由基层企、事业单位填报的报表,综合统计报表是由主管部门或部门根据基层报表逐级汇总填报的报表。综合统计报表主要用于搜集全面的基本情况,此外,也常为重点调查等非全面调查所采用。按报送周期长短不同,分为日报、周报、旬报、月报、季报、半年报和年报。周期短的,要求资料上报迅速,填报的项目比较少;周期长的,内容要求全面一些;年报具有年末总结的性质,反映当年党和国家的方针、政策和计划贯彻执行情况,

内容要求更全面和详尽。日报和旬报称为进度报表,主要用来反映生产、工作的进展情况。月报、季报和半年报主要用来掌握国民经济和社会发展的基本情况,检查各月、季、年的生产工作情况。年报是每年上报一次,主要用来全面总结全年经济活动的成果,分析党和国家方针政策执行情况等。

统计报表是适应计划经济体制而建立起来的。改革开放以来,我国的经济体制已经发生了重大变革,全面报表统计赖以存在的基础发生了巨大的变化,在这种情况下,全面报表统计必将随其历史使命的完成而逐步退出历史舞台。国外基本上没有统计报表这种调查方法。在欧盟一些国家,中央统计局90%以上的统计资料来源于政府各部门的行政记录,专门统计调查仅仅是统计资料来源的补充手段。丹麦、芬兰、奥地利等国家甚至取消了传统的以发放调查表形式的人口普查,通过有关行政记录收集人口统计资料。

五、行政记录

行政记录是指政府行政部门为实现管理、控制和服务等目的,如办证、登记、检查、保险、培训、税收、付费和罚款等,而收集并保存的关于自然人或其他社会实体的相关信息。行政记录的目的不是统计,但行政记录可以为统计提供信息。

法国是较早对行政记录进行统计开发的国家。1948 年,为了满足管理的需要,法国政府决定建立一个统计、税务和社会保险机构等部门共同使用的跨部门的单位识别系统,对"生产"领域的登记单位统一赋码,并统一进行管理和维护。1975 年,法国政府颁布法令,对 1948 年建立的名录库体系进行彻底改造,并把非生产性的公共机构补充进来,正式命名为"全国企业与基层机构的计算机管理名录库"(SIRENE)。经过不断发展和完善,到 1983 年,SIRENE 包括所有法人单位和自然人单位。意大利国家统计局从 1980 年开始研究旨在用统计方法实现行政记录和统计数据资源的逻辑和物理集成,1994 年开始实施统计工商注册系统工程(ASIA),利用普查数据对 ASIA 数据库进行补充完善。美国普查局在 2000 年人口普查中进行了"行政记录试验"。芬兰 2000 年全国人口普查实现了电子化公共行政登记信息。

我国行政记录信息资源丰富。从行政记录的种类来看,有针对自然人的户籍登记和就业失业登记;有针对企事业单位的企业、事业设立、变更和注销登记,以及针对特定单位的税务登记、社会保险登记、娱乐场所登记、排污单位登记、高等学校登记和科研机构登记等。从行政记录的内容来看,自然人的行政记录内容主要包括:姓名、性别、民族、出生年月、户口所在地、身份证号码、籍贯、出生地、文化程度、工作单位、常住地址、联系电话等;其他社会实体的行政记录内容主要包括:单位名称、统一社会信用代码、经营场所、法定代表人或负责人姓名及其居民身份证、护照或者其他合法证件的号码、经济性质或企业类别、注册资金或注册资本、经营范围、经营方式、核算方式、主管部门、出资人、经营期限、注册号、核准登记注册日期等、设立子公司或分支机构日期及有关情况、企业被处罚记录及日期、年度检验情况等。到目前为止,除人口普查、经济普查和农业普查外,其他常规性统计调查基本上没有利用各政府部门的行政记录信息。事实上,企业在其生命期中经常从事各种行政事务,如缴税、签订电话和电力合同、为员工购买工伤事故保险等,从统计观点来看,这些行为都蕴含着可以挖掘的信息。由于各部门行政登记工作的相对独立,以及登记对象理解各类国家标准和法治意识的差异,可能出现重复记录、记录不足、虚假记录和记录不及时等问题,这些都会影响到部门管理工作的有效开展。国外的经验表明,对行政记录进行统计开发,可以加强各个政府部门相互协作,有利于各部门行政记录的相互连接和对比,增加行政记录信息的有效性。

六、大数据应用

随着信息技术和经济社会生活交汇融合,互联网快速普及,全球数据呈现爆发增长、海量集聚的特点,大数据应运而生并已成为新型生产要素和重要的基础性战略资源,蕴藏着巨大价值,对人民生活、经济发展、国家治理都产生着重大而深远的影响。大数据与统计工作有着天然的内在联系,科学运用大数据对丰富政府统计数据来源、改进数据生产方式、提高数据质量和减轻调查对象负担具有十分重要的意义。

大数据在我国政府统计工作中的应用已取得初步成效。一是大数据综合运用在智能展示、智慧统计服务等领域,使得统计产品和服务种类形式更加丰富多样;二是在国民经济核算、工业、能源、投资、贸经、人口、社会和科技、农业、价格、住户、服务业等领域使用部门行政记录、互联网电子化数据等大数据作为常规统计调查数据的补充,进一步提高了统计调查工作效率和数据质量;三是大数据被应用到数据质量问题查找、数据质量审核评估等工作环节,为遏制统计造假弄虚作假提供了新技术新手段;四是利用大数据改进数据处理、分析和共享机制,进一步提高开发应用数据的能力,增强统计分析、监测和预警的准确性、时效性。

第二节　新中国政府统计的发展历程*

1952年8月7日,中央人民政府设立国家统计局。近70年来,新中国统计在艰难中起步,在探索中前行,在改革中丰富和发展,用数字和图表绘就了新中国建设改革发展的光辉篇章。

新中国统计发展历程,可分为六个时期:

一、1949-1952年的"酝酿"期

1949年10月1日新中国建立,成立中央人民政府。在政务院财政经济委员会计划局下,设立了统计处。初期工作人员20多人,处长狄超白。后来,统计处改为统计总处。

这一时期,召开了第一届全国统计工作会议,先后建立了全国公营及公私合营工矿企业、农林生产、基本建设、国营贸易、物资供应、劳动工资、运输邮电等定期报表和年报统计制度,初步形成了全国统一的统计报表制度。

为具体了解全国工矿企业的基本情况,作为恢复和发展工矿生产的根据,政务院财政经济委员会于1950年3月发布命令,决定对全国公营、公私合营及工业生产合作社工矿

企业进行统一的全国普查。这是我国的第一次工业普查,也是第一个全国规模的大型调查,为新中国的工业建设提供了重要决策依据。

二、1952-1958 年的"初创"期

1952 年 8 月 7 日,根据政务院决定,在统计总处的基础上成立了国家统计局,直属中央人民政府,薛暮桥任局长。

1953 年 1 月 8 日,政务院发布《关于充实统计机构加强统计工作的决定》,成为新中国政府统计工作的第一份纲领性文件,确立国家统计局为全国统计工作的领导机关,负责领导所有财政、经济、文化、教育、卫生以及社会情况等基本统计工作。随即,中央各部门、地方各级政府也迅速建立了统计机构或配备了专职统计人员。

国家统计局成立后,进一步建立和完善了工业、农业、基本建设、交通运输邮电、贸易及人口、劳动工资等重要统计报表制度,开展了工农业总产值和劳动就业调查、第一次全国人口普查、农民和职工家计调查等一系列统计调查工作。

这一时期,统计工作为国民经济"一五"计划的制订、实施和顺利完成提供了大量数据资料,发挥了基础性的作用。

三、1958-1978 年的"曲折"期

"大跃进"开始后,高指标、浮夸风盛行,统计工作遭受重大挫折。1961 年"八字方针"的出台,1962 年中共中央和国务院《关于加强统计工作的决定》的颁布,为恢复统计工作的真实准确、加强统计工作的集中统一领导,奠定了坚实基础。经国务院批准,1963 年成立了 900 人的直属国家统计局领导的全国农产量调查队及派驻省、区调查分队。

1966 年"文革"开始后,统计工作受到严重冲击。国家统计局及各级统计机构一度被撤销,大批统计人员下放"干校"劳动,仅留 14 人在国家计委生产组内从事统计工作。

1970 年,周恩来总理指示统计工作不能取消。1971 年,国家计委生产组下设统计组,随后逐步恢复基本统计制度。1974 年,国家计委"统计组"改称"统计局"。部分地方统计机构也先后恢复。1975 年,以"中华人民共和国国家统计局"名义在北京召开了 15 省(区、市)统计工作座谈会,为全面恢复统计工作进行先期谋划。

四、1978-1992 年的"转变"期

1978 年 2 月 9 日,国务院批转国家计委《关于整顿和加强统计工作的报告》,国家统计局恢复,直属国务院。年底,党的十一届三中全会胜利召开,全党工作的重点转移到社会主义现代化建设上。统计部门重焕生机,积极适应国家现代化建设的需要,努力转变统计调查工作方向,不断调整工作机制和模式,进入快速发展阶段。

1979 年国务院发布《关于加强统计工作充实统计机构的决定》,1983 年全国人大常委会通过《中华人民共和国统计法》,1984 年国务院作出《关于加强统计工作的决定》,这些都有力推动了统计事业的发展。这一时期,统计部门恢复了农产量调查、农村社会经济调查、农民和职工家计调查,加强了综合平衡统计、工业统计、商业统计、人口统计和社会统

计,新建了国民生产总值、全社会固定资产投资、第三产业产值、科技、旅游、国际收支、经济特区等统计调查制度,成立了全国农村和城市社会经济调查队,充分发挥统计的信息、咨询、监督功能,大办"开放式"统计。随着《统计法》的颁布,统计工作开始走上法制化轨道;统计信息化建设也开始起步,并走在了我国政府信息化建设的前列。

1991年,国家统计局试行新的国民经济核算体系,开启了从物质产品平衡表体系(MPS)向国际通行的国民账户体系(SNA)转变的新篇章。

五、1992-2012年的"创新发展"期

进入改革开放的新时期,统计部门抓住重要发展战略机遇,加快创新发展步伐。

这一时期,SNA核算体系框架逐步建立,国内生产总值(GDP)成为我国国民经济核算的核心指标;经济、社会、科技、能源、环境等统计体系基本形成;初步形成以周期性普查为基础,以经常性的抽样调查为主体,综合运用全面调查、重点调查等方法,并充分利用行政记录等资料的统计调查方法体系;服务业统计制度方法改革全面展开;人口普查、农业普查、经济普查等一系列国情国力调查先后开展;积极探索对外合作,加入国际货币基金组织的数据公布通用系统(GDDS)。

统计服务逐步走向优质高效。中国统计资料馆落成、政府信息公开工作启动、"中国统计开放日"成功举办,成为中国政府统计公开透明进程中的一个又一个里程碑。

党的十六届三中全会提出要"完善统计体制,健全经济运行监测体系"。经国务院批准,国家统计局于2005年进行直属调查队管理体制改革,设立了32个省级调查总队,348个市级调查队和857个县级调查队,由国家统计局实行垂直管理。各级国家调查队以真实可靠的统计数据和深入的统计分析,为党中央、国务院和地方各级党委政府提供优质高效的统计服务,成为监测国民经济运行的"千里眼"、服务党和政府的"轻骑兵"和在重大专项调查中冲锋陷阵的"突击队"。

面对提高统计能力、数据质量和政府统计公信力的迫切要求,2011年,国家统计局启动统计"四大工程"建设,并进行全流程试点。2012年,"企业一套表"联网直报在全国展开,为统计生产方式的根本性变革开辟了新的道路。

六、2012年至今的"改革奋进"期

党的十八大以来,以习近平同志为核心的党中央团结带领全国各族人民,谱写了我国改革开放和社会主义现代化建设的恢宏篇章。在党中央的坚强领导下,统计部门坚定不移贯彻落实党中央、国务院关于统计改革发展重大决策部署,矢志不渝提高统计数据质量,全力以赴建设现代化统计调查体系,办成了、实现了许多统计人多年想办、多年想改、多年想做的一些大事难事,统计事业迎来前所未有的重大战略机遇期和黄金发展期。

党中央、国务院高度重视统计工作。习近平总书记多次对统计工作作出重要讲话指示批示,李克强总理多次对统计改革发展提出明确要求。党的十八届三中全会提出加快建立国家统一的经济核算制度、编制全国和地方资产负债表、探索编制自然资源资产负债表三大核算改革任务。党的十九大作出"完善统计体制"重大部署。党的十九届五中全

会提出,推进统计现代化改革。中央出台了《关于深化统计管理体制改革提高统计数据真实性的意见》《统计违纪违法责任人处分处理建议办法》《防范和惩治统计造假、弄虚作假督察工作规定》等7个事关统计事业改革发展的重要文件;国务院颁布了《中华人民共和国统计法实施条例》,批准了《中国国民经济核算体系(2016)》。全力推动上述一系列重大改革决策部署落地见效,正在成为统计系统当前的重大政治任务和中心工作,构建中国特色社会主义现代统计调查体系的目标、方略、路径、举措渐次展开。

国家统计局推动加强领导干部统计工作考核和责任追究,不断深化完善"统一领导、分级负责"的统计管理体制;先后开展经济普查、农业普查、人口普查、国家脱贫攻坚普查等重大国情国力调查;进行城乡住户调查一体化改革,加强小微企业调查,建立健全"三新"统计调查体系、小康社会统计监测体系,新建绿色发展评价制度、"京津冀协同发展""长江经济带"等跨区域统计监测体系、营商环境评价指标体系框架及监测制度等重要统计调查制度;投资、工业、价格、人口、服务业等统计改革步履坚实;全面推进依法统计依法治统,成立统计执法监督局,开展统计督察,持续加大统计执法力度,不敢、不能、不想统计造假弄虚作假的态势正在形成;加快信息化与统计融合发展,统计工作全流程电子化、网络化、云端化和"传统调查+大数据"全新生产方式正在向纵深推进。

站在"两个一百年"的历史交汇点,全面建设社会主义现代化国家新征程即将开启。统计系统将以习近平新时代中国特色社会主义思想为指导,不断增强使命意识、创新意识和责任担当,立足新发展阶段,贯彻新发展理念,构建新发展格局,以提高数据质量为中心,以推进统计现代化改革为主线,深化统计改革创新,强化统计分析服务,加强统计法治监督,积极应用现代信息技术,为夺取新时代中国特色社会主义伟大胜利提供坚强统计保障,在中华民族伟大复兴道路上续写统计事业新辉煌。

第三节　政府统计组织体系 *

统计组织体系是统计组织机构、职责职权和管理体制机制的总称。新中国成立以来特别是改革开放以来,经过不懈努力,我国已建立能基本满足社会主义市场经济发展需要、相对集中统一的政府统计组织体系。

一、我国政府统计组织机构及职责职权

我国政府统计组织机构包括国家统计局及其派出的调查队、部门统计机构和地方各级政府统计机构。

(一)国家统计局。

国家统计局成立于1952年8月,为国务院直属机构,负责组织领导和协调全国统计工作。目前,国家统计局机关和在京直属企事业单位现有司局级单位33个,包括行政单位18个、参公管理单位2个、事业单位10个、改制企业单位1个(出版社)以及住户调查办公室和巡视工作领导小组办公室。主要职责是:制定国家统计政策、规划、全国基本统

计制度和国家统计标准,起草统计法律法规草案;组织实施重大国情国力普查和常规国家统计调查,搜集、汇总、发布全国性基本统计资料;实施国民经济核算;对国民经济和社会发展情况进行统计分析和监测,向党中央、国务院提供统计信息和咨询建议;依法审批部门统计标准,审批或者备案部门、地方统计调查项目;垂直管理国家调查队系统,统一领导地方政府统计业务,协管各省(区、市)统计局负责人,指导国务院各部门统计工作;组织管理全国统计工作的监督检查,查处重大统计违法行为。

(二)国家统计局派出的调查队。

国家统计局各级调查队是国家统计局的派出机构,由国家统计局实行垂直管理。目前,国家统计局在 31 个省(区、市)和新疆生产建设兵团设有调查总队,在 15 个副省级城市、333 个市(地、州、盟、新疆生产建设兵团师级单位)和 851 个县(市、区、旗)设有调查队。国家调查队主要服务中央,工作方式以抽样调查为主,主要承担农产品产量、城乡住户、价格、劳动力、采购经理指数等常规国家统计调查任务,以及农村贫困监测、党风廉政建设等重大专项调查和统计快速反应调查。

(三)部门统计机构。

部门统计机构包括国务院各部门、授权的行业协会和地方政府各部门设立的统计机构或设置的统计人员。目前,国务院各部门都设立了统计机构或者设置了统计人员,并指定了统计负责人,中国人民银行、海关总署等部门还设立了专门统计司局(统计司、统计部等)。机械联合会、商业联合会、电力企业联合会、物流与采购联合会、建材联合会、钢铁工业协会、汽车工业协会、包装联合会、轻工业联合会、黄金协会、纺织工业联合会、食品工业协会、有色金属工业协会、煤炭工业协会、石油化工联合会等 15 个授权的行业协会也都设立了专门统计机构。部门统计机构主要服务本部门,同时依法承担国家和地方统计调查任务,一些重要部门统计如金融、海关、财政、教育、卫生统计等既是部门有效履行职责的重要基础,也是国家宏观决策管理的重要依据。

(四)地方政府统计机构。

地方政府统计机构是指地方各级政府依法设立的独立的统计机构。目前,各省(区、市)和新疆生产建设兵团、各市(地、州、盟)和绝大部分县(市、区、旗)都设有独立的统计机构,乡镇(街道)配备专职或兼职统计人员,一些乡镇(街道)也设有乡镇统计站(所)等统计机构。县级以上地方各级政府统计机构共有编制 7.6 万名。地方政府统计机构同时服务中央和地方,主要承担人口、农业、经济等三大普查以及规模以上经济、能源、投资、小微企业等常规国家统计调查任务,并依法组织管理和监督检查本行政区域内的地方统计工作。

二、统计管理体制

《统计法》规定,国家建立集中统一的统计系统,实行统一领导、分级负责的统计管理体制。在统计工作实践中,突出表现为"集中统一领导"和"分级分部门负责"两大特性。

(一)"集中统一领导"特性的主要表现。

一是国家统计局负责组织领导和协调全国统计工作。二是为保障国家、地方、部门统计调查项目明确分工、互相衔接、不得重复,实行政府统计调查项目审批备案制度。三是国家统计标准是强制执行标准,各类政府统计调查活动都要执行国家统计标准。四是全国人口普查、农业普查、经济普查等重大国情国力普查,由国务院统一领导,国务院和地方政府统计机构和有关部门共同实施。五是国家调查队受国家统计局垂直领导,其机构、编制、干部、业务均由国家统计局垂直管理。六是地方政府统计机构受本级政府和上级政府统计机构双重领导,在统计业务上以上级政府统计机构领导为主。七是部门统计机构受本级政府统计机构的业务指导。八是国家统计局组织管理全国统计工作的监督检查,依法查处国家、地方、部门统计调查中发生的重大统计违法行为;县级以上地方政府统计机构依法查处本行政区域内发生的统计违法行为;有关部门协助本级政府统计机构查处统计违法行为。九是县级以上各级政府统计机构的统计事业费、国家统计事业编制的经费、国家统计局及其直属调查队的各项经费,由中央财政拨付、国家统计局统一管理;重大国情国力普查所需经费,由国务院和地方政府共同负担。

(二)"分级分部门负责"特性的主要表现。

一是县级以上地方各级政府统计机构依法管理和协调本行政区域内的地方统计工作,对本行政区域内的由其组织实施的国家统计调查及其数据质量负总责,对本行政区域内的地方统计调查及其数据质量负总责,指导本级政府有关部门统计工作。二是县级以上地方各级政府统计机构作为地方政府的工作部门,其机构、编制、干部等由地方政府管理。三是县级以上各级政府统计机构完成统计工作所需的经费,由地方政府列入财政预算;重大国情国力普查中应当由地方政府负担的经费,由地方政府列入相应年度财政预算。四是部门统计机构依法组织、管理本部门职责范围内的统计工作,对本部门负责组织实施的国家统计调查及其数据质量负总责,对本部门统计调查及其数据质量负总责。五是部门统计机构隶属于国务院各部门或地方政府各部门,其机构、编制、干部、经费、业务均由所属部门管理。

第四节　统计业务工作的基本流程*

规范统一是统计工作的突出特征,是统计调查科学性、权威性的重要基础,集中体现在统计业务工作的基本流程上。参考联合国官方统计国家质量保证框架手册和通用统计业务流程模型,2013年国家统计局制定了《国家统计质量保证框架》,明确了统计业务流程的具体环节以及各环节的质量控制标准和要求。

一、确定需求

各级统计机构依据用户需求的重要程度、调查的难易程度、现有统计资源的满足程度以及人财物和技术条件的保障程度,统筹考虑和综合评估用户需求,并按规定时间向用户反馈处理结果;根据评估结果,提出调查内容和经费预算等,并与相关单位沟通协调;定期审查统计调查项目的适用性,适时作出调整。

二、统计设计

各级统计机构根据统计调查目标和计划,确定统计调查单位、调查指标、调查时间、调查频率、调查方法、数据采集和处理方法、数据评估方法、数据使用和发布及组织方式等内容,形成统计调查制度。根据统计调查目的科学确定统计调查内容,按照元数据标准规范统计调查指标,充分利用现有统计资料、行政记录和大数据合理确定统计调查方法,充分利用现代信息技术,一体化设计统计调查制度和数据采集和处理方法。

三、审批备案

各级统计机构对拟开展的统计调查项目及其配套的统计调查制度、方案进行审批或备案,并及时公告已批准的统计调查项目。统计调查项目要有充分的立项依据、明确的调查目的、合理的资料用途和服务对象,符合当前的职责分工;应当兼顾需要与可能,充分考虑基层统计机构和调查对象的承受能力,有必要的经费等资源保障;指标、口径、范围、方法、分类标准等要科学严谨,不得与已有的调查项目重复矛盾,重要的统计调查项目必须经过研究论证或试点。

四、任务部署

各级统计机构应依据批准的统计调查制度或调查方案印发文件通知,正式布置统计调查工作;落实调查人员、经费、设备等保障性资源;完成软件开发和测试,定制统计调查表,加载历史数据,开通数据采集上报平台,对权限进行管理和分配;编制操作手册,组织业务培训,开展布置、宣传、动员等工作;严格按照批准的调查制度或调查方案划定调查区域,编制代码和抽样框,抽取调查样本,确定统计调查对象,完成新样本单位的开户工作,建立台账;对重点、难点问题进行解答。

五、数据采集

统计机构按照调查制度或调查方案规定的时间、内容和方式,通过入户调查、现场采价、电话调查、网络调查、电子记账、联网直报、无人机遥感测量等方式采集原始数据;收集相关职能部门的行政记录、企事业单位的商业记录数据、有关行业协会的相关数据以及网络大数据;对数据完整性、逻辑性和奇异值等进行初审,对于有问题的基础数据,按规定及时退回,督促调查对象核实修正并重新上报;根据统计调查制度和各专业特点制定数据质量检查计划,采取有效方式和方法,选择一定数量、不同层次的地区和调查对象进行数据质量核查。

六、数据处理

各级统计机构采用统一的数据采集处理平台或规定的软件,在确保数据保密的工作环境下,对调查数据进行审核、查询、修正和确认;将多种来源的数据进行整理,清洗和转换,确定数据处理的优先顺序,并对数据进行关联;对数据加工过程中产生的中间数据、分组数据、汇总数据进行分析,对出现的问题数据进行核实和修正;对数据进行分类整理,生成过录表,计算权重、比重、速度、增幅等系数,汇总和推算总量数据以及各分组数据。

七、数据评估

各级统计机构制定科学的评估制度,健全和完善主要统计指标数据质量评估办法,综合运用历史数据比较、横向数据比较、数据偏差分析、相关性分析等多种方法对综合数据进行准确评估,对评估中发现的问题进行深入分析,作出解释说明;根据数据管理权限,向下级反馈经过评估后确定的最终数据,并作为下级的法定数据;对于口径范围发生变化的历史数据,进行统一调整,并将调整结果及时反馈下级统计机构。

八、数据发布与传播

各级统计机构依据《统计法》和其他相关规定依法发布数据,拟定数据发布的时间和方式,并提前向社会公开;对发布的指标进行解读,对数据反映的趋势和问题以及数据来源和方法等作出说明;通过网站、微信客户端等多种方式开展舆情监测,发现重大统计舆论事件,及时组织相关单位及有关专家妥善应对;建立、健全综合数据查询系统,及时更新、加载最新可公开公布的综合性统计调查数据;健全微观数据使用机制,完善微观数据开放平台,及时更新、加载基础数据。

九、统计分析

各级统计机构根据党政领导、有关部门、社会公众等统计用户的需求,选择统计研究方向,确定统计分析题目和用于分析评价的主要指标;使用不同的分析工具,开展时间序列分析、空间分析、一致性和可比性分析、差异性分析等,通过季节调整、加权计算等方法将数据汇总结果转换为总量指标、相对指标、平均指标及各类指数,生产更为丰富的统计产品,满足用户多样化需求。

十、整理归档

各级统计机构按照相关规定健全整理归档制度,按时将统计调查项目的文件通知、调查方案、统计数据和元数据等纸介质及电子文件进行归档;按照标准化的流程和要求进行分类、备份或清理;及时建立和完善统计数据库,建立查询和检索机制,提供数据的转换和交换服务。

十一、综合评估

各级统计机构按照统计质量评价的原则和标准,研究制定科学可行的统计调查项目评估制度;结合统计调查工作实际,制定统计调查项目评估计划,必要时由质量管理部门组织开展第三方评估;通过实地调研、问卷调查等多种方式,考察各环节工作完成情况;对收集、分类、整理、汇总的项目评估信息进行分析与综合评价,总结经验,找出不足,研究提出改进、继续或停止统计调查的意见和建议,形成评估报告,并作为下一次需求确定环节的重要依据。

第五节 统计数据质量管理体系[*]

为强化国家统计质量管理,实现统计质量管理的科学化、标准化和规范化,确保统计数据真实准确,国家统计局印发了《国家统计质量保证框架》《国家调查队统计流程规范》《统计调查项目、改革方案、发展规划执行情况评估办法》和《国家统计局数据质量审核评估管理办法(试行)》,作为国家统计质量管理的指导性文件。各地区、各专业结合工作实际,研究制定本地区、本专业质量保证框架实施细则。

一、国家统计质量保证框架

《国家统计质量保证框架》明确了统计质量评价标准、统计业务流程的具体环节以及各环节的质量控制标准和要求,旨在为开展统计质量管理工作提供行动指南。

《国家统计质量保证框架》从统计的准确性、及时性、可比性、一致性、适用性、可获得性和经济性等七个方面,对统计数据生产全过程进行考量和评价。准确性是指统计数据反映客观实际的程度,它是衡量统计数据客观真实的质量评价标准,是统计数据质量的根本要求。及时性是指统计数据从调查到发布的时间间隔,时间间隔越短,及时性就越强。它是评价统计工作时间价值的质量评价标准,是统计数据形成和提供的效率要求。可比性是指统计数据在不同时间、不同空间可以比较分析的程度,它是衡量统计数据在比较分析中的质量评价标准,是统计数据使用的内在要求。一致性是指统计数据在不同调查项目、不同机构、不同时期之间的关联度和逻辑关系,它是衡量不同统计数据之间协调程度的质量评价标准,是对统计数据衔接、匹配的要求。适用性是指统计数据在内容、口径和范围上,满足用户需求的程度,它是衡量统计信息使用价值的质量评价标准,是构建现代化服务型统计的基本要求。可获得性是指用户得到统计数据及相关信息的难易程度,它是统计数据使用过程中的质量评价标准,是用户获取统计数据便捷程度和清晰度的要求。经济性是指统计数据的调查成本与社会经济效益之间的比较关系,它是衡量统计生产效能的质量评价标准,是对统计数据生产、使用过程中的成本效益要求。

各级政府统计机构依据《国家统计质量保证框架》,结合自身工作实际,制定适合本地区更为细化的质量保证框架,以切实加强和改进统计质量管理,提高统计数据质量。国家统计局同时制定了统计调查项目全过程质量控制办法(模板),为各地区、各专业研究制定相应的质量保证框架实施细则提供参考。

二、国家调查队统计流程规范

《国家调查队统计流程规范》明确了国家调查队基本业务流程,包括确定需求、调查设计、审批备案、任务部署、数据采集、数据处理、数据评估、数据发布与传播、统计分析、整理归档、综合评估等 11 个环节,共 48 个节点,旨在保证国家统计调查的科学化、标准化和规范化。

三、统计调查项目执行情况评估办法

《统计调查项目、改革方案、发展规划执行情况评估办法》明确了适用范围、评估目的、评估方法、评估内容、职责分工及评估流程。统计调查项目执行情况评估按照一定的质量标准，检查项目实施全过程各环节业务工作，评价统计数据和统计服务的质量水平，查找项目执行中存在的问题，提出改进完善的意见和建议，旨在强化统计调查项目执行情况的全过程质量控制和管理，为改进完善统计制度方法、业务流程和相关工作提供依据。

统计调查项目执行情况评估适用于对国家统计调查项目的评估，包括周期性普查、常规调查和专项调查项目。试点调查项目以及以行政记录和大数据作为数据源的统计调查项目不纳入评估范围。评估内容覆盖统计调查项目实施全过程，包括确定需求、统计设计、审批备案、任务部署、数据采集、数据处理、数据评估、数据发布与传播、统计分析、整理归档等主要环节的工作。评估采用事中评估与事后评估、定性评估与定量评估相结合的方法，从各级统计机构、调查对象和统计用户等多个角度，对统计调查项目执行全过程各环节工作质量进行评估，形成统计调查项目质量评估报告。同时积极创造条件，以协议方式委托中国统计学会组织高等院校、科研机构等相关专家，开展第三方评估。

2019年国家统计局开展了规模以下工业、小微建筑业、限额以下批发零售住宿餐饮业和规模以下服务业抽样调查项目进行了评估。2020年对第四次全国经济普查、企业（单位）研发活动调查、畜牧业调查、工业生产者价格调查项目进行第三方评估。

四、数据质量审核评估办法

《国家统计局数据质量审核评估管理办法（试行）》明确了评估的原则、对象、评估流程和工作纪律，旨在加强对统计数据质量审核评估过程的管理和监督，规范统计数据质量审核评估工作，保证审核评估工作科学严谨、公正透明、统一规范，有效防范廉政风险和数字腐败，提高统计数据质量。各相关专业按照管理办法的相关要求制定了专业统计主要指标数据质量审核评估办法。

数据质量审核评估是国家统计局及各相关司级单位以原始数据和汇总数据为基础，充分考虑数据生产过程的科学性、规范性和统计数据的匹配性、逻辑性等，采用科学方法对统计数据的真实性、准确性进行判断和分析，对可能存在的数据质量问题进行追溯、核实和修正，对全国和各省（区、市）统计数据进行审核与确认。评估对象包括全国和各省（区、市）生产总值、农业、工业、能源、服务业、投资、零售、价格、人口、就业、居民收支、科技等主要统计数据。

全国数据质量审核评估指对全国汇总的统计数据进行审核评估，主要包括专业审核评估、核算审核评估和综合审核评估。各相关单位应综合使用历史数据比较、部门数据比较、数据偏差分析、相关性分析等多种方法对全国数据质量进行审核评估。

地方数据质量审核评估主要指对省级核算和统计数据进行审核评估，由相关单位负责。重点审核评估地方数据的真实性、准确性、可比性等。各相关单位应综合使用逻辑性

分析、关联性分析、协调性分析等多种方法对地方数据质量进行审核评估。审核评估过程中发现数据质量问题要及时反馈相关省级统计机构。省级统计机构需按规定查明原因，对存在的问题要及时采取有效措施加以解决，确保数据质量。各省（区、市）数据应当以国家统计局审核评估确认的数据为准。凡列入审核评估范围的数据，未经国家统计局审核评估确认，不得对外公开。

地方数据协调性检验指对各省（区、市）主要统计数据间的匹配性、协调性等进行检验。检验范围包括各省（区、市）的地区生产总值、工业增加值、固定资产投资、社会消费品零售总额等指标数据。通过对相关指标增速的协调性进行检验分析，测算地方数据协调性综合得分，据此分析地方统计数据的协调性。向存在数据不协调情况的省级统计机构反馈结果。省级统计机构结合实际情况分析查找产生不协调的原因，进一步完善工作，提升数据质量。

第六节　统计调查项目

统计调查项目是指一定时期内，国务院和县级及以上地方政府相关部门为满足国民经济和社会管理需要，而组织实施的统计调查活动。中央编办管理机构编制的群众团体机关、经授权代主管部门行使统计职能的国家级集团公司和工商领域联合会或者协会，可以制定与职能范围相对应的统计调查项目。

一、统计调查项目的制定与审批

根据统计调查项目制定主体不同，统计调查项目分为国家统计调查项目、部门统计调查项目、地方统计调查项目三类。国家统计调查项目是指全国性基本情况的统计调查项目，部门统计调查项目是指国务院有关部门的专业性统计调查项目，地方统计调查项目是指县级以上地方人民政府及其部门的地方性统计调查项目。国家统计调查项目、部门统计调查项目、地方统计调查项目应当明确分工，互相衔接，不得重复。

国家统计调查项目由国家统计局制定，或者由国家统计局和国务院有关部门共同制定，报国务院备案；重大的国家统计调查项目报国务院审批。部门统计调查项目由国务院有关部门制定。统计调查对象属于本部门管辖系统的，报国家统计局备案；统计调查对象超出本部门管辖系统的，报国家统计局审批。部门管辖系统包括本部门直属机构、派出机构和垂直管理的机构，省及省以下与部门对口设立的管理机构。地方统计调查项目由县级以上地方人民政府统计机构和有关部门分别制定或者共同制定。其中，由省级人民政府统计机构单独制定或者和有关部门共同制定的，报国家统计局审批；由省级以下人民政府统计机构单独制定或者和有关部门共同制定的，报省级人民政府统计机构审批；由县级以上地方人民政府有关部门制定的，报本级人民政府统计机构审批。

统计调查项目的制定机关应当就项目的必要性、可行性、科学性进行论证，征求有关地方、部门、统计调查对象和专家的意见，并由制定机关按照相关制度集体讨论决定。重要统计调查项目应当进行报表可行性测试或试点。制定机关申请审批统计调查项目,应当以公文形式向审批机关提交统计调查项目审批申请表、统计调查制度和工作经费来源说明等。申请材料不齐全或者不符合法定条件的,审批机关应当一次性告知需要补正的全部内容,制定机关应当按照审批机关的要求予以补正。申请材料齐全、符合法定条件的,审批机关应当受理。

统计调查项目的审批机关应当对调查项目的必要性、可行性、科学性进行审查,对符合法定条件的,作出予以批准的书面决定,并公布;对不符合法定条件的,作出不予批准的书面决定,并说明理由。制定统计调查项目,应当同时制定该项目的统计调查制度,并依照《统计法》的相关规定一并报经审批或者备案。统计调查制度应当对调查目的、调查内容、调查方法、调查对象、调查组织方式、调查表式、统计资料的报送和公布等作出规定。统计调查应当按照统计调查制度组织实施。变更统计调查制度的内容,应当报经原审批机关批准或者原备案机关备案。

统计调查项目符合下列条件的,审批机关应当作出予以批准的书面决定:

1. 具有法定依据或者确为公共管理和服务所必需;
2. 与已批准或者备案的统计调查项目的主要内容不重复、不矛盾;
3. 主要统计指标无法通过行政记录或者已有统计调查资料加工整理取得;
4. 统计调查制度符合统计法律法规规定,科学、合理、可行;
5. 采用的统计标准符合国家有关规定;
6. 制定机关具备项目执行能力。

统计调查项目涉及其他部门职责的,审批机关应当在作出审批决定前,征求相关部门的意见。审批机关应当自受理统计调查项目审批申请之日起20个工作日内作出决定。20个工作日内不能作出决定的,经审批机关负责人批准可以延长10日,并应当将延长审批期限的理由告知制定机关。制定机关修改统计调查项目的时间,不计算在审批期限内。

制定机关申请备案统计调查项目,应当以公文形式向备案机关提交统计调查项目备案申请表和项目的统计调查制度。统计调查项目的调查对象属于制定机关管辖系统,且主要内容与已批准、备案的统计调查项目不重复、不矛盾的,备案机关应当依法给予备案文号。

统计调查项目经批准或者备案的,审批机关或者备案机关应当及时公布统计调查项目及其统计调查制度的主要内容。涉及国家秘密的统计调查项目除外。对于发生突发事件需要迅速实施的统计调查项目和有效期届满需要延长期限且统计调查制度内容未作变动的统计调查项目,审批机关或者备案机关应当简化审批或者备案程序,缩短期限。

二、统计调查项目的组织实施

统计调查项目按照其相应统计调查制度规定的调查目的、调查内容、调查方法、调查对象、调查组织方式、调查表式、统计资料的报送和公布等统一要求组织实施。统计调查制度按照制定并实施机构不同分为国家统计调查制度、部门统计调查制度和地方统计调查制度。统计调查制度按照调查管理方式划分,分为周期性调查制度、经常性调查制度和专项调查制度。

目前国家周期性调查制度主要有人口普查制度、农业普查制度、经济普查制度、投入产出调查制度和1%人口抽样调查制度。《统计法》规定:"重大国情国力普查由国务院统一领导,国务院和地方人民政府组织统计机构和有关部门共同实施。""重大国情国力普查所需经费,由国务院和地方人民政府共同负担,列入相应年度的财政预算,按时拨付,确保到位。"国务院设立普查领导小组及其办公室。领导小组负责研究和协调解决有关普查的重大问题,领导小组办公室负责制定普查方案和组织实施普查工作。地方各级人民政府设立普查领导小组及其办公室,按照国务院普查领导小组办公室的统一要求,组织实施当地的普查工作,包括聘用或抽调具有相关专业和统计业务素质的人员担任普查指导员和普查员,布置、收集、审核、录入和上报普查数据,建立普查数据库。国务院有关部门根据需要设立普查机构,负责完成国务院普查领导小组办公室指定的普查任务。

现行国家经常性统计调查制度有40余项,如一套表统计调查制度、国民经济核算统计报表制度、基本单位统计报表制度、调查单位基本情况统计报表制度、农林牧渔业统计报表制度、农业产值和价格综合统计报表制度、工业统计报表制度、建筑业统计报表制度、批发和零售业统计报表制度、住宿和餐饮业统计报表制度、房地产开发统计报表制度、规模以上服务业统计报表制度、能源统计报表制度、固定资产投资统计报表制度、劳动工资统计报表制度、人口变动情况抽样调查制度、劳动力调查制度、企业(单位)研发活动统计报表制度、企业创新活动统计报表制度、住户收支与生活状况调查方案、农村住户固定资产投资抽样调查方案、流通和消费价格统计报表制度、工业生产者价格统计报表制度、房地产价格统计报表制度、城镇低收入居民基本生活费用价格统计报表制度、交通运输和邮政业价格统计报表制度、采购经理调查统计报表制度等。同时,整合国家统计局对部门的综合类数据需求,建立了《部门综合统计报表制度》。这些常规调查一般采取条块结合的组织方式收集资料。所谓"条"即利用有关业务部门(系统)已有的统计渠道、统计资料和行政记录,完成制度规定的调查任务。如运输邮电互联网软件业统计报表制度中,有关民用车辆拥有量以及铁路、公路、水上、港口、民航、管道运输和邮政、电信业务统计报表,由公安、交通运输、邮政、工信等相关部门提供数据。所谓"块"即地方政府统计部门根据统计报表制度的要求,直接组织调查,取得统计资料。

国家专项统计调查制度是指国家统计局贯彻落实党中央国务院交办的一次性或临时性调查任务,或接受相关部门委托而制定的专题性统计调查制度或具体调查方案。如《农民工市民化进程动态监测调查》《2020年企业用工情况调查方案》《2020年全面从严治党民意调查》《2020年全国社会心态调查》《2020年国家农村贫困监测调查》《2020年农户耕地流转情况调查》等。其组织方式与经常性调查类似,一般由统计机构直接组织调查;其调查方法更加灵活,更多地利用抽样调查、重点调查等非全面调查方法;其调查手段更加多样,综合运用电话调查、入户访问和统计报表等多种方式。

部门统计调查项目涉及80多个部门,统计调查内容涉及农业、建筑、房地产、交通、旅游、金融、文化、教育、卫生、科技、环境、资源、社会发展等。地方统计调查制度依地方统计调查项目制定,主要目的是搜集本行政区域内的统计数据,满足地方党委政府和有关部门行政管理需要。地方政府统计部门对国家统计局制定并实施的国家统计调查项目进行补充,包括增加调查内容、扩大调查范围、提高调查频率等,作为地方统计调查制度,按规定审批后方能实施。

三、统计调查表的法定标识

经过批准或备案的统计调查表的右上角需标明法定标识。《统计法》规定,统计调查表应当标明表号、制定机关、批准或者备案文号、有效期限等标志。对未标明法定标识或者超过有效期限的统计调查表,统计调查对象有权拒绝填报;县级以上人民政府统计机构应当依法责令停止有关统计调查活动。

各级政府统计机构定期公布统计调查项目审批、备案情况,定期检查统计调查制度执行情况,在调查实施过程中是否严格按政府统计机构批准的方案执行,是否有擅自变更调查内容、调查范围、计算方法和报送频率等行为。对违反管理规定进行的各种形式的统计调查,一律视为非法统计调查。一经发现将予以废止,同时按《统计法》有关规定进行查处。

第二章　统计调查设计

统计调查设计是根据统计使用者的具体要求、调查对象的特点,以及开展调查所具备的条件,对统计调查各方面和各环节进行通盘考虑和整体安排。其结果表现为包括统计指标、调查方法和调查表式等内容的调查方案。实施一项调查,起始于统计调查设计。调查设计的好坏直接关系到调查方案的科学性、可行性,关系到调查工作的成本或费用,关系到调查结果的可靠性。

统计调查设计是一项复杂的工作,设计者需要有较高的统计理论水平和丰富的实践工作经验,必须在充分理解各级党政部门、企事业单位和社会各界等统计用户需求的前提下,依据国民经济核算体系、经济科学、社会科学理论,以及国家的相关法律、法规和行政管理制度,按照统计调查的科学规律进行设计。

第一节　统计设计应注意的问题及应遵循的原则

统计设计环节主要指对统计指标、标准、方法、调查单位库、报表、工作流程和生产系统的设计。包括设计指标体系、建立元数据标准、设计统计报表制度、编制审核规则、制定技术标准和工作流程。在设计环节应提出完善的调查方案,并尽可能减小调查对象负担。

一、确定统计需求

确定统计需求是统计生产的第一个阶段。包括咨询和了解统计用户需求,根据当前统计资源情况,研究提出和分析论证统计调查项目的可行性,在此基础上确定满足用户需求的统计产品,与用户商议和确认产出目标,准备业务文件,申请报批。在确定需求环节,统计机构应在条件具备的情况下,充分考虑用户需求,缩小统计产品与用户使用目标的差距,生产出"适合使用"的统计产品。

统计资料用户包括政府机构、研究机构、国内公众和国外用户。不同的用户对统计的需求存在一定差异。为了掌握用户需求,统计机构应该主动向各类用户咨询其需求,且建立畅通的渠道供用户方便及时地表达需求。了解用户需求是使统计产品"适合使用目标"的前提。

二、确定统计调查内容

统计调查内容要充分反映用户需求。根据所了解到的用户需求,统计机构应结合统计工作的现有条件和所采用的统计方法,确定统计调查的内容或统计指标。统计调查的内容一方面应与统计调查能力相适应;另一方面应尽量满足更多的、更重要的用户。统计数据用户群体庞大,各类用户的需求差异性较大,甚至每个用户都可能有独特的统计需求,然而统计力量是有限的,不可能使所有的需求都得到满足。若不考虑各级统计机构的能力,无限制增加调查内容,势必会严重影响数据质量,同时也增加了调查对象负担。因此,统计机构应综合考虑调查人员、调查经费和调查方法等资源,在统计能力的约束下,选取用户最需要的内容进行调查,最大限度满足用户需求。

统计指标是用户需求与统计可行性相结合的产物,一方面反映了用户的需求,另一方面又要求在实践中可采集、可测量。统计机构应依据用户需求情况,按照统计指标体系和统计分类标准设计统计调查指标。同时要保证调查指标易于理解,便于基层统计人员和调查对象填报。

三、确定统计调查方法

统计方法是指有关搜集、处理、分析和解释统计资料的方法,方法得当与否不仅关系到统计工作的效率,而且关系到统计结果的准确性。《统计法》第十六条规定,搜集、整理统计资料,应当以周期性普查为基础,以经常性抽样调查为主体,综合运用全面调查、重点调查等方法,并充分利用行政记录等资料。建立起科学完善的统计方法体系,使用科学规范的统计方法收集、处理、分析和解释统计数据,将大大提高统计资料的准确性、一致性和及时性。

确定统计调查方法要根据统计调查内容统筹考虑和规划,科学设计健全的统计方法,切实降低调查范围覆盖不全、抽样调查样本数量不足、样本轮换不及时等方法设计缺陷导致的系统性误差。要研究利用行政记录、商业记录等信息资源加工整理形成统计资料。

要尽可能采用抽样调查、重点调查等非全面调查方法,能用非全面调查方法解决问题的,就不采用全面调查。《统计法实施条例》第二条明确规定:统计资料能够通过行政记录取得的,不得组织实施调查。通过抽样调查、重点调查能够满足统计需要的,不得组织实施全面调查。

四、定期对调查项目进行审查

定期审查调查项目执行情况,提出改进完善的意见和建议。广泛征求用户意见和评价,对于已经不能反映用户需求的调查内容,或者能够通过行政记录和相关资料加工取得的调查内容,应及时剔除,以节约调查资源,满足其他统计需求。

调查对象负担过重会直接影响调查对象的配合度,填报资料的差错率也会上升,从而影响到统计数据质量。因此,统计机构应将效益最大化作为首要目标,完善调查内容,改进调查方法,尽量使调查内容与台账、原始记录等数据衔接,避免基层统计人员和调查对象对调查指标的加工和计算,提高源头数据质量,减轻调查负担。

第二节　统计分类标准

作为政府统计调查对象的经济社会实体及其关联的活动、要素和产品复杂多样,他们不仅有着共性的一面,也有其个性的一面。如果不按某种标志将统计调查对象进行科学分类,统计调查工作就无从谈起。关于统计调查对象的分类标准大致可以归纳为两大部分,一是专门用于统计工作的分类标准;二是适用于统计工作的分类标准。专门用于统计工作的分类标准包括国家统计标准和部门统计标准。《统计法》规定:国家制定统一的统计标准,保障统计调查采用的指标含义、计算方法、分类目录、调查表式和统计编码等的标准化。国家统计标准由国家统计局制定,或者由国家统计局和国务院标准化主管部门共同制定。国务院有关部门可以制定补充性的部门统计标准,报国家统计局审批。部门统计标准不得与国家统计标准相抵触。适用于统计工作的分类标准是指由国务院标准化主管部门制定,并且在统计、计划、财政、税收、工商等国家宏观管理中强制或推荐使用的国家标准。

一、为什么要对统计调查对象进行统计分类

对统计调查对象进行分类,这是由统计工作的目的、方法和产品所决定的。统计调查是一种目的性很强的社会活动,这种目的性首先表现为预先设定调查对象,也就是要首先解决调查谁的问题,包括明确哪种类型或者符合什么条件的单位和个人是调查对象,哪些单位和个人不纳入调查范围。比如说我们要开展一项针对北京地区所有工业企业的统计调查,就要借助于行政区划和国民经济行业分类,将所有在北京市区经营或注册的从事工业生产经营活动的企业划定为调查对象。如果是针对某一类人群,如在校大学生的调查,就要基于有关学校类型的分类,将那些属于高等院校范围的学校纳入调查范围。统计调查的目的性还体现在要预先设定调查指标,也就是说要解决调查什么的问题,要根据调查目的和统计调查对象的不同类型设计统计调查指标。在我国企业、事业和行政单位实行的会计制度不同,即使都是企业也由于行业活动和经营规模的不同而实行不同的会计制度,因此会计科目(指标)的口径范围、粗细程度差别较大,在设计统计调查指标时必须考虑这些因素,否则就会影响统计调查指标的科学性和可行性。通常情况下,我们要根据调查目的将统计调查指标分为多个层次,一级指标下设置分组指标或分项指标,如地区分组、行业分组、经济类型分组等,这些分组指标通常直接采用相关的统计分类标准。

对统计调查对象进行分类的必要性和重要性还体现在统计调查方法的设计中。在研究设计一项统计调查的方法时,首先要考虑的是,是否对调查范围内的全部调查对象进行调查,换句话说,是采用全面调查还是采用抽样调查。一般来讲,对于为数不多的且生产经营规模较大的单位要逐个调查,也就是说采用全面调查的方法,而对于数量众多的小规模单位只需抽选部分有代表性的样本单位进行调查。对达到什么规模标准的单位全面调查,以及如何在规模标准以下的单位中进行选样,都需要有关统计调查对象规模分类的

信息。

通过调查所搜集到的各统计调查对象的原始资料是独立的、分散的,需要根据统计研究的目的和任务的要求进行统计整理,如对实体类调查对象按照国民经济行业、经济类型和单位规模,对自然人的调查对象按照年龄、性别、文化程度等标志进行分类、汇总、分析和比较,从而得到系统的、反映总体数量特征和规律性的统计资料。很显然,统计整理工作的基础是对调查对象个体资料的科学分组,而科学分组的前提是业已存在的关于统计调查对象的各种分类。

对统计调查对象的各种类别赋予唯一的代码,是分类工作的一部分。分类是编码的基础,编码是分类的延伸。分类和编码相辅相成,两者密不可分。分类的目的在于将具有某种共同特征的研究对象归并在一起,使之与其他不具有同质性的研究对象区分开来;编码则是设定某种符号体系对不同类型的研究对象赋予一个特定代码,使之能够进行计算机或人工识别和处理,保证数据得到有效的管理,并能支持高效率的查询服务。众所周知,统计调查对象及调查指标的统一编码在数据加工、处理和交换中发挥着重要作用。特别是在统计信息化手段高度发达的今天,对统计调查对象进行科学分类、统一编码越发显得重要。

统计数据对一国的经济、政治、社会乃至普通民众的日常工作和生活都有着深刻影响。我国著名经济学家马寅初先生曾经说过:"学者不能离开统计而研究,政治家不能离开统计而施政,实业家不能离开统计而执业。"统计数据之所以如此重要,除了及时性和准确性外,还在于它的全面性和系统性。不论是政府部门、科研机构,还是企业、个人,在了解和使用统计数据的时候,只有总量数据是远远不够的,还要有分地区、分行业等结构数据,甚至还要有时间序列数据。而这些结构数据都依赖于健全的统计分类。

为了提供用于各种统计信息分类的基本框架,使统计标准成为国际间统计资料对比和交流的工具,从而提高各国统计资料的可比性,促进国际统计信息的标准化和电子化,联合国及其他国际组织制定了一系列国际统计标准,例如《全部经济活动国际标准行业分类》(ISIC)、《协调商品种类和编码体系》(HS)、《国际职业标准分类》(ISCO)和《国际标准产品分类》(CPC),等等。

二、常用统计分类标准

(一)《统计单位划分及具体处理办法》

统计单位是统计调查的基本单位,也是经济管理的基本单位。国家统计局根据国民经济核算的有关原则,依据《中华人民共和国民法通则》和有关法规,以及统计调查的需要,对统计单位进行了统一的规范。

统计单位是指我国境内除住户以外拥有一定活动场所并从事一定生产活动的社会经济单位。借鉴联合国有关单位的概念,根据我国社会经济单位的具体情况,我国的统计单位按其作用和性质的不同划分为三种,法人单位、产业活动单位和个体经营户。

法人单位是指有权拥有资产、承担负债,并独立从事社会经济活动或与其他单位进行交易的组织。法人单位应同时具备以下三个条件:

168

1. 依法成立,有自己的名称、组织机构和场所,能够独立承担民事责任;

2. 独立拥有(或授权使用)资产或者经费,承担负债,有权与其他单位签订合同;

3. 具有包括资产负债表在内的账户,或者能够根据需要编制账户。

法人单位包括企业法人、事业单位法人、机关法人、社会团体和其他成员组织法人和其他法人。

产业活动单位是指位于一个地点,从事一种或主要从事一种社会经济活动的组织或组织的一部分。产业活动单位应同时具备以下三个条件:

1. 在一个场所从事一种或主要从事一种社会经济活动;

2. 相对独立地组织生产或业务活动;

3. 能够提供收入、支出等相关资料。

法人单位由产业活动单位组成,一个法人单位可以包括一个或多个产业活动单位。法人单位和产业活动单位之间存在一种隶属关系,即产业活动单位接受法人单位的管理和控制。对于大多数法人单位来说,他们位于一个活动场所,并从事一种或主要从事一种经济活动,这类法人单位本身就是一个产业活动单位,即单产业法人单位。另一些法人单位,他们或位于一个以上的活动场所,或从事一种以上的经济活动,并能够提供各自的业务情况和财务收支资料。这种由两个或两个以上产业活动单位组成的法人单位称为多产业法人单位。

需要特别说明的是,企业集团是指以资本为主要联结纽带的母子公司为主体,以集团章程为共同行为规范的母公司、子公司、参股公司及其他成员企业或机构共同组成的具有一定规模的企业法人联合体。其中,企业集团不具有企业法人资格;分公司是附属于总公司不能独立承担民事责任的分支营业机构,一般不具有法人资格;子公司是被母公司控股的公司,但在法律和经济上都是独立的,一般具有法人资格。

认定一个产业活动单位,除了依据行政登记资料,可以参考有关业务主管部门的资料(如卫生、教育、娱乐业等),还可以根据单位是否有一定的组织管理机构,生产或业务活动是否相对独立进行(对社会提供劳务或服务),能否掌握收入、销售、工资和现金出纳台账来进行判断。不论哪种方法,能否掌握业务核算资料很重要,不能做到这一点的单位,原则上不单独划分为产业活动单位。

个体经营户是指生产资料归劳动者个人所有,以个体劳动为基础,劳动成果归劳动者个人占有和支配的一种经营组织。包括个体工商户和民办非企业单位。

(二)《全国组织机构代码编制规则》和《法人和其他组织统一社会信用代码编码规则》

国家标准《全国组织机构代码编制规则》(GB 11714-1997)是由中共中央有关部门、国务院有关部门共同提出并起草,经原国家技术监督局批准发布实施的。它规定了全国组织机构代码的编码方法,其目的是使全国各机关、团体、企事业单位等组织机构均获得一个唯一的、始终不变的法定代码,以适应政府部门的统一管理和业务单位实现计算机自动化管理的需要。

全国组织机构代码是一个无关标识代码,由八位数字(或大写拉丁字母)本体代码和一位数字(或大写拉丁字母)校验码组成,其本身没有任何含义,不反映单位的行业类别、隶属关系等任何标识。这项标准属于国家强制性标准,在银行、税务、财政、公安、统计等部门广泛应用。全国组织机构代码登记主管机构赋予全国各机关、团体、企事业单位等组织机构代码,并颁发由技术监督部门制订的《中华人民共和国组织机构代码证》。

为建立覆盖全面、稳定且唯一的以组织机构代码为基础的法人和其他组织统一社会信用代码制度,按照《国务院关于批转发展改革委等部门法人和其他组织统一社会信用代码制度建设总体方案的通知》(国发〔2015〕33号),制定法人和其他组织统一社会信用代码编码规则。法人和其他组织统一社会信用代码编码规则的制定,明确了法人和其他组织统一社会信用代码的构成,为实现法人和其他组织统一赋码,为政府部门间信息共享和业务协同奠定基础,实现各部门的资源整合,利于简化业务流程,减轻法人和其他组织的负担,推动实现政府职能转变,行政效能提升。

《法人和其他组织统一社会信用代码编码规则》(GB 32100-2015)中的"组织机构"是企业、事业单位、机关、社会团体及其他依法成立的单位的通称;"法人"是指具有民事权利能力和民事行为能力,依法独立享有民事权利和承担民事义务的组织;"其他组织"是指合法成立、有一定的组织机构和财产,不具备法人资格的组织。

法人和其他组织统一社会信用代码由十八位的阿拉伯数字或大写英文字母(不使用I、O、Z、S、V)组成,包括第1位登记管理部门代码、第2位机构类别代码、第3~8位登记管理机关行政区划码、第9~17位主体标识码(组织机构代码)、第18位校验码五个部分。

根据《国务院关于批转发展改革委等部门法人和其他组织统一社会信用代码制度建设总体方案的通知》,组织机构代码管理部门负责管理统一代码资源,建设和运行维护统一代码数据库,为各部门提供信息服务,加强统一代码赋码后的校核;登记管理部门负责在法人和其他组织注册登记时发放统一代码,赋码后将统一代码及相关信息按规定期限回传组织机构代码管理部门运维管理的统一代码数据库,并及时向社会公开并与其他部门共享。

法人和其他组织统一社会信用代码编码规则参见国家标准《法人和其他组织统一社会信用代码编码规则》(GB 32100-2015)。

(三)统计用区划代码

区划代码执行两项国家标准:《中华人民共和国行政区划代码》(GB/T 2260-2007)和《县以下行政区划代码编制规则》(GB/T 10114-2003)。

《中华人民共和国行政区划代码》是由原国家质量监督检验检疫总局发布的。该标准对我国县以上行政区划的代码做了规定,主要适应于按行政区划处理、检索和交换信息。行政区划代码是指单位所在行政区划的代码,用六位阿拉伯数字分层次代表我国的省(自治区、直辖市)、地区(市、州、盟)、县(区、市、旗)的名称。

《县以下行政区划代码编制规则》是《中华人民共和国行政区划代码》的补充和延拓,规定了表示乡、镇(街道办事处)一级行政区划的三位代码。

为了更详细地反映乡镇以下区划情况,国家统计局补充了三位表示居委会、村委会的代码。这样,我国从省、地、县、乡一直到居委会和村委会都有了统一的代码,一共由十二位数字组成,分为三段。代码的第一段为6位数字,表示县及县以上的行政区划;第二段

为 3 位数字,表示街道、镇和乡;第三段为 3 位数字,表示居民委员会和村民委员会。其具体格式为:

第一段 第二段 第三段
□□□□□□——□□□——□□□

关于统计用区划代码,国家统计局在编制时,结合了统计工作的需求,对一些特殊区域,如开发区、民政部门未确认的开发区、工矿区、农场等单位进行了编码。在统计工作中,各级统计部门原则上不编制县以上行政区划代码,统一采用《中华人民共和国行政区划代码》国家标准;县以下区划代码则由各级统计部门按照国家统一制订的编码规则编制。国家统计局建立全国统一的《统计用区划代码库》,供各专业统计使用。

(四)《关于统计上划分城乡的规定》和城乡划分代码编制规则

科学划分城乡是准确评价我国城镇化水平、合理规划城乡布局、统筹城乡区域发展的一项基础性工作,也是规范我国统计工作的基础。统一城乡划分工作的目的在于减少各部门、各专业间的矛盾,提高政府部门的工作效率和统计工作水平,同时保证各部门、各专业有关城乡分类统计资料的一致性,为真实反映我国城镇化的发展进程提供科学的依据。2008 年 7 月,国务院批复了国家统计局与民政部、住房城乡建设部、公安部、财政部、原国土资源部、原农业部共同制定的《关于统计上划分城乡的规定》(国函〔2008〕60 号)。

统计上划分城乡是以我国的行政区划为基础,以民政部门确认的居民委员会和村民委员会辖区为划分对象,以实际建设为划分依据,将我国的地域划分为城镇和乡村。《关于统计上划分城乡的规定》作为统计上划分城乡的依据,不改变现有的行政区划、隶属关系、管理权限和机构编制,以及土地规划、城乡规划等有关规定。

城镇包括城区和镇区。其中,城区是指在市辖区和不设区的市、区、市政府驻地的实际建设连接到的居民委员会和其他区域;镇区是指在城区以外的县人民政府驻地和其他镇、政府驻地的实际建设连接到的居民委员会和其他区域。与政府驻地的实际建设不连接,且常住人口在 3000 人以上的独立的工矿区、开发区、科研单位、大专院校等特殊区域及农场、林场的场部驻地视为镇区。乡村是指本规定划定的城镇以外的区域。

为贯彻落实《关于统计上划分城乡的规定》,国家统计局制定《统计用区划代码和城乡划分代码编制规则》(国统字〔2009〕91 号),对城乡划分代码做如下规定:

1. 城乡属性代码编码方法

城乡属性代码由 2 位代码组成。其中:第 1 位表示乡级属性,第 2 位表示村级属性。

(1)乡级属性编码方法

乡级属性代码表示街道、镇、乡以及类似乡级单位的乡级属性。乡级属性代码用 1-3 数字表示:

1:县级政府驻地

2:连接的乡级区域

3:其他乡级区域

(2)村级属性编码方法

村级属性代码表示居民委员会(社区)、村民委员会以及类似村级单位的村级属性。

村级属性代码用 1~9 数字表示：

　　1：乡级政府驻地

　　2：完全连接的村级地域

　　3：部分连接的村级地域

　　4：与其他区、市完全连接的村级地域

　　5：与其他区、市部分连接的村级地域

　　6：与其他镇完全连接的村级地域

　　7：与其他镇部分连接的村级地域

　　8：特殊地域

　　9：其他村级地域

　　2. 城乡分类代码编码方法

　　城乡分类代码由 3 位代码组成。第 1 位为"1"，表示城镇；第 1 位为"2"，表示乡村。具体编码为：

　　111：主城区

　　112：城乡结合区

　　121：镇中心区

　　122：镇乡结合区

　　123：特殊区域

　　210：乡中心区

　　220：村庄

　　在划分城乡时，各地统计部门不直接编制城乡分类代码，而是通过统计用区划代码和城乡属性代码转换生成城乡分类代码。

　　(五)《国民经济行业分类》

　　国民经济行业分类是划分全社会经济活动的基础性分类，目前国际上涉及经济活动的分类标准主要有以下三项。一是联合国统计司制定的《全部经济活动国际标准行业分类》(ISIC)，这项标准是生产性经济活动的国际基准分类，目前国际上采用的是 2006 年发布的 ISIC 修订本第 4 版。ISIC 按照生产要素的投入、生产工艺、生产技术、产出特点及产出用途等因素，将经济活动划分为 21 个门类、88 个大类、238 个中类和 419 个小类，是按照国际可比的标准化方法开展数据收集、整理和分析的重要工具；二是欧盟统计局建立的欧盟产业分类体系(NACE)，目前采用的是 2006 年修订发布的 NACE2.0 版本，包含 21 个门类，88 个大类，272 个中类，615 个小类；三是由美国、加拿大和墨西哥联合建立的北美产业分类体系(NAICS)，该分类将经济活动划分为 5 个层次，前四层为统一分类，第五层为三个国家各自设定的细分类。现行的北美产业分类体系每 5 年修订一次，最新的 2017 年版分类中包含 20 个门类、99 个大类、312 个中类、713 个小类，美国的细类 1069 个。

　　《国民经济行业分类》(GB/T 4754-2017)经原国家质量监督检验检疫总局和国家标准化管理委员会批准发布，于 2017 年 10 月 1 日正式实施。该标准按照 GB/T 1.1-2009 给出的规则进行起草，代替《国民经济行业分类》(GB/T 4754-2011)。与 GB/T 4754-

2011 相比,保留 GB/T 4754-2011 主要内容,对个别大类及若干中类、小类的条目、名称和范围作了调整。该标准规定了全社会经济活动的分类与代码,适用于在统计、计划、财政、税收、工商等国家宏观管理中,对经济活动的分类,并用于信息处理和信息交换。

该标准采用经济活动的同质性原则划分国民经济行业。即每一个行业类别按照同一种经济活动的性质划分,而不是依据编制、会计制度或部门管理等划分。行业分类的基本单位参照联合国《全部经济活动国际标准行业分类》(ISIC Rev.4),主要以产业活动单位和法人单位作为划分行业的单位。采用产业活动单位划分行业,适合生产统计和其他不以资产负债、财务状况为对象的统计调查;采用法人单位划分行业,适合以资产负债、财务状况为对象的统计调查。该标准按照单位的主要经济活动确定其行业性质。当单位从事一种经济活动时,则按照该经济活动确定单位的行业;当单位从事两种以上的经济活动时,则按照主要活动确定单位的行业。

该标准采用线分类法和分层次编码方法,将国民经济行业划分为门类、大类、中类和小类四级。代码由一位拉丁字母和四位阿拉伯数字组成。门类代码用一位拉丁字母表示,即用字母 A,B,C,…,T 依次代表不同门类;大类代码用两位阿拉伯数字表示,打破门类界限,从 01 开始按顺序编码;中类代码用三位阿拉伯数字表示,前两位为大类代码,第三位为中类顺序代码;小类代码用四位阿拉伯数字表示,前三位为中类代码,第四位为小类顺序代码。

《国民经济行业分类》(GB/T 4754-2017)共分 20 个门类、97 个大类、473 个中类、1382 个小类。与 2011 年版比较,门类没有变化,大类增加了 1 个,中类增加了 41 个,小类增加了 286 个。

20 个门类分别是:

1. 农、林、牧、渔业

2. 采矿业

3. 制造业

4. 电力、热力、燃气及水生产和供应业

5. 建筑业

6. 批发和零售业

7. 交通运输、仓储和邮政业

8. 住宿和餐饮业

9. 信息传输、软件和信息技术服务业

10. 金融业

11. 房地产业

12. 租赁和商务服务业

13. 科学研究和技术服务业

14. 水利、环境和公共设施管理业

15. 居民服务、修理和其他服务业

16. 教育

17. 卫生和社会工作

18. 文化、体育和娱乐业

19. 公共管理、社会保障和社会组织

20. 国际组织

农业有"大农业"与"小农业"之分，"大农业"是指农林牧渔业，"小农业"是指种植业。将上述的采矿业，制造业，电力、热力、燃气及水生产和供应业三个门类合并，就是我国习惯上所称的工业。

（六）《三次产业划分规定》

《三次产业划分规定》是国家统计局在国民经济行业分类的基础上制定的。该规定划分的三次产业的范围是：

第一产业包括农、林、牧、渔业（不含农、林、牧、渔专业及辅助性活动）；

第二产业包括采矿业（不含开采专业及辅助性活动），制造业（不含金属制品、机械和设备修理业），电力、热力、燃气及水生产和供应业，建筑业；

第三产业包括除第一、二产业以外的其他行业，具体包括：批发和零售业，交通运输、仓储和邮政业，住宿和餐饮业，信息传输、软件和信息技术服务业，金融业，房地产业，租赁和商务服务业，科学研究和技术服务业，水利、环境和公共设施管理业，居民服务、修理和其他服务业，教育，卫生和社会工作，文化、体育和娱乐业，公共管理、社会保障和社会组织，国际组织，以及农、林、牧、渔业中的农、林、牧、渔专业及辅助性活动，采矿业中的开采专业及辅助性活动，制造业中的金属制品、机械和设备修理业。

（七）《关于划分企业登记注册类型的规定》

《关于划分企业登记注册类型的规定》是从企业组织形式和财产组织方式的角度来反映所有制的实现形式，由国家统计局和原国家工商行政管理局1998年联合制发、2011年做了部分调整。该项规定以我国原工商行政管理部门对企业登记注册的类型为依据，将企业划分为3个大类，18个中类，部分中类下又设若干小类。规定中明确，其他经济组织参照执行。企业登记注册类型具体划分为以下几种：

1. 内资企业

（1）国有企业

（2）集体企业

（3）股份合作企业

（4）联营企业

（5）有限责任公司

（6）股份有限公司

（7）私营企业

（8）其他企业

2. 港、澳、台商投资企业

（1）合资经营企业（港或澳、台资）

（2）合作经营企业（港或澳、台资）

（3）港、澳、台商独资经营企业

（4）港、澳、台商投资股份有限公司

（5）其他港、澳、台商投资企业

3. 外商投资企业

（1）中外合资经营企业

（2）中外合作经营企业

（3）外资企业

（4）外商投资股份有限公司

（5）其他外商投资企业

（八）《统计上大中小微型企业划分办法》

根据工业和信息化部、国家统计局、国家发展改革委、财政部《关于印发中小企业划型标准规定的通知》（工信部联企业〔2011〕300号），结合统计工作的实际情况，按照行业门类、大类、中类和组合类别，依据从业人员、营业收入、资产总额等指标或替代指标，将我国的企业划分为大型、中型、小型、微型等四种类型。2017年6月30日，《国民经济行业分类》（GB/T 4754-2017）正式颁布。8月29日，国家统计局印发《关于执行新国民经济行业分类国家标准的通知》（国统字〔2017〕142号），规定从2017年统计年报和2018年定期统计报表起统一使用新分类标准。为此，国家统计局对2011年印发的《统计上大中小微型企业划分办法》进行修订。

表2-1　统计上大中小微型企业划分标准

行业名称	指标名称	计量单位	大型	中型	小型	微型
农、林、牧、渔业	营业收入（Y）	万元	Y≥20000	500≤Y<20000	50≤Y<500	Y<50
工业*	从业人员（X）	人	X≥1000	300≤X<1000	20≤X<300	X<20
	营业收入（Y）	万元	Y≥40000	2000≤Y<40000	300≤Y<2000	Y<300
建筑业	营业收入（Y）	万元	Y≥80000	6000≤Y<80000	300≤Y<6000	Y<300
	资产总额（Z）	万元	Z≥80000	5000≤Z<80000	300≤Z<5000	Z<300
批发业	从业人员（X）	人	X≥200	20≤X<200	5≤X<20	X<5
	营业收入（Y）	万元	Y≥40000	5000≤Y<40000	1000≤Y<5000	Y<1000
零售业	从业人员（X）	人	X≥300	50≤X<300	10≤X<50	X<10
	营业收入（Y）	万元	Y≥20000	500≤Y<20000	100≤Y<500	Y<100
交通运输业*	从业人员（X）	人	X≥1000	300≤X<1000	20≤X<300	X<20
	营业收入（Y）	万元	Y≥30000	3000≤Y<30000	200≤Y<3000	Y<200
仓储业*	从业人员（X）	人	X≥200	100≤X<200	20≤X<100	X<20
	营业收入（Y）	万元	Y≥30000	1000≤Y<30000	100≤Y<1000	Y<100

续表

行业名称	指标名称	计量单位	大型	中型	小型	微型
邮政业	从业人员（X）	人	X≥1000	300≤X<1000	20≤X<300	X<20
	营业收入（Y）	万元	Y≥30000	2000≤Y<30000	100≤Y<2000	Y<100
住宿业	从业人员（X）	人	X≥300	100≤X<300	10≤X<100	X<10
	营业收入（Y）	万元	Y≥10000	2000≤Y<10000	100≤Y<2000	Y<100
餐饮业	从业人员（X）	人	X≥300	100≤X<300	10≤X<100	X<10
	营业收入（Y）	万元	Y≥10000	2000≤Y<10000	100≤Y<2000	Y<100
信息传输业 *	从业人员（X）	人	X≥2000	100≤X<2000	10≤X<100	X<10
	营业收入（Y）	万元	Y≥100000	1000≤Y<100000	100≤Y<1000	Y<100
软件和信息技术服务业	从业人员（X）	人	X≥300	100≤X<300	10≤X<100	X<10
	营业收入（Y）	万元	Y≥10000	1000≤Y<10000	50≤Y<1000	Y<50
房地产开发经营	营业收入（Y）	万元	Y≥200000	1000≤Y<200000	100≤Y<1000	Y<100
	资产总额（Z）	万元	Z≥10000	5000≤Z<10000	2000≤Z<5000	Z<2000
物业管理	从业人员（X）	人	X≥1000	300≤X<1000	100≤X<300	X<100
	营业收入（Y）	万元	Y≥5000	1000≤Y<5000	500≤Y<1000	Y<500
租赁和商务服务业	从业人员（X）	人	X≥300	100≤X<300	10≤X<100	X<10
	资产总额（Z）	万元	Z≥120000	8000≤Z<120000	100≤Z<8000	Z<100
其他未列明行业 *	从业人员（X）	人	X≥300	100≤X<300	10≤X<100	X<10

说明：

1. 大型、中型和小型企业须同时满足所列指标的下限，否则下划一档；微型企业只需满足所列指标中的一项即可。

2. 附表中各行业的范围以《国民经济行业分类》（GB/T4754-2017）为准。带 * 的项为行业组合类别，其中，工业包括采矿业，制造业，电力、热力、燃气及水生产和供应业；交通运输业包括道路运输业，水上运输业，航空运输业，管道运输业，多式联运和运输代理业、装卸搬运，不包括铁路运输业；仓储业包括通用仓储，低温仓储，危险品仓储，谷物、棉花等农产品仓储，中药材仓储和其他仓储业；信息传输业包括电信、广播电视和卫星传输服务，互联网和相关服务；其他未列明行业包括科学研究和技术服务业，水利、环境和公共设施管理业，居民服务、修理和其他服务业，社会工作，文化、体育和娱乐业，以及房地产中介服务，其他房地产业等。

3. 企业划分指标以现行统计制度为准。（1）从业人员，是指期末从业人员数，没有期末从业人员数的，采用全年平均人员数代替。（2）营业收入，工业、建筑业、限额以上批发和零售业、限额以上住宿和餐饮业以及其他设置主营业务收入指标的行业，采用主营业务收入；限额以下批发与零售业企业采用商品销售额代替；限额以下住宿与餐饮业企业采用营业额代替；农、林、牧、渔业企业采用营业总收入代替；其他未设置主营业务收入的行业，采用营业收入指标。(3)资产总额,采用资产总计代替。

（九）《关于统计上划分经济成分的规定》

为了反映我国经济中所有制成分的构成情况,为宏观决策和管理提供依据,国家统计局于 1998 年 9 月制发了《关于统计上划分经济成分的规定》。该规定将经济成分划分为公有经济和非公有经济。公有经济是指资产归国家或公民集体所有的经济成分,包括国有经济和集体经济;非公有经济是指资产归我国内地公民私人所有或归外商、港澳台商所有的经济成分,包括私有经济、港澳台经济和外商经济。

《关于统计上划分经济成分的规定》仅限综合部门利用企业资料,对各主要经济总量指标(如产值、销售收入、国内生产总值等)进行所有制结构分类时使用。为简便起见,以企业的构成资料为依据推算经济成分时,先将法人资本金剔除后再进行推算。

对企业经济成分的推算是以企业资本金的构成资料为依据,按各投资主体投入的资本所占的比例来确认各种经济成分所占的份额,并以此推算有关经济指标的经济成分构成。即根据企业实收资本中的国家资本、集体资本、个人资本、港澳台资本和外商资本确定的。实收资本中的国家资本作为国有经济成分、集体资本作为集体经济成分、个人资本作为私有经济成分、港澳台资本作为港澳台经济成分、外商资本作为外商经济成分。

我国农业生产单位的情况比较特殊,除农场外,其余绝大多数仍为农户。根据我国《土地法》的有关规定,土地属国家或集体所有,公民只有使用权。因此,《关于统计上经济成分的推算办法》中规定,农业生产单位的经济成分主要按其所使用土地的归属性质划分为国有或集体。但家庭养殖等不以土地为主要生产资料的农业生产活动,则可划为私有经济。

（十）《统计用产品分类目录》

《统计用产品分类目录》是对社会经济活动中的实物类产品和服务类产品进行的统一分类和编码,由国家统计局于 2010 年 2 月颁布并实施,主要适用于以实物类产品和服务类产品为对象的所有统计调查活动。《统计用产品分类目录》的框架结构采用《国民经济行业分类》大类的框架,第一层产品及代码与行业大类原则上保持一致。

《统计用产品分类目录》的基本分类与代码分为五层,每层码段为 2 位代码,用阿拉伯数字表示,共有 10 位代码。各层代码为:第一层为大类产品,由 2 位代码表示,共 95 个大类;第二层为中类产品,由 4 位代码表示,共 814 个中类;第三层为小类产品,由 6 位代码表示,共 2756 个小类;第四层为组产品,由 8 位代码表示,共 3485 个组;第五层为小组产品,由 10 位代码表示,共 28997 个小组。第二层至第五层,原则上每层为 01~99 的两位顺序代码,含"其他"的产品为上一层产品的收容项,用代码"99"表示。当第一、二层的产品不再细分时,向下重复至第三层;当第三、四层的产品不再细分时,后面补"0"至第五层。

《统计用产品分类目录》提供第六层,作为专业自选层,自选代码为 3 位。当前五层不能满足需要时,可在第六层补充对应的细类产品。

第三节 统计调查方案设计

一、调查方案的主要内容

（一）调查目的

制定统计调查方案的首要问题是明确调查的任务和目的。对任何经济社会现象，可以根据不同的任务，从不同的目的来搜集数据。例如，对于农村经济情况，既可以从农业生产方面来研究，也可以从农村产业结构方面来研究，还可以从农产品生产成本、推广农业科技的经济效益等方面来研究。任务和目的不同，调查的内容和范围也就不同。目的不明，任务不清，就无法确定向谁调查，以及用什么方式方法进行调查。由此产生的结果，必然会是：调查得来的数据，可能并不都是需要的，这就浪费了人力、物力和时间；而需要了解的情况，却又得不到充分的反映。

怎样确定统计调查的任务和目的？一般来说，应该服从下列要求：

1. 根据各级党委和政府的中心工作，以及统计用户的具体需求；

2. 遵照统计工作的科学性，保证统计调查的科学性和规范性；

3. 从统计调查能力和调查对象等统计工作的实际出发，把需要与可能结合起来。

（二）调查的对象和调查单位

确定调查的对象和调查单位，是为了回答向谁调查，由谁来具体提供统计数据的问题。明确了调查的任务和目的，就要确定调查的对象和调查单位。调查对象就是需要调查的那些经济社会现象的总体。调查单位，就是构成需要调查的那些经济社会现象总体的所有个体，也就是调查对象中所要调查的具体单位。例如，调查目的是取得全国 2018 年汽车产量和产值，那么所有的汽车生产企业就是调查对象，而构成汽车企业这个总体的每一个汽车生产企业就是调查单位。

只有正确地、科学地确定调查对象，才能划清楚要研究的总体界限，这对于保证调查数据准确反映实际情况是十分重要的。为了正确而科学地确定调查对象，必须对有关的社会经济现象进行全面的分析，从定性和定量两个方面，以及内外部联系中摸清它的本质和特点。

（三）调查表

1. 调查表的概念

调查表是指统计调查过程中采用的统一规范的格式文件。它需要解决两个方面的问题，一是向调查单位调查什么指标，二是向用户提供什么产品。规范化的统计调查表分为基层表和综合表。基层表是基层企业事业单位、个人或住户填报的统计调查表，是统计工作中搜集原始资料的基本工具。把调查提纲中的各个调查指标或问题按照一定的顺序排列在一定的表格中，就构成了调查表。利用调查表这个工具来进行统计调查，不仅能够条理清晰地填写需要搜集的资料，还便于调查后对资料的整理和汇总。综合表就是利用基层表原始数据进行加工、整理和分析,从而形成规范的统计工作成果或"产品"。解决向用户提供什么产品的问题,同时也是统计综合单位整理汇总基层统计资料并报送上级统计机构使用的报表。

2. 调查表的指标设计

综合表指标是统计需求的概念化和具体化,具有数量性、综合性和具体性。数量性意味着统计指标反映的是客观现象的量,而且是一定可以用数字来表现的,不存在不能用数字表现的统计指标。综合性意味着统计指标说明的对象是总体而不是个体,它是许多同类个体现象的数量综合的结果。具体性意味着统计指标不是抽象的数字和概念,它总是一定的具体的社会经济现象的量的反映。

综合表指标从其作用和表现形式来讲,可以分为总量指标、相对指标和平均指标三种类型。总量指标是反映总体现象规模的统计指标,是说明总体现象的广度的,它表明总体现象发展的结果,特别是用来说明生产或工作的总成果。相对指标是两个有联系的总量指标相比较的结果,例如用总体的部分数值和总体的全部数值相比较说明总体现象的发展变化情况等等。平均指标是按某个数量标志说明总体单位一般水平的统计指标,例如平均工资、平均人数等等。

基层表指标是综合表指标在一个调查单位的具体体现,是加工计算综合表指标的原材料。在设计基层表指标时应注意尽可能利用调查单位现有的会计资料、管理记录和各种生产经营台账等原始资料,尽可能避免需要通过复杂的运算才能取得基层表指标数据;同时还应注意列入基层表的指标是要能够取得确切数据的,有些指标虽然需要,但还没有条件取得,不应列入;基层表的各项指标之间,应该彼此衔接,以便对现象的相互联系从整体上进行了解,也便于使指标间互相核对、互相验证,提高原始数据质量。此外,在设计基层表指标时,还要考虑调查周期,调查周期短的,指标数量应少一些、指标分组宜粗一些;调查周期长的,指标数量可以多一些,分组可以细一些。

不论是综合表指标还是基层表指标,在具体设计过程中都要把握以下几个要素:

(1)指标名称

指标名称应该依据国民经济核算,相关经济、社会科学理论,以及会计、财政、金融等业务管理工作的具体要求进行设计。

(2)指标含义

指标涵义规定了统计的界限划在什么地方,什么算在内,什么不算在内。

(3)计量单位

计量单位的确定既要符合国家标准,又要便于调查单位的具体实际;既要方便数据搜集和数据处理,又要兼顾人们的习惯。

(4)计算方法

所有的综合表指标都是通过计算获得的,只不过有些计算简单,有些计算复杂;有些只要通过基层表指标直接加总就可得到,有些还需要对多项基层表指标进行复杂运算才能得到。基层表指标也分两类,一类是直接从基层单位的会计资料或台账中取得,有些还要经过一定的加工运算。因此在设计基层表指标时应尽可能选择简单的、能直接取得数据的指标,从而减轻基层统计调查人员的工作量。

(5)时空范围

明确的时空范围是指标能否说明问题、有无意义的关键。时间范围一般有两种界定,一是按时点来界定,如×年×月×日;二是按时期来界定,如从×年×月×日到×年×月×日。空间范围一般指地域范围,如×省×地区×县(市);有时也包括组织系统的范围,如教育系统等。

3. 调查表的格式

为了加强统计调查表式的规范化和标准化,国家统计局制定了统计调查表格式的若干规定,规定了统计调查表的一般格式:左上角为填报单位的标记,中间是表名和报告期别,右上角为统计调查表的法定标志,依次列出表号、制定机关、批准或备案文号、有效期限等。表的左面一般为表的主栏,列出统计调查的指标;右面为宾栏,列出统计分组标志等。表的下面是统计责任标志,可以包括单位负责人、统计负责人、填表人、联系电话、报出日期等。

(四)调查方法和组织方式

统计调查方法是保障统计数据准确性、及时性的重要条件。统计调查方法包括普查、全面调查、抽样调查、重点调查、典型调查等多种方法。每一种调查方法都有其特定的功能、优势和局限性(参见第一章相关内容),因此在调查方法设计时应该根据调查目的、调查对象和调查条件综合考虑,选择切合实际的调查方法。

严密细致的调查组织方式是使统计调查顺利进行的保证。调查工作的组织主要包括以下内容:调查工作的组织领导机构和调查人员的组织;调查的方式方法,如入户调查、信函调查、电话调查、网络调查等;调查前的准备工作,包括宣传动员、调查人员的选择和培训、文件印刷、程序编制等;调查资料的报送形式和报送办法;数据质量控制办法;安排调查进度,如确定调查时间,提供或者公布调查成果的时间等;调查经费的预算和开支安排等。

(五)调查经费预算

在进行调查经费预算过程中,首先要求对与调查有关的所有工作项目(任务)的时间、人力、设备、原材料等进行仔细考察,然后再转化为所需要的经费。所有工作项目(任务)估算的费用汇总就形成了调查总体费用的直接估计,在此基础之上再加上适当的间接费用(如管理费用、不可预见费等)就形成了调查的总预算。

二、调查方案的撰写

(一)调查方案的格式

调查方案的格式包括调查的目的和意义、调查的内容和范围、调查的方式和方法、调查进度安排和组织实施、数据使用等部分。

(二)撰写调查方案应注意的问题

1. 一份完整的调查方案,上述各个部分的内容均应涉及,不能有遗漏。否则就是不完整的。

2. 调查方案的制订必须建立在对调查课题的背景的深刻认识上。

3. 调查方案要尽量做到科学性与经济性的结合。

4. 调查方案的格式方面可以灵活,不一定要采用固定格式。

三、调查方案的可行性研究

(一)调查方案可行性研究的方法

1. 逻辑分析法

逻辑分析法是指从逻辑的层面对调查方案进行把关,考察其是否符合逻辑和情理。

2. 经验判断法

经验判断法是指通过组织一些具有丰富调查经验的人士,对设计出来的调查方案进行初步研究和判断,以说明调查方案的合理性和可行性。

3. 试点调查法

试点调查法是通过在小范围内选择部分单位进行试点调查,对调查方案进行实地检验,以说明调查方案的可行性的方法。

(二)调查方案的模拟实施

调查方案的模拟实施是只对那些调查内容很重要,调查规模又很大的调查项目才采用模拟调查,并不是所有的调查方案都需要进行模拟调查。

(三)调查方案的总体评价

调查方案的总体评价可以从不同角度来衡量。但是,一般情况下,对调查方案进行评价应包括四个方面的内容:调查方案是否体现调查目的和要求;调查方案是否具有可操作性;调查方案是否科学和完整;调查方案是否具有高效经济的优点。

附:案例

2017 年群众安全感抽样调查方案

(一)调查目的

为了准确、客观地把握广大人民群众对当前社会治安状况的反映以及对公共安全、社会治安秩序的真实感受,进而找出、找准影响当前群众安全感的主要因素和存在的突出问题,决定在全国 31 个省、自治区、直辖市组织开展群众安全感调查工作。

(二)调查对象

本次调查的对象为年满 16 周岁以上的中国公民。

(三)调查内容

调查的主要内容有:群众的安全感受;影响安全感的主要因素;群众对当前社会治安状况的心理感受;群众对政法工作和队伍建设的满意程度。

(四)调查时间

本次调查从 2017 年 11 月 1 日开始,11 月 10 日结束,为期 10 天。

（五）调查方法

1. 各省、自治区、直辖市样本量

群众安全感调查是以年度全国人口变动调查样本为载体，抽取 10 万户，每户调查 1 人，约对 10 万人进行群众安全感调查。按此计算平均每个省约调查 3000 人。

在调查的主要指标中，对当前社会治安形势看法的比例（P）的取值范围在 10% 以上，调查指标的把握程度取 95%（t = 1.96）。根据平均每个省约调查 3000 人的样本量，初步估计各省调查主要指标的相对误差能够控制在 15% 以下，全国的相对误差能够控制在 5% 以下，主要调查指标对全国有较好的代表性。

2. 抽样方法

为便于调查工作的现场实施，群众安全感调查的样本设计同全国人口变动调查的抽样设计相结合。在每年度人口变动调查的小区样本中，随机等距抽取所需的调查小区。

在每个被抽中的调查小区中，利用全国人口变动调查所编制的《户主姓名底册》随机等距抽取 15 户。在被抽中的每一户常住人口中，抽 1 名 16 岁以上的人填写《群众安全感调查问卷》。

（1）抽户方法

用每个抽中的调查小区编制的《户主姓名底册》中的总户数除以 15，得到组距 k。在 1 至 k 中随机取一个数 R。在户编号栏中，抽取户编号应为 R+nk（n = 0，1，2，…，14）的户。在抽中的每一户中抽 1 名 16 岁以上的人填写《群众安全感调查问卷》。例如《户主姓名底册》上有 30 户，按抽 15 户计算，得到组距为 2，在 1 至 2 中任取一数，如抽到的数为 2，则抽中调查户的户编号为调查小区内第 2 户，第 4 户，第 6 户，…，第 30 户。

（2）在抽中的户中抽取被调查人的方法

在抽中户的 16 岁以上的人口中，抽选一名能够清楚地表达自己意见，并且其生日日期距离调查日期最近的 1 人为调查对象。如果家中有 2 人或 2 人以上其生日的月、日都相同，则随机抽取一人为调查对象。如果抽中的家庭户中没有符合要求的家庭成员，则往后顺延 1 户。如在上述抽中的第 10 户中，只有 1 位孤老，且语言表达不清，则改选第 11 户为调查户。如抽中的户已经将房屋出租，则租住其房屋的常住户为调查户。

（六）现场调查方法及问卷填写要求

1. 本问卷调查的对象为年满 16 周岁以上的公民。

2. 此次调查由调查员入户发放《群众安全感调查问卷》，由被调查人自己填写，填写完毕，由调查员负责收回。对于年龄较大或不识字的被调查人可以采用调查员入户访问登记的方法。

3. 被调查者在所选答案的序号上打√即可。问卷填写完毕，调查员应检查所填问卷是否符合要求，并根据答案填写编码；

4. 填写必须使用钢笔、圆珠笔或碳素笔,字迹要端正清楚,不得潦草模糊,保持问卷的清洁。

5. 在填写过程中有不清楚的地方,被调查者应及时向调查员询问。

(七)数据上报和数据处理

国家统计局负责数据录入软件的研制下发。县(市、区)级单位将填写好的《群众安全感调查问卷》送交省(自治区、直辖市)统计局。各省(自治区、直辖市)统计局按照下发的录入程序进行数据录入,数据录入工作完成后,通过电子邮件上报国家统计局。

(八)调查组织保障

1. 本次调查,由统计部门负责组织调查员进行入户调查。

2. 各级统计局要认真做好调查员的培训工作,制订调查质量奖惩措施,确保调查数据准确。

3. 为使调查工作顺利进行,各级统计部门要向被抽中的有关人员做好宣传解释工作,使他们解除思想顾虑,如实反映情况。

4. 为了保证全国调查数据的范围、分类和计算方法的统一性,各地区必须严格执行国家调查方案的规定。

5. 建立调查工作的质量责任制,调查员要对本调查小区的数据质量负责,如果发现调查资料不实的情况,必须返工重做。

6. 在调查实施过程中,国家统计局将和中央有关政法部门联合组成若干个督导组,深入调查小区,监督调查方案执行情况,核查部分调查结果,指导相关工作。各级统计部门及其调查员必须认真接受督导组的监督和检查,并及时改进工作。

7. 各级调查机构和工作人员不得将被抽中小区和被调查户名单、调查登记结果和被调查人的有关情况向调查机构以外的任何单位或个人泄漏。如有违反,按《统计法》的有关规定,给予责任人相应处罚。

(九)督导检查

为了确保准确、全面地执行群众安全感抽样调查方案,同时了解、掌握和解决调查方案实施过程中出现的问题,国家统计局和相关部门将对群众安全感调查工作专门进行督导检查。

督导检查的内容包括:群众安全感调查方案的工作部署、组织实施和其他相关情况。重点检查调查样本分布、调查员选定、抽样方法、抽户方法的贯彻执行情况,检查被调查者填报数据的真实性等。

督导采取重点检查和抽样检查相结合的形式,深入被调查地区和被抽中户,进行实地检查,或者根据情况召开调查员或被调查者座谈会,直接听取他们对调查工作的意见和建议。对于发现的调查过程中干扰正常调查秩序、弄虚作假并导致调查结果严重失实的,国家有关部门将进行通报批评。

(十)《群众安全感调查问卷》及主要指标解释(略)

第三章　国民经济核算*

　　国民经济核算体系,通过建立一套全面、系统的基本概念、基本分类、核算原则、核算框架、基本指标和基本核算方法,为开展国民经济核算工作确立了标准和规范。联合国一直致力于研究改善并推广国民经济核算体系(SNA),其目的不仅是为各国进行经济分析、决策和政策制定提供一种与经济理论紧密联系的经济分析工具,同时也为国际间的统计比较提供参考性的基准框架,即为各国推荐一整套符合国际惯例的统计分类标准和有关概念的定义,从而推进世界统计一体化进程。联合国和其他国际机构曾先后推出了1953年、1968年、1993年和2008年版SNA,每一次都较上一次具有更大的灵活性和普遍实用性,与其他国际机构制定的有关手册中的相关概念和核算原则更加协调一致,这就使得SNA能够成为不同统计体系间的协调框架。

　　国家统计局从1993年开始在全国逐步实施《中国国民经济核算体系(试行方案)》,2003年国家统计局对《中国国民经济核算体系(试行方案)》进行了全面系统修订,形成了我国国民经济核算工作新的规范性文本《中国国民经济核算体系(2002)》。它广泛征求了各方面的意见和建议,总结了十年来我国国民经济核算实践经验和理论研究成果,采纳了1993年SNA的基本核算原则、内容和方法,取消了《试行方案》中的MPS核算内容,梳理了基本概念,修订了机构部门和产业部门分类,调整了基本框架,补充了核算内容,修改和细化了有关表式的指标设置,基本上与新的国际标准相衔接。它标志着我国的国民经济核算体系在与国际标准接轨方面又迈出了重要步伐。

　　《中国国民经济核算体系(2002)》实施以来,随着社会主义市场经济的发展,我国经济生活中出现了许多新情况和新变化,宏观经济管理和社会公众对我国国民经济核算产生了许多新需求。国民经济核算国际标准也发生了变化。2009年,联合国等五大国际组织联合颁布了新的国民经济核算国际标准——2008年SNA。为更加准确地反映我国国民经济运行情况,更好地体现我国经济发展的新特点,满足经济新常态下宏观经济管理和社会公众的新需求,实现与国民经济核算新国际标准的衔接,提高我国国民经济核算方法和核算数据的国际可比性,国家统计局会同国务院有关部门及高等院校和科研机构,对2008年SNA和我国经济社会发展变化情况进行了深入研究,根据我国实际情况,借鉴其他国家的有益经验和做法,对《中国国民经济核算体系(2002)》进行了全面系统的修订,调整了基本框架,更新了基本概念和核算范围,细化了核算分类,修订了基本核算指标,改进了基本核算方法,形成了《中国国民经济核算体系(2016)》。2017年,国务院批复同意国家统计局印发并组织实施这一新的国民经济核算体系。

第一节　核算体系的基本框架、概念、分类和核算原则

一、核算体系的基本框架

中国国民经济核算体系由基本核算和扩展核算构成。基本核算是本体系的核心内容,旨在对国民经济运行过程进行系统描述;扩展核算是对核心内容的补充与扩展,重点对国民经济中的某些特殊领域的活动进行描述。基本核算包括国内生产总值核算、投入产出核算、资金流量核算、资产负债核算、国际收支核算;扩展核算包括资源环境核算,卫生核算,旅游核算,人口和劳动力核算,新兴经济核算。

基本核算系统地描述我国国民经济运行全过程,其中的每一部分从某些环节或某些侧面描述经济运行过程。国内生产总值核算描述生产活动最终成果的形成和使用过程,是国民经济核算体系的核心内容。投入产出核算是国内生产总值核算的整合和扩展,描述国民经济各部门在一定时期内生产活动的投入来源和产出使用去向,揭示国民经济各部门间相互联系、相互依存的数量关系。资金流量核算是国内生产总值核算的延伸,以收入分配和资金运动为核算对象,描述一定时期各机构部门收入的分配和使用,资金的筹集和运用情况。资产负债核算描述特定时点的资产负债存量和结构情况,以及资产负债从期初到期末之间发生的变化。国际收支核算全面描述我国常住单位与非常住单位之间的经济往来关系,一方面反映一定时期内发生的对外经济收支往来,另一方面反映对外资产负债存量及其变动状况。

扩展核算是在国民经济核算基本概念和基本分类的基础上,通过对某些基本概念的扩展和某些基本分类的重新组合,以及改变处理方法等,对国民经济中某些领域的活动或与国民经济有密切关系的领域进行详细的描述,以满足特定类型分析和专门领域管理的需要。扩展核算体现了国民经济核算体系的开放性和灵活性。

二、核算体系的有关基本概念

(一)常住单位

在我国的经济领土上具有经济利益中心的经济单位称为我国的常住单位,也称常住机构单位。这里所说的经济领土由我国政府控制的地理领土和管辖区组成,它包括我国大陆的领陆(含海岛)、领水及其底土、领空,以及位于国际水域,但我国行使主权权利和管辖权的领海毗连区、专属经济区和大陆架;它还包括我国在国外的所谓领土"飞地",即位于其他国家,通过正式协议为我国政府所拥有或租借、用于外交等目的、具有明确边界的地域,如我国驻外使馆、领馆用地;不包括我国地理边界内的"飞地",即位于我国地理领土范围内,通过正式协议为外国政府所拥有或租借、用于外交等目的、具有明确边界的地域,如外国驻华使馆、领馆用地及国际组织用地。一经济单位在我国的经济领土范围内具有一定的场所,如住房、厂房或其他建筑物,从事一定规模的经济活动并超过一定时期

（一般以一年为操作准则），则该经济单位在我国具有经济利益中心。

区分一单位是否常住单位，应注意把握以下两点。第一，确定各经济单位常住性所依据的标准不是各单位的财产所有关系，而是该单位所处的位置以及与该国经济的密切程度。例如，在中国领土上的外商投资企业，尽管从财产所有上看不属于中国（而是属于国外），但由于该企业位于中国经济领土范围内并从事长期的经济活动，与中国具有密切的关系，从而应视其为中国（即企业所在国）国民经济的组成部分，而不是按其财产所有关系将其划归国外；同样，一个国家在其经济领土外投资建立的经济单位，应视为国外，而不属于该国国民经济；第二，时间的长期性在此具有很重要的意义。照此标准，那些短期来中国访问、旅游的人员不能作为中国的常住单位，而中国人员短期到国外旅游、访问则仍然是中国的常住单位。

（二）产品

产品是生产活动的成果。从不同角度，可以把产品区分为不同的类别。首先是根据产品的形态把产品可以分为货物和服务两大类。

货物是指人们对它有某种需求，并能够确定其所有权的有形生产成果，这种所有权可以通过市场交易从一个机构单位转移到另一个机构单位。例如面粉、煤炭和计算机等，可以通过市场交易从一个单位转移给另一个单位，其生产和交换是可以分离的，生产与使用也是可以分离的；不仅在时间上是分离的，在空间上也是可以分离的。例如，计算机的生产与计算机的出售是两项活动，生产出来以后，什么时候卖、怎么卖以及被谁买走都与生产没有直接关系，而且，计算机可以在甲地生产然后卖给乙地的用户，今年生产然后留待明年出售。这样，货物具有两个明显的特性：第一，可以储存；第二，可以运输。

服务是生产活动的结果，该生产活动可以改变消费单位的状况，或促进产品或金融资产的交换。这两种服务可以分别称为变化促成服务和增值服务。变化促成服务是生产者按照消费者需求进行的活动，而实现的是消费单位状况的改变。变化促成服务不是一个独立存在的实体，不能对其建立所有权，也无法脱离生产单独交易。生产一旦完成，服务也就提供给了消费者。当一个机构单位为另外两个机构单位之间的货物、知识获取产品或金融资产的所有权变更提供了便利，就产生了增值服务。增值服务由批发商、零售商和各类金融机构所提供。增值服务类似于变化促成服务，它不是独立实体，不能对其建立所有权，也不能脱离生产单独交易；当生产完成时，服务必定已经提供给消费者。如果和其投入物相比，产出没有实物形态的根本改变、没有使用价值的根本改变，那么就可以说该产出是服务，这一点构成了服务与货物的主要区别。比如，用木材加工家具，是货物生产，因为家具在实物形态和使用价值上与木材完全不同；对家具进行修理翻新就是服务生产，因为翻新后的家具在实物形态和使用价值上并未发生根本变化。服务的生产不能脱离需求单独进行。当生产完成时，服务必定已经提供给了消费者。比如，消费者必须直接与理发师接触才能接受理发服务；当理发服务完成时，也正是消费者完全接受这项服务产品之时。

其次，根据产品的使用性质，可将产品分为中间使用产品和最终使用产品。

中间使用产品是指在一个生产过程生产出来然后又在当期另一个生产过程中被完全

消耗掉或形态被改变的产品。它们可以是货物,比如被面粉厂消耗掉的小麦,被炼铁厂消耗掉的矿石,被粮食生产所消耗的化肥农药,被运输生产消耗掉的柴油汽油,它们常常在其他生产过程中充当原材料、动力和燃料等;也可以是服务,以一个企业的生产为例,所消耗的服务包括:金融服务、技术服务、广告服务、会计和法律咨询服务,等等。

产品如果不被其他生产过程所消耗,还有什么去向呢? 第一是被人们消费掉,比如,被消费者消费的食品、服装、家具、电器等货物,被消费者享用的教育、保健、美容、娱乐等服务,这些我们称为最终消费;第二是作为投资被积累起来,增加了使用者的资产,比如运输公司购买的汽车,贸易公司当期形成的库存,这些我们称为资本形成;第三是被出口到国外,包括各种货物出口和服务出口。当期生产的被用于最终消费、投资和出口的产品,就是所谓当期的最终使用产品。

(三)生产范围

国民经济核算将生产定义为:在机构单位的负责、控制和管理下,利用劳动、资本、货物和服务作为投入,生产货物或服务的一项活动,生产范围包括以下部分:第一,生产者提供或准备提供给其他单位的货物或服务的生产;第二,生产者用于自身最终消费或固定资本形成的所有货物的自给性生产;第三,生产者为了自身最终消费或固定资本形成而进行的知识载体产品的自给性生产,但不包括住户部门所从事的类似的活动;第四,自有住房提供的自给性住房服务和付酬家庭雇员提供的家庭服务的生产。知识载体产品指为使消费单位能够重复获取知识,而提供、存储、交流和发布的各种信息、咨询和娱乐产品,包括一般或专业信息、新闻、咨询报告、电脑程序、电影、音乐等产品,这些服务产业生产的产品可能具有货物的许多特征。因此,生产范围包括所有货物的生产,不论是对外提供的货物还是自产自用的货物,而服务的生产,则基本上限于对外提供的部分,自给性服务,除了自有住房服务和付酬家庭雇员提供的家庭或个人服务外,其他则被排除在生产范围之外。被排除在生产范围之外的自给性服务是指住户成员为本住户提供的家庭或个人服务,如清扫房屋、做饭、照顾老人、教育儿童等等。

自然过程是否可作为生产活动取决于所发生的环境。将某个活动视为生产活动的一个必要条件是,该活动必须在机构单位的推动、控制和管理下进行,并且该机构单位对所生产的产品享有所有权。例如,公海中鱼类数量的自然增长不能作为生产活动,因为这个过程没有受到任何机构单位的管理,并且这些鱼类也不属于任何机构单位。但另一方面,养鱼场内鱼的生长则是生产过程,同样牲畜饲养也是生产活动。类似的,野生的、未经培育的森林、野果或野浆果的自然生长不属于生产活动,而经济林木的培育,以及用作木材或是其他用途而种植的树木,则与一年生作物的生长一样,都属于生产活动。但是,在野生森林中砍伐树木,采集野果、野浆果和拾拣木柴则属于生产活动。同样,降雨以及天然河道的水流不属于生产活动,而水库和水坝的蓄水以及利用管道或运输工具把水从一处输送到另一处则属于生产活动。

(四)消费范围

生产范围决定消费范围,用于最终消费的货物和服务只能是生产范围内所包括的货物和服务。例如,住户最终消费支出包括自产自用的农产品的估计价值,也包括自有住房服务的价值,但不包括自己动手修理和维护车辆或家庭耐用品、清扫住宅、看护培育儿童的价值,以及类似地为自给性最终消费生产的家庭和个人服务价值,只有用于这些目的所消耗的货物支出(例如清洁材料)才包括在住户最终消费支出中。

（五）资产范围

国民经济核算中的资产是根据所有权的原则界定的经济资产,也就是说,资产必须为某个或某些单位所拥有,其所有者因持有或使用它们而获得经济利益。资产包括金融资产和非金融资产。金融资产包括通货、存款、贷款、股权和投资基金份额、债务性证券、保险准备金和社会保险基金权益、金融衍生品和雇员股票期权、国际储备、直接投资等。非金融资产包括由生产过程创造出来的固定资产(包括知识产权产品)、存货、贵重物品等生产资产和某些不是生产过程创造的、但符合经济资产条件的自然资源资产、商誉等非生产资产。其中,知识产权产品是研究、开发、调查或者创新等活动的成果,开发者通过销售或者在生产中使用这些成果而获得经济利益。知识产权产品主要包括研究与开发、矿藏勘探与评估、计算机软件与数据库、娱乐及文学和艺术品原件等。资产范围中不包括诸如大气或公海等无法有效地行使所有权的那些自然资源,以及尚未发现或难以利用的矿藏,即一定时期内,鉴于它们本身的状况和现有的技术不能为其所有者带来任何经济利益的资源。

（六）流量和存量

流量是指某一时期发生的量,存量是指某一时点的量。期初存量与本期流量之和,形成期末存量。经济中的许多流量都有与其直接对应的存量,如金融资产流量与金融资产存量相对应,但也有一些流量没有直接对应的存量,如进出口、劳动者报酬等。

（七）核算价格

核算价格主要有基本价格、生产者价格和购买者价格三种价格。

基本价格是生产者生产的单位货物和服务向购买者出售时获得的价值,减去其应付所有的税,加上其应收补贴。基本价格是一种理想的核算价格,而不是现实存在的价格。

生产者价格是生产者生产的单位货物和服务向购买者出售时获得的价值,减去开给购买者发票上的增值税或类似可抵扣税。该价格不包括货物离开生产单位后所发生的运输费用和商业费用。

购买者价格是购买者购买单位货物和服务所支付的价值,包括购买者按指定的时间和地点取得货物所发生的运输和商业费用。购买者价格等于生产者价格加上购买者支付的运输和商业费用,再加上购买者缴纳的不可扣除的增值税和其他税。

三者之间的关系是：

生产者价格＝基本价格+产品税(不包括增值税)−产品补贴

购买者价格＝生产者价格+不可抵扣的增值税+运输费用和商业毛利

在我国目前的核算实践中,生产者价格包括不可抵扣增值税。

（八）经济所有权

所有权区分为法定所有者的法定所有权和经济所有者的经济所有权。法定所有权指

188

在法律上拥有相关实体(如货物和服务、自然资源、金融资产),从而获得相应经济利益的权利;经济所有权指经营相关实体,承担有关风险,从而享有相应经济利益的权利。大多数实体的法定所有者和经济所有者是一致的,当两者不一致时,应作为经济所有者的实体予以记录,交易记录的时点为经济所有权变更的时点。

三、核算体系的基本单位和部门分类

(一)机构单位和机构部门分类

机构单位是指有权拥有资产和承担负债,能够独立地从事经济活动并与其他实体进行交易的经济实体。机构单位具有以下基本特点:

1. 有权独立拥有货物和资产,能够与其他机构单位交换货物或资产的所有权;
2. 能够作出直接负有法律责任的经济决定和从事相应的经济活动;
3. 能以自己的名义承担负债、其他义务或未来的承诺,并能签订契约;
4. 能够编制出包括资产负债表在内的一套在经济和法律上有意义的完整账户。

在现实经济生活中,具备机构单位条件的单位主要有两类,一类是住户,一类是得到法律或社会承认的法律实体或社会实体。

同类机构单位构成机构部门。国民经济核算体系把所有常住机构单位划分为五个机构部门,即非金融企业部门、金融机构部门、广义政府部门、为住户服务的非营利机构部门和住户部门。

非金融企业与非金融企业部门:非金融企业指主要从事市场货物生产和提供非金融市场服务的常住企业,它主要包括从事上述活动的各类法人企业。所有非金融企业归并在一起,就形成非金融企业部门。

金融机构与金融机构部门:金融机构指主要从事金融媒介以及与金融媒介密切相关的辅助金融活动的常住单位,包括从事货币金融服务、资本市场服务、保险服务、其他金融服务等活动的法人单位。所有金融机构归并在一起,就形成金融机构部门。

广义政府机构与广义政府部门:广义政府机构指在我国境内通过政治程序建立的、在一特定区域内对其他机构单位拥有立法、司法和行政权的法律实体及其附属单位,主要包括各级党政机关、群众团体、事业单位、基层群众性自治组织等。广义政府机构的主要职能是利用征税和其他方式获得的资金向社会和公众提供公共服务;通过转移支付,对社会收入和财产进行再分配;从事非市场性生产。所有广义政府机构归并在一起,就形成广义政府部门。

为住户服务的非营利机构(NPISH)和为住户服务的非营利机构部门:为住户服务的非营利机构指从事非市场性生产、为住户提供服务、其资金主要来源于会员会费和社会捐赠且不受政府控制的非营利机构,例如宗教组织,各种社交、文化、娱乐和体育俱乐部,以及公众、企业、政府机构、非常住单位等以现金或实物提供资助的慈善、救济和援助组织等。所有为住户服务的非营利机构组成为住户服务的非营利机构部门。

住户与住户部门:住户指共享同一生活设施、部分或全部收入和财产集中使用、共同消费住房、食品和其他消费品与服务的常住个人或个人群体。住户部门既是生产者,也是

消费者和投资者。作为生产者,住户部门包括所有农户和个体经营户,以及住户自给性服务的提供者。所有住户归并在一起,就形成住户部门。

上述五个机构部门构成我国的经济总体。与我国常住单位发生交易的所有非常住单位称为国外。对于国外来说,并不需要也不可能核算其发生的所有经济活动,只需核算它与我国常住单位间发生的交易活动以及累积形成的资产负债关系。国外不是一个机构部门,但为表述方便,本体系将其视同为机构部门处理。

(二)产业活动单位和产业部门分类

产业部门分类是按照主产品同质性的原则对产业活动单位进行的部门分类。所谓产业活动单位是指在一个地点,从事一种或主要从事一种类型生产活动并具有收入和支出会计核算资料的生产单位。产业活动单位是为生产核算而设立的,其目的在于比较准确地反映各种类型产业活动的生产规模、结构等。产业活动单位应同时具备以下三个条件:(1)地点的唯一性。如果一个单位在不同的地点从事生产活动,哪怕是同一种类型生产活动,也要划分为不同的产业活动单位。(2)生产活动的单一性。一个产业活动单位要么只从事一种类型生产活动,要么虽然允许有一种以上的生产活动,但主要活动在单位的增加值中占有绝对大的比重,也就是说,所有次要活动的总体规模与主要活动相比是很小的。(3)具有收入和支出会计核算资料。

核算体系根据国民经济行业分类国家标准和统计基础情况确定产业部门分类。随着统计基础的改善,产业部门的分类要逐步细化,以更好地满足宏观经济管理、社会公众和对外交流工作的需要。

(三)产品及产品分类

产品即货物和服务,是生产活动的成果。产品可以作为其它货物和服务生产的投入,也可以作为最终消费品或投资品。产品根据实际情况又可分为市场货物和服务、为自身最终使用的货物和服务以及非市场货物和服务。

产品分类是按照同质性原则对货物和服务的细分。中国国民经济核算体系根据《统计用产品分类目录》和统计基础情况确定具体的产品分类。

四、核算原则

(一)权责发生制原则

在国民经济核算中,各种交易的记录时间是按照权责发生制原则来确定的,即交易在债权债务发生、转移或取消的时间记录。这一原则适用于各种交易,包括同一机构部门内部的交易。权责发生制原则意味着交易在其实际发生时记录,而不是在相应的收入与支付发生时记录。

(二)估价原则

在国民经济核算中,各种交易、资产和负债的记录价格,遵循以下规定:凡发生货币支付的交易,都按交易双方认定的成交价格,即市场价格来估价;没有发生货币支付的交易,如同一机构单位内部的交易(如自制设备、自给性消费等),按市场上相同货物和服务的市场价格或按所发生的实际成本来估价。一般来说,货物和服务产出按生产者价格估价;

大多数货物和服务的使用(如中间消耗、固定资本形成和最终消费)按购买者价格估价。

（三）四式记账原则

四式记账原则源自会计中的复式记账原则。复式记账原则是指每笔交易同时在至少两个对应的项目中记录。将交易双方各自的复式记账合起来,就是四式记账。

第二节　国内生产总值核算

国内生产总值是按市场价格计算的一个国家所有常住单位在一定时期内生产活动的最终成果。它一方面体现为所有常住单位在生产过程中创造的增加值的总和,另一方面体现为所有常住单位所使用的最终产品价值和净出口的总和。通过国内生产总值核算,可以综合描述经济活动从产品生产到收入形成、最终使用的整个过程。国内生产总值有三种核算方法,即生产法、收入法和支出法。三种方法分别从不同的角度反映国民经济生产活动成果。

一、生产法

生产法是从生产过程中创造的货物和服务价值入手,剔除生产过程中投入的中间货物和服务价值,得到增加价值的一种方法。国民经济各产业部门生产法增加值计算公式如下:

$$增加值=总产出-中间投入$$

将国民经济各产业部门生产法增加值相加,得到生产法国内生产总值。

（一）总产出

总产出指常住单位在一定时期内生产的所有货物和服务的价值,但不包括用于自身生产过程中的固定资产以外的货物和服务,反映常住单位生产活动的总规模。总产出分为市场总产出、为自身最终使用的总产出和非市场总产出。总产出按生产者价格计算。

1. 市场总产出

市场总产出指以有显著经济意义的价格实现的总产出。主要包括:一是以有显著经济意义的价格出售的货物和服务的价值;二是用于交换其他货物、服务或资产的货物或服务的价值;三是用于实物支付(包括实物报酬)的货物或服务的价值;四是准备用于上述某种用途的制成品和在制品存货的变动价值;五是提供货物和服务收取的服务费、运输费、金融资产获得和处置的附加费等。市场总产出按生产者价格估价。

在不同行业,核算市场总产出所采用的方法和指标有所不同。例如:

农林牧渔业总产出采用产品法核算,即按农林牧渔业生产的各种产品的价格乘以产量计算。

工业总产出等于工业总产值。

建筑业总产出等于建筑业总产值。

批发和零售业总产出等于其商业毛利额加上进口税净额。

交通运输、仓储和邮政业,住宿和餐饮业,信息传输、软件和信息技术服务业等行业的总产出等于其营业收入。

金融业总产出的核算方法较为复杂,主要分为以下几种情况:货币金融服务企业总产出等于间接计算的金融中介服务(FISIM)产出加上直接收费的金融服务产出。其中,FISIM 产出采用参考利率法计算。中央银行从事的市场性货币金融服务,总产出也按此方法计算。

资本市场服务总产出等于营业收入扣除投资收益和公允价值变动收益,再加上证券交易印花税。

保险业总产出包括寿险服务总产出和非寿险服务总产出。其中,寿险服务产出等于实收保费加上追加保费(即投资收益),加上寿险准备金的变动,再减去赔付支出;非寿险服务产出等于实收保费加上追加保费,再减去调整后已生赔付,调整后已生赔付可按"期望法"或"会计法"等方法计算。

房地产开发经营业中的房屋销售活动总产出按照房屋销售差价收入计算。

在我国的核算实践中,实施增值税的行业总产出包括应缴增值税。

2. 为自身最终使用的总产出

为自身最终使用的总产出指生产者为自身最终消费或资本形成而留用的产品的价值。主要包括:一是常住单位生产的,并被同一单位消费的货物的价值;二是付酬家政人员为住户提供的服务的价值;三是居民自有住房服务的虚拟价值;四是常住单位生产的,并被同一单位在生产过程中使用的固定资产的价值;五是准备用于上述某一用途的制成品和在制品存货变动价值。

为自身最终使用的总产出应该以这些货物和服务如果在市场上销售所能得到的市场价格来估价。当无法获得可靠的市场价格时,按与其类似的产品价格或其生产成本估价。例如,居民自有住房服务价值按照城镇居民和农村居民分别虚拟计算。其中,城镇居民自有住房服务总产出采用市场租金法计算;农村居民自有住房服务总产出采用成本法计算。

3. 非市场总产出

非市场总产出指由政府或为住户服务的非营利机构生产的,免费或以没有显著经济意义的价格提供给其他机构单位的货物和服务或提供给全社会的公共服务的价值。非市场总产出一般按生产总成本估价。

政府和为住户服务的非营利机构,如公共管理、社会保障和社会组织,其经费支出主要来源于国家财政和其他赞助,或虽然有部分营业收入,但无法弥补自身经营活动成本。这类单位的总产出一般按业务活动支出计算,即等于经常性支出加固定资产折旧。

(二)中间投入

中间投入指常住单位在一定时期内生产过程中消耗和使用的非固定资产货物和服务的价值。中间投入也称为中间消耗,反映用于生产过程中的转移价值,一般按购买者价格计算。计入中间投入的货物和服务必须具备两个条件,一是与总产出的计算范围保持一致;二是本期一次性使用的。在生产过程中所运用的具有耐用性的货物被称为固定资产,它可以在生产中连续或反复使用,其价值是在较长的时期内(一年以上)逐步转移到产品中去,在每一时期,按照固定资产磨损状况所计算的转移价值称为固定资本消耗,也就是通常所说的折旧。中间投入不包括购置的固定资产,也不包括固定资产折旧。能够为所有者带来经济利益的研究与开发支出不作为中间投入,而应计入固定资本形成。

增加值即总产出减去中间投入后的差额,反映一定时期内各产业部门生产经营活动的最终成果。通常,计算增加值时只扣除中间消耗价值,不扣除固定资本消耗,这样得到的增加值叫作总增加值或毛增加值;如果在此基础上再扣除固定资本消耗,所得结果就是净增加值。现实中应用较多的增加值概念是总增加值。

二、收入法

收入法也称分配法,从生产过程形成收入的角度,对常住单位的生产活动成果进行核算。国民经济各产业部门收入法增加值由劳动者报酬、生产税净额、固定资产折旧和营业盈余四个部分组成。计算公式为:

增加值=劳动者报酬+生产税净额+固定资产折旧+营业盈余

国民经济各产业部门收入法增加值之和等于收入法国内生产总值。

劳动者报酬指劳动者从事生产活动所应得的全部报酬,包括各种形式的货币和实物报酬。主要包括工资、奖金、津贴和补贴,单位为其员工交纳的社会保险费、补充社会保险费和住房公积金、行政事业单位职工的离退休金、单位为其员工提供的雇员股票期权及其他各种形式的报酬和福利等。货币报酬包括工资、薪水、加班费、住房公积金、离家外出工作补贴、恶劣环境工作津贴、海外工作津贴、定期支付的住房津贴、上下班交通津贴、休假或因生产暂时中断工作期间的工资、与业绩挂钩的奖金、佣金、小费等。不包括因工作需要搬家的旅费、搬家费或其他相关费用的报销;不包括工具、设备、专门服装或其他工作所需物品支出的报销;不包括单位支付的社会福利,如对子女配偶或家庭的补助、教育补助或其他与被赡养人有关的补助、向因疾病、意外伤害、生育等原因而缺勤的职工支付的工资、向因裁员、失去工作能力、意外死亡等原因而失去工作的职工或其遗属进行的支付等。实物报酬是指雇主免费或以无明显经济意义的价格提供给雇员的货物或服务报酬,包括食品、住房、非工作服的服装、私用车辆、免费旅行、本公司生产的产品、运动娱乐度假设施、班车、托儿所以及股票期权等。

个体经济活动中自雇者的劳动者报酬和营业盈余不易区分,在实际核算中按一定比例进行划分。

在计算劳动者报酬时,需要注意作为劳动者报酬的实物性收入与中间消耗的界限。如果生产单位向从事生产活动的劳动者提供的货物或服务,可以满足劳动者在闲暇时间里的需要,并可改善和提高他们的实际生活水平,同时,其他普通消费者也可以在市场上购买到这些货物和服务,那么这部分货物和服务就属于劳动者的实物收入。生产单位为了生产能正常进行,为劳动者购买的货物和提供的服务,如因特殊工作需要提供的服装或鞋,因公出差提供的运输和旅馆服务费用等,属于中间投入。

生产税净额指生产税减生产补贴后的差额。生产税指政府对生产单位从事生产、销售和经营活动以及因从事生产活动使用某些生产要素,如固定资产、土地、劳动力等,所征收的各种税、附加费和规费。生产税分为产品税和其他生产税,产品税主要有:增值税、消费税、进口关税、出口税等;其他生产税主要有:房产税、车船使用税、城镇土地使用税等。生产补贴是政府为了影响生产单位的生产水平和产品价格水平,根据企业的生产活动水平或企业生产、销售、进口的货物或服务的数量或价值,对企业做出的现期无偿支付。生产补贴包括外贸企业出口退税、企业亏损补贴、政策性亏损补贴、进出口产品补贴、工资或劳动力补贴、减少污染补贴等。生产补贴不包括政府对生产单位固定资产投资的补助,也不包括对消费者的转移支付。生产补贴与生产税相反,是政府对生产单位单方面的转移支付,因此视为负生产税处理。

固定资产折旧指一定时期内为弥补固定资产损耗按照核定的固定资产折旧率提取的固定资产折旧,或按国民经济核算统一规定的折旧率虚拟计算的固定资产折旧。它反映了固定资产在当期生产中的转移价值。各种类型企业和企业化管理的事业单位的固定资产折旧指实际计提的折旧费;不计提折旧的单位,如政府机关、非企业化管理的事业单位和居民住房的固定资产折旧则是按照统一规定的折旧率和固定资产原值计算的虚拟折旧。原则上,固定资产折旧应按固定资产的重置价值来计算,但是我国目前尚不具备对全社会固定资产进行重估价的基础,所以暂时只能采用上述方法来计算。

营业盈余指常住单位创造的增加值扣除劳动者报酬、生产税净额和固定资产折旧后的余额。

三、支出法

支出法国内生产总值是从最终使用的角度反映一个国家一定时期内生产活动最终成果的一种方法。最终使用包括最终消费支出、资本形成总额及货物和服务净出口三部分,计算公式为:

支出法国内生产总值=最终消费支出+资本形成总额+货物和服务净出口

(一)最终消费支出

最终消费支出指常住单位为满足物质、文化和精神生活的需要,从本国经济领土和国外购买的货物和服务的支出。它不包括非常住单位在本国经济领土内的消费支出。

最终消费支出按支出主体分为居民消费支出、政府消费支出和为住户服务的非营利机构消费支出。

居民消费支出指常住住户在一定时期内对于货物和服务的全部最终消费支出。居民对于货物的最终消费支出在货物的所有权发生变化时记录,对于服务的最终消费支出在服务提供时记录。居民消费按居民支付的购买者价格计算,货物的购买者价格是购买者取得交货所支付的价格,它包括购买者支付的运输和商业费用。居民消费除了直接以货币形式购买的货物和服务的消费支出外,还包括以其他方式获得的货物和服务的消费支出,即所谓的虚拟消费支出。居民虚拟消费支出包括如下几种类型:单位以实物报酬及实物转移的形式提供给劳动者的货物和服务;住户生产并由本住户消费了的货物和服务,其中的服务仅指住户的自有住房服务和付酬的家庭雇员提供的家庭和个人服务;金融机构提供的金融媒介服务;保险公司提供的保险服务。应该指出的是,居民消费支出与社会消费品零售总额之间既有区别,又有联系。社会消费品零售总额是指国民经济各行业直接售给居民住户和社会集团的消费品总额,因此居民消费支出与社会消费品零售总额的联系主要表现为居民消费中的商品性消费与社会消费品零售总额中对居民的消费品零售额的关系,后者中的大部分直接构成居民的商品性消费支出。居民消费支出与社会消费品零售总额的主要区别是:第一,居民消费支出不仅包括居民对货物的最终消费支出,还包括对服务的最终消费支出,社会消费品零售总额仅限于消费品(货物)和餐饮服务,不包括除餐饮服务外的其他服务;第二,居民消费支出包括住户以实物报酬和实物转移方式获得的货物和服务以及其他虚拟消费支出,社会消费品零售总额只包括以货币形式实现的商品交易;第三,居民消费支出仅限于我国常住住户的最终消费支出,社会消费品零售总额中还包括在我国境内非常住住户所购买的消费品;第四,社会消费品零售总额中包括售给机关、团体、学校、部队、企业、事业单位等社会集团的各种办公用品及公用消费品,居民消费支出中不包括这部分商品;第五,社会消费品零售总额中包括居民住户购买的建房用建筑材料,居民消费支出不包括。政府消费支出指广义政府部门承担的公共服务支出、个人消费货物和服务支出。其中,公共服务支出主要包括国家安全和国防、行政管理、维护社会秩序和环境保护等方面的支出,它等于政府服务的产出价值减去政府机构有偿提供服务所获收入的差额。政府承担的个人消费货物和服务支出主要包括政府在医疗卫生、养老、教育、文化娱乐和社会保障等方面的支出,等于政府部门免费或以没有显著经济意义的价格向居民提供的货物和服务市场价值减去向居民收取的费用。

为住户服务的非营利机构消费支出指为住户服务的非营利机构承担的个人消费性货物和服务支出,以及可能的公共消费性服务支出,如为住户提供的医疗卫生、教育、文化娱乐、体育等货物和服务。

(二)实际最终消费

实际最终消费分为居民实际最终消费、政府实际最终消费和为住户服务的非营利机构实际最终消费,反映居民、政府和为住户服务的非营利机构真实消费水平。

居民实际最终消费指常住住户获得的用于消费的货物和服务价值,它等于居民自身承担的消费性货物和服务支出加上政府部门和为住户服务的非营利机构以实物社会转移形式向居民提供的消费性货物和服务支出。

政府实际最终消费指广义政府部门向全社会提供的公共服务的价值,它等于政府最终消费支出减去以实物社会转移形式向居民提供的消费性货物和服务支出。

为住户服务的非营利机构实际最终消费指为住户服务的非营利机构向全社会提供的公共服务价值,它等于其自身最终消费支出减去以实物社会转移形式向居民提供的消费性货物和服务支出。

实物社会转移指政府和为住户服务的非营利机构免费或以没有显著经济意义的价格向居民提供消费性货物和服务的支出。它包括两个部分:一是政府或为住户服务的非营利机构免费或以没有显著经济意义的价格提供给居民的非市场产出,如政府提供的义务教育服务;二是政府或为住户服务的非营利机构从市场购买然后再免费或以没有显著经济意义的价格提供给居民的消费性货物和服务,如政府通过社会保险计划采购药品提供给居民。

（三）资本形成总额

资本形成总额是指常住单位在核算期内通过交易形成的生产资产积累,包括固定资本形成总额、存货变动和贵重物品获得减处置。

固定资本形成总额指生产者获得减处置的固定资产价值,加上附着于非生产资产价值上的某些特定支出,如所有权转移费用。固定资产是生产活动生产的,在生产活动中使用一年以上、单位价值在规定标准以上的资产,不包括自然资产、耐用消费品、小型工器具。固定资本形成总额包括住宅、其他建筑和构筑物、机器和设备、培育性生物资源、知识产权产品的获得减处置和非生产资产所有权转移费用等。其中,知识产权产品中的研究与开发仅限于能够为所有者带来经济利益的部分。固定资本形成总额按购买者价格计算,在所有权发生变化时记录。需要指出的是,固定资本形成总额与全社会固定资产投资完成额不完全是一回事,在实践中有人常将两者混为一谈。全社会固定资产投资完成额是指以货币表现的,在一定时期内全社会建造和购置固定资产的工作量以及与此有关的费用的总称,它是我国计算固定资本形成总额的基本资料来源,但由于统计范围所限,一方面投资完成额中包括购买的旧建筑、旧设备的价值和建设用地费等,因它们不是核算期内所增加的固定资产(如购买的旧建筑、旧设备)或者不符合固定资产的定义(如土地),计算固定资本形成总额需要将它们扣除;另一方面有些固定资本形成未纳入全社会固定资产投资完成额统计,需要加以补充计算,主要有:(1)总投资500万元以下的建设项目完成的投资;(2)武器系统;(3)商品房销售增值形成的固定资产;(4)包括矿藏勘探费、计算机软件和研发支出在内的知识产权产品;(5)未经过正式立项的土地改良费用;(6)经济林木生长和大牲畜增重形成的固定资产。

存货变动指常住单位在一定时期内存货实物量变动的市场价值,即期末价值减期初价值的差额,再扣除当期由于价格变动而产生的持有收益。存货变动可以是正值,也可以是负值,正值表示存货上升,负值表示存货下降。存货包括生产单位购进的原材料、燃料和储备物资等存货,以及生产单位生产的产成品、在制品和半成品等存货。

贵重物品主要包括用于投资的贵金属、宝石、古董和其他贵重物品。贵重物品获得减处置是指贵重物品持有者获得的贵重物品减处置的贵重物品后的价值。贵重物品应按市场交易价格估价,同时也要计入交易活动所产生的所有权转移费用。

（四）货物和服务净出口

货物和服务净出口指货物和服务出口减货物和服务进口的差额。出口包括常住单位向非常住单位出售或无偿转让的各种货物和服务的价值;进口包括常住单位从非常住单位购买或无偿得到的各种货物和服务的价值。由于服务活动的提供与使用同时发生,一般把常住单位从非常住单位得到的服务作为进口,非常住单位从常住单位得到的服务作为出口。货物的出口和进口都按离岸价格计算。应该指出的是,支出法核算中的货物和服务进出口与海关统计的进出口总额是有差别的,进出口总额是计算支出法 GDP 中净出口的重要依据,但两者不完全相同,其差异是:第一,范围不同。支出法 GDP 中的进出口既包括货物的进出口,也包括服务的进出口;海关的进出口总额只包括货物的进出口;第二,价格不同。支出法 GDP 中货物出口和进口价值都按离岸价格计算(服务出口和进口价值按交易发生时的市场价格计算);进出口总额中的进口按到岸价格计算,出口按离岸价格计算;第三,划分进出口的依据不同。支出法 GDP 中的进出口以常住单位与非常住单位发生的货物和服务交易为依据,海关进出口统计以货物进出口国境为依据。因此,支出法 GDP 中的出口包括非常住单位在我国境内购买的货物,进口包括常住单位在国外购买的货物;海关的进出口总额则不包括上述货物。

四、不变价 GDP 核算

不变价国内生产总值是按基期价格计算的国内生产总值。由于消除了价格变动因素,两个不同时期的不变价国内生产总值相比较,可以反映我国所有常住单位生产活动最终成果的实际变动。

不变价国内生产总值可分别按分行业增加值和最终使用进行核算。

(一)分行业不变价增加值核算

分行业不变价增加值核算主要采用价格指数缩减法和物量指数外推法。将各行业不变价增加值加总,得到分行业计算的不变价国内生产总值。

价格指数缩减法(简称缩减法)是利用价值量等于物量乘以价格这样一种数量关系,用价格指数对按现价核算的价值量进行价格缩减,得到按不变价核算的价值量。缩减法分为双缩法和单缩法,双缩法是利用总产出价格指数和中间投入价格指数分别缩减现价总产出和现价中间投入,得到不变价总产出和不变价中间投入,再以不变价总产出减去不变价中间投入得到不变价增加值。单缩法假定总产出与中间投入保持相同的价格变化幅度,一般是直接利用总产出价格指数缩减现价增加值,求得不变价增加值。

物量指数外推法(简称外推法)是在基期价值量的基础上,利用物量指数推算出按基期价格计算的核算期价值量,即不变价价值量。外推法分为双外推法和单外推法。双外推法是在基期价格计算的总产出和中间投入的基础上,分别采用总产出和中间投入的物量指数推算出核算期不变价总产出和不变价中间投入,然后以不变价总产出减不变价中间投入得到不变价增加值。单外推法假定总产出与中间投入保持相同的物量变化幅度,一般是利用按基期价格计算的增加值和产出物量指数,直接推算出核算期不变价增加值。

不同行业不变价增加值根据可以获得的基础资料,选择适当的核算方法。例如,工业不变价增加值利用工业生产者出厂价格指数缩减工业现价增加值得到;建筑业不变价增加值利用建筑安装工程价格指数缩减建筑业现价增加值得到;居民服务、修理和其他服务业不变价增加值利用居民消费价格指数中的服务项目价格指数缩减其现价增加值得到;教育不变价增加值利用居民消费价格指数中的教育类价格指数缩减其现价增加值得到;交通运输和邮政业不变价增加值主要利用客货运周转量和邮政业务总量等物量指数外推基期增加值得到。

（二）不变价最终使用核算

不变价最终使用核算主要采用价格指数缩减法，即利用相应的价格指数缩减现价居民消费支出、政府消费支出、固定资本形成总额、存货变动、货物和服务进出口等支出项，得到各项不变价支出，再将各项不变价支出加总得到不变价支出法国内生产总值。其中，不变价居民消费支出主要利用居民消费价格指数及其分类指数缩减；不变价政府消费支出综合利用人均工资指数、居民消费价格指数和固定资产投资价格指数缩减；不变价固定资本形成总额主要利用固定资产投资价格指数等缩减；不变价货物和服务净出口利用出口和进口价格指数分别缩减出口和进口总额，然后求差得到。

现价国内生产总值与不变价国内生产总值之比，称为国内生产总值缩减指数。国内生产总值缩减指数本质上是一种隐含的价格指数，反映国内生产总值内在的价格变化。

五、国民总收入

国内生产总值是衡量宏观经济总量的最重要指标，但不是唯一的指标。除此以外，还有一些在特定含义下定义的总量指标，其中应用最多的就是国民总收入（或国民生产总值）。

国内生产总值反映了一时期一国各常住单位的生产成果，即在此期间生产活动所创造的价值。但是，创造价值并不一定获得价值，一国创造的价值总量和该国获得的收入总量不一定相等，因为，其间存在着该国与国外之间的收入分配行为。国民总收入就是这样的反映一国与国外收入初次分配结果的总量指标，从国内生产总值到国民总收入，其计算公式为：

国民总收入（GNI）= GDP+（来自国外的要素收入−支付国外的要素收入）

　　　　　　　　= GDP+国际收支平衡表中经常账户下初次收入贷方减借方的差额

国际收支平衡表中经常账户下初次收入包括雇员报酬、投资收益和其他初次收入。其中，投资收益包括直接投资的利润、利息收入和再投资收益、证券投资收益（股息、利息等）和其他投资收益（利息）。雇员报酬指我国个人在国外工作（一年以下）而得到并汇回的收入以及我国支付在华外籍员工（一年以下）的工资福利。其他初次收入包括租金、产品和生产的税收和补贴。

不变价 GNI 利用"GDP 缩减指数"缩减现价 GNI 得到。

六、GDP 的分析应用

利用 GDP 统计数据，可以进行一系列统计分析。

（一）经济增长率的计算与分析

经济增长在理论上是指国民经济生产总量的增长。如前所述，衡量一时期经济产出总量的代表性指标是国内生产总值，因此经济增长率应该是报告期国内生产总值增量与基期国内生产总值的动态比率，即：

$$经济增长率 = \frac{报告期\,GDP - 基期\,GDP}{基期\,GDP} \times 100\%$$

各时期国内生产总值的大小是该时期价格水平与生产物量水平两个因素的共同结果,因此,国内生产总值从基期水平到报告期水平的动态变化可以归结为两方面的原因:价格水平的变化和生产物量的变化。计算经济增长率的目的是测度生产物量的变化,因此,不能简单地用基期和报告期的国内生产总值相比,而是要先计算报告期可比价国内生产总值,意指价格保持在基期水平上从而与基期可比的报告期国内生产总值,然后再进行比较。

由于采用的基期不同,GDP 增长速度分定基增长速度和环比增长速度两种。定基增长速度是从某一固定基期至报告期累积增长量对基期发展水平之比,表明 GDP 在这一时期内的增长速度。环比增长速度是逐期增长量对前一期发展水平之比,表明 GDP 逐期增长的速度。应该指出的是,定基增长速度不等于环比增长速度的连乘积。如果要由环比增长速度计算定基增长速度,必须先将环比增长速度转化为环比发展速度(即环比增长速度+1)再连乘,然后将所得结果再减 1。

目前在许多发达国家中经常公布季度 GDP 的环比增长率以及环比折年率数据,所谓季度 GDP 环比增长率是指经季节调整后的本季可比价季度 GDP 与上季可比价 GDP 增长率之比减 1,环比折年率是指将某季环比增长率(q)通过一定方式折算成年度增长率,计算公式为$(1+q)^4 - 1$。我国在 2015 年 3 季度以前实行 GDP 累计核算,2015 年 3 季度开始由累计核算改为分季核算。从 2011 年 1 季度开始国家统计局向全社会发布季度 GDP 环比增长率数据。

根据经济增长率的详细资料,可以进一步计算各产业部门、各需求成分对经济增长的贡献率及拉动点数。所谓各产业或各需求成分对经济增长的贡献率,就是为各产业增加值或各需求成分的不变价增量占 GDP 不变价增量的比重,将各产业或各需求成分对经济增长的贡献率乘以经济增长率(在我国以生产法 GDP 增长率为准)就可得到各产业或各需求成分拉动经济增长的百分点数。

有时我们需要计算一段时期各产业或各需求成分对经济增长的贡献率和拉动点数,此时又要区分两种情况,一种是该时期落在同一不变价的区间内,另一种是该时期落在几个不同的不变价区间内。在第一种情况下,即该时期落在同一不变价的区间内(新中国成立以来已有 1952、1957、1970、1980、1990、2000、2005、2010 和 2015 年 9 个不变价基年),此时各产业不变价增加值之和或各不变价需求成分之和等于不变价 GDP。此时,我们分别计算出在此期间内每年各产业或需求成分的贡献率,然后对整个时期进行简单算术平均,就可得到该时期内各产业或需求的平均贡献率,然后再用该平均贡献率乘以该时期经济平均增长率便可得到其拉动经济增长的百分点数。在第二种情况下,首先在各个不变价的区间内分别计算出每年不同产业或需求成分的贡献率,然后对整个时期进行简单算术平均,得到该时期内不同产业或需求的平均贡献率,然后再用该平均贡献率乘以该时期经济平均增长率便可得到其拉动经济增长的百分点数。

(二)产业结构的计算与分析

产业结构是指国民经济生产中不同产业的构成情况。伴随经济发展,产业结构是不断演变的,在不同经济发展阶段上,产业结构会呈现出不同的状态。因此,国民经济统计比较重视产业结构的计算和分析。

计算产业结构的数据基础是各产业以及整个国民经济的产出统计资料,计算方法是以各产业的产出总值除以国民经济产出总值。所使用的产出指标可以是总产出,也可以是增加值,由于总产出在不同部门之间重复计算,因此,为避免重复计算的干扰,一般是以各产业增加值占国内生产总值的比例表示国民经济产业结构。

配第—克拉克定理是研究产业结构演变规律的重要学说,该定理认为,随着经济的发展,第一产业的就业比重将不断下降,而第二产业和第三产业的比重将不断上升。库茨涅兹等人对产业结构演变进行了更深入的探讨,发现这一定理的前半部分是正确的,但后半部分则呈现不同情况,具体来说,第二产业的产值比重会上升,但就业比重则大体不变或略有上升,第三产业正好相反,就业比重会上升,但产值比重则大体不变或略有上升。

(三)最终使用结构的统计分析

国内生产总值支出法的原理,当期生产的最终产品有三个使用去向:最终消费、资本形成、净出口。最终消费是对当期生活需求的满足;资本形成则体现了投资积累,可以增加资产,使下一时期的生产可以在扩大的规模上进行。和当期消费相比,资本形成代表了被延迟的消费,在产出总量一定、净出口相对稳定情况下,二者具有此消彼长的关系。因此,如何处理最终消费和资本形成之间的关系,是国民经济管理中的一个重要课题。

为反映最终消费与资本形成的关系,首先要以国内生产总值为基础,计算最终消费和资本形成各自所占比例,一般分别称其为最终消费率和资本形成率,即:

$$最终消费率=最终消费支出/国内生产总值×100\%$$
$$资本形成率=资本形成总额/国内生产总值×100\%$$

运用这些比例,可以进行动态分析,研究二者比例的合理界限;也可以做静态比较分析,通过不同国家、地区的比较,分析其比例的差异。在不同国家,受各种因素影响,上述两个比例的水平会有很大差异。在中国,几十年来一直保持着比较高的投资比例,高投资率构成我国经济持续高速增长的一个重要特点。

(四)以国内生产总值为基础的国际比较

国际比较是国民经济统计的重要内容。尽管可以在许多方面进行国际比较,但最引人注目的是以国内生产总值为基础所进行的比较,通过比较,可以在总体上说明一国经济与其他国家经济之间的差异,作为经济发展水平、国民富裕水平等方面判断的依据。

各国国内生产总值都是采用本国货币为计量单位的,因此,国内生产总值的国际比较肯定不是各国公布数据的直接对比,而是要考虑不同国家货币之间购买力的差别。只有消除了这样的差别,比较的结果才能真正体现出一国与它国之间在经济总量水平以及经济发展水平上的差异和特点。如何消除该差别并实现国内生产总值的国际比较?国际上形成了两种方法。

一是汇率法。其基本思路是:将各国用本国货币计算的国内生产总值按汇率换算为共同货币单位(一般是美元),而后进行各国 GDP 或人均 GDP 的比较。由于汇率是两国间货币的兑换比例,比如 1 美元可兑换 6.33 元人民币,1 英镑可兑换 1.39 美元,用汇率对不同国家的 GDP 进行换算,即可解决国际比较中因不同货币单位而出现的 GDP 数据不可比问题。实际应用中可以直接采用官方汇率,也可以按进口和出口汇率的平均数,如果希望消除汇率波动的影响,则可采用较长时间(比如三年)内汇率的平均数。

二是购买力平价法。即先确定两个国家之间的购买力平价,据此调整国内生产总值,实现两国之间的比较。所谓购买力平价(purchasing power parity,简称 PPP),是指在基准国一单位货币所能购买的商品数量在对比国购买时所需要花费的该国货币的数额,通俗来说,就是基准国单位货币相当于比较国货币的数量。比如,如果针对所选定货物而言,它在中国的价格为 10 元人民币,在美国为 5 美元,也就是说,在美国,1 美元可以买到 0.2 个单位的商品,但这 0.2 个单位的商品在中国则需要花费 2 元人民币。由此可以计算出,对应于所选定货物,人民币对美元的购买力平价为 2(即:2.00/1.00 = 2)。就是说,对于所选定货物而言,2 元人民币与 1 美元的购买力是相同的。实际上,购买力平价就是用两国货币表示的价格比率(简称比价),即价格的静态比较指数。

两种方法各有优缺点。汇率法最大的优点是计算简单、成本低和时效性强,缺点是只能代表一国货币在国际市场上的购买力,并不能代表它在国内市场上的购买力,另外它因众多因素的影响稳定性较差。影响汇率的因素除了国际收支、国际金融市场、经济增长等主要因素外,还有政治形势、社会风尚、心理预期以及投机等因素。购买力平价法的优点是能代表一国货币在国内和国际市场上的购买力,但其自身也存在一些明显不足。主要表现在:一是该方法不可能比较所有的货物和服务,而只能选择部分代表规格品;二是该方法没有考虑各国产品和服务的质量差异;三是市场价格扭曲可能对该方法准确性产生一定的影响。世界各国的市场化程度是大不相同的,只要不是完全竞争性的市场,就会在不同程度上存在价格扭曲,特别是在转轨国家这种价格扭曲更明显。在这种情形下,使用市场价格评估产品难以真实反映其内在价值,这就使 GDP 的国际比较具有一定程度的虚假性;四是该方法计算复杂、成本较高、时效性较差。在实际应用中,汇率法与购买力平价法的结果存在着较大的差异。总的说来,发达国家的 GDP 按汇率法的换算结果大于按购买力平价法换算的结果,但两者的差距并不大,而发展中国家则与之相反,且两者的差距较大。一般说来,汇率法具有马太效应,即有低估发展中国家 GDP 而高估发达国家 GDP 的现象;购买力平价法则具有逆马太效应,即高估发展中国家 GDP 而低估发达国家 GDP 的现象。例如,根据世界银行提供的资料,若按汇率法计算,2016 年中国的 GDP 为 111991 亿美元,人均 GDP 为 8123 美元,分别排在世界的第 2 位和第 68 位;若按购买力平价法计算,2016 年中国的 GDP 为 214094 亿国际元,人均 GDP 为 15529 国际元,GDP 总量位居世界第 1 位。

随着国际比较项目(ICP)研究的深入,汇率法逐渐失去了在国际经济比较中的主导地位,但这并不意味在实际应用中购买力平价法就一定优于汇率法。实际上,在国际比较中每种方法都有自己的适用条件,目前尚不存在一种绝对最优的方法。ICP 在克服汇率法缺陷的同时又产生了新的缺陷,这也是 ICP 经过几十年的发展仍未得到世界各国的广泛应用的重要原因,购买力平价法要完全取代汇率法还需要相当长的时间。

第三节 投入产出核算

投入产出核算是中国国民经济核算体系的一个重要组成部分。投入产出表是反映、研究和分析社会再生产过程中各领域(生产、分配、交换、消费)之间、国民经济各部门之间及其与国际间的经济技术联系的主要方法之一。它体现了社会总供给与总需求,国民收入分配、产业结构、积累与消费、中间产品与最终产品等国民经济重要比例关系等,是加强国民经济综合平衡,提高宏观管理水平,加速经济决策科学化的重要工具。

一、投入产出表

投入产出表以矩阵形式,描述国民经济各部门在一定时期(通常为一年)生产中的投入来源和产出使用去向,揭示国民经济各部门间相互依存、相互制约的数量关系,同时,它将生产法、收入法、支出法国内生产总值结合在一张表上,细化了国内生产总值核算。

(一)基本结构

投入产出表由供给表、使用表和产品部门×产品部门表组成。供给表又称产出表,主栏为 n 个产品部门,宾栏为 m 个产业部门,沿行方向看,反映属于某一产品部门的货物或服务是由哪些产业部门生产的,合计为属于该产品部门的货物或服务的总产出;沿列方向看,反映某一产业部门生产各产品部门货物或服务的价值量,合计为该产业部门总产出。全部产业部门总产出等于全部产品部门总产出。通常产品部门个数多于产业部门个数。按生产者价格计算的总供给等于按生产者价格计算的总产出与进口之和;按购买者价格计算的总供给等于按生产者价格计算的总供给与商业和运输费用之和。

使用表又称投入表,通常由三部分组成,第一部分的主栏包括 n 个产品部门,宾栏包括 m 个产业部门。沿行方向看,表明各产品部门生产以及从国外进口货物或服务提供给各产业部门使用的价值量,沿列方向看,表明各产业部门从事生产活动所消耗各产品部门生产以及从国外进口货物或服务的价值量。第二部分是第一部分在水平方向上的延伸,其主栏与第一部分相同,也是 n 个产品部门,其宾栏由最终消费、资本形成总额、出口等最终使用项组成,它反映各产品部门生产以及从国外进口货物或服务用于最终使用的价值量及其构成;第三部分是第一部分在垂直方向上的延伸,其主栏由劳动者报酬、生产税净额、固定资产折旧和营业盈余等增加值项组成,宾栏与第一部分的宾栏一致,也是 m 个产业部门,它反映各产业部门增加值的构成情况。

产品部门×产品部门表,形式上与使用表相似,也是由三部分组成,第一部分是由名称相同、排列次序相同、数目一致的 n 个产品部门纵横交叉而成的,其主栏为中间投入、宾栏为中间使用,它充分揭示了国民经济各产品部门之间相互依存、相互制约的技术经济联系,反映了国民经济各部门之间相互依赖、相互提供劳动对象供生产和消耗的过程。沿行方向看,反映第 i 产品部门生产的货物或服务提供给第 j 产品部门使用的价值量;沿列方向看,反映第 j 产品部门在生产过程中消耗第 i 产品部门生产的货物或服务的价值量。第二部分是第一部分在水平方向上的延伸,其主栏与第一部分的主栏相同,也是 n 个产品部门;其宾栏由最终消费、资本形成总额、出口等最终使用项组成。它反映各产品部门生产的货物或服务用于各种最终使用的价值量及其构成。第三部分是第一部分在垂直方向上的延伸,其主栏由劳动者报酬、生产税净额、固定资产折旧和营业盈余等增加值项组成;宾栏与第一部分的宾栏相同,也是 n 个产品部门,它反映各产品部门增加值的构成情况。

投入产出表中有一些基本的总量平衡关系,具体归纳如下:

$$总投入 = 总产出$$
$$中间投入 + 增加值 = 总投入$$
$$中间使用 + 最终使用 = 总产出 + 进口$$
$$增加值合计 = 国内生产总值 = 最终使用合计 - 进口合计$$

需要特别指出的是,在总产出与总投入之间具有平衡关系,不仅一个经济总体的总投入等于其总产出,而且在单个部门层次上总投入也等于其总产出。但是,尽管第Ⅱ象限和第Ⅲ象限在总计上具有平衡关系,即最终产品总量等于增加值总量,却不能在单个部门层次建立这样的平衡关系,即某部门的增加值一般不等于该部门的最终产品。

(二)部门分类

在投入产出核算中,部门分类包括产品部门分类和产业部门分类两种。

产品部门分类是指供给表和使用表主栏以及产品部门×产品部门表主栏和宾栏所采用的部门分类。产品部门分类遵循同质性原则,即消耗结构相同、生产工艺技术相同和经济用途相同的原则。一个产品部门就是满足上述同质性原则的同类产品组成的产品群。但在实际操作中同一产品部门的货物或服务往往不能同时满足三个条件,而只能满足其中一个或两个条件。

产业部门分类是指供给表宾栏和使用表宾栏所采用的部门分类。产业部门由一组从事相同或相似活动的产业活动单位组成,产业活动单位从事的主要活动的增加值远远大于其他非主要活动的增加值。我国的现行统计是以企业为调查对象的,还不具备按产业部门进行分类的条件,在投入产出核算中使用行业分类代替产业部门分类。

(三)基本编表方法

1. 供给表的编制方法

供给表从行向看,反映某一产品部门的货物和服务是由哪些产业部门生产的,由总产出、进口、不可抵扣增值税、运输费用和商业毛利等部分组成。从列向看,反映某一产业部门生产的各产品部门货物和服务价值量。

产品部门总产出主要依据各专业统计提供的产值或营业收入等数据,按生产者价格计算。进口包括货物进口和服务进口。货物进口利用海关商品进出口统计资料按到岸价格计算,服务进口利用国际收支平衡表中相应数据按发生时的价格计算,同时为避免重复计算,对运费和保险费进行了相应的处理。进口税(不含增值税)和不可抵扣的增值税,根据海关总署和税务财政部门的有关行政记录计算。商业毛利和运输费用根据相应部门的产出和调查得到的运输费率和商业毛利率计算。

按照经济所有权原则,以来料加工贸易方式进口的商品不作为货物的进口。

2. 使用表的编制方法

使用表的编制方法有直接编制法和间接推导法两种。

直接编制法根据产品调查和成本费用调查等基础统计资料,直接计算出各产业部门的中间投入及构成和增加值及构成;根据住户调查、财政决算资料、投资和进出口资料等,直接计算出居民消费支出、政府消费支出等最终使用构成项目。

间接推导法根据供给表、投入产出表和使用表之间的相互关系,利用供给表和投入产出表,在一定的假定条件下,采用数学方法推导出使用表。间接推导法有两个假定条件:一是产品工艺假定,即假定同一种产品不管由哪个产业部门生产,都具有相同的投入结构;二是产业部门工艺假定,即假定同一产业部门不论生产何种产品,都具有相同的投入结构。在推导时,根据实际情况,对有的产业部门采用产品工艺假定,有的采用产业部门工艺假定。

按照经济所有权原则,来料加工贸易出口的商品不作为货物的出口,仅把加工费记录为服务的出口。

3. 投入产出表的编制方法

与使用表的编制方法类似,投入产出表也有直接编制法和间接推导法两种编制方法。

直接编制法根据投入产出调查资料,企业生产的各种货物或服务按性质直接划归到所属的投入产出产品部门,利用调查的中间投入构成和增加值构成,结合最终使用等资料直接编制出投入产出表。

间接推导法利用供给表和使用表,依据产品工艺假定和产业部门工艺假定,采用数学方法推导出投入产出表。

(四)基本系数

1. 直接消耗系数的定义及其计算方法

直接消耗系数,也称为投入系数,是指在生产经营过程中第 j 产品(或产业)部门的单位总产出所直接消耗的第 i 产品部门货物或服务的价值量,将各产品(或产业)部门的直接消耗系数用表的形式表现出来,就是直接消耗系数表或直接消耗系数矩阵,通常用字母 A 表示。直接消耗系数的计算方法为:用第 j 产品(或产业)部门的总投入去除该产品(或产业)部门生产经营中所直接消耗的第 i 产品部门的货物或服务的价值量,用公式表示为:

$$A_{ij} = \frac{X_{ij}}{X_j}(i,j = 1,2,\cdots,n)$$

2. 完全消耗系数

完全消耗系数是指第 j 产品部门每提供一个单位最终使用时,对第 i 产品部门货物或服务的直接消耗和间接消耗之和。将各产品部门的完全消耗系数用表的形式表现出来,就是完全消耗系数表或完全消耗系数矩阵,通常用字母 B 表示。完全消耗系数是在直接消耗系数的基础上计算得到的,利用直接消耗系数矩阵 A 计算完全消耗系数矩阵的公式为:

$$B = (I - A)^{-1} - I$$

式中的 I 为单位矩阵。

二、投入产出表表式

表 3-1　供给表

产品部门＼产业部门	产业部门 1	…	产业部门 j	…	产业部门 n	产品部门总产出（生产者价格）	进口（到岸价）	进口税	按生产者价格计算的总供给	不可抵扣的增值税	商业毛利和运输费用	按购买者价格计算的总供给
产品部门 1												
⋮⋮												
产品部门 i												
⋮⋮												
产品部门 n												
产出合计												

205

表 3-2　使用表

		中间使用			最终使用								总使用（购买者价格）
					最终消费支出			资本形成总额					
产业部门 产品部门		产业部门1	…	产业部门n	中间使用合计	居民消费支出	政府消费支出	合计	固定资本形成总额	存货变动	合计	出口	最终使用合计	
中间投入	产品部门1 ⋮ ⋮ 产品部门n	第Ⅰ象限				第Ⅱ象限								
	合　计													
增加值	劳动者报酬 生产税净额 固定资产折旧 营业盈余	第Ⅲ象限												
	合　计													
总投入 (生产者价格)														

表 3-3　投入产出表

（产品部门×产品部门表）

投入＼产出		中间使用			最终使用								进口	总产出
					最终消费支出			资本形成总额						
		产品部门1	...	产品部门n	中间使用合计	居民消费支出	政府消费支出	合计	固定资本形成总额	存货变动	合计	出口	最终使用合计	
中间投入	产品部门1 : : 产品部门n	第Ⅰ象限				第Ⅱ象限								
	中间投入合计													
增加值	劳动者报酬 生产税净额 固定资产折旧 营业盈余	第Ⅲ象限												
	合　计													
总投入														

第四节　资金流量核算

资金流量核算反映一定时期内各机构部门的收入分配和使用、资金筹集和运用等情况,其核算内容覆盖了整个国民经济运行过程以及相伴随的金融活动。

一、基本结构

资金流量核算即编制资金流量表,包括非金融交易表和金融交易表。非金融交易表以增加值和净出口为起点,全面记录机构部门之间的收入分配、收入使用以及非金融投资过程。金融交易表全面记录各部门通过金融交易提供、获得的资金,显示资金在部门之间的流动状况。非金融交易表和金融交易表通过"净金融投资"相连接。

资金流量表在形式上采用交易项目×机构部门的矩阵结构。主栏按交易项目及平衡项目分列,宾栏按机构部门分列。每个机构部门分列两栏,"运用"栏记录各部门应付的资金(流出),即非金融交易下的支出、金融交易下的金融资产净获得;"来源"栏记录各部门应收的资金(流入),即非金融交易下的收入、金融交易下的负债净增加。

二、基本指标

(一)非金融交易表

非金融交易表记录各机构部门间发生的非金融交易往来及其结果,内容覆盖收入分配、使用过程以及非金融投资过程。其中,收入分配包括初次分配和再分配。

1. 收入初次分配

收入初次分配指生产活动创造的价值在参与生产活动的生产要素所有者及政府之间的分配。生产要素主要包括劳动力、资本和自然资源。劳动力所有者因提供劳动而获得劳动者报酬;资本所有者因提供资本而获得不同形式的收入,如借贷资本所有者获得利息收入,股权所有者获得红利或参与利润分配;自然资源所有者因出让自然资源使用权而获得地租。政府因国家管理需要对生产活动或生产要素征收生产税,同时也因扶持有关生产活动而支付生产补贴。

收入初次分配过程包括劳动者报酬、生产税净额、财产收入等交易项目。各机构部门向劳动者支付劳动者报酬,形成住户部门的劳动者报酬收入;国内各机构部门缴纳的生产税净额形成广义政府部门的生产税净额收入;财产收入主要包括投资收入和地租,金融资产所有者将其资产交由其他机构单位支配时,获得利息、红利等投资收入,自然资源所有者将自然资源交由其他机构单位支配时,获得地租收入。

收入初次分配的结果形成国内各个机构部门的初次分配总收入,国内各部门的初次分配总收入之和等于国民总收入(GNI)。

相关指标及关系如下:

非金融企业部门和金融机构部门初次分配总收入
　　=该部门增加值-应付劳动者报酬-应付生产税净额
　　　+应收财产收入-应付财产收入

广义政府部门初次分配总收入
　　=该部门增加值-应付劳动者报酬-应付生产税净额+应收生产税净额
　　　+应收财产收入-应付财产收入

为住户服务的非营利机构部门初次分配总收入
　　=该部门增加值-应付劳动者报酬-应付生产税净额
　　　+应收财产收入-应付财产收入

住户部门初次分配总收入
　　=该部门增加值+应收劳动者报酬-应付劳动者报酬-应付生产税净额
　　　+应收财产收入-应付财产收入

国民总收入 = ∑国内各机构部门初次分配总收入

= 国内生产总值 + 来自国外的初次分配收入 - 付给国外的初次分配收入

上述公式中,不同机构部门的收入(支出)项目有所不同,如只有住户部门和国外有应收劳动者报酬。

2. 收入再分配

收入再分配指在初次分配总收入基础上通过经常转移对收入进行的再次分配。再分配的结果形成国内各机构部门的可支配总收入。国内各机构部门的可支配总收入之和称为国民可支配总收入。

转移指一个机构单位向另一个机构单位提供货物、服务或资产,但又不从后者获取任何直接对应回报的一种交易。转移分为经常转移和资本转移。其中,经常转移指交易的一方或双方都不涉及获得或处置资产(除存货和现金外)的转移。只有经常转移属于收入分配交易,而资本转移不属于收入分配交易,应属于资本交易。经常转移包括所得税、财产税等经常税、社会保险缴费和社会保险支出、社会保障补助、其他经常转移。

所得税、财产税等经常税,主要包括对住户收入或公司利润所征收的税,以及每年定期征收的财产税,但不包括对企业拥有并用于生产的土地、房屋或其他资产所征收的税,后者属于生产税。

社会保险缴费和社会保险支出,是围绕社会保险计划发生的转移收支。其中,社会保险缴费指参保单位和个人对社会保险计划的实际或虚拟支付;社会保险支出指由社会保险计划向住户提供的满足其养老、失业、医疗、生育和工伤保险等特定需求的经常转移。

社会保障补助,指由政府、企业和为住户服务的非营利机构向住户提供的用于抚恤补助、社会救助、社会福利等方面的支出。

其他经常转移,指除上述三种经常转移外的所有经常转移。通常包括非寿险的净保费和赔付、不同政府机构间的经常转移、围绕为住户服务的非营利机构发生的各种缴纳和资助、常住住户和非常住住户之间的经常转移等。

可支配总收入,指国内各机构部门经过收入再分配之后所获得的收入总和。计算公式为:

机构部门可支配总收入 = 该部门初次分配总收入

+ 该部门经常转移收入 - 该部门经常转移支出

国民可支配总收入 = ∑国内各机构部门可支配总收入

= 国民总收入 + 来自国外的经常转移收入 - 付给国外的经常转移支出

在收入再分配基础上,再考虑实物社会转移,就得到国内各部门调整后可支配总收入。实物社会转移,指政府和为住户服务的非营利机构向住户免费或以没有显著经济意义的价格提供消费性货物和服务而实现的转移。调整后可支配总收入,反映各部门获得的对应于实际最终消费的收入总和。调整后可支配总收入只涉及住户部门、广义政府部门和为住户服务的非营利机构部门。其中,住户部门调整后可支配总收入等于其可支配总收入加上实物社会转移;广义政府部门和为住户服务的非营利机构部门调整后可支配总收入等于其可支配总收入减去实物社会转移。就经济总体而言,调整前后的国民可支配总收入不变。

3. 收入使用

收入使用指可支配总收入用于最终消费和总储蓄。

最终消费包括住户部门、广义政府部门和为住户服务的非营利机构部门的最终消费。最终消费有最终消费支出和实际最终消费两个口径,最终消费支出对应于可支配总收入,实际最终消费对应于调整后可支配总收入。

总储蓄,指可支配总收入减去最终消费之后的余额,是可用于非金融投资的资金来源。非金融企业部门和金融机构部门没有消费,其总储蓄等于其可支配总收入。国内各机构部门的总储蓄之和为国民总储蓄。计算公式为:

$$机构部门总储蓄 = 该部门可支配总收入 - 该部门最终消费支出$$
$$= 该部门调整后可支配总收入 - 该部门实际最终消费$$

$$国民总储蓄 = \sum 国内各机构部门总储蓄$$
$$= 国民可支配总收入 - \sum 最终消费支出$$
$$= 国民可支配总收入 - \sum 实际最终消费$$

4. 非金融投资与资本转移

非金融投资指为实现非金融资产积累而发生的投资,包括资本形成总额、非生产非金融资产获得减处置。

资本形成总额,指各机构部门为实现固定资产、存货、贵重物品积累而发生的投资支出,包括固定资本形成总额、存货变动和贵重物品的获得减处置。

非生产非金融资产获得减处置,是对应于非生产非金融资产的投资支出。非生产非金融资产包括:自然资源,合约、租约和许可,商誉和营销资产。

资本转移,指交易的一方或双方涉及获得或处置资产(除存货和现金外)的转移。资本转移包括资本税、投资性补助和其他资本转移。

净金融投资反映各机构部门或经济总体非金融投资过程中的资金富余或短缺状况,计算公式为:

$$机构部门净金融投资 = 总储蓄 + (资本转移收入 - 资本转移支出)$$
$$- (资本形成总额 + 非生产非金融资产的获得减处置)$$
$$经济总体净金融投资 = \sum 国内机构部门净金融投资$$

(二)金融交易表

金融交易表描述各机构部门间资金的流量、流向和余缺状况,反映经济活动中金融交易的规模和结构、机构部门之间发生的金融债权债务往来情况。

1. 通货

通货指以现金形式存在于市场流通领域中的货币,包括纸币和硬币。通货是持有者的金融资产,中央银行的负债。

2. 存款

存款指金融机构接受客户存入的货币款项,存款人可随时或按约定时间支取款项的信用业务,主要包括活期存款、定期存款、财政存款、外汇存款、委托存款、信托存款、证券公司客户保证金、其他存款和金融机构往来,其中金融机构往来包括中央银行与商业银行、商业银行之间的资金往来,如存款准备金、库存现金等。存款是存款者的金融资产,金融机构的负债。

3. 贷款

贷款指金融机构将其吸收的资金,按一定的利率贷放给客户并约期归还的信用业务,主要包括短期贷款及票据融资、中长期贷款、外汇贷款、委托贷款和其他贷款。贷款是金融机构的金融资产,贷入者的负债。

4. 股权和投资基金份额

股权指对清偿债权人全部债权后的公司或准法人公司的剩余财产有索取权的所有票据或证明记录,包括上市股票、非上市股票和其他股权。股权是持有者的金融资产,发行机构单位的负债。

投资基金份额是将投资者的资金集中起来投资于金融或非金融资产的集体投资时,证明投资人持有的基金单位数量的受益凭证。投资基金份额是基金持有者的金融资产,金融机构的负债。

5. 债务性证券

债务性证券是作为债务证明的可转让工具,包括票据、债券、资产支持证券和通常可在金融市场交易的类似工具。其中,债券指机构单位为筹措资金而发行,并且承诺按约定条件偿还的有价证券,主要包括国债、金融债券、中央银行债券、企业债券等。债务性证券是持有者的金融资产,发行单位的负债。

6. 保险准备金和社会保险基金权益

保险准备金和社会保险基金权益指社会保险和商业保险基金的净权益、保险费预付款和未决索赔准备金,包括人身保险准备金和其他保险准备金。保险准备金和社会保险基金权益是投保人的金融资产,金融机构的负债。

7. 金融衍生品和雇员股票期权

金融衍生品指以货币、债券、股票等传统金融产品为基础,以杠杆性的信用交易为特征的金融产品。通常与某种特定金融产品、特定指标或特定商品挂钩,对特定的金融风险本身进行交易。金融衍生品是持有者的金融资产,金融机构的负债。

雇员股票期权是一种劳动者报酬形式,是企业向其雇员提供的一种购买企业股权的期权,即雇主与雇员在某日(授权日)签订的一种协议,根据协议,在未来约定时间(含权日)或紧接着的一段时间(行权期)内,雇员能以约定价格(执行价格)购买约定数量的雇主股票。雇员股票期权是雇员的金融资产,发行企业的负债。

8. 国际储备

国际储备指中央银行拥有的、可以随时动用并有效控制的对外资产,包括货币黄金、特别提款权、外汇储备、在国际货币基金组织的储备头寸和其他债权。国际储备是中央银行的金融资产,国外的负债(作为储备资产的金块除外)。

9. 其他

其他指除上述8类金融交易以外的其他金融交易,主要为其他应收或应付款,包括商业信用、在建工程或拟建工程的预付款等。其中,其他应收应付款是应收方的金融资产,应付方的负债。

10. 净金融投资

上述各项目,作为金融资产净获得记入表中对应机构部门的"运用",作为负债净发生记入表中对应机构部门的"来源"。分别把来源和运用合计起来,得到对应各机构部门的"资金来源合计"和"资金运用合计",前者反映该部门的资金流入,后者反映其资金流出。净金融投资是"资金运用合计"与"资金来源合计"相减之差额。作为一个平衡项目,该差额为正,代表该部门当期发生资金净流出,有正投资;差额为负,代表该部门当期发生资金净流入,有负投资。计算公式为:

部门净金融投资=部门资金运用合计-部门资金来源合计

经济总体净金融投资=∑部门净金融投资

=经济总体资金运用合计-经济总体资金来源合计

理论上讲,非金融交易表和金融交易表中同一机构部门的净金融投资是相等的,但由于基础资料和编制方法不同,实际核算结果通常存在差异。

三、基本编表方法

资金流量表按非金融交易表和金融交易表分别编制。

资金流量表的基本编表方法:一是按照交易的项目和机构部门的类别,逐项、逐部门收集基础资料;二是按照国民经济核算的概念和原则对基础资料进行加工整理和评估,对遗漏或有缺口的数据进行必要的补充调查或参考有关指标推算,核算各交易项目指标;三是对初步编制的资金流量表按照非金融交易表和金融交易表之间的对应关系进行反复平衡衔接,得到非金融交易与金融交易平衡后的资金流量表。

在编制非金融交易表时,对于增加值、劳动者报酬、生产税净额、最终消费支出、资本形成总额等交易项目,根据国内生产总值核算资料、财政决算资料等,结合各机构部门特点,将经济总体数据分摊到各机构部门;对于财产收入、经常转移等交易项目,根据分机构部门较为详尽的资料,按不同的机构部门分别计算,并加总为经济总体数据。

编制金融交易表所使用的基础资料,既有流量数据,又有存量数据。对于存量数据,采用轧差法转化为流量数据,即期末存量数据减去期初存量数据求得金融资产与负债的流量数据。

四、基本表式

表 3-4 资金流量表(非金融交易)

机构部门 交易项目	非金融企业部门		金融机构部门		广义政府部门		NPISH部门		住户部门		经济总体		国外		合计	
	运用	来源	运用	来源	运用	来源	运用	来源	运用	来源	运用	来源	运用	来源	运用	来源
1. 净出口																
2. 增加值																
3. 劳动者报酬																
工资及工资性收入																
单位社会保险付款																
4. 生产税净额																
生产税																
生产补贴																
5. 财产收入																
利息																
红利																
地租																
其他																
6. 初次分配总收入																
7. 经常转移																
所得税、财产税等经常税																
社会保险缴费																
社会保险支出																
社会保障补助																
其他经常转移																
8. 可支配总收入																
9. 实物社会转移																
10. 调整后可支配总收入																
11. 实际最终消费																
12. 总储蓄/对外经常差额																
13. 资本转移																
资本税																
投资性补助																
其他																
14. 资本形成总额																
固定资本形成总额																
存货变动																
贵重物品获得减处置																
15. 非生产非金融资产获得减处置																
16. 净金融投资																

表 3-5 资金流量表（金融交易）

机构部门 交易项目	非金融 企业部门 运用	非金融 企业部门 来源	金融机 构部门 运用	金融机 构部门 来源	广义政 府部门 运用	广义政 府部门 来源	NPISH 部门 运用	NPISH 部门 来源	住户 部门 运用	住户 部门 来源	经济 总体 运用	经济 总体 来源	国外 运用	国外 来源	合计 运用	合计 来源
1. 净金融投资																
2. 通货																
3. 存款																
4. 贷款																
5. 股权和投资基金份额																
股权																
投资基金份额																
其他																
6. 债务性证券																
债券																
未贴现银行承兑汇票																
其他债务性证券																
7. 保险准备金和社会保险基金 权益																
保险准备金																
社会保险基金权益																
8. 金融衍生品和雇员股票期权																
期权																
其它金融衍生品																
雇员股票期权																
9. 国际储备																
货币黄金、特别提款权																
在国际货币基金组织储备 头寸																
外汇																
其他																
10. 其他																
11. 资金运用合计																
12. 资金来源合计																

五、资金流量表的分析应用

通过资金流量表,可以深入研究各经济主体的收入分配关系、消费与储蓄关系、资金余缺程度、融资规模、融资结构等,为制定宏观经济政策提供依据。

（一）分析收入分配关系

在资金流量表中,收入分配分为收入初次分配和收入再分配两个环节。

一是收入初次分配环节。主要指标有:劳动者报酬、生产税净额、财产收入。收入初次分配侧重于分析各机构部门收入初次分配的特点、结构及其原因,并进行国际比较等。通过分析国家、企业、个人三者收入初次分配占比,研究国家、企业、个人三者分配关系,为制定收入分配政策提供依据。国家、企业、个人的收入分配关系,对应到资金流量表中,国家相当于广义政府部门,企业相当于非金融企业部门加上金融机构部门,个人相当于住户部门。同时,资金流量表还为研究生产要素参与分配提供了基础。在初次分配环节中,既有反映按劳分配的指标——劳动者报酬,又有反映资本要素参与分配的指标——财产收入(利息、红利、地租等)。随着经济社会的发展和各项改革的不断深入,居民劳动收入与资本收入的比例会发生很大变化,通过资金流量表,可以及时跟踪这种变化,分析变化的原因,预测未来的趋势,为推进收入分配改革和政策制定提供参考依据。

二是收入再分配环节。主要指标有:经常转移,以及通过收入再分配形成的可支配总收入。可支配总收入是一个重要的分配指标,也是研究三者收入分配关系的重要指标,它反映一个国家及各经济主体能够支配的自有资金状况。分析三者收入分配关系主要看三者的可支配总收入占国民可支配总收入的比重,即:广义政府部门可支配总收入÷国民可支配总收入;(非金融企业部门+金融机构部门)可支配总收入÷国民可支配总收入;住户部门可支配总收入÷国民可支配总收入。在分析三者收入分配关系时,既要看当期比值,判断其合理程度,又要动态分析,观察其变化趋势,研究影响三者收入分配关系变动的原因。

（二）分析消费与储蓄的比例关系

在资金流量表中,可支配总收入减去最终消费支出后的余额为总储蓄,是各机构部门可用于非金融投资的主要资金来源。通过资金流量表,可以分析当期形成的可支配总收入是如何使用的,有多大比例被用于最终消费支出,多大比例节余下来形成储蓄及用于投资。

可以通过计算储蓄率来反映可支配总收入中用于储蓄的比例。计算公式如下:

某一机构部门储蓄率＝（某一机构部门总储蓄÷该部门可支配总收入）×100%

（三）分析融资规模和融资结构

实际情况显示,机构部门的总储蓄一般不等于它的实体投资,即资金自给率不等于1。有的部门是大于1,表现为资金结余,有的部门是小于1,表现为资金短缺。部门资金供求的不平衡,要求建立一些渠道来调剂资金的余缺,这些渠道便是融资。资金流量表反映了我国现阶段的主要融资工具,分析这些融资工具的结构及其变化,有助于制定合理的金融规划和金融政策。

第五节　国际收支核算

国际收支核算记录了一定时期内常住单位与非常住单位之间发生的所有经济收支往来，以及核算期末累积对外资产负债存量状况，全面反映我国对外经济联系。它以对外经济交易为对象，通过国际收支平衡表和国际投资头寸表，对一定时期中国与其他国家或地区之间发生的货物、服务、收入方面的交易、无偿转让和资本往来进行系统的核算，综合反映中国国际收支平衡状况、收支结构及储备资产的增减变动情况，以及我国对外金融、资产和负债的存量状况。其核算结果为制定经济政策、分析影响国际收支平衡的基本经济因素以及采取应对调控措施提供依据。国际收支核算与其他核算表中有关国外部分的流量核算及存量核算相衔接，反映对外交易的过程和结果，是国民经济核算体系的有机组成部分。

一、基本结构

国际收支核算即编制国际收支平衡表和国际投资头寸表。国际收支平衡表是关于对外经济流量的核算表，通过经常账户、资本和金融账户系统记录一段时期内我国与国外之间发生的各种交易。国际投资头寸表是关于对外经济存量及其变化的核算表，分别在期初、期末两个时点记录我国对外金融资产和负债存量状况，以及在一定期间内由交易、价格变化、汇率变化和其他调整引起的存量变化。

国际收支平衡表和国际投资头寸表之间具有以下对应关系：国际投资头寸表的核算项目与国际收支平衡表的金融账户完全一致，前者记录对外金融资产与负债存量及交易因素和非交易因素引起的变化量，后者仅记录交易因素引起的对外金融资产和负债的变化量。

二、记账单位及折算原则

国际收支平衡表中的各项交易和国际投资头寸表中的金融资产负债项目，在经济活动中以多种货币或其他价值标准（如特别提款权）表示，为了便于数据汇总、分析和开展国际比较，应将它们全部换算为基准记账单位。我国国际收支平衡表同时使用人民币和美元作为记账单位，国际投资头寸表使用美元作为记账单位。

将各种计价币种转换为国际收支记账单位，应采用市场汇率。对于国际收支平衡表记录的交易，应采用交易日期的市场汇率进行折算；对于国际投资头寸表记录的期末存量，应使用核算期末金融资产和负债的市场汇率进行折算。

三、基本指标

（一）国际收支平衡表

国际收支平衡表包括经常账户、资本和金融账户、净误差与遗漏。

1. 经常账户

经常账户包括货物、服务、初次收入和二次收入等内容。经常账户采用全值记录。

货物包括在常住单位和非常住单位之间进行交易并发生经济所有权变更的一般商品、转手买卖货物和非货币黄金。贷方记录货物出口,借方记录货物进口。

服务包括在常住单位和非常住单位之间发生的加工服务、维护和维修服务、运输、旅行、建设、保险和养老金服务、金融服务、知识产权使用服务、电信及计算机和信息服务、其他商务服务、文化和娱乐服务、别处未涵盖的政府货物和服务,共计 12 个类别。贷方记录服务出口,借方记录服务进口。

初次收入指常住单位与非常住单位之间因提供劳务、金融资产和出租自然资源而获得的回报,包括雇员报酬、投资收益和其他初次收入三部分。其中,雇员报酬指雇员(属于一个经济体)因在雇主(属于另一个经济体)生产过程中提供劳务投入而获得的酬金回报,包括现金形式的工资和薪金、实物形式的工资和薪金、雇主的社会保险缴费;投资收益是常住单位与非常住单位之间提供金融资产获得的回报,包括直接投资收益、证券投资收益和其他投资收益;其他初次收入包括地租、产品税和补贴、其他生产税和补贴。贷方记录从国外获得的初次收入,借方记录对国外提供的初次收入。

二次收入指常住单位与非常住单位之间的经常转移,包括现金和实物转移。贷方记录从国外获得的经常转移,借方记录对国外提供的经常转移。

2. 资本账户

资本账户反映常住单位与非常住单位之间发生的资本转移,以及常住单位与非常住单位之间发生的非生产非金融资产的获得和处置。其中,资本转移包括债务减免、投资捐赠等非经常性转移;非生产非金融资产的获得和处置包括营销资产及契约、租约和许可等的获得和处置。

资本账户采用全值记录。贷方记录来自国外的资本转移,以及非生产非金融资产的获得;借方记录对国外提供的资本转移,以及非生产非金融资产的处置。

3. 金融账户

金融账户指常住单位与非常住单位之间发生的金融资产和负债交易,包括非储备性质的金融账户和国际储备。前者按投资方式分为直接投资、证券投资、金融衍生产品和雇员股票期权、其他投资。以上交易项目均按净额记录:资产方记录对国外提供资金导致的金融资产净变化,负债方记录从国外获得资金导致的负债净变化。

直接投资指投资者为在国外经营企业,并在管理上实施控制或重要影响而进行的投资。我国对国外发生的直接投资,记录为我国的金融资产;外国来华直接投资,记录为我国的负债。

证券投资指没有列入直接投资或国际储备的股本证券和债务证券的跨境交易。我国对国外的证券投资,记录为我国的金融资产;国外对我国的证券投资,记录为我国的负债。

金融衍生品和雇员股票期权指没有列入国际储备的金融衍生品,以及雇员股票期权的跨境交易。我国常住单位持有的国外发行的金融衍生品和国外企业的雇员股票期权,记录为我国的金融资产;国外持有的我国发行的金融衍生品和我国企业的雇员股票期权,记录为我国的负债。

其他投资包括没有列入直接投资、证券投资、金融衍生品和雇员股票期权以及国际储备的跨境金融交易，如通货、存款、贷款、贸易信贷和预付款以及其他应收/应付款等。我国常住单位持有外国货币、在国外的存款、对非常住单位的应收款和预付款，记录为我国的金融资产；非常住单位持有我国货币、在我国的存款、我国常住单位对国外的应付款和预收款，记录为我国的负债。

国际储备指我国中央银行拥有的对外资产，包括货币黄金、特别提款权、外汇储备、在国际货币基金组织的储备头寸和其他债权。

4. 净误差与遗漏

尽管国际收支账户总体上是平衡的，但在实践中，由于源数据和编制的不理想，会带来不平衡问题。这种不平衡是国际收支数据的一个常见特点，被称为净误差与遗漏。净误差与遗漏是作为残差项推算的，可按从金融账户推算的净贷款/净借款，减去从经常和资本账户中推算的净贷款/净借款来推算。计算公式为：

$$净误差与遗漏 = -(经常账户差额 + 资本和金融账户差额)$$

(二)国际投资头寸表

国际投资头寸表中的项目包括直接投资、证券投资、金融衍生品和雇员股票期权、其他投资和国际储备。

完整的国际投资头寸表由期初头寸、期间交易、期间非交易变化和期末头寸构成。其中，期初和期末头寸为特定时点上的国际投资头寸额，期间交易为核算期国际收支平衡表中金融账户记录的交易流量，期间非交易变化指价格变化、汇率变化和其他调整等金融资产和负债的变化。相关计算公式为：

$$资产 = 直接投资资产 + 证券投资资产$$
$$+ 金融衍生品和雇员股票期权资产 + 其他投资资产 + 国际储备$$

$$负债 = 直接投资负债 + 证券投资负债$$
$$+ 金融衍生品和雇员股票期权负债 + 其他投资负债$$

$$头寸净额 = 资产 - 负债$$
$$期末头寸 = 期初头寸 + 期间交易 + 期间非交易变化$$

四、基本编表方法

国际收支平衡表的基本编表方法主要包括以下步骤：一是通过国际收支统计申报制度以及相关政府部门行政记录收集原始资料；二是按照国际收支统计的概念和原则对原始资料进行加工整理，如将海关统计的货物进口价格由到岸价调整为离岸价，补充货物所有权已经转移但未发生货物跨境移动的货物贸易；三是按照交易项目分别编制经常账户、资本和金融账户，并对其进行平衡，得到国际收支平衡表。

国际投资头寸表的数据采集和处理方法与国际收支平衡表基本一致，但数据主要来源于各种存量统计资料。

五、基本表式

表 3-6　国际收支平衡表(概览表)

项目	行次	交易金额
1. 经常账户		
贷方		
借方		
货物和服务		
贷方		
借方		
货物		
贷方		
借方		
服务		
贷方		
借方		
初次收入		
贷方		
借方		
二次收入		
贷方		
借方		
2. 资本和金融账户		
资本账户		
贷方		
借方		
金融账户		
资产		
负债		
非储备性质的金融账户		
直接投资		
资产		
负债		
证券投资		
资产		
负债		
金融衍生品和雇员股票期权		
资产		
负债		
其他投资		
资产		
负债		
国际储备		
3. 净误差与遗漏		

注:对于金融账户,正数值表示对外资产减少,负债增加,负数值表示对外资产增加,负债减少。

219

表 3-7　国际投资头寸表

项　目	行次	期初头寸	交易	其他变化	期末头寸
1. 国际投资头寸净额					
2. 对外金融资产					
直接投资					
股权和投资基金份额					
债务工具					
证券投资					
股权和投资基金份额					
债务证券					
金融衍生品和雇员股票期权					
其他投资					
其他股权					
通货					
存款					
贷款					
保险、养老金和标准化担保					
贸易信贷和预付款					
其他应收款					
国际储备					
货币黄金					
特别提款权					
外汇储备					
在基金组织的储备头寸					
其他债权					
3. 对外金融负债					
直接投资					
股权和投资基金份额					
债务工具					
证券投资					
股权和投资基金份额					
债务证券					
金融衍生工具和雇员股票期权					
其他投资					
其他股权					
通货					
存款					
贷款					
保险、养老金和标准化担保					
贸易信贷和预付款					
其他应收款					

六、国际收支核算的分析应用

（一）在 GDP 核算中的应用

国际收支核算在 GDP 核算中的应用主要表现在以下三个方面，一是现价支出法 GDP 核算中货物和服务净出口来自该表经常账户中货物和服务的贷方与借方数据之差额；二是国民总收入（GNI）中的来自国外要素净收入取自该表经常账户中初次收入下的贷方与借方数据之差额；三是国民可支配总收入（NDI）中的经常转移净收入来自该表经常账户中二次收下的贷方与借方数据之差额。

（二）国际收支平衡表分析

经常账户的主要内容是货物进出口、服务进出口、初次收入、二次收入，它反映了一个国家自身的经济实力、以及对外经济往来的规模和方式。经常账户的平衡状况对一国经济发展具有实质性的影响，因为这一部分的收支都是以货物和服务交易、各类收益等为基础，不存在借贷关系。从一定意义上讲，经常账户的平衡是实实在在的平衡。一般地，各国都希望自己的经常账户是顺差，以提高本国经济的安全性和主动性。如果一国的经常账户长期逆差，且数额较大，即使它可以通过对外融资达到本国的国际收支平衡，这种平衡的基础也是脆弱的。事实上，它的平衡是以大量国外资本净流入为前提的，一旦国内经济出现问题，其资信将受到怀疑，国外资本的流入就会减少，该国国际收入随即恶化。因此，经济分析时，要特别关注经常账户的平衡状况（通常用经常账户差额占 GDP 比例来衡量），不仅要看当前的平衡状况，还应结合一个时期的资料进行分析。因为，国际收支的问题是逐年积累的，需要全过程的分析研究。

资本和金融账户由两部分组成，一部分是资本账户，另一部分是金融账户。资本账户数额较小，主要是债务减免等内容。金融账户是主要部分，又可细分为非储备性质的金融账户和国际储备（又称储备资产）两部分。非储备性质的金融账户反映一国除国际储备资产以外的其他各类对外金融资产和负债的交易情况。短期看，如果金融账户体现为对外净债务的上升，则表明该国从境外大量融通资金。长期看，该国的还债压力将加大。如果金融账户体现为对外净债权的上升，则表明该国正在不断对外投资。一般来说，金融账户中的直接投资是长期的，更多的与政局稳定、投资环境、经济增长率关系密切。鉴于金融账户中有些项目波动性大，许多国家会采取相应措施，限制国际资本过于频繁的流动，以防止本国国际收支状况的急剧恶化。国际储备是一国货币当局为了弥补国际收支逆差、清偿对外债务和维持本国汇率稳定所持有的国际上普遍接受的资产。国际储备的多少反映了一国的国际支付能力。从平衡关系式看，原则上，经常账户差额、资本账户差额和金融账户差额之和应为零。如果不考虑统计误差，那么，国际储备的增减在金额上等于经常账户差额、资本账户差额和非储备性质的金融账户差额之和。分析国际储备，一方面要观察它当期的增减变化、结构变化以及这些变化的成因，另一方面还要结合存量资料、对外贸易和外经统计等资料，对国际储备的对外支付保证程度和清偿能力进行测算。

传统上认为，较安全的外汇储备量应保证不少于三个月的进口用汇，计算公式如下：

外汇储备充足率=外汇储备资产总量/海关统计口径月均货物进口额

另外，还可使用负债率、债务率、偿债率、短期外债与外汇储备的比例等指标，计算公式分别为：

负债率＝外债余额/当年 GDP×100%

债务率＝外债余额/当年国际收支统计口径的货物和服务贸易出口×100%

偿债率＝（中长期外债还本付息＋短期外债付息）/当年国际收支统计口径货物

　　　　和服务贸易出口×100%

短期外债与外汇储备的比例＝短期外债余额/外汇储备资产余额×100%

通常认为，负债率不应超过 20%，债务率不应超过 100%，偿债率不应超过 20%，短期外债与外汇储备的比例不应超过 100%。

此外，IMF 等国际组织也发展出一些综合性指标，用于衡量一国外汇储备充足情况。这些指标涵盖出口收入、广义货币、短期债务和其他负债等内容，并根据不同汇率制度和资本账户安排设定不同的风险权重。

（三）国际投资头寸表分析

国际投资头寸表反映了一国对外金融资产负债的总体状况，它是分析一国对外金融脆弱性的重要指标。比如，对外金融负债既包括需要还本付息的债务性负债（外债），也包括不需还本付息，主要通过资本市场买卖、分红派息、剩余价值索取权进行的股权投资。典型的非外债性质的对外金融负债包括直接投资负债（外国来华直接投资）中的股权投资和证券投资中的股权投资。对这类股权投资而言，一方面，当被投资机构发展前景良好、二级市场需求高时，其股权的市场价值也会较高，使得该国对外金融负债金额随之上升，而这类对外负债的上升并非坏事。另一方面，当这些股权的市值走低时，被非居民持有的对外金融负债相应也会降低。对股权负债发行者而言，这或许是机构回购股权的良机，也或许代表市场对该机构未来发展缺乏信心，正在大量抛售股票。可见，在看待一国对外金融脆弱性时，需加以细致分析。

对外净资产或净负债并不必然代表该国金融实力的强弱。分析一国金融实力更多取决于金融市场的发育程度、金融部门的国际竞争能力及其主权货币的国际化程度等。比如，虽然我国是对外净资产国，美国为对外净负债国，但我国金融市场发展水平与美国相比存在差距。

对外金融资产和负债的结构决定了投资收益状况。国际收支平衡表中投资收益收入和支出，来源于国际投资头寸表中的各类对外金融资产和负债。受对外金融资产负债结构和持有部门影响，一国对外投资带来的收益收入可能低于外来投资的投资收益支出，从而使得该国投资收益项目差额为负值。也就是说，即使一国是对外净资产国，如果其对外投资带来的收益低于支付给外来投资的收益，那么该国国际收支平衡表经常账户初次收入下的投资收益差额将为负值。反之，即使一国是对外净负债国，如果其对外投资带来的收益高于支付外来投资的收益，那么该国国际收支平衡表中投资收益差额将为正值。

第六节 资产负债核算

资产负债核算是以经济资产存量为对象的核算。它反映某一时点上各机构部门及经济总体所拥有的资产和负债的历史积累状况。期初资产负债规模和结构是当期经济活动的初始条件,经过一个核算期的经济活动(生产、分配、消费、投资、资金融通等)和非经济活动(如自然灾害、战争等)形成了期末资产负债的规模和结构。因此,资产负债核算与经济流量核算之间有着密切的联系。

一、基本结构

资产负债核算即编制资产负债。资产负债表包括期初资产负债表、资产负债交易变化表、资产负债其他变化表和期末资产负债表。其中,期初资产负债表与期末资产负债表有同样的结构和内容,只是记录时点不同;资产负债交易变化表与资产负债其他变化表有相同的结构,区别在于前者反映与当期经济交易有关的资产负债变化,后者反映其他原因引起的资产负债变化。与前面各部分核算直接相关联的是资产负债交易变化表。

资产负债表各表均采用资产负债项目×部门的矩阵结构。主栏按资产和负债项目分列,主要包括三个部分:一是资产,包括非金融资产与金融资产;二是负债,即金融负债;三是资产净值,为资产总额与负债总额相抵后的余额。宾栏按机构部门分列。

期初和期末资产负债表,记录各机构部门及经济总体的资产负债存量;资产负债交易变化表和其他变化表,记录各机构部门及经济总体的资产负债变化量。四张表之间的关系是:

$$期末资产(负债)存量=期初资产(负债)存量$$
$$+资产(负债)交易变化+资产(负债)其他变化$$

二、基本估价方法

资产负债核算原则上按编表时点的市场价格估价。

固定资产通常采用永续盘存法进行估价。存货按编制资产负债表时点的市场价格进行估价。对于不能得到市场价格信息的资产,需要采用重置成本法或未来收益净现值法估价。金融资产与负债的估价可分为两大类:一类是在有组织的金融市场上经常进行交易的,按编制资产负债表时点的市场价格进行估价;另一类是未在有组织的金融市场交易的,按编表时点债务人为清偿债务应向债权人支付的金额进行估价。

三、基本指标

(一)期初和期末资产负债表

期初资产负债表和期末资产负债表分别在期初时点和期末时点记录各机构部门和经济总体所持有的资产、负债和资产净值。期初资产负债是当期经济活动发生的初始条件,期末资产负债则在期初存量基础上体现了当期经济活动的结果。

1. 资产

资产即经济资产,指其所有者在一定时期内通过持有或使用能够产生一次性或连续性经济利益的资产。资产分为非金融资产和金融资产两大类。非金融资产包括生产资产和非生产资产,其中,生产资产细分为固定资产、存货和贵重物品,非生产资产细分为自然资源、合约、租约和许可、商誉和营销资产。金融资产包括通货、存款、贷款、股权和投资基金份额、债务性证券、保险准备金和社会保险基金权益、金融衍生品和雇员股票期权、国际储备和其他。

2. 负债与资产净值

负债指在特定条件下一个单位(债务人)向另一个单位(债权人)承担的一次性或连续性支付的义务。在资产负债核算中,负债即为金融负债,金融负债分类与金融资产分类一致。

资产净值是资产负债表的平衡项,指各机构部门和经济总体所拥有的全部资产减去全部负债后的差额,体现其所拥有的净资产。

3. 指标间关系

对每一机构部门而言,无论期初还是期末,都有如下关系:

$$资产净值=资产-负债$$

在国内各机构部门及国外之间,无论期初还是期末,针对每一类金融资产和负债,都有如下关系:

$$\sum 国内各机构部门金融资产+国外持有的中国金融资产$$
$$=\sum 国内各机构部门负债+国外对中国的金融负债$$

对经济总体而言,无论期初还是期末,都有如下关系:

$$资产=\sum 国内各机构部门资产$$
$$负债=\sum 国内各机构部门负债$$
$$资产净值=\sum 国内各机构部门资产净值$$
$$=非金融资产+对国外金融资产-对国外金融负债$$

从期初到期末,各机构部门和经济总体资产、负债及资产净值都有如下关系:

$$期末资产=期初资产+期内资产变化$$
$$期末负债=期初负债+期内负债变化$$
$$期末资产净值=期初资产净值+期内资产净值变化$$

(二)资产负债交易变化表

资产负债交易变化表反映由非金融资产交易和金融资产负债交易引起的资产负债变化,这些交易是导致资产负债从期初到期末变化的主要原因。交易引起的净值变化,是资产负债交易变化表的平衡项,反映交易引起的资产变化与负债变化对资产净值的影响。

指标间关系是:

$$交易引起的净值变化=交易引起的资产变化-交易引起的负债变化$$

（三）资产负债其他变化表

资产负债其他变化表记录由重估价和其他非交易因素引起的资产物量其他变化。

资产负债重估价指核算期内由于价格变化引起的资产、负债和资产净值的变化。重估价引起的资产、负债价值变化,又称持有损益,指核算期内由于价格变化而给持有者带来的收益或损失。对资产而言,价格上升会带来收益,下降则带来损失;对负债而言则相反,价格上升引起损失,价格下降带来收益。

资产物量其他变化指核算期内除持有损益之外的所有非交易因素引起的资产、负债和资产净值的变化,包括经济出现和经济消失、外部事件、分类变化等因素引起资产、负债和资产净值的变化。其中,经济出现指增加的资产不是生产过程的产物,第一次出现在经济体系中,不通过交易进入资产负债表的行为,比如自然资源的发现、非培育性生物资源的自然生长、合约的订立等;经济消失指某些资产不通过交易退出资产负债表的行为,比如自然资源的开采、非培育性生物资源的收获、合约的解除等;外部事件指地震、火灾、海啸、洪灾、飓风、旱灾、战争、骚乱等巨灾损失和无偿没收等事件;分类变化包括机构部门分类归属变化、资产和负债分类归属变化等。

四、基本编表方法

资产负债表按期末资产负债表、资产负债交易变化表、资产负债其他变化表分别编制。本期期末资产负债表即为下期期初资产负债表。

（一）期末资产负债表

编制资产负债表以直接法为主,间接法为辅。

直接法指搜集现有会计、统计和部门行政记录资料,以获得相关资产和负债总量及结构数据,直接编制资产负债表的方法。例如,非金融资产主要根据法人单位的资产负债表、部门行政记录、住户调查、房地产市场交易情况等资料核算;金融资产与负债主要根据金融管理部门统计资料和金融法人单位的资产负债表进行核算。间接法主要根据有关流量或存量数据,间接推算出期末存量。

（二）资产负债交易变化表

通过搜集非金融资产交易、金融资产和负债交易资料,直接编制各机构部门和经济总体的资产负债交易变化表。

（三）资产负债其他变化表

通过搜集现有的会计、统计和部门行政记录资料,编制由于持有损益引起的资产负债重估价变化表和由于持有损益之外的非交易因素引起的资产物量其他变化表。通过汇总资产负债重估价变化表和资产物量其他变化表,得到资产负债其他变化表。

五、基本表式

表 3-8　期初(末)资产负债表

机构部门 交易项目	非金融 企业部门	金融机 构部门	广义政 府部门	NPISH 部门	住户 部门	经济 总体	国外	合计
1. 资产								
非金融资产								
生产资产								
固定资产								
住宅								
其他建筑和构筑物								
机器和设备								
培育性生物资源								
知识产权产品								
存货								
贵重物品								
非生产资产								
金融资产								
通货								
存款								
贷款								
股权和投资基金份额								
债务性证券								
保险准备金和社会保险基金权益								
金融衍生品和雇员股票期权								
国际储备								
其他								
2. 负债								
通货								
存款								
贷款								
股权和投资基金份额								
债务性证券								
保险准备金和社会保险基金权益								
金融衍生品和雇员股票期权								
国际储备								
其他								
3. 资产净值								

表 3-9 资产负债交易变化表

机构部门 / 交易项目	非金融企业部门	金融机构部门	广义政府部门	NPISH部门	住户部门	经济总体	国外	合计
1. 资产								
非金融资产								
生产资产								
固定资产								
住宅								
其他建筑和构筑物								
机器和设备								
培育性生物资源								
知识产权产品								
存货								
贵重物品								
非生产资产								
金融资产								
通货								
存款								
贷款								
股权和投资基金份额								
债务性证券								
保险准备金和社会保险基金权益								
金融衍生品和雇员股票期权								
国际储备								
其他								
2. 负债								
通货								
存款								
贷款								
股权和投资基金份额								
债务性证券								
保险准备金和社会保险基金权益								
金融衍生品和雇员股票期权								
国际储备								
其他								
3. 资产净值								

表 3-10 资产负债其他变化表

机构部门 交易项目	非金融 企业部门	金融机 构部门	广义政 府部门	NPISH 部门	住户 部门	经济 总体	国外	合计
1. 资产								
非金融资产								
生产资产								
固定资产								
住宅								
其他建筑和构筑物								
机器和设备								
培育性生物资源								
知识产权产品								
存货								
贵重物品								
非生产资产								
金融资产								
通货								
存款								
贷款								
股权和投资基金份额								
债务性证券								
保险准备金和社会保险基金权益								
金融衍生品和雇员股票期权								
国际储备								
其他								
2. 负债								
通货								
存款								
贷款								
股权和投资基金份额								
债务性证券								
保险准备金和社会保险基金权益								
金融衍生品和雇员股票期权								
国际储备								
其他								
3. 资产净值								

228

六、资产负债表的分析应用

资产负债表从存量方面核算了一个国家或地区的资产和负债状况,为研究国民财富总量及其分布,分析流量与存量的关联性以及宏观经济效益提供了基础。

(一)资产负债表的特点及分析框架

资产负债表的交易主体与资金流量表一样,分成六个机构部门,分别为:非金融企业部门、金融机构部门、广义政府部门、为住户服务的非营利机构、住户部门、国外部门。

资产负债表的资产负债项目概括了现阶段我国主要的资产和负债形式。从资产看,主要有非金融资产、金融资产。负债通常以金融负债形式存在。

资产负债表的最大特点是以存量作为它的核算对象。由于存量是多年不断积累的结果,因此,分析研究时,更需要从历史的角度,在一个时间跨度比较大的范围内客观地看待资产和负债的变化,以及这些变化的成因。另一方面,存量与流量又是相互关联的,它们互为因果。有的流量问题,仅局限于流量角度往往分析不透,需要借助存量指标,从流量与存量的联系中研究流量问题。反过来也一样,分析存量问题需要借助一些流量指标,从流量影响存量的角度深入分析,这样得出的结论或许更有说服力。

(二)资产负债分析的主要内容

为了提高分析应用的实用性,以下着重介绍如何利用资产负债表的主要信息来分析现实中的经济问题。

1. 分析资产负债总量

资产负债表为我们提供了十分有价值的总量指标,比如,一个国家或地区的总资产、总负债、资产净额。这些存量指标既是社会再生产的基本条件,又是本国或本地区居民赖以生存的物质基础。一般来讲,一个国家(为简便,以下仅从国家角度讲,地区情况类似)的国民财富总量(相当于资产负债表中的资产净值)越大,说明这个国家的经济实力越雄厚。因此,有人把资产负债表中的总量比喻为国家的"家底"是有一定道理的。分析总资产,主要是看一个国家可动用的资产总量(包括实物资产和金融资产),虽然这些资产中有的部分是以负债为前提的,但从对资产的支配权上看,总资产是一个关键指标,它反映经济运行的总规模。总负债是与总资产相对应的,通过总负债与总资产的对比分析,可以看出一个国家资产对负债的依赖程度,通常用宏观资产负债率表示,公式为:

$$宏观资产负债率 = 总负债/总资产 \times 100\%$$

需要指出的是,一个国家的资产负债率取决于各经济主体之间的资金余缺状况,取决于金融市场的发达程度。它不同于企业会计中的资产负债率,不是一个效益指标,与经济效益没有直接联系。它也不是一个风险指标,因为在金融负债中,大量的负债是国内负债。这个指标只是反映了资产对负债的依赖程度。如果进一步考察各机构部门的资产负债率,可以发现,不同机构部门的资产负债率因其活动特点不同而差别很大。资产净值是从所有权角度计算的资产总量,这个指标反映了真正属于自己的资产有多少。如果要用资产比作"家底",那么,资产净值指标是最合适的。有的时候,也把资产净值称作国民财富,便于人们理

解。资产净值与相关指标结合起来使用,能够生成一些重要的分析指标。比如:

(1)把资产净值与 GDP 进行对比(资产净值/GDP),得出每创造一个单位的 GDP 需要多少个单位的资产净值,或者说,资产净值是 GDP 的几倍。

当我们有了多年的资产净值数据后,还可以动态地分析这个指标的变化趋势。如果随着经济的发展,资产净值相对于 GDP 的倍数越来越大,而且存在一定的合理性,那么,在制定投资规划时,就应把投资的增长定得相对高一些。

(2)把资产净值与人口进行对比(资产净值/人口总量),计算出人均国民财富水平。这一指标比当期人均收入更能反映一个国家的富裕程度,事实上,人民享用的是全部的财富(存量),而不仅仅是当期新增的财富(增量)。

(3)在总资产中,固定资产在生产中的作用比较特殊。把固定资产与劳动者人数进行对比(固定资产总量/劳动者人数),可以大致反映劳动者的技术装备程度。

此外,根据各地区资产负债表,分别计算其资产净值,可以分析资产的地区分布。进一步地,分别计算各地区人均资产净值,比较它们之间的差异,有利于制定合理的地区发展战略。

2. 分析资产负债结构

资产负债结构可以有多种组合,分析时应根据需要,有针对性的选择有关指标。下面仅提供一些常用分析内容。

(1)分析资产的主要形态构成

从资产形态看,资产由两大部分构成,一部分是非金融资产,另一部分是金融资产。资产形态构成及其变化是深入研究中国国情的一个重要方面。在分析资产形态构成时,除了看总的比例关系外,还可以以不同机构部门为对象,分别研究各自的构成及其变化。

(2)分析固定资产占非金融资产的比例

在国民经济发展中,固定资产是最主要的生产资料,它的规模和结构直接影响着生产的规模和结构,因此,关注固定资产的变化很有必要。

(3)存货分析

在判断经济形势时,存货是关键指标之一。比如,比较存货增长率与经济增长率的差异,从中可以大致了解到经济的景气程度。一般来讲,经济繁荣时,存货增长率较低,反之,存货增长率较高。存货分析主要涉及非金融企业部门。

(4)研究各机构部门的金融资产、负债结构

各机构部门性质的差别决定了他们的金融资产、负债结构的差别。非金融企业部门以负债为主,因此,要侧重分析它的金融负债结构,比如它的间接融资与直接融资比例及其变化,并与资金流量表中该部门的净金融投资结合起来。金融机构的金融资产与金融负债在数量上差别不大,但结构不同,内容不同。分析这方面的内容可以与我国货币市场、证券市场的发展和改革结合起来。如果资料允许,可以把金融机构细分为中央银行、商业银行、证券公司、保险公司,以此为基础,分别研究它们的金融资产和负债结构。政府部门的金融资产和负债与我国现行经济体制和宏观经济政策联系密切,这一部分的分析内容也很丰富。住户部门的负债近年来增长较快,规模不断扩大。研究住户部门时,主要是研究它的金融资产。资产负债表提供了全面、详细的居民金融资产数据,它的分析价值是显而易见的。

第四章　专业统计

第一节　农业统计

　　农业统计是农林牧渔业统计的简称,反映农林牧渔业生产条件、生产过程和生产结果的全过程,包括农业、林业、畜牧业、渔业和农林牧渔专业及辅助性活动等 5 个大类。按三次产业的划分标准,农、林、牧、渔业划为第一产业,农林牧渔专业及辅助性活动划为第三产业。

　　农业是指对各种农作物的种植活动。包括稻谷、小麦、玉米等谷物种植;豆类、油料和薯类种植;棉、麻、糖、烟草种植;蔬菜、食用菌及园艺作物种植;苹果、梨、葡萄、柑橘、香蕉等水果种植;坚果、含油果、香料和饮料作物种植;冬虫夏草、甘草、人参等中药材种植;草种植及割草;芦苇、作物副产品(茎、杆、根)等其它农业。

　　林业是指对林木及其产品的育护、采运和采集活动①。包括林木育种和育苗;造林和更新;森林经营、管护和改培;木材和竹材采运;天然橡胶、油桐籽、油茶籽、沙棘果、五倍子、野生菌类等林产品采集。

　　畜牧业是指为了获得各种畜禽产品而从事的动物饲养、捕捉活动。包括牛、马、猪、羊等牲畜饲养;鸡、鸭、鹅等家禽饲养;狩猎和捕捉动物;兔、蜜蜂等其他动物的饲养。

　　渔业是指在内陆和海水水域中进行的水生动植物的养殖和捕捞活动②。包括海水鱼、虾、蟹、贝、藻类等海水养殖;淡水鱼、虾、蟹、贝、藻类等内陆养殖;海水中天然水生的鱼、虾、蟹、贝、藻类等的海水捕捞;内陆水域中天然水生的鱼、虾、蟹、贝、藻类等的内陆捕捞。

　　农林牧渔专业及辅助性活动是指对农业、林业、畜牧业、渔业提供的各种专业及辅助性生产活动。包括种子种苗培育、农业机械、灌溉、农产品初加工、病虫害防治、森林防火、林产品初加工、畜牧良种繁殖、畜禽粪污处理、鱼苗及鱼种场活动等。

　　农业统计的主要内容:反映农业生产条件方面,有农村基层组织情况、乡村人口及从业人员等;反映农业生产过程方面,有主要农作物长势监测调查、主要农产品集市贸易价格调查等;反映农业生产成果方面,在实物量上,有农作物生产情况、林业生产情况、畜牧业生产情况和渔业生产情况等,在价值量上,有农林牧渔业总产值、增加值和中间消耗、农产品生产者价格指数等。

---

　　①　在国民经济行业分类标准中未对林业进行概括性定义,本定义仅限于第一产业范围的林业。
　　②　在国民经济行业分类标准中未对渔业进行概括性定义,本定义仅限于第一产业范围的渔业。

一、农业统计范围及统计单位

农业统计的范围包括全部农业生产经营户,各省、自治区、直辖市以及新疆生产建设兵团所属的各种经济组织类型、各个系统的全部农业生产经营单位和非农业生产经营单位附属的农业生产活动单位,以及所经营的农作物种植地块、养殖场、牧场等,军委系统农业生产(除军马外)也应包括在内,但不包括农业科学实验机构进行的农业生产。

农业统计的基本单位是农业生产经营者,包括农业生产经营户和农业生产经营单位。

(一)农业生产经营户

农业生产经营户是指中华人民共和国境内在农业用地和单独设施中从事农业、林业、畜牧业、渔业,以及为本户之外提供农林牧渔专业及辅助性服务,并符合以下任一标准的住户,无论其居住在城镇还是农村。农业生产经营户的标准如下:

1. 年内经营耕地、园地、养殖水面面积在 0.1 亩及以上;

2. 年内经营林地、牧草地面积在 1 亩及以上;

3. 年内饲养牛、马、猪、羊等大中型牲畜 1 头及以上;

4. 年内饲养兔等小动物以及家禽共计 20 只及以上;

5. 全年出售和自产自用的农产品价值超过 1000 元及以上;

6. 对本户以外提供农林牧渔专业及辅助性服务的经营性收入在 1000 元及以上。

(二)农业生产经营单位

农业生产经营单位是指中华人民共和国境内以从事农业生产经营为主的法人单位和产业活动单位。既包括主营农业的农场、林场、养殖场、农林牧渔业公司、农林牧渔专业及辅助性活动单位、农民专业合作社;也包括国家机关、社会团体、学校、科研单位、工矿企业、村民委员会、居民委员会、基金会等单位附属的农业产业活动单位。

1. 农业法人单位应符合以下条件:

(1)依法成立,经过正式注册;

(2)有自己的名称、组织机构和场所,能够独立承担民事责任;

(3)独立拥有和使用(或授权使用)资产,承担负债,有权与其他单位签订合同;

(4)会计上独立核算,能够编制资产负债表;

(5)以农业、林业、畜牧业、渔业或者农林牧渔专业及辅助性活动为主营行业。

符合上述农业法人单位(2)~(5)条件,但未注册的单位,是农业未注册单位,视同农业法人单位,如未注册的农民专业合作社、两户以上联营的经济体等。

2. 农业产业活动单位

是指在非农业法人单位或未注册单位中,以农业生产经营为主的产业活动的单位。如工矿企业下属的农场、渔场等。符合以下条件:

(1)有固定经营场所或相对固定的服务对象;

(2)相对独立组织生产活动;

(3)有收入、支出等业务核算资料;

(4)以农业、林业、畜牧业、渔业或者农林牧渔专业及辅助性活动为主营行业。

二、主要统计指标

(一)农业生产条件

1. 乡村户数

指长期(一年以上)居住在乡镇(不包括城关镇)行政管理区域内的住户,还包括居住在城关镇所辖行政村范围内的农村住户。户口不在本地而在本地居住一年及以上的住户也包括在本地农村住户内;有本地户口,但举家外出一年以上的住户,无论是否保留承包耕地都不包括在本地农村住户范围内。不包括乡村地区内的国有经济的机关、团体、学校、企业、事业单位的集体户。

2. 乡村人口

指乡村地区常住居民户数中的常住人口数,即经常在家或在家居住6个月以上,而且经济和生活与本户连成一体的人口。外出从业人员在外居住时间虽然在6个月以上,但收入主要带回家中,经济与本户连为一体,仍视为家庭常住人口;在家居住,生活和本户连成一体的国家职工、退休人员也为家庭常住人口。但是现役军人、中专及以上(走读生除外)的在校学生、以及常年在外(不包括探亲、看病等)且已有稳定的职业与居住场所的外出从业人员,不应当作家庭常住人口。

3. 农用化肥施用量(折纯)

指本年内实际用于农业生产的化学肥料数量,包括氮肥、磷肥、钾肥和复合肥。使用量要求按折纯量计算数量,即各类化学肥料的实际施用数量按其含氮、含五氧化二磷、含氧化钾的比例折成百分之百计算。

$$折纯量=实物量×某种化肥有效成份含量(\%)$$

(二)农产品产量

1. 谷物产量

指谷物在本年内的生产数量,按脱粒后的原粮重量计算。谷物包括稻谷、小麦、玉米、谷子、高粱和其他谷物;其他谷物包括大麦、燕麦、荞麦 等,其中西藏、青海、甘肃等地种植的青稞是大麦中的裸麦,按大麦统计。

2. 薯类产量

指薯类在本年内的生产数量,按鲜薯重量计算。包括甘薯和马铃薯,不包括芋头、木薯等。芋头作为蔬菜统计,木薯作为其他作物统计。我国的薯类包括在粮食统计指标内,其产量统一按5∶1折算粮食产量。

3. 豆类产量

指豆类在本年内的生产数量,按去豆荚后的干豆重量计算。包括大豆、绿豆、红小豆、杂豆等。

4. 经济作物产量

指经济作物在本年内的生产数量。经济作物是指除谷物、薯类、豆类外的农作物,包括油料、棉花、生麻、糖料、烟叶、中草药材、蔬菜、瓜果等。各经济作物重量的计算方法,棉花的按去籽后的皮棉计算;麻类除亚麻以麻杆计算,苎麻以刮皮后的干麻计算,苘麻和线麻以熟麻皮计算外,其余均以生麻皮计算;烤烟与晒烟以干烟叶计算;花生以带壳的干花生计算;甘蔗以蔗茎计算;甜菜以块根计算;瓜果按鲜果计算。

5. 猪、牛、羊肉产量

指本调查期内出栏的肥猪、肉牛、肥羊头数折算出的鲜、冷鲜、冷冻猪、牛、羊肉总量,按胴体重计算。

$$猪肉产量=出栏肥猪头数×平均每头肥猪出售重量×肥猪产肉率(\%)$$
$$牛肉产量=出栏肉牛头数×平均每头肉牛出售重量×肉牛产肉率(\%)$$
$$羊肉产量=出栏肥羊头数×平均每只羊出售重量×肥羊产肉率(\%)$$

6. 猪、牛、羊期末存栏

指本调查期末饲养各类猪、牛、羊的总量。猪包括仔猪、待育肥猪(架子猪)和种猪等数量之和;牛包括牛犊、待育肥牛(架子牛)、奶牛和种牛等数量之和;羊包括羊羔、待育肥羊(架子羊)、奶羊和种羊等数量之和。

(三)农业产出核算

1. 农林牧渔业总产值

是指以货币表现的农林牧渔业的全部产品总量和对农林牧渔业生产活动进行的各种支持性服务活动的价值。它反映一定时期内农林牧渔业生产总规模和总成果。农林牧渔业总产值的核算采用"产品法"计算,即用产品产量乘以价格求出各种产品的产值,然后把它们加总求得各业的产值,最后各业相加求出农林牧渔业总产值。

2. 农林牧渔业增加值

是指农、林、牧、渔及农林牧渔服务业生产货物或提供服务活动而增加的价值,为农林牧渔业现价总产值扣除农林牧渔业现价中间投入后的余额。增加值避免了中间产品的重复计算,消除了总产值计算中的重复因素,计算结果是社会最终产品的价值。农林牧渔业增加值采用"生产法"和"收入法"两种方法计算。

(1)生产法:是计算农林牧渔业增加值主要使用的方法,即由现价农林牧渔业总产值减去农林牧渔业中间消耗(不包括固定资产折旧及大修理基金)的方法取得。

(2)收入法:是根据各种生产要素在生产过程中应取得收入份额来进行计算的一种方法。农林牧渔业增加值=固定资产折旧+劳动者报酬+生产税净额(生产税-生产补贴)+营业盈余。

3. 农林牧渔业中间消耗

是指在一定时期内农林牧渔业生产过程中所消耗的物质产品和服务的价值,包括物质产品消耗和生产服务支出两个部分。中间消耗的计算原则,一是其计算的口径范围要与总产值保持一致,即与总产值相对应的生产过程中所消耗的物质产品和服务;二是本期消耗的不属于固定资产的低值易耗品,如某些小农具,虽然使用年限超过一年,但价值在1000元以下,也作为中间消耗处理。固定资产的消耗,则不计入中间消耗,以折旧形式直接计入增加值。

234

4. 农产品生产者价格指数

是指一定时期内,农产品生产者价格水平变动趋势及幅度的相对数,包括综合指数和类指数,用于价格指数缩减法计算农业发展速度。农产品生产者价格是指农产品生产者第一次出售其产品时所获得的价格,是核算现价农林牧渔业总产值的依据。

5. 农林牧渔专业及辅助性活动的产值

经济普查年份等于农林牧渔专业及辅助性活动经营收入。非经济普查年份,以农林牧渔专业及辅助性活动现价产值占农林牧渔业总产值比重推算。其可比发展速度,按居民消费价格指数进行缩减。在三次产业核算中,农林牧渔专业及辅助性活动的产值和增加值,分别从农林牧渔业总产值和增加值中核减,并入第三产业。

三、统计调查方法

农业统计采用普查与常规统计调查相结合的方法。农业普查每 10 年进行一次,采用全数调查的方法;常规统计调查按日历年、季、月度及农业生产季节进行,采用以抽样调查为主,全面统计及重点调查为辅的方法。

（一）农业普查

农业普查是全面了解农业、农村和农民发展变化情况的重大国情国力调查,全国农业普查工作在国务院和地方各级人民政府领导下进行。我国在 1996 年、2006 年和 2016 年进行了三次全国农业普查。农业普查涵盖了农、林、牧、渔业和农林牧渔专业及辅助性活动,并延伸至农村基本情况、农民生活情况,不仅为常规农业统计调查提供了基础,也为制定"三农"政策、解决"三农"问题、促进"三农"发展作出了贡献。（详见"统计实务"部分第二十一节"周期性普查"）

（二）常规统计

1. 抽样调查。主要农作物,如稻谷、小麦、玉米、棉花等;主要畜禽,如猪、牛、羊、禽等;以及农产品生产者价格都是采用抽样调查的方法,通过直接调查农业经营者概率样本取得资料并推算总体,即农作物抽样调查、畜禽监测调查和农产品生产者价格调查。目前在农作物抽样调查中,应用了遥感等空间信息技术,采用了对农作物种植地块样本进行调查的农作物对地调查方法推算播种面积;对于实测农作物的单位面积产量,采用对单产调查样本"实割实测"的方法调查;对于实测作物的长势情况采用遥感监测的方法调查。

2. 全面统计。农业生产条件,以及除主要农作物和畜禽之外的农产品产量、面积、存(出)栏量等,均采用由基层统计组织填报,通过各级统计部门层层上报的全面统计方法取得资料。

3. 重点调查。农林牧渔业中间消耗、农产品集贸市场价格等,通过重点调查的方法取得资料。

4. 部门分工。农业、畜牧业统计数据,主要由国家统计局的统计调查系统承担;林业、渔业统计数据,由国家相关的林业、渔业行政管理部门承担;与农业生产条件相关的耕地等农业用地、农业机械、农村电力、水利设施等资料,来自国家相关行政管理部门的统计报表制度。

5. 专业分工。在常规统计中,"三农"中的农民、农村情况统计资料,分别来自国家统计局负责开展的中国住户调查和县域社会经济情况统计。

第二节　工业统计

工业统计包括采矿业,制造业以及电力、热力、燃气及水生产和供应业的统计。

采矿业指对固体(如煤和矿物)、液体(如原油)或气体(如天然气)等自然产生的矿物的采掘。包括地下或地上采掘、矿井的运行,以及一般在矿址或矿址附近从事的旨在加工原材料的所有辅助性工作,例如碾磨、选矿和处理等活动,还包括使原料得以销售所需的准备工作。但不包括水的蓄积、净化和分配,以及地质勘查、建筑工程活动。

制造业是指经物理变化或化学变化后成为新的产品,不论是动力机械制造,还是手工制作;也不论产品是批发销售,还是零售,均视为制造。建筑物中的各种制成品、零部件的生产应视为制造。但在建筑预制品工地,把主要部件组装成桥梁、仓库设备、铁路与高架公路、升降机与电梯、管道设备、喷水设备、暖气设备、通风设备与空调设备,照明与安装电线等组装活动,以及建筑物的装置,均列为建筑活动。本门类包括机电产品的再制造,即将废旧汽车零部件、工程机械、机床等进行专业化修复的批量化生产过程,再制造的产品达到与原有新产品相同的质量和性能。

电力、热力、燃气及水的生产和供应业由电力、热力生产和供应业,燃气生产和供应业,以及水的生产和供应业三大行业组成。

一、工业统计调查单位、统计原则和调查方法

(一)工业统计调查单位

工业统计调查单位包括工业法人单位和工业个体经营单位,主要分为三类:一是规模以上即年主营业务收入2000万元及以上的工业法人单位;二是规模以下即年主营业务收入2000万元以下的工业法人单位;三是全部工业个体经营单位。

(二)工业统计原则

工业按照法人统计单位在地原则进行统计,统计单位按照以下情况归入所在区域的统计范围:

1. 经营地与行政登记住所在同一县级行政区域的统计单位,归入该县级区域的统计范围;

2. 经营地与行政登记住所不在同一县级行政区域的统计单位,原则上归入经营地所在的县级区域的统计范围;

3. 有两处或两处以上经营地的统计单位,归入主要经营地所在的县级区域的统计范围。

(三)工业统计调查方法

工业统计根据其统计内容和统计调查对象的不同而采用不同的方法。

现行国家统计报表制度规定:对全部年主营业务收入 2000 万元及以上的工业法人企业,也称规模以上工业统计调查单位,采用联网直报的方法逐个收集资料。按照"先进库,后报数"的原则,统一确定规模以上调查单位。规模以上调查单位的增减变动,需经各级统计机构依据单位提交的资料审核确定后做出相应处理。达到年主营业务收入 2000 万元及以上规模标准但尚未纳入规模以上统计调查库的单位,有义务向所在地统计机构提供营业执照(证书)复印件、利润表和纳税申报表等证明资料。省级及以下统计机构对单位提交的资料进行审核,将符合要求的单位确定为规模以上调查单位。已纳入规模以上调查单位库的单位,如单位信息发生变更,需按要求提供证明单位相应信息发生变更的资料,省级及以下统计机构审核确认后报国家统计局变更;如发生注销或吊销、长期停歇业、上年经营规模未达上述规模标准等情况,由单位所在地统计局提出退出单位名单,经地市、省级统计机构审核后,报国家统计局审核确定,做退库处理。

对于年主营业务收入 2000 万元以下的工业法人企业(也称规下工业企业)和全部个体经营工业单位,采用抽样调查的方法收集样本数据,进行科学推算。规下工业抽样调查的基本方法是:先将规模以下工业调查单位总体划分成两个子总体,即规模以下工业企业和全部个体经营工业单位。对于企业子总体中有企业名录的部分采用一阶段分层随机抽样,没有企业名录的企业和个体工业子总体采用分层随机整群抽样。对于目录企业部分,根据各省(自治区、直辖市)企业名录库直接抽取样本企业;对于个体经营工业单位和未包括在企业名录库中的非目录企业部分,在省一级直接抽取整群单位——村(居委会)作为样本,对整群样本内部的个体工业单位和非目录企业进行全数调查。

二、工业统计主要指标

1. 工业总产值

工业总产值是指工业企业在报告期内生产的以货币形式表现的工业最终产品和提供工业劳务活动的总价值量。

工业总产值计算应遵循以下原则:(1)工业生产的原则。即凡是企业在报告期内生产的最终产品和提供的劳务,均应包括在内。其中的最终产品,不管是否在报告期内销售,只要是报告期内生产的,就应包括在内。凡不是工业生产的产品,均不得计入工业总产值;(2)最终产品的原则。即企业生产的成品价值必须是本企业生产的,经检验合格不需再进行任何加工的最终产品。企业对外销售的半成品也应视为最终产品计入工业总产值。而在本企业内各车间转移的半成品和在制品只能计算其期末期初差额价值;(3)"工厂法"原则。即以法人工业企业作为一个整体计算工业总产值,是其报告期内生产的最终产品和提供劳务的总价值量。

工业总产值的内容包括三部分:生产的成品价值、对外加工费收入、自制半成品在制品期末期初差额价值。(1)成品价值:指企业在报告期内生产,并在报告期内不再进行加工、经检验合格、包装入库的已经销售和准备销售的全部工业成品(包括半成品)价值合计。成品价值中包括企业生产的自制设备及提供给本企业在建工程、其他非工业部门和生活福利部门等单位使用的成品价值,但不包括用订货者来料加工的成品(半成品)价值;(2)对外加工费收入:指企业在报告期内完成的对外承做的工业品加工(包括用订货者来料加工生产)的加工费收入和对外工业品修理作业所收取的加工费收入和对内非工业部门提供的加工修理、设备安装等收入。对外加工费收入按不含应交增值税(销项税额)的价格计算。对于以对外加工生产为主,对外加工费收入所占比重较大的企业,如果对外加工费收入出现跨报告期支付的情况,为保证总产值生产口径计算的准确性,则应将对外加工费收入按实际情况调整,记录本报告期应实际收取的对外加工费收入;(3)自制半成品在制品期末期初差额价值。为了使工业总产值与工业中间投入中的物耗价值一致,以便同口径地计算工业增加值,规定本指标的计算原则是:凡是企业会计产品成本核算中计算半成品、在制品成本,则工业总产值中必须包括自制半成品在制品期末期初差额价值。反之则不包括。自制半成品在制品期末期初差额价值等于自制半成品在制品期末价值减去期初价值后的余额,如果期末价值小于期初价值,该指标为负值,企业在计算产值时,应按负值计算,不能作为零处理。

工业总产值是按现行价格计算的。成品价值按成品实物量乘以报告期不含应交增值税(销项税额)的产品实际销售平均单价计算。会计核算中按成本价格转账的自制设备和自产自用的成品,按成本价格计算生产成品价值。

工业总产值计算的几种具体规定:(1)凡自备原材料(包括自备零部件)生产,不论其加工繁简程度如何,一律按全价,即包括自备原材料的价值,计算工业总产值;(2)凡来料加工,加工企业只收取加工费,则加工企业一律按财务上结算的加工费计算工业总产值,即不包括定货者来料的价值。一般分两种情况:a、工业企业之间的来料加工,加工企业(即承包单位)按财务上结算的加工费计算工业总产值;委托加工的企业(即发包单位)按全价计算工业总产值;b、工业企业与非工业企业之间的来料加工,当工业企业作为加工企业时一律按加工费计算工业总产值;(3)自制半成品、在制品期末期初差额价值,原则上应计入工业总产值,但如果会计产品成本核算中不计算自制半成品、在制品成本,则不计入工业总产值;如果会计产品成本核算中计算自制半成品、在制品成本的,则计入工业总产值。

区分来料加工与自备原材料生产的依据是加工企业与委托加工企业间的财务结算关系。如果委托企业提供原材料而不与加工企业结算,加工企业收取加工费,产品返回委托企业销售,则这种模式是来料加工;如果委托加工企业提供的原材料与加工企业是结算的,制成品由加工企业返给委托企业也是结算的,则这种模式是自备原材料生产。

2. 工业销售产值

工业销售产值是指以货币形式表现的,工业企业在报告期内销售的本企业生产的工业产品或提供工业性劳务价值的总价值量。

工业销售产值包括的内容为:(1)销售成品价值:指企业在报告期内实际销售(包括本期生产和非本期生产)的全部成品、半成品的总价值,即按报告期产品的实际销售数量乘以不含增值税(销项税额)的产品实际销售平均单价计算。销售成品价值中包括企业生产的自制设备及提供给本企业在建工程、其他非工业部门和生活福利部门等单位使用的成品价值,但不包括用订货者来料加工,并且只收取加工费的成品(半成品)价值;(2)

对外加工费收入:指企业在报告期内完成的对外承接的工业品加工(包括用定货者来料加工的产品)的加工费收入;对外工业品修理作业可收取的加工费收入和对内非工业部门提供的加工修理、设备安装等收入。对外加工费收入按不含增值税(销项税额)的价格计算。对于以对外加工生产为主,对外加工费收入所占比重较大的企业,如果对外加工费收入出现跨报告期支付的情况,为保证总产值生产口径计算的准确性,则应将对外加工费收入按实际情况调整,记录本报告期应实际收取的对外加工费收入。

3. 工业出口交货值

工业出口交货值是指工业企业自营(委托)出口(包括销往香港、澳门、台湾地区)或交给外贸部门出口的产品价值,以及外商来样、来料加工、来件装配和补偿贸易等生产的产品价值。

4. 工业产品生产量

工业产品生产量是指工业企业在报告期内生产的并符合产品质量要求的实物数量,包括商品量和自用量两部分。

工业产品生产量计算应遵循以下原则:(1)产品质量标准:产品必须符合规定的质量标准或订货合同规定的技术条件,才可统计生产量。工业产品质量标准一律按国家标准或部颁标准执行。没有国家标准或部颁标准的产品,应按企业主管机关的标准或订货合同规定的技术条件执行,不得擅自更改标准或降低标准,不合格的产品不能计算生产量;(2)统计时间:产品生产量反映的是报告期内的工业生产成果,凡报告期内生产的产品都应计算在内,即截止报告期最后一天检验合格并办理了入库手续的产品,其中规定要求包装的产品必须包装好才能计算其生产量。至于报告期最后一天以哪一个班次作为截止计算产量的班次则由企业主管机关规定,并应与会计核算的结算时间一致。结算时间一经确定,就要严格执行,不得随意提前或移后;(3)准确度量:准确度量是计算产品产量的重要一环,企业应配备必要的计量设备,对产量进行实际度量,不得随意估算,对确有困难不得不推算的某些产品,一定要按照主管部门规定的推算方法计算,使之尽量接近实际。

工业产品生产量包括的内容:(1)企业各车间(主要车间、辅助车间、附属品车间及副产品车间)用自备原材料生产的全部产品产量,不论是要销售的商品量还是本企业的自用量,均应统计生产量;(2)凡用订货者来料加工生产的产品,并且加工企业只收取加工费的,如果订货者是境内非工业企业和境外企业,其产品生产量由加工企业统计;如果订货者是境内工业企业,产品生产量由委托企业(即发包企业)统计,加工企业(即承包企业)不统计;(3)经正式鉴定合格的新产品、自产自用的生产设备、未正式投入生产以前试生产的合格品以及基本建设附产的合格品,都应包括在产品生产量中;(4)用进口原材料或关键零件生产的产品,或用进口整套散装零件及用进口组装件加工、装配的产品,不论是在国内销售还是外商经销,生产量均统计在国内同种产品生产量中;(5)在我国国土范围内的外商投资和港、澳、台商投资工业企业生产的产品,其生产量全部统计在国内同种产品生产量中。

工业产品生产量不应包括的内容:(1)在生产工业产品的同时,产生的下脚余料或废料,如冶金工业的氧化铁、汤道、中心注管、钢材切头、切尾,机械工业的切屑,木材工业的锯末,粮食加工工业的糠、麸,酿酒工业的酒糟等,一般做下脚料出售,不应统计为产品生产量;(2)投入生产过程中的原材料没有完全消耗掉,而加以回收、提浓,再供本企业自用的,如机械工业回收的润滑油,合成洗涤剂厂回收的盐酸、硫酸等都不计算产品生产量;(3)企业从外购进的工业品,未经本企业任何加工的,不得作为本企业的产品生产量统计;(4)某些产品在检验产品质量时,需做破坏性试验(如试验灯泡的使用寿命,手机电池的间歇放电时间等),这些用作试验的产品,不计算在产品生产量中。

5. 工业产品库存量

工业产品库存量是指工业企业在期初、期末时点上,尚存在企业产成品仓库中而暂未售出的产品的实物数量。

产品库存量计算应遵循以下原则:(1)产品库存必须是处于"实际库存"状态的产品,即产品生产出来经过检验合格并办了入库手续的产品。有的产品虽已结束了生产过程,但还没有验收合格,还没有办理入库手续,不能作为产品库存统计。有的产品已经售出,但按提货制要求还没有办妥货款结算手续的,或按送货制要求未办理承运手续的,仍应作为本企业的产品库存量统计,而不能作为产品销售量统计;(2)计入产品库存量的产品,必须是本企业有权销售的产品,对于已经销售并已办妥各项手续,但尚未提货的产品,本企业无权支配,这种产品虽然仍存在本企业仓库中,但不应统计为库存量。凡企业有权销售的产品,不论存放在什么地方,均应统计;(3)产品库存量不能出现负数。如果产品还没有入库就已售出,应将售出的这部分产品补填入库和出库凭证,并相应计入产品产量中。

产品库存量包括的内容:(1)本企业生产的,报告期内经检验合格入库的产品;(2)库存产品虽有销售对象,但尚未发货的;(3)非工业企业和境外订货者来料加工产品尚未拨出的;(4)盘点中的账外产品;(5)产品入库后发现有质量问题,但未办理退库手续的产品。

产品库存量不应包括的内容:(1)属于提货制销售的产品,已办理货款结算和开出提货单,但用户尚未提走的产品;(2)代外单位保管的产品;(3)已结束生产过程但尚未办理入库存手续的产品。

6. 工业产品销售量

工业产品销售量是指报告期内工业企业实际销售的由本企业生产(包括本期生产和非本期生产)的符合规定的质量标准或定货合同规定的技术条件的工业产品的实物数量。凡用订货者来料加工生产的产品,并且加工企业只收取加工费的,如果订货者是境内非工业企业和境外企业,其产品销售量由加工企业(即承包企业)统计;如果订货者是境内工业企业,产品销售量由委托企业(即发包企业)统计,加工企业不统计。

产品销售量以产品销售实现为核算原则,即在产品已发出,货款已经收到或者得到了收取货款的凭据时作为销售实现,统计产品销售量。按照企业销售方式的不同,产品销售量统计遵从以下几种规定:(1)采用送货制销售的,产品如由本企业运输部门发运,以产品出库单上的数量、日期为准;如委托专业运输部门发运,则以运输部门的承运单上的数量、日期为准;(2)采用提货制销售的,以给用户开具的发票和提货单上的数量、日期为

240

准;(3)委托其他单位代销的产品,以企业收到代销单位的代销清单为准;(4)采用预收货款销售的,在发出产品时作为销售。产品尚未生产出来,已预收货款或预开提货单的,不应算作销售;(5)企业出口销售的产品,陆运以取得承运货物收据或铁路运单,海运以取得出口装船提单,空运以取得空运运单,并向银行办理出口交单的数量、日期为准。企业自营出口的产品,在委托外贸部门代理出口(实行代理制)的情况下,以收到外贸部门代办的运单和银行交单凭证的数量、日期为准。

统计产品销售量应注意以下几点:(1)只有企业销售的合格产品才能统计其销售量,销售的次品不能计入产品销售量;(2)企业直接从外购进产成品,只是更换了标签或包装的,不能作为销售量统计;(3)分清产品销售和预售的界限:预售指产品还没有生产出来以前,用户为了购买这种产品事先向工厂支付货款。预售不能算作销售。相反,有些产品采用了分期付款的形式,只要是用户拿到了这个商品,不管货款是否已付清,作为企业已经取得了收取货款的凭证就应作为销售。

售出产品退货的处理遵从以下规定:(1)退回报告期内销售的合格品,应从报告期销售量中扣除,同时计入库存量;退回报告期内销售的不合格品,要在报告期销售量中扣除,还要同时扣除报告期生产量;(2)退回报告期以前售出的合格品,报告期销售量不变,计入产品库存量中;退回报告期以前售出的不合格品,报告期销售量和报告期生产量均不变;(3)退回修理的产品,修理后仍交原用户的,不作为退货处理,在统计报表上不做反映。

7. 企业自用量及其他

(1)企业自用量又称企业自产自用量,指工业企业在报告期内生产的、已作本企业产量统计的、又作为本企业生产另一种产品的原材料使用的产品的数量。如钢铁企业用本企业生产的生铁炼钢,其计算了生铁产量,同时将用于炼钢的生铁数量作为企业自用量统计。但是,由本企业验收合格后,作为商品出售给本企业生活用、在建工程用或行政部门用的产品数量,不能作为自用量统计,而作为销售量统计。如钢铁企业将本企业生产的钢材用于本企业房屋维修的数量,应作为销售量而不是自用量统计。

(2)其他是指工业企业在报告期内将产品用于展览、捐赠、借出以及报废等方面的产品数量和盘盈盘亏的数量。企业以促销手段搭售的产品不能视为捐赠,而应作为销售对待。

8. 工业产品生产能力

工业产品生产能力,一般指产品的综合生产能力,但有些产品是指其主要设备的能力。

(1)产品生产能力:指在一个企业范围内生产某种产品的综合平衡能力,是生产某种产品的全部设备(包括主要生产设备、辅助生产设备、起重运输设备、动力设备及有关的厂房和生产用建筑物等)在原材料、燃料动力供应充分,劳动力配备合理,设备正常运转的条件下,报告期内可能达到的生产量。企业在具体填报时,可以区分以下三种情况:第一种是原有设计能力未经重大技术改造的用设计能力填报;经过技术改造后,有技术改造后设计能力的,填报技术改造后的设计能力。第二种是原有设计能力已不能反映实际情况,有核定能力的,按核定能力填报。第三种是既没有设计能力也没有核定能力,或原设计能力(或核定能力)已与实际生产水平相差很大,按企业查定的实际生产能力填报。

（2）设备能力：指某种设备的单位时间内可能生产的产品数量，也就是说，某种设备在单位时间内的工作量，即一般所称的设备效率，或设备生产率，它不考虑与其他设备的平衡问题。

9. 产品生产能力利用率

产品生产能力利用率是指报告期内主要产品生产量与相应的生产能力之比。

第三节　建筑业统计

建筑业是国民经济中专门从事建筑安装工程施工的物质生产部门。其主要活动包括房屋建筑、土木工程建筑、建筑安装、建筑装饰、装修和其他建筑工程作业。

建筑业是国民经济的一个重要门类，包含 4 个大类，即房屋建筑业，土木工程建筑业，建筑安装业，建筑装饰、装修和其他建筑工程业。

房屋建筑是指房屋主体工程的施工活动，不包括主体工程施工前的准备活动。包括房屋工程的地基、打桩工程、砖石工程、钢筋工程、混凝土工程、构架工程、顶构架工程、钢结构工程、预制构件组装与装配工程、幕墙工程、防水工程、升降脚手架服务、起重设备服务、门窗工程等；不包括主体工程施工前的准备活动。

土木工程建筑是指土木工程主体的施工活动，包括铁路、道路、隧道和桥梁工程建筑、水利和水运工程建筑、海洋工程建筑、工矿工程建筑、架线和管道工程建筑、节能环保工程施工、电力工程施工及其他土木工程建筑，不包括主体工程施工前的工程准备活动。

建筑安装是指建筑物主体工程竣工后，建筑物内各种设备的安装活动，以及施工中的线路敷设和管道安装活动；不包括工程收尾的装饰，如对墙面、地板、天花板、门窗等处理活动。包括电气安装、管道和设备安装及包括体育场地设施安装等的其他建筑安装业。

建筑装饰、装修和其他建筑是指对建筑工程后期的装饰、装修和清理活动，以及对居室的装修活动。包括房屋、土木工程建筑施工前的工程准备活动，为建筑工程提供配有操作人员的施工设备的服务，以及其他工程建筑活动。

建筑业统计的主要内容有：建筑业企业基本情况，建筑业企业所属产业活动单位基本情况，从业人员及工资总额情况，财务状况，生产经营情况，信息化和电子商务交易情况等。建筑业企业生产情况统计主要指标包括建筑业总产值、竣工产值、房屋建筑施工面积、房屋建筑竣工面积、年末自有施工机械设备总台数、年末自有施工机械设备总功率、年末自有施工机械设备净值、从事建筑业活动的平均人数及建筑业企业期末从业人数等指标。建筑业企业建筑材料消耗情况统计，主要从实物量角度反映钢材、木材、水泥、平板玻璃和铝材等主要建筑材料消耗情况。

一、建筑业统计调查单位、统计原则和调查方法

（一）建筑业统计调查单位

统计的调查单位是统计调查内容的承担者,也是构成调查总体的基本单位。根据建筑施工组织方式的不同,建筑业统计调查总体由以下两部分单位组成,因而建筑业统计的调查单位有两种形式:

一种是独立核算的法人建筑业企业。独立核算的法人建筑业企业应同时具备的条件是:(1)依法成立,有自己的名称、组织机构和场所,能够独立承担民事责任;(2)独立拥有(或授权使用)资产或者经费,承担负债,有权与其他单位签订合同;(3)具有包括资产负债表在内的账户,或者能够根据需要编制账户。建筑业企业同时也是建筑业统计报表的基本填报单位。

在实际执行中,凡是符合上述条件的独立核算的法人建筑业企业,均可作为建筑业统计的调查单位和基本填报单位。

另一种是附属于其他行业的企业、行政事业单位的建筑业产业活动单位。建筑业产业活动单位应同时具备的条件是:(1)在一个场所从事一种或主要从事一种社会经济活动;(2)相对独立地组织生产活动或经营活动;(3)能提供收入、支出等相关资料。按照现行国家统计报表制度的规定,对此类建筑业统计调查单位,应由其主管企业、事业、行政单位负责组织填报产业活动单位统计报表。

(二)建筑业统计原则

现行国家建筑业统计报表制度规定:建筑业企业按照法人单位注册地原则进行统计。建筑业产业活动单位、建筑业个体经营户按照营业执照登记地进行统计。

(三)建筑业统计调查方法

现行国家建筑业统计调查制度规定,对有建筑业资质的所有独立核算建筑业企业法人单位,实行季度全面调查;对于资质外建筑业小微企业采用抽样调查;建筑业产业活动单位、个体户一般在经济普查年度进行普查。

二、建筑业统计主要指标

(一)建筑业总产值

1. 建筑业总产值

指以货币表现的建筑业企业在一定时期内生产的建筑业产品和服务的总和。建筑业总产值包括建筑工程产值、安装工程产值和其他产值三部分内容。劳务分包企业建筑业总产值指劳务分包企业与总承包企业或专业承包企业签定劳务分包合同后,从事建筑安装工程取得的所有劳务收入。

2. 建筑工程产值

指列入建筑工程预算内的各种工程价值,包括:

(1)各种房屋如厂房、仓库、办公室、住宅、商店、学校、医院、俱乐部、食堂、车库、招待所等房屋建筑,按照当前预算制度规定,列入房屋工程预算内的暖气、卫生、通风、照明、煤气等设备价值及其装饰油漆工程,以及列入建筑工程预算内的各种管道(如蒸汽、压缩空气、石油、给排水等管道),电力、电讯电缆导线的敷设等工程。

(2)设备基础、支柱、操作平台、梯子、烟囱、凉水塔、水池、灰塔等建筑工程、炼焦炉、裂解炉、蒸汽炉等各种窑炉的砌筑工程及金属结构工程。

（3）为施工而进行的建筑场地的布置，工程地质勘探，原有建筑物和障碍物的拆除及平整土地，施工临时用水、电、汽、道路工程，以及完工后建筑场地的清理，环境绿化工作等。

（4）矿井的开凿、井巷掘进延伸、露天矿的剥离、石油、天然气钻井工程和铁路、公路、港口、桥梁等工程。

（5）水利工程，如水库、堤坝、灌渠以及河道整治等工程。

（6）防空、地下建筑等特殊工程。

（7）装饰装修工程。

3. 安装工程产值

指设备安装工程价值以及将预制部品部件安装成建筑工程产品的价值。包括：

（1）生产、动力、起重、运输、传动和医疗、实验等各种需要安装设备的装配和安装，与设备相连的工作台、梯子、栏杆等装设工程，附属于被安装设备的管线敷设工程、被安装设备的绝缘、防腐、保温、油漆等工作。

（2）为测定安装工作质量，对单个设备、系统设备进行单机试运和系统联动无负荷试运工作。

（3）按照项目设计要求，将预制部品部件按照建筑设计要求安装成建筑工程产品等工作。在安装工程产值中，不得包括被安装设备、被安装部品部件本身价值。

4. 其他产值

建筑业总产值中除建筑工程、安装工程以外的产值。包括房屋构筑物修理产值、非标准设备制造产值、总包企业向分包企业收取的管理费以及不能明确划分的施工活动所完成的产值。

房屋构筑物修理产值：指房屋和构筑物的修理所完成的产值，但不包括被修理房屋、构筑物本身价值和生产设备的修理价值。

非标准设备制造产值：指加工制造没有定型的非标准生产设备的加工费和原材料价值（如化工厂、炼油厂用的各种罐、槽，矿井生产统一使用的各种漏斗、三角槽、阀门等），以及附属加工厂为本企业承建工程制作的非标准设备的价值。

（二）房屋建筑施工面积

1. 房屋建筑面积

指房屋全部平面面积的总和。它从房屋的外墙线算起，包括可供使用的有效面积和墙柱等结构占用面积。多层房屋按各层（包括地下室）面积总合计算。旧房加层或改造，只计算增加的建筑面积；旧房拆除重建，计算其全部面积；临时房屋不计算建筑面积。

房屋建筑面积的计算范围包括：

（1）单层建筑物不论其高度如何均按一层计算，其建筑面积按建筑物外墙勒脚以上的外围水平面积计算，单层建筑物内如带有部分楼层者，亦应计算建筑面积。

（2）高低联跨的单层建筑物，也需分别计算建筑面积。当高跨为边跨时，其建筑面积按勒脚以上两端山墙外表面的水平长度乘勒脚以上的外墙表面至高跨中柱外边线的水平宽度计算。当高跨为中跨时,其建筑面积按勒脚以上两端山墙外表面的水平长度乘以中柱外边线的水平宽度计算。

（3）多层建筑物的建筑面积按各层建筑面积的总和计算,其底层按建筑物外墙勒脚以上的外围水平面积计算,二层及二层以上按外墙外围水平面积计算。

（4）地下室、半地下室、地下车间、仓库、商店、地下指挥部等及相应出入口的建筑面积,按其上口外墙(不包括采光井、防潮层及其保护墙)外围的水平面积计算。

（5）用深基础做地下架空层加以利用,层高超过2.2米的按架空层外围的水平面积的一半计算建筑面积。

（6）坡地建筑物利用吊脚做架空层加以利用,且层高超过2.2米的,按围护结构外围水平面积计算建筑面积。

（7）穿过建筑物的通道、建筑物内的门厅、大厅不论其高度如何,均按一层计算建筑面积。门厅、大厅内回廊部分按其水平投影面积计算建筑面积。

（8）图书馆的书库按书架层计算建筑面积。

（9）电梯井、提物井、垃圾道、管道井等均按建筑物自然层计算建筑面积。

（10）舞台灯光控制室按围护结构外墙水平面积乘以实际层数计算建筑面积。

（11）建筑物的技术层,层高超过2.2米的应计算建筑面积。

（12）柱雨棚按外围水平面积计算建筑面积,独立柱的雨棚按顶盖的水平投影面积的一半计算建筑面积。

（13）有柱的车棚、货棚、站台等按柱外围水平面积计算建筑面积,单排柱、独立柱的车棚、货棚、站台等按顶盖的水平投影面积的一半计算建筑面积。

（14）突出屋面的有围护结构的楼梯间、水箱间、电梯机房等按围护结构外围水平面积计算建筑面积。

（15）突出墙外的门斗按围护结构外围水平面积计算建筑面积。

（16）封闭式阳台、挑廊按其水平投影面积计算建筑面积。凹阳台、挑阳台按其水平投影面积的一半计算建筑面积。

（17）建筑物墙外有顶盖和柱的走廊、檐廊按柱的外边线水平面积计算建筑面积,无柱的走廊、檐廊按其投影面积的一半计算建筑面积。

（18）两个建筑物间有顶盖的架空通廊,按通廊的投影面积计算建筑面积,无顶盖的架空通廊按其投影面积的一半计算建筑面积。

（19）室外楼梯作为主要通道和用于疏散的均按每层水平投影面积计算建筑面积。楼内有楼梯的室外楼梯按水平投影面积的一半计算建筑面积。

（20）跨越其他建筑物、构筑物的高架单层建筑物,按水平投影面积计算建筑面积,多层者按多层计算。

以下各类不在计算房屋建筑面积的范围之内:

（1）突出墙面的构件配件和艺术装饰,如柱垛、勒脚、台阶、无柱雨篷等。

（2）检修、消防等用的室外爬梯。

（3）层高在2.2米以内的技术层。

（4）构筑物，如独立烟囱、烟道、油罐、水塔、贮油（水）池、贮仓、圆库、地下人防干支线等。

（5）建筑物内外的操作平台、上料平台及利用建筑物的空间安置箱罐的平台。

（6）没有围护结构的屋顶水箱，舞台及台后悬挂幕布，布影的天桥、挑台。

（7）单层建筑物内分隔的操作间、控制室、仪表间等单层房间。

（8）层高小于2.2米的深基础地下架空层、坡地建筑物吊脚架空层。

2. 房屋施工面积

指报告期内施工的全部房屋建筑面积。包括本期新开工的房屋建筑面积、上期跨入本期继续施工的房屋建筑面积、上期停缓建在本期恢复施工的房屋建筑面积、本期竣工的房屋建筑面积以及本期施工后又停缓建的房屋建筑面积。多层建筑应填各层建筑面积之和。

3. 房屋新开工面积

指报告期内新开工建设的房屋建筑面积，以单位工程为核算对象，即整栋房屋的全部建筑面积，不能分割计算。不包括在上期开工跨入报告期继续施工的房屋建筑面积和上期停缓建而在本期恢复施工的房屋建筑面积。房屋的开工应以房屋正式开始破土刨槽（地基处理或打永久桩）的日期为准。

（三）房屋建筑竣工面积

1. 房屋竣工面积

指报告期内房屋建筑按照设计要求已全部完工，达到住人和使用条件，经验收鉴定合格或达到竣工验收标准，可正式移交使用的各栋房屋建筑面积的总和。

竣工面积以房屋单位工程（栋）为核算对象，在整栋房屋符合竣工条件后按其全部建筑面积一次性计算，而不是按各栋施工房屋中已完成的部分或层次分割计算。

计算房屋竣工面积，要求严格执行房屋竣工验收标准。民用建筑一般应按设计要求在土建工程和房屋本身附属的水、电、卫（包括设计中有的煤气、暖气）工程已经完工，通风、电梯等设备已经安装完毕，做到水通、灯亮，经验收鉴定合格，并正式交付给使用单位后，才能计算竣工面积。工业及科研等生产性房屋建筑一般应按设计要求在土建工程（包括水、暖、电、卫、通风）及属于房屋组成部分的生活间、操作间等已经完成（不包括安装设备的基础工程），可以进行工艺设备和管线安装时，方可计算房屋竣工面积。

2. 房屋竣工价值

指报告期内按规定已经上报竣工的房屋本身的建造价值。一般按房屋设计和预算规定的内容计算。包括竣工房屋本身的基础、结构、屋面、装修以及水、电、卫等附属工程的建筑价值；也包括作为房屋建筑组成部分而列入房屋建筑工程预算内的设备（如电梯、通风设备等）的购置和安装费用。不包括厂房内的工艺设备、工艺管线的购置和安装，工艺设备基础的建造；室外的水、暖、电、卫、道路工程、挡土墙等环境工程的费用；办公和生活用家具的购置等费用；购置土地的费用；迁移补偿费和场地平整的费用及城市建设配套投资。

房屋竣工价值不仅包括该竣工房屋在报告期内完成的价值，也包括跨年施工的房屋在本期以前完成的价值。未竣工而转让给其他单位的房屋建筑工程,出让单位不计算竣工价值,待接受单位继续施工并符合竣工条件后,由接受单位计算其竣工价值,包括出让单位在出让前所完成的价值。房屋竣工价值一般按结算价格(或中标价)计算。

(四)自有机械设备

1. 年末自有施工机械设备净值

指年末本企业(或单位)自有施工机械设备经过使用、磨损后实际存在的价值,即原值减去折旧后的净额。

2. 年末自有施工机械设备总台数

指年末本企业(或单位)自有的直接用于工程施工的各种机械设备的台数。但不包括附属辅助生产机械设备、运输机械设备、生产试验机械设备的台数。

3. 年末自有施工机械设备总功率

指年末本企业(或单位)自有的直接用于工程施工的各种机械设备年末总功率,按设定能力或查定能力计算。包括施工机械本身的动力和为该机械服务的单独动力设备,如电动机等。但不包括附属辅助生产机械设备、运输机械设备、生产试验机械设备的功率。计量单位用千瓦,动力换算可按 1 马力=0.735 千瓦折合成千瓦数。电焊机、变压器、锅炉不计算动力。

第四节　交通运输、仓储和邮政业统计*

交通运输、仓储和邮政业包括铁路运输业、道路运输业、水上运输业、航空运输业、管道运输业、多式联运和运输代理业、装卸搬运和仓储业、邮政业等国民经济行业。

铁路运输业指铁路的安全管理、调度指挥、行车组织、客运组织、货运组织,以及机车车辆、线桥隧涵、牵引供电、通信信号、信息系统的运用及维修养护。

道路运输业包括城市公共交通运输、公路旅客运输、道路货物运输,以及道路运输辅助活动等。

水上运输业包括水上旅客运输和远洋、沿海、内河货物运输,以及水上运输辅助活动等。

航空运输业包括航空客货运输、通用航空服务,以及航空运输辅助活动等。

管道运输业指通过管道对气体、液体等的运输活动。包括海底管道运输和陆地管道运输。

多式联运和运输代理业包括多式联运和运输代理业。多式联运指由两种及其以上的交通工具相互衔接、转运而共同完成的货物复合运输活动。运输代理业指与运输有关的代理及服务活动。

装卸搬运和仓储业指装卸搬运活动和专门从事货物仓储、货物运输中转仓储,以及以仓储为主的货物送配活动,还包括以仓储为目的的收购活动。

邮政业包括邮政基本服务、快递服务和其他寄递服务。

一、交通运输、仓储和邮政业统计调查单位、统计原则和调查方法

交通运输、仓储和邮政业的统计调查单位包括从事相关国民经济活动的全部企业法人、产业活动单位和个体工商户。铁路系统的铁路局一级单位作为企业法人单位,其下属的站段、铁路办事处(包括原铁路分局)一级单位为产业活动单位。省、地级邮政局作为法人,县级及以下分支机构作为产业活动单位。

交通运输、仓储和邮政业按法人在地原则进行统计。

交通运输、仓储和邮政业财务指标统计采用全面调查和抽样调查相结合的方式。规模以上企业法人进行全面调查,由其经营地统计机构采用联网直报方式逐个收集资料,规模以下企业法人和个体经营户采用抽样调查方法搜集样本数据推算。规模以上企业法人是指年营业收入1000万元及以上,或年末从业人员50人及以上企业法人单位。

交通运输、仓储和邮政业业务量统计采取全面调查和抽样调查相结合的方式,分别由各有关业务主管部门负责收集主要统计资料。铁路运输业统计由铁路局、国家铁路集团有限公司负责;有关公路、水路、港口、城市公共交通运输统计由交通运输部、公安部负责,如营业性公路客货运输量和水路客货运输量等有关数据由交通运输部组织调查;全国民用车辆拥有量统计由公安部负责;航空运输业统计由民航局负责;管道运输业由中国石油化工集团公司、中国石油天然气集团公司、中国海洋石油总公司和国家石油天然气管网集团有限公司负责;邮政业统计由国家邮政局负责。

二、交通运输、仓储和邮政业统计主要指标

(一)铁路营业里程

1. 铁路营业里程

又称营业长度(包括正式营业和临时营业里程),指办理客货运输业务的铁路正线总长度。凡是全线或部分建成双线及以上的线路,以第一线的实际长度计算;复线、站线、段管线、岔线和特殊用途线以及不计算运费的联络线都不计算营业里程。

2. 铁路正线延展里程

指正线第一线、第二线、第三线和其他正线建筑里程之和,不包括站线、段管线、岔线及特殊用途线的延展里程。它是作为计算铁路在线钢轨、枕木及路基砂石需要量的主要依据。

3. 铁路电气化里程

指具备了电力机车牵引条件,并已交付运营的线路里程。

4. 铁路自动、半自动闭塞里程

为保证列车安全运行,在一个区间、同一时间内,一般只允许一列列车运行,这种保证列车在这个区间安全间隔运行的技术方法称为"闭塞"。自动闭塞是根据列车运行及有关闭塞分区状态,自动变换通过信号机显示而司机凭信号显示行车的闭塞方法。采用此方式的闭塞公里为自动闭塞里程。半自动闭塞是由人工办理闭塞手续,列车凭信号显示发车后,出站信号机自动关机闭塞,靠车站值班员确认列车整列到达,办理区间闭塞复原

248

的一种闭塞方式。采用此方式的闭塞公里为半自动闭塞里程。

（二）公路里程

指在一定时期内实际达到《公路工程技术标准 JTG B01-2003》规定的等级公路,并经公路主管部门正式验收交付使用的公路里程数。包括大、中城市的郊区公路,以及通过小城镇街道部分的公路里程和公路桥梁、隧道长度、渡口的宽度,以及分期修建的公路已验收交付使用的里程。不包括大、中城市的街道、厂矿、林区生产用道和农业生产用道的里程。两条或多条公路共同经由同一路段,只计算一次,不得重复计算里程长度。按公路技术等级分为等级公路和等外公路,其中等级公路分为高速公路、一级公路、二级公路、三级公路和四级公路。

（三）内河航道通航里程

指在一定时期内,能通航运输船舶及排筏的天然河流、湖泊水库、运河及通航管道的长度。包括全年季节性通航累计三个月以上的航道,不包括仅供零散流放竹、木排的河道。两省以河为界的航道里程,双方均按一半计算,以免重复。该指标可以反映内河水运网的规模、水平和发展情况。

（四）定期航班航线里程

指定期航班营运里程的总长度,以万公里为计算单位。航线里程的统计分为按重复距离计算和按不重复距离计算两种形式。"按重复距离计算"是指不同航线的相同航段距离可以重复累加;"按不重复距离计算"则不同航线相同航段只统计一次。

（五）输油（气）管道里程

指油、气、成品油等各类介质实际输送距离,是反映运输管线长度的指标,也是计算周转量的依据。对于有复线和备用线的地段,原则上按单线计算管输里程。双线同时输送又不能分开计量的情况下,管输里程为双线长度之和除以 2。

（六）货（客）运量

1. 货（客）运量

指在一定时期内,各种运输工具实际运送的货物（旅客）数量。它是反映运输业为国民经济和人民生活服务的数量指标,也是制定和检查运输生产计划、研究运输发展规模和速度的重要指标。货运按吨计算,客运按人计算。货物不论运输距离长短、货物类别,均按实际重量统计。旅客不论行程远近和票价的多少,以客票为依据,"人"为计量单位。

2. 货物（旅客）周转量

指在一定时期内,由各种运输工具运送的货物（旅客）数量与其相应运输距离的乘积之总和。它是反映运输业生产总成果的重要指标,也是编制和检查运输生产计划,计算运输效率、劳动生产率以及核算运输单位成本的主要基础数据。计算公式为:

$$货物（旅客）周转量 = \sum 货物（旅客）运输量 \times 运输距离$$

3. 铁路机车

指用于牵引货物列车和旅客列车的动力车辆。按照运用情况分为客运机车、货运机车（包括小运转）、调车机车、路用机车和其他机车,按照机车的原动力分为蒸汽机车、电力机车和内燃机车三种。

4. 铁路货车平均静载重

指货物在装车时的静止装载重量。计算公式为：

$$货车平均静载重 = 货物发送吨数 / 装车数$$

5. 铁路货运机车日产量

指在一定时期内,平均每台货运机车在一昼夜内所完成的总重吨公里数,包括载运货物的重量和车辆本身的自重。它从时间和牵引能力两方面反映了机车运用效率。计算公式为：

$$货运机车平均日产量 = 货运总重吨公里 / 货运机车台日数$$

6. 港口货物吞吐量

指经由水路进、出港区范围,并经过装卸的货物数量。按货物流向分为进港吞吐量和出港吞吐量,按货物的贸易性质分为内贸和外贸吞吐量。按货物的类别分,可根据现行的交通行业标准《运输货物分类和代码》分类。

（七）业务总量

1. 邮政行业业务总量

指以货币形式表现的邮政企业为社会提供各类邮政通信服务或其他服务的总数量。计算方法为各类邮政通信服务业务的实物量分别乘以相应的不变单价,求出各类业务的货币量后加总求得。它反映了一定时期邮政通信业务发展的总成果,是观察邮政通信业务发展变化总趋势的综合性指标。

2. 快递业务量

指企业收寄的各类快递业务总数量,由受理用户委托的企业负责统计。包括国内同城快递业务量、国内异地快递业务量、港澳台快递业务量、国际快递业务量。

第五节　国内贸易及住宿餐饮统计*

国内贸易及住宿餐饮统计主要包括批发和零售业统计、住宿和餐饮业统计、社会消费品零售总额统计等内容。

一、批发和零售业统计

批发业指向其他批发或零售单位（含个体经营者）及其他企事业单位、机关团体等批量销售生活用品、生产资料的活动,以及从事进出口贸易和贸易经纪与代理的活动。包括拥有货物所有权,并以本单位（公司）的名义进行交易活动;也包括不拥有货物的所有权,收取佣金的商品代理、商品代售活动;本类还包括各类商品批发市场中固定摊位的批发活动,以及以销售为目的收购活动。

零售业指百货商店、超级市场、专门零售商店、品牌专卖店、售货摊等主要面向最终消费者(如居民等)的销售活动,以互联网、邮政、电话、售货机等方式的销售活动,还包括在同一地点,后面加工生产,前面销售的店铺(如面包房);谷物、种子、饲料、牲畜、矿产品、生产用原料、化工原料、农用化工产品、机械设备(乘用车、计算机及通信设备除外)等生产资料的销售不作为零售活动;多数零售商对其销售的货物拥有所有权,但有些则是充当委托人的代理人,进行委托销售或以收取佣金的方式进行销售;零售业按销售渠道分为有店铺零售和无店铺零售,其中有店铺零售分为综合零售和专门零售。

（一）统计调查对象

批发和零售业统计的调查对象为在我国境内以商品批发和零售为主要业务活动的法人单位和个体经营户。

（二）统计调查方法

现行国家统计调查制度规定:对限额以上批发和零售业法人单位和个体经营户实行全数调查,由调查对象网上直接报送数据。限额以上批发业企业(单位)是指年主营业务收入 2000 万元及以上的批发业企业(单位);限额以上零售业企业是指年主营业务收入 500 万元及以上的零售业企业(单位)。对限额以下批发和零售业法人单位和个体经营户实施抽样调查。由抽中的样本单位自行上报或调查员入户调查,统计机构根据样本单位数据推算行业数据。

（三）主要统计指标

1. 主要行业属性指标

主要包括批发和零售业、住宿和餐饮业单位经营形式和零售业态两个指标。

批发和零售业、住宿和餐饮业单位经营形式　是指批发和零售业、住宿和餐饮业单位经营的基本形式,包括:

（1）独立门店:以相对独立的店铺形式,单独组织批发和零售业、住宿和餐饮业经营活动的企业。

（2）连锁总店(总部):负责连锁企业资源(如商号、商誉、经营模式、服务标准、管理模式等)的开发、配置、控制或使用等功能的企业核心管理机构。连锁经营是指经营同类商品或服务,使用统一商号的若干店铺,在同一总店(总部)的管理下,采取统一采购或特许经营等方式,实现规模效益的组织形式,包括直营连锁、特许连锁和自愿连锁三种形式。

（3）连锁直营店:由连锁企业总部投资开设,按连锁经营管理模式,由总店(总部)统一管理,按照总店(总部)的指示和服务规范要求,承担日常销售业务的店铺。

（4）连锁加盟店:在特许连锁中,被特许人获得特许人授权后,使用其商标、商号、经营模式、专利和专有技术等经营资源建立的,按照总店(总部)的指示和服务规范要求,承担日常销售业务的店铺,也包括自愿连锁的成员店。

（5）其他:指不属于上述经营形式的企业,如摊位。

零售业态　指零售企业(单位)为满足不同的消费需求进行相应的要素组合而形成的不同经营形态;分类原则是,零售业态按零售店铺的结构特点,根据其经营方式、商品结构、服务功能,以及选址、商圈、规模、店堂设施、目标顾客和有无固定营业场所进行分类。

零售业态从总体上可以分为有店铺零售业态和无店铺零售业态两类。按零售业态分类原则分为食杂店、便利店、折扣店、超市、大型超市、仓储会员店、百货店、专业店、专卖店、家居建材商店、购物中心、厂家直销中心、电视购物、邮购、网上商店、自动售货亭、电话购物等 17 种零售业态,其中前 12 种为有店铺零售业态,后 5 种为无店铺零售业态。

2. 商品购进类指标

主要包括商品购进额、进口和商品购进量。

商品购进额 指从本企业以外的单位和个人购进(包括从国外直接进口)作为转卖或加工后转卖的商品金额(含增值税)。本指标反映批发和零售业从国内外市场上购进商品的总价。

商品购进包括:(1)从工农业生产者、批发和零售业、住宿和餐饮业、出版社或报社的出版发行部门和其他服务业等企事业单位和个体经营户购进的商品;(2)从机关、社会团体购进的商品;(3)从海关、市场管理部门购进的缉私和没收的商品;(4)从居民收购的废旧商品等。

不包括:(1)企业为本单位自身经营用,不是作为转卖而购进的商品,如材料物资、包装物、低值易耗品、办公用品等;(2)未通过买卖行为而收入的商品,如接受其他部门移交的商品、借入的商品、收入代其他单位保管的商品、其他单位赠送的样品、加工回收的成品等;(3)经本单位介绍,由买卖双方直接结算,本单位只收取手续费的业务;(4)销售退回和买方拒付货款的商品;(5)商品溢余;(6)期货交易商品。

购进的各种商品,不论是否进入本单位仓库,凡是通过本企业结算货款的,都包括在内。从国内购进的商品,以进货全价计算商品购进,包括原始进价(或农副产品收购价)和购入环节缴纳的各项税金(包括增值税),企业购进商品发生的购进折扣、退回和折让,及购进商品发生的经确认的索赔收入,冲减商品购进金额。进口商品的国外进价按到岸价格(CIF)、折合成人民币计算,如果对外合同以离岸价格(FOB)成交,商品离开对方口岸后,应由我方企业负担的各项费用也包括在商品购进的金额内,但不包括到达我国口岸后发生的各项费用,收入的进口佣金冲减购进金额,不包括不易按商品认定的佣金金额。企业委托其他单位代理进口的商品,其购进金额为实际支付给代理单位的全部价款。

进口 指直接从国外进口或委托外贸企业代理进口的商品金额,不包括从国内有关单位购进的进口商品。对外贸易企业只统计自主经营进口的商品,不统计受托代理进口的商品。

商品购进量 指从本单位以外的单位或个人购买和调入(开具正式发票,下同)的商品数量。购进的各种商品,不论是否进入本单位仓库,凡是通过本单位结算货款的,都统计在商品购进量中。

商品购进量包括:(1)从工农业生产者、批发和零售业单位、住宿和餐饮业单位、出版社或报社的出版发行部门和其他服务业单位购买的商品数量;(2)从机关团体、事业单位购买的商品数量;(3)从海关、市场管理部门购买的缉私和没收的商品数量;(4)从国(境)外直接进口的商品数量;(5)从居民收购的废旧商品数量。

商品购进量不包括:(1)为本单位自身经营用,而不是作为转卖而购买的商品数量,如材料物资、包装物、低值易耗品、办公用品等;(2)未通过买卖行为而收入的商品数量,如接收其他部门移交的、借入的、代其他单位保管的、其他单位赠送的样品、加工回收的成品等;(3)经本单位介绍,由买卖双方直接结算,本单位只收取手续费的业务;(4)销货退回、买方拒付货款的商品数量;(5)溢余商品数量。

3. 商品销售类指标

主要包括商品销售额、批发额、出口、零售额和商品销售量。

商品销售额 指对本单位以外的单位和个人出售的商品金额(包括售给本单位消费用的商品,含增值税)。在批发和零售业中,本指标反映在国内市场上销售商品以及出口商品的总价。

商品销售包括:(1)售给个人和社会集团消费用的商品;(2)售给农业、工业、建筑业、服务业等国民经济各行业用于生产、经营用的商品,包括售予批发和零售业作为转卖或加工后转卖的商品;(3)对国(境)外直接出口的商品。

商品销售不包括:(1)未通过买卖行为付出的商品,如因机构变动移交给其他企业单位的商品、借出的商品、归还受其他单位委托代保管的商品、付出的加工原料和赠送给其他单位的样品等;(2)促销返券所销售的、不计入营业收入的商品;(3)经本单位介绍,由买卖双方直接结算,本单位只收取手续费的业务;(4)未发生所有权转移的商品预付卡销售,如加油卡;(5)汽车维修、电话卡销售等服务性经济活动;(6)购货退回的商品;(7)商品损耗和损失;(8)出售本单位自用的废旧物资;(9)期货交易商品;(10)自来水供应企业、电力企业、天然气供应企业提供的水、电、气。

商品销售是指商品已经售出、商品所有权已经转移给买方后,以收到货款或取得收取货款的证据时作为商品销售。(1)采取直接收款方式的,在实际收到货款或取得收款的凭证时作为商品销售;采取托收承付和委托银行收款结算方式的,在发出商品并办妥托收手续时作为商品销售;采用分期收款方式的,按合同约定的收款日期作为商品销售;采用预收货款方式的,在商品发出时作为商品销售;(2)委托其他单位代销商品,以收到代销单位的销售清单时作为商品销售。在交款提货的情况下,如货款已经收到,只要账单和提货单已经交给买方,不论商品是否发出,都应作为商品销售;(3)出口商品销售,陆路以取得承运货物收据或铁路联运运单、海运以取得出口装船提单、空运以取得运单并在银行办理了交单作业作为商品销售。预收货款不通过银行交单的,取得以上提单、运单后作为商品销售。出口商品一律以离岸价(FOB)计算商品销售,如按到岸价(CIF)对外成交的,应扣除商品离境后发生的由我方负担的国外运费、保险费、佣金(不包括不易按商品认定的累计佣金)、银行财务费和对外理赔款等作为商品销售;(4)自营进口商品销售,企业与境内用户签订合同实行货到结算的,在商品到达我国境内港口取得船舶到港通知,企业向订货单位开出结算凭证时作为商品销售;合同规定对境内实行单向结算的,企业凭境外账单向订货单位开出结算凭证时作为商品销售;已先期到达并存放在相应的仓储企业单位库存的进口商品,企业凭出库单向用户开出结算凭证后作为商品销售。

批发额 指售给国民经济各行业用于生产、经营用的商品金额。

商品批发包括:(1)售给农业、工业、建筑业等行业用于生产的各种机器设备、工具、原料、材料、燃料、建筑材料,售给农民的农业生产资料,售给交通运输、仓储和邮政业用于业务活动的设备、车辆和燃料等;(2)售给信息传输、软件和信息技术服务,科学研究和技术服务业,水利、环境和公共设施管理业等行业用于生产经营、勘察设计、科研试验等业务经营使用的商品,售给批发和零售业、住宿和餐饮业使用的各种设备、工具、原材料、燃料、仓储运输用的商品;(3)售给居民服务、修理和其他服务业各种营业用品,如售给理发业的理发工具、毛巾等,日用品修理业的设备、工具、材料、零配件等,售给民政部门救灾用的商品等;(4)售给批发和零售业作为转卖用的商品;售给餐饮业用于烹饪、调制加工后出售的商品和转卖的商品;售给服务业转卖的商品;(5)出口的商品。

出口 指直接向国(境)外出口商品和委托外贸企业代理出口的商品金额,商品出口不包括售给外贸企业出口或加工后出口的商品,以及在国内市场以外币销售的商品。外贸企业只统计自主经营出口的商品,不包括受托代理出口的商品。

零售额 指售给个人用于生活消费和社会集团用于公共消费的商品金额。

商品零售包括:(1)售给城乡居民和入境外国人、华侨、港澳台同胞的各种生活消费品;(2)售给行政事业单位、社会团体、军队和武警等机构的商品,以及以零售方式售给各类企业的商品。具体包括:用于非生产和社会交往的办公用品,如通讯设备、计算器具和设备、电讯网络设备、文印设备、音像视听器材和设备、纸张、本册、文具及装订文印材料、家具、日用电器、针纺织品、清洁卫生用品、文体用品、奖品、纪念品、礼品等;供内部人员乘坐的交通工具和燃料;用于办公设施修缮的各类配件、材料、工具等;用于取暖和防暑降温的设备、燃料、材料及食品等;专用于教学的用品和设备;非专用的劳动保护用品;不对外营业的内部食堂用的餐具、炊具、设备、清洁卫生工具和食品、燃料等;军队、武警用于其人员生活的衣着品和个人用品;其他各类非生产性设备和用品。

商品零售不包括:(1)售给城乡居民已确知是用于生产、经营的商品;(2)售给各类农业生产者的生产资料类商品,如农机、农药化肥、农膜、种子饲料等商品;(3)售给企业单位生产用具及生产上专用的劳动保护用品;(4)专用于科研的用品和设备;(5)售给医疗机构的中、西药品、中药材和医疗设备器材;(6)以投资为目的商品,如黄金、收藏品等。

商品销售量 指销售和调出(开具正式发票,下同)给本单位以外的单位或个人的商品数量。销售的各种商品,凡是收到货款或取得收款凭证的,都统计在商品销售量中。

商品销售量包括:(1)售给城乡居民、社会集团消费和其他个人(如外来旅游者)的商品数量;(2)售给国民经济各行业用于生产、经营使用的商品数量,包括售给批发和零售业作为转卖或加工后转卖的商品数量;(3)对国(境)外直接出口的商品数量。

商品销售量不包括:(1)未通过买卖行为付出的商品数量,如:转移、借出、归还、赠送等;(2)购货单位退回的商品数量;(3)商品的损耗数量;(4)经本单位介绍,由买卖双方直接结算,本单位只收取手续费的业务;(5)出售本单位自用的废旧商品数量。

4. 商品库存类指标

主要包括期末商品库存额和商品库存量。

期末商品库存额 对于批发和零售业法人单位和个体经营户,是指报告期末取得所有权的全部商品金额(含增值税);对于批发和零售业产业活动单位,是指报告期末实际在库且归属法人具有所有权的全部商品金额(含增值税)。这个指标反映批发和零售业的商品库存情况,以及对市场商品供应的保证程度。

库存商品包括:(1)存放在本单位(如门市部、批发站、采购站、经营处)的仓库、货场、货柜和货架中的商品;(2)挑选、整理、包装中的商品;(3)已记入购进而尚未运到本单位的商品,即发货单或银行承兑凭证已到而货未到的商品;(4)寄放他处的商品,如因购货方拒绝付款而暂时存在购货方的商品;(5)委托其他单位代销(未作销售或调出)尚未售出的商品;(6)代其他单位购进尚未交付的商品。

库存商品不包括:(1)所有权不属于本单位的商品,如商品已作销售但买方尚未取走的商品,代替他人保管、运输、加工的商品,代其他单位销售(未做购进或调入)而未售出的商品;(2)委托外单位加工的商品(包括本单位所属加工厂和其他生产单位加工生产尚未收回成品的商品);(3)外贸企业代理其他单位从国外进口,尚未付给订货单位的商品;(4)代国家储备部门保管的商品。

库存商品金额可以采用进价或售价进行核算。采用进价核算的商品,应按商品进货原则(或实际采购成本)计算期末库存;采用售价核算的商品,应按商品的售价计算期末库存。购入的商品,在商品到达验收入库后计算期末库存(对已记入购进尚未运到的商品,也可计算期末库存);对于月终尚未开出承兑商业汇票的入库商品,按应付给供货单位的价款暂估计算期末库存;年度终了,凡已转入库存和已做销售的进口商品,属于国外以离岸价格成交、有应付未付国外运保费的,应先估计期末库存,委托其他单位代销的商品包括在期末库存中;委托外单位加工的商品,在发出商品时作减少期末库存,当加工商品收回时增加期末库存(包括商品进货原价、加工费用、加工税金等)。

商品库存量 指本单位已取得所有权的全部商品数量。商品库存量必须按照规定时点核算,期初库存量指报告期第一天零时的实际库存量,期末库存量指报告期最后一天24时的实际库存量。

商品库存量包括:(1)存放在本单位(如门市部、批发站、采购站、经营处)的仓库、货场、货柜和货架中的商品数量;(2)挑选、整理、包装中的商品数量;(3)已记入购进而尚未运到的本单位的商品数量,即发货单或银行承兑凭证已到而货未到的商品数量;(4)寄存在他处的商品数量,如因购货方拒绝付款而暂时存在购货方的商品数量;(5)委托其他单位代销(未做销售货调出)尚未售出的商品数量;(6)代其他单位购进尚未交付的商品数量。

商品库存量不包括:(1)所有权不属于本单位的商品数量,如商品已作销售但买方尚未取走的商品数量,代替他人保管、运输、加工的商品数量,代其他单位销售(未做购进或调入)而未售出的商品数量;(2)委托外单位加工的商品数量(包括本单位所属加工厂和其他生产单位加工生产尚未收回成品的商品数量);(3)外贸企业代理其他单位从国外进口,尚未付给订货单位的商品数量;(4)代国家储备部门保管的商品数量。

5. 网上销售统计指标

主要包括通过公共网络实现的商品销售额、通过非自营平台实现的商品销售额、通过公共网络实现的零售额和通过非自营平台实现的零售额。

通过公共网络实现的商品销售额 指企业(单位)通过公共网络交易平台(包括自建网站和第三方平台)取得订单,对本单位以外的单位和个人出售的实物商品金额(含增值税），付款可以在网上进行，也可以在网下进行。公共网络包括计算机互联网、移动互联网等。

通过非自营平台实现的商品销售额　指企业（单位）通过公共网络第三方交易平台（不包括自建网站）取得订单，对本单位以外的单位和个人出售的实物商品金额（含增值税），付款可以在网上进行，也可以在网下进行。

通过公共网络实现的零售额　指企业（单位）通过公共网络交易平台（包括自建网站和第三方平台）取得订单，售给个人、社会集团非生产、非经营用的实物商品金额（含增值税），付款可以在网上进行，也可以在网下进行。公共网络包括计算机互联网、移动互联网等。

通过非自营平台实现的零售额　指企业（单位）通过公共网络第三方交易平台（不包括自建网站）取得订单，售给个人、社会集团非生产、非经营用的实物商品金额（含增值税），付款可以在网上进行，也可以在网下进行。

二、住宿和餐饮业统计

住宿业指为旅行者提供短期留宿场所的活动，有些单位只提供住宿，也有些单位提供住宿、饮食、商务、娱乐一体的服务，本类不包括主要按月或按年长期出租房屋住所的活动。

餐饮业指通过即时制作加工、商业销售和服务性劳动等，向消费者提供食品和消费场所及设施的服务。

（一）统计调查对象

住宿和餐饮业统计的调查对象为在我国境内以提供住宿和餐饮服务为主要业务活动的法人单位和个体经营户。

（二）统计调查方法

现行国家统计调查制度规定：对限额以上住宿和餐饮业法人单位和个体经营户实行全数调查，由调查对象网上直接报送数据。限额以上住宿和餐饮业企业（单位）是指年主营业务收入200万元及以上的住宿和餐饮业企业（单位）。对限额以下住宿和餐饮业法人单位和个体经营户实施抽样调查。由抽中的样本单位自行上报或调查员入户调查，统计机构根据样本单位数据推算行业数据。

（三）主要统计指标

1. 主要行业属性指标

主要包括批发和零售业、住宿和餐饮业单位经营形式和住宿业单位星级评定情况两个指标。

批发和零售业、住宿和餐饮业单位经营形式　是指批发和零售业、住宿和餐饮业单位经营的基本形式，包括：

（1）独立门店：以相对独立的店铺形式，单独组织批发和零售业、住宿和餐饮业经营活动的企业。

（2）连锁总店（总部）：负责连锁企业资源（如商号、商誉、经营模式、服务标准、管理模式等)的开发、配置、控制或使用等功能的企业核心管理机构。连锁经营是指经营同类商品或服务,使用统一商号的若干店铺,在同一总店(总部)的管理下,采取统一采购或特许经营等方式,实现规模效益的组织形式,包括直营连锁、特许连锁和自愿连锁三种形式。

(3)连锁直营店:由连锁企业总部投资开设,按连锁经营管理模式,由总店(总部)统一管理,按照总店(总部)的指示和服务规范要求,承担日常销售业务的店铺。

(4)连锁加盟店:在特许连锁中,被特许人获得特许人授权后,使用其商标、商号、经营模式、专利和专有技术等经营资源建立的,按照总店的指示和服务规范要求,承担日常销售业务的店铺,也包括自愿连锁的成员店。

(5)其他:指不属于上述经营形式的企业,如摊位。

住宿业单位星级评定情况 星级等级指根据《旅游饭店星级的划分与评定》(GB/T14308-2010),经过有关旅游管理权威部门评定(验收)后授予的"星级"称号填写,分为一星级到五星级5个标准。没有星级等级的填定"9 其他"。

2. 经营情况指标

主要包括营业额、客房收入、餐费收入、商品销售额、其他收入、客房数、床位数和餐位数。

营业额 指住宿和餐饮业单位在经营活动中,因提供服务或销售商品等取得的全部收入(含增值税),收入主要来源于提供客房、餐费服务、商品销售和其他服务,如商务服务。不包括多产业法人企业附营的其他行业产业活动单位的餐费收入、商品销售收入等各项收入。

客房收入 指住宿和餐饮业单位在经营活动中因提供住宿服务取得的收入(含增值税)。不包括多产业法人企业附营的其他行业产业活动单位的客房收入。

餐费收入 指本单位为顾客提供就餐服务取得的收入(含增值税)。包括:经烹饪、调制加工后出售的各种食品,如主食、炒菜、凉拌菜等的收入。不包括多产业法人企业附营的其他行业产业活动单位的餐费收入。

商品销售额 指对本单位以外的单位和个人出售的商品金额(包括售给本单位消费用的商品,含增值税)。在住宿和餐饮业中,本指标反映住宿和餐饮业单位出售商品的销售总额(含增值税),不包括法人企业附营的其他行业产业活动单位的商品销售额。

其他收入 指提供客房、餐饮服务、商品销售以外的其他服务获得的收入(含增值税),如商品服务、健身娱乐等。

客房数 指本单位提供住宿服务的房间数,该指标按报告期内正常情况下的实有数统计。

床位数 指本单位供应旅客使用的床位数,不包括临时加床和门店内部工作人员使用的床位。该指标按报告期内正常情况下的实有数统计。

餐位数 指本单位为顾客提供就餐服务时,正常可同时容纳就餐人员的餐位数量,不包括临时加的餐位。该指标按报告期内正常情况下的实有数统计。

3. 网上销售统计指标

主要包括通过公共网络实现的客房收入、通过非自营平台实现的客房收入、通过公共网络实现的餐费收入和通过非自营平台实现的餐费收入。

通过公共网络实现的客房收入　指企业(单位)通过公共网络交易平台取得订单实现的客房收入(含增值税),付款可以在网上进行,也可以在网下进行。公共网络包括计算机互联网、移动互联网等。

通过非自营平台实现的客房收入　指企业(单位)通过公共网络第三方交易平台取得订单实现的客房收入(含增值税),付款可以在网上进行,也可以在网下进行。

通过公共网络实现的餐费收入　指企业(单位)通过公共网络交易平台取得订单实现的餐费收入(含增值税),付款可以在网上进行,也可以在网下进行。公共网络包括计算机互联网、移动互联网等。

通过非自营平台实现的餐费收入　指企业(单位)通过公共网络第三方交易平台取得订单实现的餐费收入(含增值税),付款可以在网上进行,也可以在网下进行。

三、社会消费品零售总额统计

(一)基本概念

社会消费品零售总额是指企业(单位、个体户)通过交易直接售给个人、社会集团非生产、非经营用的实物商品金额,以及提供餐饮服务所取得的收入金额。个人包括城乡居民和入境人员,社会集团包括机关、社会团体、部队、学校、企事业单位、居委会或村委会等。

社会消费品零售总额指标包括:

1. 售给城乡居民个人用于生活消费的商品和修建房屋用的建筑材料;

2. 售给社会集团用作非生产、非经营的商品;

3. 售给入境旅游的外国人、华侨、港澳台同胞的商品等。

社会消费品零售总额不包括:

1. 企业(单位、个体户)购买的用于生产经营和固定资产投资的原材料、燃料和其他消耗品;

2. 城市居民用于购买商品房的支出和农民用于购买农业生产资料的支出费用等。

由于餐饮服务属于一种特殊的商品销售形式,因此,提供餐饮服务取得的收入也被统计在社会消费品零售总额中。

(二)统计范围

社会消费品零售总额的统计范围是全社会从事消费品零售活动的法人单位和个体经营户。在统计实践中,可以分为以下三类:

1. 批发和零售业、住宿和餐饮业法人企业和个体经营户;

2. 非批发和零售业法人单位附营的批发和零售业产业活动单位、非住宿和餐饮业法人单位附营的住宿和餐饮业产业活动单位;

3. 除上述两类单位以外,从事消费品零售活动的企业(单位)。

(三)统计方法

社会消费品零售总额采用全面调查和抽样调查相结合的方法,同时辅之以科学推算。

对限额以上①批发和零售业、住宿和餐饮业法人企业、产业活动单位与个体经营户，通过布置统计报表，进行全面调查。限额以上单位零售额数据采用超级汇总方法，直接通过对分单位的基层原始数据进行汇总得到。

对限额以下批发和零售业、住宿和餐饮业法人企业、产业活动单位与个体经营户，实施抽样调查。限额以下单位零售额数据根据抽样调查和科学推算得到。

（四）主要分组指标

1. 按消费类型分组

社会消费品零售总额按消费类型分组，可划分为商品零售和餐饮收入两部分。其中，商品零售是指售卖给城乡居民和社会集团非生产、非经营用实物商品的金额，餐饮收入是指提供餐饮服务所取得的收入。

2. 按经营地分组

社会消费品零售总额按经营地分组，可划分为城镇和乡村两部分。其中，城镇消费品零售额是指销售单位主要经营地在城镇的企业（单位、个体户）实现的零售额，乡村消费品零售额是指销售单位主要经营地在乡村的企业（单位、个体户）实现的零售额。

（五）与批发和零售业商品销售额的关系

社会消费品零售总额与批发和零售业商品销售额是两个内涵与外延都不相同的指标，在具体应用时要注意区分它们的不同。商品销售额是一个行业统计指标，它反映的是批发和零售业在国内市场上销售商品以及出口商品的总量，不仅包括零售额，还包括批发额；而社会消费品零售总额是一个活动统计指标，其统计对象是商品零售活动，即所有从事商品零售活动的单位（包括法人企业、产业活动单位和个体经营户）都在其统计调查范围之内，它反映的是通过各种商品流通渠道向城乡居民和社会集团提供的消费品的总量。批发和零售业商品销售额的其中数——批发和零售业零售额，是社会消费品零售总额的重要组成部分。

第六节　房地产业统计

房地产业由房地产开发经营、物业管理、房地产中介服务、房地产租赁经营和其他房地产业组成。

房地产开发经营指房地产开发企业进行的房屋、基础设施建设等开发，以及转让房地产开发项目或者销售房屋等活动。

物业管理指物业服务企业按照合同约定，对房屋及配套的设施设备和相关场地进行维修、养护、管理，维护环境卫生和相关秩序的活动。包括：住宅、办公楼、商业用房、工矿企业物业管理活动，以及车站、机场、港口、码头、医院、学校等物业管理；体育场馆物业管

---

① 统计限额标准：批发业为年主营业务收入2000万元及以上、零售业为年主营业务收入500万元及以上、住宿和餐饮业为年主营业务收入200万元及以上。

理服务;房管部门(房管局、房管所)对直管公房的管理;单位对自有房屋的物业管理;和其他物业管理活动。不包括:购物中心;购物、餐饮、娱乐、健身一体的商业综合体;娱乐、文化、办公、购物一体的综合体;独立的房屋维修及设备更新活动;贸易大厦、小商品大厦的市场管理活动;社区服务。

房地产中介服务指房地产咨询、房地产价格评估、房地产经纪等活动。包括:新建房屋买卖代理服务;新建房屋租赁代理服务;二手房买卖经纪服务;二手房租赁经纪服务;其他房地产经纪服务;抵押估价服务;征收估价服务;司法鉴定估价服务;其他房地产估价服务;房地产咨询服务;住房置业担保服务;房地产拍卖服务;房地产典当服务;其他房地产中介服务。不包括:房产测绘。

房地产租赁经营指各类单位和居民性住户的营利性房地产租赁活动,以及房地产管理部门和企事业单位、机关提供的非营利性租赁服务,包括体育场地租赁服务。包括:土地使用权租赁服务;保障性住房租赁服务;非自有房屋租赁服务;自有商业房屋租赁服务;自有住房租赁服务;其他房屋租赁经营服务。不包括:商品市场以交易监督服务、管理为主的摊位收取管理费;商业综合体管理收取的经营场所、摊位费的活动;购物中心收取的经营场所、摊位费的活动;短租公寓服务;城市、农村自住房短租服务;家庭旅社、学校宿舍、露营地的服务。

其他房地产业包括:住房公积金管理服务;房屋征收拆迁服务;房地产交易与权属登记管理服务等活动。不包括:房地产行政主管部门的活动;土地管理服务。

一、房地产业统计范围和调查单位

现行国家统计调查制度规定的房地产统计主要包括房地产开发经营统计,其统计范围包括:各种登记注册类型的房地产开发法人单位统一开发的住宅、商业营业用房办公楼等房屋建筑物,配套的服务设施,土地开发工程(如道路、给水、排水、供电、供热、通讯、平整场地等工程)和土地购置;不包括单纯的土地开发和交易活动。

房地产开发经营业统计调查单位为有开发经营活动的全部房地产开发经营业法人单位及所属的产业活动单位。包括具有法人资格的独立核算的房地产开发与经营单位及其附营的产业活动单位。不包括单纯的房地产管理、代理与经纪的企业或单位。

辖区内房地产开发经营业法人单位按照在地原则进行统计。调查单位统一采取联网直报方式,严格按照国家统计调查制度规定的各表上报时间报送数据。

二、房地产业统计主要指标

(一)房地产开发企业施工、销售和待售面积指标

1. **房屋施工面积**

指报告期内施工的全部房屋建筑面积。包括本期新开工的房屋建筑面积、上期跨入本期继续施工的房屋建筑面积、上期停缓建在本期恢复施工的房屋建筑面积、本期竣工的房屋建筑面积以及本期施工后又停缓建的房屋建筑面积。多层建筑应填各层建筑面积之和。

2. 房屋新开工面积

指报告期内新开工建设的房屋建筑面积,以单位工程为核算对象,即整栋房屋的全部建筑面积,不能分割计算。不包括在上期开工跨入报告期继续施工的房屋建筑面积和上期停缓建而在本期恢复施工的房屋建筑面积。房屋的开工应以房屋正式开始破土刨槽(地基处理或打永久桩)的日期为准。

3. 房屋竣工面积

指报告期内房屋建筑按照设计要求已全部完工,达到住人和使用条件,经验收鉴定合格或达到竣工验收标准,可正式移交使用的各栋房屋建筑面积的总和。

4. 不可销售面积

指报告期房地产公司竣工的用于拆迁还建的房屋面积;接受委托、定向开发建设,并收取一定的管理费所建设的统建代建房屋竣工面积;竣工的学校、幼儿园、派出所、居委会、商店等公益设施建筑面积。

5. 住宅竣工套数

指报告期内按照设计要求已全部完工,经验收合格,达到住人或使用条件的正式交给开发公司的成套住宅数量(以设计图纸为准)。

6. 房屋竣工价值

指报告期内按规定已经上报竣工的房屋本身的建造价值。一般按房屋设计和预算规定的内容计算。包括竣工房屋本身的基础、结构、屋面、装修以及水、电、卫等附属工程的建筑价值;也包括作为房屋建筑组成部分而列入房屋建筑工程预算内的设备(如电梯、通风设备等)的购置和安装费用。不包括厂房内的工艺设备、工艺管线的购置和安装,工艺设备基础的建造;室外的水、暖、电、卫、道路工程、挡土墙等环境工程的费用;办公和生活用家具的购置等费用;购置土地的费用;迁移补偿费和场地平整的费用及城市建设配套投资。房屋竣工价值一般按结算价格(或中标价)计算。

7. 房屋出租面积

指在报告期末房屋开发单位出租的商品房屋的全部面积。

8. 商品房销售面积

指报告期内出售商品房屋的合同总面积(即双方签署的正式买卖合同中所确定的建筑面积)。由现房销售面积和期房销售面积两部分组成。

(1)现房销售面积:指在报告期内正式签订买卖合同、已经竣工达到入住条件的商品房屋建筑面积。包括以一次性付款方式和分期付款方式销售的现房建筑面积。

(2)期房销售面积:指在报告期内正式签订买卖合同、正在建设尚未竣工交付使用的商品房屋建筑面积。包括以一次性付款方式和分期付款方式销售的商品房屋建筑面积。期房销售建筑面积竣工后不再结转为现房销售建筑面积。

9. 商品房销售额

指报告期内出售商品房屋的合同总价款(即双方签署的正式买卖合同中所确定的合同总价)。该指标与商品房销售面积同口径,由现房销售额和期房销售额两部分组成。

(1)现房销售额:指报告期内销售的已竣工商品房屋的合同总价款。包括现房销售

261

前期预收的定金、预收款、首付款及全部按揭贷款的本金等款项。该指标与现房销售面积同口径。

（2）期房销售额：指报告期内销售的正在建设尚未竣工的商品房屋的合同总价款。包括预售房屋前期预收的定金、预收款、首付款及全部按揭贷款的本金等项。该指标与期房销售面积同口径。

10. 商品住宅销售套数

指报告期内出售商品房屋合同中总的成套住宅数量（即双方签署的正式买卖合同中所确定的成套住宅数量）。由现房销售套数和期房销售套数两部分组成。

（1）现房销售套数：指报告期内销售的已竣工商品房屋合同中总的成套住宅数量。

（2）期房销售套数：指报告期内销售的正在建设尚未竣工的商品房屋合同中总的成套住宅数量。

11. 待售面积

指报告期末已竣工的可供销售或出租的商品房屋建筑面积中，尚未销售或出租的商品房屋建筑面积，包括以前年度竣工和本期竣工的房屋面积，但不包括报告期已竣工的拆迁还建、统建代建、公共配套建筑、房地产公司自用及周转房等不可销售或出租的房屋面积。按照商品房待售时间的长短可以划分为待售一年以下、待售一年到三年（含一年）和待售三年以上（含三年）。

（二）房地产开发项目情况指标

1. 项目

指房地产开发企业，按照城市建设规划要求，立项审批（备案）并取得《施工许可证》后，在依法取得土地使用权的土地上开发的楼盘或小区工程。包括前期准备、设计、施工建设、收尾移交和销售或出租等阶段的全部过程。项目划分原则上以《国有土地使用证》为准，项目分期开发的，每一期工程作为一个项目填报。对于联建项目（两个或两个以上企业联合开发的项目），由获得土地使用权的企业上报。项目管理按照《房地产开发项目统计管理实施意见（试行）》执行。

2. 项目代码

房地产开发项目的唯一标识码，共 12 位。前 9 位为企业原组织机构代码，必须和项目所属企业原组织机构代码保持一致。后面三位为顺序码，顺序码填写一般从"001"起。

3. 项目建设所在地及区划

指房地产开发项目实际所处的详细地址及相应的区划代码。其中，项目实际所在地的详细地址，要求写明项目所在的省（自治区、直辖市）、市（地、州、盟）、县（市、区、旗）、乡（镇）以及具体街（村）的名称和详细的门牌号码，不能填写通讯号码或通讯信箱号码。区划代码指项目所在地区的区划代码，共 12 位，按设计管理部门最新更新的统计用区划代码填写。

4. 项目开工时间

指项目开始建设的年月。代码 6 位，代码前 4 位为年份，后 2 位为月份，在填写 1~9 月份编码时，十位上应补"0"。按建设项目设计文件中规定的永久性工程第一次开始施工的年月填写。如果没有设计文件,就以计划方案规定的永久性工程实际开始施工的年月为准。建设项目永久性工程的开工时间,一般是指永久性工程正式破土开槽开始施工的时间,作为建筑物组成部分的正式打桩也算为开工。在此以前的准备工作,如工程地质勘察、平整场地、旧有建筑物的拆除、临时建筑、施工用临时道路、水、电等工程都不算正式开工。总体设计内的工程开工之前,用迁移补偿费先进行拆迁还建工程的项目不算正式开工。以前年度全部停缓建在本年复工的项目,仍按设计文件中规定的永久性工程第一次正式开工的年月填报,不按复工的时间填报开工年月。

5. 项目竣工时间

指项目所有永久性建筑物均已竣工验收(取得甲方、乙方、监理方、设计方四方验收单)的时间。以项目最后的单体建筑竣工时间为准。

6. 容积率

指一定地块内,地上总建筑面积计算值与总建设用地面积之比。地上总建筑面积计算值为建设用地内各栋建筑物地上建筑面积计算值之和;地下有经营性面积的,其经营面积不纳入计算容积率的建筑面积。一般情况下,建筑面积计算值按照《建筑工程建筑面积计算规范》(GB/T50353-2005)的规定执行。

7. 项目规划建筑面积

指房地产开发项目总的建筑面积。项目尚未开工或正在建设时,以规划建筑面积为准。

第七节　能源统计

能源是能量的来源或源泉,是人类赖以生存的物质,是发展经济、改善人民生活的物质基础。人类文明的一切都离不开能源。

能源是可以从自然界直接取得的具有能量的物质,如煤炭、石油、核燃料、水、风、生物质等,或从这些物质中再加工转换出的新物质,如焦炭、煤气、液化气、煤油、汽油、柴油、电等,能够产生机械能、热能、光能、电磁能、化学能等各种能量的资源。

按能源的成因划分,能源可分为一次能源(亦称天然能源)和二次能源(亦称人工能源)。一次能源是指自然界中以天然形式存在,不经任何加工或转换的天然能源资源,即从自然界直接取得并不改变其形态和品位的能源。如原煤、原油、天然气、核能、水能、风能、太阳能、地热能、海洋能、生物质能等。二次能源是指为了满足生产工艺和生活的特定需要以及合理利用能源,将一次能源经加工转换产生的其它种类和形式的能源。如由原煤加工产出的洗煤;由煤炭加工转换产出的焦炭、煤气;由原油加工产出的汽油、煤油、柴油、燃料油、液化石油气、炼厂干气等;由煤炭、石油、天然气转换产出的电力。二次能源主要由一次能源加工转换生成,同时也包括由一种二次能源加工转换的另一种二次能源。此外,按实物形态划分,能源可分为固体能源、液体能源和气体能源;按使用性质划分,能源可分为燃料型能源和非燃料型能源;按形成来源划分,能源可分为化石能源和非化石能源;按再生性划分,能源可分为可再生能源和非可再生能源;按技术开发程度划分,能源可分为传统能源(亦称常规能源)和新能源(亦称非常规能源);按商品性划分,能源可分为商品能源和非商品能源;按对环境的污染程度划分,能源可分为清洁能源和非清洁能源,等等。

能源统计是研究能源的勘探、开发、生产、加工、转换、输送、储存、流转、使用等各个环节运动过程、内部规律性和能源系统流程的平衡状况等数量关系的活动。我国现行能源统计主要包括能源生产统计、能源购进与销售统计、能源消费统计和能源库存统计等几大方面。

一、能源统计的相关概念

(一)余热

余热是指工业企业生产过程中释放出来的可被利用的热能。可能回收的余热种类有:高温废气余热,高温产品及高温热渣液的物理热,冷却介质余热,废气废水余热,化学反应余热。

(二)耗能工质

在生产经营活动中,需要消耗某些工作物质,而生产这些工作物质,需要消耗一定数量的能源,利用这些工作物质就等于间接地消耗能源。另一方面,这些工作物质的使用能够替代或减少其它能源的消耗,而这些工作物质不属于通常所指的能源之列。例如,工业用水、压缩空气、电石、乙炔、氧气等等。这些工作物质被称为耗能工质(注意:不同的行业对耗能工质有不同的规定范围)。

(三)能源计量

能源计量是指在能源流程中,对各环节的数量、质量、性能参数、相关的特征参数等进行检测、度量和计算。能源计量是能源统计的技术基础。能源统计建立在能源计量记录的基础之上,没有能源计量就没有能源统计,只有做好能源计量,才能做好能源原始记录、统计台账,进行统计汇总和统计分析。

(四)热量单位

焦耳是热、功、能的国际制单位。我国已规定热、功、能的单位为焦耳。焦耳的定义为:1 牛顿的力(1 牛顿=1 千克·米/秒)作用于质点,使其沿力的方向移动 1 米距离所做的功称为 1 焦耳。在电学上,1 安培电流在 1 奥姆电阻上,在 1 秒钟内所消耗的电能称为1 焦耳。

卡的定义是:1 克纯水在标准气压下把温度升高 1 摄氏度所需要的热量称为 1 卡。热量的常用单位为 20℃卡,简称卡,某些西欧国家采用 15℃卡,我国采用的是 20℃卡。

(五)燃料及发热值

燃料是一种可燃烧的物质,通过化学或物理反应(或核反应)释放出能量,燃烧时产生热量和动力。燃料热值也叫燃料发热量,是指单位质量(指固体或液体)或单位的体积(指气体)的燃料完全燃烧,燃烧产物冷却到燃烧前的温度(一般为环境温度)对所释放出来的热量。

燃料热值有高位热值与低位热值两种。高位热值是指燃料在完全燃烧时释放出来的全部热量,即在燃烧生成物中的水蒸气凝结成水时的发热量,也称毛热。低位热值是指燃料完全燃烧,其燃烧产物中的水蒸气以气态存在时的发热量,也称净热。我国是按低位热值换算的。

固体或液体发热量的单位是:千卡/千克或千焦耳/千克。气体燃料的发热量单位是:千卡/标准立方米或千焦耳/标准立方米。

(六)标准燃料和标准煤

标准燃料是计算能源总量的一种模拟的综合计算单位。在能源使用中主要利用它的热能,因此,习惯上都采用热量来作为能源的共同换算标准。由于煤、油、气等各种燃料质量不同,所含热值不同,为了便于对各种能源进行计算、对比和分析,必须统一折合成标准燃料。标准燃料可分为标准煤、标准油、标准气等。我国以煤为主,采用标准煤为计算基准,即将各种能源按其发热量折算为标准煤。

标准煤亦称煤当量,具有统一的热值标准。我国规定每千克标准煤的热值为 7000 千卡。将不同品种、不同含量的能源按各自不同的热值换算成每千克热值为 7000 千卡的标准煤。

$$能源折标准煤系数=某种能源实际热值/标准煤热值$$

(七)当量热值和等价热值

当量热值又称理论热值(或实际发热值),是指某种能源一个度量单位本身所含热量。当量热值是能源统计中经常使用的一个热值概念。

等价热值也是能源统计经常使用的一个热值概念,是指加工转换产出的某种二次能源与相应投入的一次能源的当量,即获得一个度量单位的某种二次能源所消耗的,以热值表示的一次能源量,也就是消耗一个度量单位的某种二次能源,就等价于消耗了以热值表示的一次能源量。因此,等价热值是个变动值。

$$某能源介质的等价热值=加工转换投入的一次能源具有的热量/二次能源产量$$
$$=二次能源具有的热值/加工转换效率$$

(八)能源加工、转换活动

能源加工、转换是指为了特定的用途,将一种能源(一般为一次能源),经过一定的工艺,加工或转换成另外一种能源(二次能源)。能源的加工与转换,既有联系,又有区别。能源加工,是能源物理形态的变化,比如用蒸馏的方式将原油炼制成汽油、煤油、柴油等石油制品;用筛选、水洗的方式将原煤洗选成洗煤;以焦化的方式将煤炭高温干馏成焦炭;以气化的方式将煤炭气化成煤气,等等。这些方法在加工前后能源均未发生质的变化。能源转换,是能量以及物质化学形态的变化,比如经过一定的工艺过程,将煤炭或石油或天然气等转换为电力或热力,将热能转换为机械能,将机械能转换为电能,将电能转换为热能等;又比如,经过裂化,将重质石油转换成轻质石油(转换前、后的物质具有不同的化学结构和性能)。

二、能源生产统计

能源生产量指企业在报告期内生产的并符合产品质量要求的实物数量,包括商品量和自用量两部分。

(一)产品生产量计算应遵循的原则

1. 产品质量标准:产品必须符合规定的质量标准或订货合同规定的技术条件,才可统计生产量。产品质量标准一律按国家标准或部颁标准执行。没有国家标准或部颁标准的产品,应按企业主管机关的标准或订货合同规定的技术条件执行,不得擅自更改标准或降低标准,不合格的产品不能计算生产量。

2. 统计时间:产品生产量反映的是报告期内的企业生产成果,凡报告期内生产的产品都应计算在内,即截止报告期最后一天检验合格并办理了入库手续的产品,其中规定要求包装的产品必须包装好才能计算其生产量。至于报告期最后一天以哪一个班次作为截止计算产量的班次则由企业主管机关规定,并应与会计核算的结算时间一致。结算时间一经确定,就要严格执行,不得随意提前或移后。

3. 准确度量:准确度量是计算产品产量的重要一环,企业应配备必要的计量设备,对产量进行实际度量,不得随意估算,对确有困难不得不推算的某些产品,一定要按照主管部门规定的推算方法计算,使之尽量接近实际。

(二)产品生产量包括的内容

1. 企业各车间(主要车间、辅助车间、附属品车间及副产品车间)用自备原材料生产的全部产品产量,不论是要销售的商品量还是本企业的自用量,均应统计生产量。

2. 凡用订货者来料加工生产的产品,并且加工企业只收取加工费的,如果订货者是境内非工业企业和境外企业,其产品生产量由加工企业统计;如果订货者是境内工业企业,产品生产量由委托企业(即发包企业)统计,加工企业(即承包企业)不统计。

3. 经正式鉴定合格的新产品、自产自用的生产设备、未正式投入生产以前试生产的合格品以及基本建设附产的合格品,都应包括在产品生产量中。

4. 用进口原材料或关键零件生产的产品,或用进口整套散装零件及用进口组装件加工、装配的产品,不论是在国内销售还是外商经销,生产量均统计在国内同种产品生产量中。

5. 在我国国土范围内的外商投资和港、澳、台商投资企业生产的产品,其生产量全部统计在国内同种产品生产量中。

区分来料加工与自备原材料生产的依据是加工企业与委托加工企业间的财务结算关系。如果委托企业提供原材料而不与加工企业结算,加工企业收取加工费,产品返回委托企业销售,则这种模式是来料加工;如果委托加工企业提供的原材料与加工企业是结算的,制成品由加工企业返给委托企业也是结算的,则这种模式是自备原材料生产。

(三)产品生产量不应包括的内容

1. 在生产产品的同时,产生的下脚余料或废料,如冶金工业的氧化铁、中心注管、钢材切头、切尾,机械工业的切屑,木材工业的锯末,粮食加工工业的糠、麸,酿酒工业的酒糟等,一般做下脚料出售,不应统计为产品生产量。

2. 投入生产过程中的原材料没有完全消耗掉,而加以回收、提浓,再供本企业自用的,如机械工业回收的润滑油,合成洗涤剂厂回收的盐酸、硫酸等都不计算产品生产量。

3. 企业从外购进的,未经本企业任何加工的,不得作为本企业的产品生产量统计。

4. 某些产品在检验产品质量时,需做破坏性试验(如试验灯泡的使用寿命,手电池的间歇放电时间等),这些用作试验的产品,不计算在产品生产量中。

三、能源购进与销售统计

(一)能源购进

购进量分两种情况。一种是能源使用企业用于消费的能源购进数量。另一种是能源经销企业用于销售的能源商品购进数量。

1. 能源使用企业能源购进量

能源使用企业能源购进量,是指能源使用单位在报告期内外购的、用于企业消费的各种一次能源和二次能源数量。能源使用企业能源购进量由能源使用企业填报。

计算购进量的能源必须具备以下三个条件:一是已实际到达本单位;二是经过验收、检验;三是办理完入库手续。但是,在未办理完入库手续前,已经投入使用的或已经销售的,要计算在购进量中;使用多少,计算多少。

购进量核算应遵循"谁购进,谁统计"的原则。凡属本单位实际购进的,符合上述原则,不论从何处购进,均应计算在内,包括作价购进的加工来料。凡属本报告期实际购进的,办理完入库手续,即计算购进量;什么时间办理入库手续,什么时间计算购进量。

根据以上原则,下述情况不能计算在购进量内:(1)供货单位已发货,但尚未运到本单位,即使已经付款;(2)货已运到本单位,但尚未办理验收、入库手续的;(3)经验收发现的亏吨(按验收后的实际数量计算购进量);(4)借入的,自产自用的,车间、工地上年领用今年退回的,以及加工来料(作价的除外)。

2. 能源经销企业能源商品购进量

能源经销企业能源商品购进量,是指从本单位以外的单位或个人购买和调入的商品数量。购进的各种商品,不论是否进入本单位仓库,凡是通过本单位结算货款的,都统计在商品购进量中。能源经销企业能源购进量由能源经销企业填报。

商品购进量包括:(1)从工农业生产者、批发和零售业单位、住宿和餐饮业单位、出版社或报社的出版发行部门和其他服务业单位购买的商品数量;(2)从机关团体、事业单位购买的商品数量;(3)从海关、市场管理部门购买的缉私和没收的商品数量。(4)从国(境)外直接进口的商品数量;(5)从居民收购的废旧商品数量。

商品购进量不包括:(1)未通过买卖行为而收入的商品数量,如接收其他部门移交的、借入的、代其他单位保管的、其他单位赠送的样品、加工回收的成品等;(2)经本单位介绍,由买卖双方直接结算,本单位只收取手续费的业务;(3)销货退回、买方拒付货款的商品数量;(4)溢余商品数量。

(二)能源销售

销售量,是指报告期内企业实际销售的由本企业生产(包括本期生产和非本期生产)的符合规定的质量标准或定货合同规定的技术条件的产品的实物数量。凡用订货者来料加工生产的产品,并且加工企业只收取加工费的,如果订货者是境内非工业企业和境外企业,其产品销售量由加工企业(即承包企业)统计;如果订货者是境内工业企业,产品销售量由委托企业(即发包企业)统计,加工企业不统计。

区分来料加工与自备原材料生产的依据同产品产量中的规定。

1. **产品销售量的核算原则**:产品销售量以产品销售实现为核算原则,即在产品已发出,货款已经收到或者得到了收取货款的凭据时作为销售实现,统计产品销售量。按照企业销售方式的不同,产品销售量统计几种规定:

(1)采用送货制销售的,产品如由本企业运输部门发运,以产品出库单上的数量、日期为准;如委托专业运输部门发运,则以运输部门的承运单上的数量、日期为准。

(2)采用提货制销售的,以给用户开具的发票和提货单上的数量、日期为准。

(3)委托其他单位代销的产品,以企业收到代销单位的代销清单为准。

(4)采用预收货款销售的,在发出产品时作为销售。产品尚未生产出来,已预收货款或预开提货单的,不应算作销售。

(5)企业出口销售的产品,陆运以取得承运货物收据或铁路运单,海运以取得出口装船提单,空运以取得空运运单,并向银行办理出口交单的数量、日期为准。企业自营出口的产品,在委托外贸部门代理出口(实行代理制)的情况下,以收到外贸部门代办的运单和银行交单凭证的数量、日期为准。

2. **统计产品销售量应注意以下几点**:

(1)只有企业销售的合格产品才能统计其销售量,销售的次品不能计入产品销售量。

(2)企业直接从外购进产成品,只是更换了标签或包装的,不能作为销售量统计。

(3)分清产品销售和预售的界限:预售指产品还没有生产出来以前,用户为了购买这种产品事先向工厂支付货款。预售不能算作销售。相反,有些产品采用了分期付款的形式,只要是用户拿到了这个商品,不管货款是否已付清,作为企业已经取得了收取货款的凭证就应作为销售。

3. **售出产品退货的处理规定**

(1)退回报告期内销售的合格品,应从报告期销售量中扣除,同时计入库存量;退回报告期内销售的不合格品,要在报告期销售量中扣除,还要同时扣除报告期生产量。

(2)退回报告期以前售出的合格品,报告期销售量不变,计入产品库存量中;退回报告期以前售出的不合格品,报告期销售量和报告期生产量均不变。

(3)退回修理的产品,修理后仍交原用户的,不作为退货处理,在统计报表上不做反映。

四、能源消费统计

(一)能源消费量
能源消费量是指能源使用单位在报告期内实际消费的各种能源的数量。能源消费量统计的原则是：

1. 谁消费、谁统计。即不论其所有权的归属，由哪个单位消费，就由哪个单位统计其消费量。

2. 何时投入使用，何时计算消费量。企业的能源消费，在时间、工艺界限上，以投入第一道生产工序为标志，即投入第一道生产工序就计算消费；何时投入第一道生产工序，何时计算消费量。

3. 消费量只能计算一次。即在第一次投入使用时，计算其消费量。对于反复循环使用的能源，消费量不得重复计算，如余热、余能的回收利用。

4. 耗能工质（如水、氧气、压缩空气等），不论是外购的还是自产自用的，均不统计在能源消费量中（计算单位产品能耗时是否包括耗能工质，视统计指标的具体规定而定）。

5. 企业自产的能源，作为企业生产另一种产品的原材料或燃料，又分别计算产量的，消费量要统计，如煤矿用原煤生产洗煤，炼焦厂用焦炭生产煤气，炼油厂用燃料油发电等。但产品生产过程中消费的半成品和中间产品，不统计消费量，如炼油厂用原油生产出燃料油后，又用燃料油生产其他产品，在这种情况下，如果燃料油不计算产量，那么作为中间产品的燃料油也不计算消费量（如果燃料油计算产量，那么也要计算消费量）。

（二）工业企业能源消费量

工业企业能源消费包括工业企业在生产过程中作为燃料、动力、原料、辅助材料使用的能源以及工艺用能、非生产用能；作为能源加工转换企业，还要包括能源加工转换的投入量（这部分能源不能理解为用作原材料，用作原材料的概念见后面的解释）。具体指：

1. 用于本企业产品生产、工业性作业和其他生产性活动的能源。

2. 用于技术更新改造措施、新技术研究和新产品试制以及科学试验等方面的能源。

3. 用于经营维修、建筑及设备大修理、机电设备和交通运输工具等方面的能源。

4. 用于劳动保护的能源。

5. 生产交通运输工具的企业（如造船厂、汽车制造厂），向成品轮船、汽车中添加动力用油，应算作企业的能源消费，但不作为工业生产消费，应作为非工业生产消费和交通运输工具消费。

6. 其他非生产消费的能源。

工业企业能源消费不包括：

1. 由仓库发到车间，但在报告期最后一天没有消费的能源。这部分能源应在办理假退料手续后计入库存量。

2. 拨到外单位，委托外单位加工用的能源。

3. 调出本单位或借给外单位的能源。

（三）工业生产能源消费

工业生产能源消费是指工业企业为进行工业生产活动所消费的能源。主要包括：

1. 用于本企业产品生产、工业性作业的能源，包括用作原料、材料、燃料、动力；作为能源加工转换企业，还包括用作加工转换的能源（这部分能源不能理解为用作原材料，用作原材料的概念见后面的解释）。

2. 产品生产过程中作为辅助材料使用的能源。

3. 生产工艺过程使用的能源。

4. 新技术研究、新产品试制、科学试验使用的能源。

5. 为了工业生产活动而在进行的各种修理过程中使用的能源。

6. 生产区内的劳动保护用能等。

（四）非工业生产能源消费

非工业生产能源消费指在工业企业能源消费中，除"工业生产能源消费"以外的能源消费，即非工业生产用能和工业企业附属的不从事工业生产活动的非独立核算单位用能。比如本企业施工单位进行技术更新改造、维修等过程用能，非生产区的劳动保护用能，科研单位、农场、车队、学校、医院、食堂、托儿所等单位用能。但是必须注意，上述单位如果是独立核算的，其用能既不能包括在"工业企业能源消费"中，亦不能包括在"非工业生产能源消费"。

（五）运输工具能源消费量

指在厂区内、外进行交通运输活动的交通运输工具所消费的能源。生产交通运输工具的企业（如造船厂、汽车制造厂），向成品轮船、汽车中添加动力用油，应作为交通运输工具消费。

如果工业企业所属的车队是独立核算的企业，其消费的能源既不能包括在"工业企业能源消费"中，亦不能包括在"运输工具消费"中，它的消费应为交通运输业企业消费。

（六）能源加工转换的投入量

能源加工转换的投入量，是指以生产二次能源产品为目的而投入能源加工转换生产装置的能源（一般为一次能源）的数量。

用作能源加工转换的能源不能算用作原材料。两者的区别是：用作加工转换，投入的是能源，产出的主要产品还是能源，或产出的产品属于加工转换过程中产生的不作能源使用的其他副产品和联产品。而用作原材料时，投入的是能源，产出的主要产品却是能源范畴以外的产品，包括产出的某种产品在广义上可以用作能源（比如可以燃烧以提供热量），但通常意义上不作能源使用的产品。

能源加工转换的投入量不包括：(1)加工转换本身的工艺用能，如发电装置的电动机用电，发电点火用燃料，通风设备用电；炼焦炉预热原料用的焦炉煤气和设备运转用的动力等；(2)车间用能；(3)辅助生产系统用能；(4)经营管理用能；(5)除上述项目以外的其他生产用能。

（七）能源加工转换产出量

能源加工转换产出量指各种能源经过加工转换后产出的各种二次能源产品（包括不做能源使用的其他副产品和联产品），比如火力发电产出的电力，热电联产同时产出的电力、蒸汽、热水，洗煤产出的洗精煤、洗中煤、洗煤泥等；炼焦产出的焦炭、焦炉煤气和其他焦化产品；炼油产出的汽油、煤油、柴油、燃料油、液化石油气、炼厂干气和其他石油制品（石脑油、各种原料油、溶剂油、石蜡、润滑油、石油沥青等）；制气（指煤气生产）产出的是焦炉煤气、其他煤气、焦炭和其他焦化产品（煤焦油、粗苯等）。

270

（八）能源加工转换损失量

能源加工转换损失量指在能源加工、转换过程中的各种损失量,计算公式如下:

能源加工转换损失量=能源加工、转换过程中投入的能源数量-产出的能源数量

在计算能源加工、转换损失量时,需要将加工转换的投入量和产出量分别折算为标准燃料计算,如标准煤。

（九）用于原材料的能源消费

能源产品不作能源使用,即不作燃料、动力使用,而作为生产另外一种产品(非能源产品)的原料或作为辅助材料使用,作原料使用时通常构成这种产品的实体。它与用作加工转换的区别是:用作加工转换,投入的是能源,产出的主要产品还是能源(或产出的产品属于加工转换过程中产生的不作能源使用的其他副产品和联产品)。而用作原材料时,投入的是能源,产出的主要产品是能源范畴以外的产品,包括产出的某种产品在广义上可以用作能源(比如可以燃烧以提供热量),但通常意义上不作能源使用的产品。

（十）综合能源消费量

综合能源消费量指报告期内企业实际消费的各种能源(扣除能源加工转换和能源回收利用等重复因素)的总和。计算综合能源消费量时,需要将使用的各种能源换算成按照标准计量单位(如:吨标准煤)计量的消费量。根据生产活动的性质,综合能源消费量在不同的企业有不同的计算方法。

没有能源加工转换活动或能源回收利用的企业综合能源消费量,就是企业工业生产消费的各种一次能源和二次能源的总和,只需将其折算成标准燃料进行合计即可。

有能源加工转换活动或能源回收利用的企业综合能源消费量,是企业消费的各种一次能源和二次能源扣除加工转换产出的二次能源或回收能利用量后的实际能源消费量。计算公式为:

综合能源消费量=各种能源消费量合计(包括自产自用的二次能源)
-本企业加工转换产出的二次能源合计-本企业回收能利用量合计

按上述公式计算时分别折标准量计算。

（十一）终端能源消费量

所谓终端,指能源消费环节的最后一个环节,是相对于能源加工转换过程而言的。终端能源就是指能源消费环节的最后环节的能源消费,它是指没有经过加工转换的一次能源或经过加工转换后的二次能源直接用作原材料、燃料、动力以及工艺性消费的各种能源的消费,不包括二次能源在加工转换过程中再投入的部分。

五、能源库存统计

（一）能源库存量

能源库存量是指企业能源库存量。它是企业在报告期的某时间点所拥有的各种能源数量。根据企业的生产经营活动性质,企业库存量分为生产企业产成品库存、经销企业(批发、零售企业)用于经营销售的库存、使用企业用于消费的库存。

库存量的核算应遵循以下原则：

1. 时点性原则。库存量是指企业在报告期的某时间点所拥有的各种能源数量，所以必须按照制度所规定的时间点盘点库存，不得提前或推后。

2. 实际数量原则。企业在库存盘点后，可能出现账面数字与实际库存数量不一致的现象，在这种情况下，应以盘点数量为准来调整账面数字，差额作盘盈或盘亏处理。

3. 库存量的核算，以验收合格、办理完入库手续为准，未经验收或不合格的，不能计入库存。

4. 能源生产企业产成品库存和能源经销企业（批发、零售企业）用于经营销售的库存按照能源的所有权原则统计，能源使用企业用于消费的库存按照能源的使用权原则统计；（建筑业库存按照"谁管理、谁统计"的原则统计）。

（二）能源生产企业产成品库存

能源生产企业产成品库存是指能源生产企业在期初、期末时点上，由本企业生产、办理了入库手续而暂未售出的产品的实物数量。按照产成品库存的"所有权"核算原则，凡是企业有权销售的产品，不论存放在什么地方，均应统计。

产成品库存主要包括：（1）本企业生产的，报告期内经检验合格入库的产品；（2）库存产品虽有销售对象，但尚未发货的；（3）非工业企业和境外订货者来料加工产品尚未拨出的；（4）盘点中的账外产品；（5）产品入库后发现有质量问题，但未办理退库手续的产品。

产成品库存不包括：（1）属于提货制销售的产品，已办理货款结算和开出提货单，但用户尚未提走的产品；（2）代外单位保管的产品；（3）已结束生产过程但尚未办理入库手续的产品。

（三）能源经销企业商品库存

能源经销企业库存是指已取得所有权的全部商品数量。商品库存量必须按照规定时点核算，期初库存量指报告期第一天零时的实际库存量，期末库存量指报告期最后一天24时的实际库存量，主要包括：（1）存放在本单位（如门市部、批发站、采购站、经营处）的仓库、货场、货柜和货架中的商品数量；（2）挑选、整理、包装中的商品数量；（3）已记入购进而尚未运到的本单位的商品数量，即发货单或银行承兑凭证已到而货未到的商品数量；（4）寄存在他处的商品数量，如因购货方拒绝付款而暂时存在购货方的商品数量；（5）委托其他单位代销（未做销售货调出）尚未售出的商品数量；（6）代其他单位购进尚未交付的商品数量。不包括：（1）所有权不属于本单位的商品数量，如商品已作销售但买方尚未取走的商品数量，代替他人保管、运输、加工的商品数量，代其他单位销售（未做购进或调入）而未售出的商品数量；（2）委托外单位加工的商品数量（包括本单位所属加工厂和其他生产单位加工生产尚未收回成品的商品数量）；（3）外贸企业代理其他单位从国外进口，尚未付给订货单位的商品数量；（4）代国家储备部门保管的商品数量。

（四）能源使用企业的库存

指能源使用企业在报告期的某时间点所拥有的、用于企业（单位）消费或转卖（不包括本企业自己生产）的各种能源的库存量。能源使用企业的库存的统计范围主要是：（1）凡是本单位有权支配的，不论来源（自行采购的、借用的、外单位拨来的等），也不论存放在什么地方(总库、分库、车间、工地、本单位之外的其他地方等),均应统计在本单位的库存量中;(2)在统计时点上尚未投入消费的,包括车间、工地、班组从仓库已领取但尚未投入第一道生产工序的(应办理假退料手续);(3)外单位来料加工或自外单位借入的,在报告期末尚未消费的;(4)已决定外调(卖出、借出、捐赠等),但尚未办理出库手续的;(5)委托外单位代保管的;(6)不属于正常周转库存的超出积压或特准储备、战略储备;(7)清点盘库时查出属于账外的。

不包括:(1)已拨交外单位委托加工的;(2)已外调(借出、捐赠等),已经办理出库手续的;(3)供货单位错发到本单位的;(4)代外单位保管的;(5)已查实确属损失或丢失的;(6)已付货款,但还在运输途中的;(7)已运到本单位,但尚未办理或尚未办完验收入库手续的。

六、能源统计的主要分析指标

能源统计常用的主要分析指标包括能源生产弹性系数、电力生产弹性系数、能源消费弹性系数、电力消费弹性系数、能源加工转换效率、单位国内生产总值能耗、单位国内生产总值电耗和单位工业增加值能耗等。

能源生产弹性系数是研究能源生产增长速度与国民经济增长速度之间关系的指标。计算公式为:

能源生产弹性系数=能源生产总量年平均增长速度/国民经济年平均增长速度

国民经济年平均增长速度用国内生产总值指标计算。

电力生产弹性系数是研究电力生产增长速度与国民经济增长速度之间关系的指标。计算公式为:

电力生产弹性系数=电力生产量年平均增长速度/国民经济年平均增长速度

能源消费弹性系数是反映能源消费增长速度与国民经济增长速度之间关系的指标。计算公式为:

能源消费弹性系数=能源消费总量年平均增长速度/国民经济年平均增长速度

电力消费弹性系数是反映电力消费增长速度与国民经济增长速度之间关系的指标。计算公式为:

电力消费弹性系数=电力消费量年平均增长速度/国民经济年平均增长速度

能源加工转换效率指一定时期内,能源经过加工、转换后,产出的各种能源产品的数量与投入加工转换的各种能源数量的比率。该指标是观察能源加工转换装置和生产工艺先进与落后、管理水平高低等的重要指标。计算公式为:

能源加工转换效率=能源加工转换产出量/能源加工转换投入量×100%

单位国内生产总值能耗指一定时期内,一个国家或地区每生产一个单位的国内生产总值所消费的能源。计算公式为:

$$单位国内生产总值能耗=能源消费总量/国内生产总值$$

单位国内生产总值电耗指一定时期内，一个国家或地区每生产一个单位的国内生产总值所消费的电力。计算公式为：

$$单位国内生产总值电耗=全社会用电量/国内生产总值$$

单位工业增加值能耗指一定时期内，一个国家或地区每生产一个单位的工业增加值所消费的能源。计算公式为：

$$单位工业增加值能耗=工业能源消费量/工业增加值$$

七、能源统计的资料来源及调查方法

能源统计以全面调查为主，并搜集运用有关部门、协会、公司综合统计数据。调查对象包括规模以上工业、限额以上批发和零售业以及其它行业中的重点单位等；部门（协会、公司）负责的报表由各部门（协会、公司）确定调查对象和调查范围。对于规模以上工业法人单位等企业调查对象的能源数据，由其通过联网直报平台报送；其他调查内容通过邮寄交换或电子邮件方式报送。能源平衡表是能源核算的结果，分省（区、市）的能源平衡表由各省（区、市）编制，报国家统计局审核。

第八节　固定资产投资统计

一、固定资产投资统计的基本概念

固定资产是指为生产商品、提供劳务、出租、经营或管理而持有，使用寿命超过一个会计年度的房屋及建筑物、机器、机械、运输工具以及其他与生产、经营、管理有关的设备、器具、工具等有形资产。

固定资产投资是指建造和购置固定资产的经济活动，即固定资产再生产活动（建造和购置的不作为固定资产管理的生物资产（如养殖场、林场）和设施等同固定资产投资活动）。固定资产再生产过程包括固定资产新建、改建、扩建、更新（局部更新和全部更新）等活动。凡属于大修理、养护、维护性质的工程（如设备大修、建筑物的翻修和加固、农田水利工程和堤防、水库的岁修、铁路大修等）都不作为固定资产投资管理。

固定资产投资属于实物投资，这一点区别于金融投资。固定资产投资的承担物表现为机器、设备、建筑物等固定资产，其目的是建造和购置固定资产，增加资产存量，形成直接生产力。而金融投资的承担物表现为各种金融资产（如存款、股票、债券等）的增加，其目的在于金融资产的增值收益，并不直接增加资产存量。

固定资产投资是国民经济再生产活动的一个重要部分。通过固定资产投资，可以增加全社会固定资产总量（这一点区别于单纯购置房屋建筑物、旧设备），扩大社会再生产

的规模,提高社会生产的技术水平,调整经济结构,改变生产力的地区分布,增强国家的经济实力,提高和改善人民的物质和文化生活水平。

固定资产投资统计是社会经济统计的重要组成部分,在国民经济管理和社会发展中起着十分重要的作用。固定资产投资统计是了解和反映全社会固定资产投资规模、速度、结构和效果的主要手段;是监测国民经济发展趋势,对全社会固定资产投资进行宏观调控和管理的重要依据;是进行投资决策与管理、科学研究、国际交流不可缺少的基础资料;为计算支出法 GDP 提供不可或缺的基础数据。

固定资产投资统计,包括建设项目统计、房地产开发投资统计、小微企业投资统计、农户投资统计;按统计内容分,包括固定资产投资额统计、资金来源统计、新增固定资产统计、新增生产能力(或工程效益)统计、投资经济效益统计。

二、固定资产投资统计的范围

固定资产投资统计的是全社会建造和购置固定资产的经济活动,包括各种经济组织建造和购置固定资产的经济活动,从建设准备开始,经过建筑施工、设备安装,直至建成投产的全过程。

现行的国家统计制度规定,固定资产投资统计范围包括:固定资产项目投资、房地产开发投资、农村农户投资、小微企业投资。

(一)固定资产项目投资

计划总投资 500 万元及以上的固定资产投资项目。具体包括:

1. 各级政府和主管部门审批、核准和备案并在本年开工或往年开工本年继续施工的新建、扩建建设项目。

2. 经过各级政府和主管部门审批、核准和备案或由调查单位自行决策进行的改建和技术改造项目。

3. 没有经过审批、核准和备案程序,但实际开工建设的项目。

4. 调查单位进行的单纯设备购置活动。

5. 用军费和人防经费安排的固定资产投资。

6. 其他达到起点标准 500 万元以上的固定资产投资项目。

(二)房地产开发投资

各种登记注册类型的房地产开发法人单位统一开发的住宅、厂房、仓库、饭店、宾馆、度假村、写字楼、办公楼等房屋建筑物,配套的服务设施,土地开发工程(如道路、给水、排水、供电、供热、通讯、平整场地等基础设施工程)和土地购置的投资;不包括单纯的土地开发和交易活动。

(三)农村农户固定资产投资

是指农户家或个人在从事的生产经营活动中,建造或购置使用期在两年以上、单位价值在 1000 元以上的房屋建筑物、机器设备、器具工具、役畜、产品畜等资产的支出。

(四)小微企业固定资产投资

规模以下工业、小微建筑业、限额以下批发和零售业、限额以下住宿和餐饮业、规模以下服务业和调查年度新注册小微企业固定资产投资。

三、固定资产投资统计的主要内容

（一）建设项目统计

建设项目是指按照一个总体设计进行施工，以建造和购置固定资产为目的，由一个或若干个具有内在联系的工程所组成的总体。通常以一个具有总体设计的工程作为一个建设项目，这一工程一般具有独立的概算，可能包括或多或少的单项工程，但这些单项工程都是其整体的一部分。凡属于一个整体设计中的主体工程及其相应的附属配套工程、综合利用工程、环境保护工程、供水供电工程、铁路专用线工程以及水库的干渠配套工程等，均应作为一个建设项目。凡不属于一个总体设计，工艺流程上没有直接关系的几个独立工程，应分别作为不同的建设项目。

建设项目是进行固定资产投资管理和进行设计施工的基本单位，建设项目统计是固定资产投资统计的一个重要组成部分，也是计算施工项目个数的依据。一定时期新开工或当前正在施工的建设项目个数反映固定资产投资的规模，而建成投产的项目个数则是反映建设进度和建设成果的重要指标。同时，建设项目也是固定资产投资统计分组的主要依据，可以按登记注册类型、行业、建设性质、控股情况等不同的标志进行分类，在此基础上，通过对建设项目投资额、新增生产能力、资金来源等指标的分组分析，可进一步反映建设项目的各种构成、比例关系、投资效果，以及国家宏观政策的执行情况。

建设项目的投资主体一般是行政事业单位、企业。固定资产投资项目投资按照项目在地原则进行统计。

现在的投资项目管理分为审批制、核准制和备案制，不同项目建设前需履行不同的审核程序。

建设项目的设计概算、预算是确定工程造价的文件，是建筑设计文件的组成部分，对于控制建设项目总投资，提高投资效果起着重要的作用。建设项目的总概算是填报项目计划总投资的主要依据。

（二）固定资产投资额统计

固定资产投资额是以货币形式表现的在一定时期内建造和购置固定资产的工作量以及与此有关的费用的总称。

固定资产投资额按构成分为建筑工程、安装工程、设备工器具购置、其他费用四部分。

1. 建筑工程

建筑工程是指各种房屋、建筑物的建造工程投资，又称建筑工作量。这部分投资额必须兴工动料，通过施工活动才能实现，是固定资产投资额的重要组成部分。建筑工程包括各种房屋的建造工程；设备基础、支柱、操作平台、梯子、烟囱、凉水塔、水池、灰塔、炼焦炉、裂解炉、蒸汽炉等各种建筑物和构筑物的建造工程和金属结构工程；为施工而进行的建筑场地的布置、工程地质勘探，原有建筑物和障碍物的拆除，场地平整、施工临时用水、电、汽、道路工程，以及完工后建筑场地的清理、环境绿化美化工作等；矿井的开凿，井巷掘进延伸，露天矿的剥离，石油、天然气钻井工程和铁路、公路、港口、桥梁、水库、堤坝、灌溉、河道整治工程及防空、地下建筑等特殊工程。

2. 安装工程

安装工程是指各种设备、装置的安装工程投资,又称安装工作量。包括生产、动力、起重、运输、传动和医疗、实验等各种需要安装设备的安装工程;与设备相连的工作台、梯子、栏杆等装设工程;附属于被安装设备的管线敷设工程;被安装设备的绝缘、防腐、保温、油漆等工作;以及为测定安装工程质量,对单个设备、系统设备进行单机试运、系统联动无负荷试运工作(不包括投料试运工作)。在安装工程中,不包括被安装设备本身价值。

3. 设备工器具购置

设备工器具购置是指把工业企业生产的产品转为固定资产的购置活动,包括建设单位或企、事业单位购置或自制的,达到固定资产标准的设备、工具、器具的价值。新建单位及扩建单位的新建车间,按照设计或计划要求购置或自制的全部设备、工具、器具,不论是否达到固定资产标准均计入"设备工器具购置"中。

4. 其他费用

其他费用是指在固定资产建造和购置过程中发生的,除建筑安装工程和设备工器具购置投资完成额以外的应当分摊计入固定资产投资项目的各种费用,不指经营中财务上的其他费用。

(三)资金来源统计

资金来源是指固定资产投资单位在本年内收到的可用于建造和购置固定资产的各种资金,包括上年末结余资金、本年度内拨入或借入的资金及以各种方式筹集的资金。

上年末结余资金:指上年资金来源中没有形成固定资产投资额而结余的资金。包括尚未用到工程上的材料价值、未开始安装的需要安装设备价值及结存的现金和银行存款等。

国家预算资金:指各级政府用于固定资产投资的财政资金,包括中央预算资金和地方预算资金。国家预算包括一般预算、政府性基金预算、国有资本经营预算和社保基金预算。各类预算中用于固定资产投资的资金全部作为国家预算资金填报,其中一般预算中用于固定资产投资的部分包括基建投资、车购税、灾后恢复重建基金和其他财政投资。各级政府债券也应归入国家预算资金。

根据《2011 年政府收支分类科目》确定的收支范围,目前纳入政府性基金预算的资金主要包括:农网还贷资金、山西省煤炭可持续发展基金、铁路建设基金、民航基础设施建设基金、民航机场管理建设费、海南省高等级公路车辆通行附加费、转让政府还贷道路收费权、港口建设费、散装水泥专项资金、新型墙体材料专项基金、旅游发展基金、文化事业建设费、地方教育附加、江苏省地方教育基金、国家电影事业发展专项资金、新菜地开发建设基金、新增建设用地土地有偿使用费、育林基金、森林植被恢复费、中央水利建设基金、地方水利建设基金、南水北调工程基金、残疾人就业保障金、政府住房基金、城市公用事业附加、国有土地使用权出让金、国有土地收益基金、农业土地开发资金、大中型水库移民后期扶持基金、大中型水库库区基金、三峡水库库区基金、中央特别国债经营基金、中央特别国债经营基金财务收支、彩票公益金、城市基础设施配套费、小型水库移民扶助基金、国家重大水利工程建设基金、车辆通行费、船舶港务费、体育部门收费、司法部门的涉外涉港澳台公证书工本费、贸促会收费、长江口航道维护费、电力改革预留资产变现资金、铁路资产变现资金、其他政府性基金。

中央预算资金:指国家预算资金中,来源于中央公共预算安排的用于项目建设的资金数额。

国内贷款:指报告期固定资产投资项目单位向银行及非银行金融机构借入用于固定资产投资的各种国内借款,包括银行利用自有资金及吸收存款发放的贷款、上级主管部门拨入的国内贷款、国家专项贷款(包括煤代油贷款、劳改煤矿专项贷款等),地方财政专项资金安排的贷款、国内储备贷款、周转贷款等。

通过银行理财产品和信托产品筹集的资金,如果是用于固定资产投资的,作为国内贷款统计。

债券:指企业或金融机构为筹集用于固定资产投资的资金向投资者出具的承诺按一定发行条件还本付息的债务凭证,包括金融债券和企业债券。金融债券是由银行和非银行金融机构发行的债券。在我国目前金融债券主要分两类,一是由国家开发银行、进出口银行等政策性银行发行的政策性金融债券;二是由商业银行、证券公司、财务公司等商业性金融机构发行的商业金融债券。企业债券是工商企业依照法定程序发行的债券。公司债券的发行主体可以是股份公司也可以是非股份公司,可以是上市公司也可以是非上市公司,包括依据《企业债券管理条例》发行的企业债券、依据《公司法》发行的上市公司债券、依据中国人民银行规章发行的中期票据等。

利用外资:指报告期收到的境外(包括外国及港澳台地区)资金(包括设备、材料、技术在内)。包括对外借款(外国政府贷款、国际金融组织贷款、出口信贷、外国银行商业贷款、对外发行债券和股票)、外商直接投资、外商其他投资(包括补偿贸易、加工装配由外商提供的设备价款、国际租赁,外商投资收益的再投资资金)。不包括我国自有外汇资金(国家外汇、地方外汇、留成外汇、调剂外汇和中国境内银行自有资金发放的外汇贷款等)。各类外资按报告期的外汇牌价(中间价)折成人民币计算。

自筹资金:指在报告期内筹集的用于项目建设和购置的资金。包括自有资金、股东投入资金和借入资金,但不包括各类财政性资金、从各类金融机构借入资金和国外资金。

其他资金来源:指在报告期收到的除以上各种资金之外的用于固定资产投资的资金。包括社会集资、个人资金、无偿捐赠的资金及其他单位拨入的资金等。

各项应付款合计:指本年项目建设和购置中应付未付的投资款。包括应付工程款、应付器材款、应付工资、应付有偿调入器材及工程款、其他应付款、应交税金、应交基建收入、应交投资包干结余、应交能源交通建设基金、应交预算调节基金及其他应交款。各项应付款填报本报告期实际增加数(或发生数),不是填报开始建设以来的累计数。

其中工程款:指应付未付给施工单位(乙方)的工程投资款。

(四)新增固定资产统计

新增固定资产,是指通过投资活动所形成的新的固定资产的价值。本年新增固定资产指在报告期已经完成建造和购置过程,并已交付生产或使用单位的固定资产的价值,包括已经建成投入生产或交付使用的工程投资和达到固定资产标准的设备、工具、器具的投资及有关应摊入的费用。属于增加固定资产价值的其他建设费用,应随同交付使用的工程一并计入新增固定资产。调查单位通过划拨方式取得土地使用权所发生的建设用地费计入新增固定资产;房地产开发企业、工业商业等企业通过出让或"招拍挂"方式取得土地使用权而发生的建设用地费不计入新增固定资产。租用建设用地的费用,不计入新增固定资产投资。

新增固定资产是反映固定资产投资成果的价值量指标,计算新增固定资产时以能独立发挥生产能力(或工程效益)的工程为对象,如一座矿井、一座转炉、一套化工装置、一条铁路专用线等。只有已经完成建造和购置过程,并正式移交生产、使用单位的固定资产才能计算新增固定资产。没有安装的需要安装设备、正在施工的建设工程等都不能计算新增固定资产。

如果生产作业线已经基本建成,只是其中个别次要生产环节比较薄弱,或配套设备数量不全,采取某些措施后,经过负荷试运转,证明已具备正常生产条件,并正式移交生产部门的工程,也可计算新增生产能力。年底以前已经建成,经负荷试运转后已投入生产,但未办理正式验收手续的项目或工程,为了反映实际投产情况,避免遗漏,也应计算新增固定资产。

(五)新增生产能力(或工程效益)统计

新增生产能力(或工程效益)是指通过固定资产投资活动而新增加的设计能力(或工程效益),是以实物形态表现的反映固定资产投资成果的指标,也是考核投资经济效果的重要依据之一。计算新增生产能力(或工程效益)是以能独立发挥生产能力(或工程效益)的工程为对象,如一座矿井、一座转炉、一套化工装置、一条铁路专用线等。当工程建成,经有关部门验收鉴定合格,正式移交投入生产,即应计算新增生产能力(或效益)。

计算新增生产能力,原则上应按工程的设计(计划)能力计算。设计能力是指设计中规定的主体工程(或主体设备)及相应配套的辅助工程(或配套设备)在正常情况下能够达到的生产能力。在建设过程中需要调整设计能力时,必须经原批准设计的管理机关批准后,才能按批准修改后的能力计算。如尚未批准,仍按原设计能力计算,并加以说明。无设计(或计划)能力的,可根据验收时的鉴定能力计算。

建成投产的工程,各生产环节的设备已经配齐,符合计算新增生产能力条件的,应按该工程的全部设计能力计算;各生产环节的设备虽未按设计全部配套建成,但保证生产所需的主体设备、配套设备、主体工程、辅助工程都已部分完成,形成生产作业线,经负荷试运转正式投入生产的,只计算设备配齐部分的能力。

(六)投资经济效益统计

固定资产投资经济效益,是指固定资产活动中投入与产出之间的比率。在固定资产投资活动中,投入表现为在固定资产建造和购置过程中消耗的人工、建筑材料及有关费用,购置的设备、工具、器具;产出则表现为固定资产投资形成的新增固定资产、新增生产能力(或工程效益)以及通过固定资产投资新增加的产值(如国内生产总值)、利润和税金等。

固定资产投资经济效益指标就是反映固定资产投资活动中的投入与产出之间关系及其影响因素的指标,是固定资产投资统计指标体系的重要组成部分。

固定资产投资经济效益指标按其适应的范围不同,可分为宏观经济效益指标与微观经济效益指标。

1. 固定资产投资宏观经济效益指标

(1)固定资产投资效果系数:是报告期新增国内生产总值 GDP 与同期固定资产投资额的比率,反映单位固定资产投资额所增加的国内生产总值数量,其计算公式为:

$$固定资产投资效果系数 = \frac{报告期新增国内生产总值}{同期固定资产投资额} \times 100\%$$

(2)固定资产投资率:是指一定时期固定资产投资额与同期国内生产总值(GDP)的比率,计算公式为:

$$固定资产投资率 = \frac{报告期固定资产投资额}{报告期国内生产总值} \times 100\%$$

固定资产投资率是国内生产总值用于固定资产投资的比例,是反映固定资产投资规模是否适当的指标,它虽不属于投资效果指标,但与上述固定资产投资效果系数具有密切关系。

(3)投资贡献率:是指固定资本形成增量在国内生产总值(GDP)增量中所占的比重。计算投资贡献率,首先根据支出法国内生产总值的有关数据,计算 GDP 和社会总需求各组成部分,即消费(最终消费)、投资(固定资产资本形成)、存货(存货增加)及净出口(货物和服务净出口)的年实际增量;然后计算社会总需求各组成部分年度实际增加额占当年 GDP 实际增加额的比重,就是总需求组成部分对年度经济增长的贡献率。

(4)固定资产交付使用率:又称固定资产动用系数,是指一定时期新增固定资产与同期完成投资额的比率。其计算公式为:

$$固定资产交付使用率 = \frac{报告期新增固定资产}{报告期固定资产投资额} \times 100\%$$

固定资产交付使用率是反映固定资产动用速度,衡量建设过程中宏观投资效果的综合指标。由于新增固定资产是较长时期内形成的结果,而投资额则是当年完成的,因此,这一指标一般适宜于反映较长时期内固定资产的动用情况。

(5)建设周期:是指报告期(年)所有正式施工项目全部建成平均需要的时间。它是从宏观角度反映建设速度的指标。建设周期的计算方法主要有两种:

按建设项目计算,计算公式为:

$$建设周期 = \frac{报告期正式施工项目个数}{报告期全部建成投资项目个数}$$

按建设项目计算的建设周期的方法简便易行,但因建设项目规模大小不同会对建设周期有较大的影响。

按投资额计算,计算公式为:

$$建设周期 = \frac{报告期正式施工项目计划总投资之和}{报告期正式施工项目完成投资之和}$$

(6)生产能力建成率:是指一定时期内新增生产能力占同期施工规模的比率。它是以实物形态反映建设速度和投资效果的指标,适用于分行业、按产品种类进行分析。其计算公式为:

$$生产能力建成率 = \frac{报告期新增生产能力}{报告期施工规模} \times 100\%$$

(7)建设项目投产率:是建设周期的逆指标,是指一定时期内全部建成投产项目个数与同期正式施工项目的比率。它是从建设项目建设速度的角度反映投资效果的指标。其计算公式为:

$$建设项目投产率 = \frac{报告期全部建成投产项目个数}{报告期全部正式施工项目个数} \times 100\%$$

这一指标易受大中小型项目结构变化的影响,因此,应按不同规模分组的项目进行分别计算。

(8)未完工程占用率:是指年末未完工程累计完成投资占全年实际完成投资额的比率,是从资金占用的角度反映投资效果的指标。其计算公式为:

$$未完工程占用率 = \frac{年末未完工程累计完成投资额}{全年实际完成投资额} \times 100\%$$

2. 固定资产投资微观经济效益指标

(1)平均建设工期:是指建设项目或单项工程从正式施工到全部建成投入生产(或交付使用)时止所经历的全部时间。

计算公式为:

$$平均建设工期 = \frac{投产项目上(或单项工程)建设工期之和}{投产项目上(或单项工程)个数}$$

平均建设工期除受各投产项目建设工期的影响外,还受投产项目规模、结构等因素的影响。一般按相同行业、相同建设性质、同等建设规模的项目进行计算和比较。

(2)单位生产能力投资:也称为单位生产能力工程造价。它是指投产项目或单项工程平均新增每一单位生产能力(或工程效益)所耗用的投资。其计算公式为:

$$单位生产能力投资 = \frac{投产项目上(或单项工程)全部投资完成额}{该项目上(或单项工程)新增生产能力或工程效益}$$

(3)达到设计生产能力年限:是指建设项目或单项工程从建成投入生产(或交付使用)时起,到实际年产量达到设计能力时止所经历的时间。它是反映生产能力利用程度的指标。

(4)生产能力利用率:是指建设项目建成投产以后实际产品产量与产品设计能力的比率,是反映建设项目(或单项工程)设计生产能力利用程度的指标。其计算公式为:

$$生产能力利用率=\frac{报告期实际产量}{设计生产能力}\times100\%$$

(5)投资回收年限:是指建设项目(或单项工程)从建成投入生产(或交付使用)时起,到累计实现的利税总额达到该项目(或单项工程)全部固定资产投资额时所经历的时间。通常以年数表示。计算公式为:

$$投资回收年限=\frac{建设项目全部固定资产投资额}{建设项目投产后平均年利税额}$$

如果将固定资产折旧作为固定资产投资回收的一部分,则投资回收年限的计算公式为:

$$投资回收年限=\frac{建设项目全部固定资产投资额}{建设项目投产后平均年利税额+年平均折旧额}$$

投资回收年限的长短,受两方面因素的制约,一是建设过程中的因素,如建设项目的建设性质、投资构成、施工的技术水平等;二是建设项目(或单项工程)投产后的盈利状况,即生产过程的因素,如工艺技术水平、经营管理水平、企业的外部条件等。

(6)投资回收率:也称投资利税率,是投资回收年限的逆指标,是建设项目(或单项工程)建成投产后年平均利税额与建设项目(或单项工程)全部固定资产投资额的比率。计算公式为:

$$投资回收率=\frac{建设项目投产后平均利税额}{建设项目全部固定资产投资额}\times100\%$$

如果将固定资产折旧作为固定资产投资回收的一部分,则投资回收率的计算公式为:

$$投资回收率=\frac{建设项目投产后平均利税额+年平均折旧额}{建设项目全部固定资产投资额}\times100\%$$

上述投资回收年限和投资回收率是以静态形式反映投资效果的指标,没有考虑资金占用的时间和价格变动的因素,在使用时应加以注意。

(七)房地产开发投资统计

房地产开发投资,指各种登记注册类型的房地产开发法人单位统一开发的住宅、商业营业用房办公楼等房屋建筑物,配套的服务设施,土地开发工程(如道路、给水、排水、供电、供热、通讯、平整场地等工程)和土地购置的投资;不包括单纯的土地开发和交易活动。

房地产开发投资是全社会固定资产投资的重要组成部分。为防止重复统计,在把房地产开发纳入固定资产投资统计之后,各企事业、行政单位和城乡居民购买商品房屋的支出不再纳入固定资产投资的统计范围。

房地产开发投资可按工程用途分为:

住宅:指专供居住的房屋,包括别墅、公寓、职工家属宿舍和集体宿舍(包括职工单身宿舍和学生宿舍)等。但不包括住宅楼中作为人防用、不住人的地下室等。

办公楼:指企业、事业、机关、团体、学校、医院等单位使用的各类办公用房(又称写字楼)。

商业营业用房:指商业、粮食、供销、饮食服务业等部门对外营业的用房,如度假村、饭店、商店、门市部、粮店、书店、供销店、饮食店、菜店、加油站、日杂等房屋。

其他:凡不属于上述各项用途的房屋建筑物,如中小学教学用房、托儿所、幼儿园、图书馆、体育馆、车库等。

四、固定资产投资统计调查方法

(一)固定资产项目投资

固定资产项目投资统计调查方法为全面调查。报送方式如下:

1. 各地区计划总投资 500 万元及以上的项目投资由调查单位通过联网直报报送,调查频率为月报。

2. 跨省区项目(或统一购置设备)投资由国务院有关部门、中国国家铁路集团有限公司等单位报送,调查频率为月报。

3. 军工、国防建设投资统一由中央军委后勤保障部报送汇总投资数据,调查频率为月报。

(二)房地产开发投资

房地产开发投资统计调查方法为全面调查,由房地产开发法人单位通过联网直报报送各房地产开发项目投资数据,调查频率为月报。

(三)农村农户固定资产投资

通过抽样调查取得农户投资数据,调查频率为年报。

(四)小微企业固定资产投资

通过抽样调查取得小微企业投资数据,调查频率为年报。

第九节　财务统计

财务统计是连接统计核算与会计核算的桥梁。它通过搜集和整理不同类型企业、行政事业单位的财务统计数据,一方面为国民经济核算提供基础资料,另一方面也为宏观、微观两个领域的经济分析提供重要依据。我国财务统计是伴随着新国民经济核算体系的实施而逐步建立起来的,尽管目前仍没有经常性的专项财务统计报表制度,但在一些国民经济的主要行业,如工业、建筑业、交通运输、批发和零售业、住宿和餐饮业经常性统计中,已纳入了财务统计报表或统计指标。对规模以上工业企业、具有资质等级的建筑业企业、限额以上批发零售业企业、规模以上服务业企业均设置了独立的财务报表;对规模以下的企业也设置了部分财务统计指标。

财务统计根据会计制度的不同,分为企业财务统计、行政单位财务统计和事业单位财务统计三大部分。

一、企业财务统计

企业财务统计包括企业资产负债财务统计、企业损益及分配财务统计以及企业人工成本及增值税财务统计等三方面内容。

（一）企业资产负债财务统计

资产总计指企业过去的交易或者事项形成的、由企业拥有或者控制的、预期会给企业带来经济利益的资源。资产一般按流动性(资产的变现或耗用时间长短)分为流动资产和非流动资产。其中流动资产可分为货币资金、交易性金融资产、应收票据、应收账款、预付款项、其他应收款、存货等;非流动资产可分为长期股权投资、固定资产、无形资产及其他非流动资产等。根据会计"资产负债表"中"资产总计"项目的期末余额数填报。

执行《企业会计准则》或《小企业会计准则》的企业:资产总计＝流动资产合计＋非流动资产合计;执行其他企业会计制度的企业资产包括流动资产、长期投资、固定资产、无形资产和其他资产等。

资产满足以下条件之一应归为流动资产:(1)预计在一个正常营业周期中变现、出售或耗用,主要包括存货、应收账款等;(2)主要为交易目的而持有;(3)预计在资产负债表日起一年内(含一年)变现;(4)自资产负债日起一年内,交换其他资产或清偿负债的能力不受限制的现金或现金等价物。包括货币资金、应收票据、应收账款、存货等项目。根据会计"资产负债表"中"流动资产合计"项目的期末余额数填报。

应收账款指企业因销售商品、提供劳务等经营活动所形成的债权,包括应向客户收取的货款、增值税款和为客户代垫的运杂费等。根据会计"资产负债表"中"应收账款"项目的期末余额数填报。

存货指企业在日常活动中持有以备出售的产成品或商品、处在生产过程中的在产品、在生产过程或提供劳务过程中耗用的材料或物料等,通常包括原材料、在产品、半成品、产成品、商品以及周转材料等。根据会计"资产负债表"中"存货"项目的期末余额数填报。其中:"年初存货"根据会计"资产负债表"中"存货"项目的年初余额数填报。注意:"存货"具有实物形态,不属于无形资产,由于企业持有存货的最终目的是为了出售,所以房地产开发企业(单位)购置的土地、尚未销售的商品房等均计入"存货"。

产成品指企业已经完成全部生产过程并验收入库,可以按照合同规定的条件送交订货单位,或者可以作为商品对外销售的产品。根据会计"产成品"科目的借方余额填报。

固定资产合计指企业为生产商品、提供劳务、出租或经营管理而持有的,使用寿命超过一个会计年度的有形资产。包括使用期限超过一年的房屋、建筑物、机器、机械、运输工具以及其他与生产、经营有关的设备、器具、工具等。固定资产合计是时点指标,表示固定资产经过扣减折旧、减值准备等后的期末余额。根据会计"资产负债表"中"固定资产净额"项目的期末余额数填报。

固定资产原价指固定资产的成本,包括企业在购置、自行建造、安装、改建、扩建、技术改造某项固定资产时所发生的全部支出总额。根据会计"固定资产"科目的期末借方余额填报。

固定资产折旧指企业在固定资产的使用寿命内,按照确定的方法对应计折旧额进行系统分摊。

累计折旧指企业在报告期末提取的历年固定资产折旧累计数。根据会计"累计折旧"科目的期末贷方余额填报。

本年折旧指企业在报告期内提取的固定资产折旧合计数。可以根据会计"财务状况变动表"中"固定资产折旧"项的数值填报。若企业执行2001年《企业会计制度》,可以根据会计核算中《资产减值准备、投资及固定资产情况表》内"当年计提的固定资产折旧总额"项本年增加数填报。

负债合计指企业过去的交易或者事项形成的,预期会导致经济利益流出企业的现时义务。负债一般按偿还期长短分为流动负债和非流动负债。根据会计"资产负债表"中"负债合计"项目的期末余额数填报。

执行《企业会计准则》或《小企业会计准则》的企业:负债合计=流动负债合计+非流动负债合计;执行其他企业会计制度的企业负债包括流动负债和长期负债。

应付账款指企业因购买材料、商品和接受劳务供应等经营活动应支付的款项。根据会计"资产负债表"中"应付账款"项目的期末余额数填报。

所有者权益合计指企业资产扣除负债后由所有者享有的剩余权益。公司的所有者权益又称股东权益。包括实收资本、资本公积、盈余公积、未分配利润等。根据会计"资产负债表"中"所有者权益合计"项目的期末余额数填报。

实收资本指企业各投资者实际投入的资本(或股本)总额,包括货币、实物、无形资产等各种形式的投入。实收资本按投资主体可分为国家资本、集体资本、法人资本、个人资本、港澳台资本和外商资本。根据会计"资产负债表"中"所有者权益"项下"实收资本"的期末余额数填报。

(二)企业损益及分配财务统计

营业收入指企业经营主要业务和其他业务所确认的收入总额。营业收入包括"主营业务收入"和"其他业务收入"。根据会计"利润表"中"营业收入"项目的本年累计数填报。

主营业务收入指企业确认的销售商品、提供劳务等主营业务的收入。根据会计"主营业务收入"科目的本年各月贷方余额(结转前)之和填报。如未设置该科目,以"营业收入"代替填报。

营业成本指企业经营主要业务和其他业务所发生的成本总额。包括企业(单位)在报告期内从事销售商品、提供劳务等日常活动发生的各种耗费。包括"主营业务成本"和"其他业务成本"。根据会计"利润表"中"营业成本"项目的本年累计数填报。

税金及附加指企业因从事生产经营活动按税法规定应缴纳的消费税、城市维护建设税、资源税、教育费附加及房产税、土地使用税、车船使用税、印花税等相关税费。根据会计"利润表"中"税金及附加"项目的本年累计数填报。

销售费用指企业在销售商品和材料、提供劳务的过程中发生的各种费用,包括保险费、包装费、展览费和广告费、商品维修费、预计产品质量保证损失、运输费、装卸费等以及为销售本企业商品而专设的销售机构(含销售网点、售后服务网点等)的职工薪酬、业务费、折旧费等经营费用。建筑业企业销售费用指企业从事施工生产活动过程中发生的各项费用,包括应由企业负担的运输费、装卸费、包装费、保险费、维修费、展览费、差旅费、广告费和其他经费。房地产企业销售费用指企业在从事主要经营业务过程中所发生的各项销售费用,包括转让、销售、结算和出租开发产品等。执行《企业会计准则》或《小企业会计准则》的企业,根据会计"利润表"中"销售费用"项目的本年累计数填报。执行其他企业会计制度的企业,根据会计"利润表"中"营业费用(或经营费用)"项目的本年累计数填报。

管理费用指企业为组织和管理企业生产经营所发生的费用,包括企业在筹建期间内发生的开办费、董事会和行政管理部门在企业经营管理中发生的,或者应当由企业统一负担的公司经费等。根据会计"利润表"中"管理费用"项目的本年累计数填报。

财务费用指企业为筹集生产经营所需资金等而发生的筹资费用,包括企业生产经营期间发生的利息支出(减利息收入)、汇兑损失(减汇兑收益)以及相关的手续费等。根据会计"利润表"中"财务费用"项目的本年累计数填报。

利息收入指非金融企业存款业务所确认的利息金额。根据企业"财务费用明细账"中"财务费用——利息收入"科目的本期发生额填报。如果企业没有设置该科目,此处可填"0"。

资产减值损失指企业计提各项资产减值准备所形成的损失。根据会计"利润表"中"资产减值损失"项目的本年累计数填报。未执行《企业会计准则》的企业填"0"。

公允价值变动收益指企业的交易性金融资产、交易性金融负债,以及采用公允价值模式计量的投资性房地产、衍生工具、套期保值业务等公允价值变动形成的应计入当期损益的利得或损失。根据会计"利润表"中"公允价值变动收益"项目的本年累计数填报,或根据"公允价值变动损益"会计科目的余额填报。余额在贷方,则为净收益,余额在借方,则为净损失,以"-"号记。未执行《企业会计准则》的企业填"0"。

投资收益指企业确认的投资收益或投资损失,反映企业以各种方式对外投资所取得的收益。根据会计"利润表"中"投资收益"项目的本年累计数填报。如为投资损失以"-"号记。

其他收益根据 2017 年 6 月 12 日起施行的《企业会计准则第 16 号——政府补助》,其他收益反映与企业日常活动相关且计入该项目的政府补助。(1)执行《企业会计准则》或《小企业会计准则》的企业,根据会计"利润表"中"其他收益"项目的本年累计数填报;或根据会计"其他收益"科目的本年各月贷方余额(结转前)之和填报;(2)执行其他企业会计制度的企业本指标填"0"。

营业利润指企业从事生产经营活动所取得的利润。执行《企业会计准则》或《小企业会计准则》的企业,营业利润为营业收入减去营业成本、税金及附加、销售费用、管理费用、财务费用、资产减值损失,再加上公允价值变动收益、投资收益和其他收益后的金额,根据会计"利润表"中"营业利润"项目的本年累计数填报;执行其他企业会计制度的企业,营业利润为营业收入减去营业成本、税金及附加、销售费用、管理费用、财务费用,再加上投资收益后的金额,根据会计"损益表"中"营业利润"项目、"投资收益"项目的本年累计数之和填报。

营业外收入指企业发生的与经营业务无直接关系的各项收入,包括非流动资产处置利得、非货币性资产交换利得、债务重组利得、政府补助、盘盈利得、捐赠利得等。执行《企业会计准则》或《小企业会计准则》的企业,根据会计"利润表"中"营业外收入"项目的本年累计数填报;执行其他企业会计制度的企业,根据会计"损益表"中"营业外收入"项目、"补贴收入"项目的本年累计数之和填报。

营业外支出指企业发生的与经营业务无直接关系的各项支出,包括非流动资产处置损失、非货币性资产交换损失、债务重组损失、公益性捐赠支出、非常损失、盘亏损失等。根据会计"利润表"中"营业外支出"项目的本年累计数填报。

利润总额指企业在一定会计期间的经营成果,是生产经营过程中各种收入扣除各种耗费后的盈余,反映企业在报告期内实现的盈亏总额。利润总额为营业利润加上营业外收入,减去营业外支出后的金额,根据会计"利润表"中"利润总额"项目的本年累计数填报。

所得税费用由两部分组成:当期所得税和递延所得税。当期所得税是指企业按照税法规定计算确定的针对当期发生的交易和事项,应交纳给税务部门的所得税金额,即应交所得税。递延所得税是指按照所得税准则规定应予确认的递延所得税资产和递延所得税负债应有的金额相对于原已确认金额之间的差异。执行《企业会计准则》或《小企业会计准则》的企业,根据会计"利润表"中"所得税费用"项目的本年累计数填报;执行其他企业会计制度的企业,根据会计"损益表"中"所得税"项目的本年累计数填报。

(三)企业人工成本及增值税财务统计

应付职工薪酬 指企业为获得职工提供的服务而给予各种形式的报酬以及其他相关支出。包括职工工资、奖金、津贴和补贴,职工福利费,医疗保险费、养老保险费、失业保险费、工伤保险费和生育保险费等社会保险费,住房公积金,工会经费和职工教育经费,非货币性福利,因解除与职工的劳动关系给予的补偿,其他与获得职工提供的服务相关的支出。执行《企业会计准则》或《小企业会计准则》的企业,根据会计科目"应付职工薪酬"的本年贷方累计发生额填报;执行其他企业会计制度的企业,应将本年上述职工薪酬包含的科目归并填报。

应交增值税 指按照税法规定,以销售货物、服务、无形资产、不动产或提供加工、修理修配劳务的增值额和货物进口金额为计税依据而课征的一种流转税。填报本指标时,应按权责发生制核算企业本期应负担的增值税,有两种计算方法,可选其一,一旦确定,原则上不得更改。

计算方法一:

根据本期会计科目(1)"销项税额"、"进项税额转出"、"出口退税"年初至期末贷方累计发生额(一般与期末贷方余额相等,因为年初贷方余额为零);(2)"进项税额"年初至期末借方累计发生额,即期末借方余额 - 年初借方余额;(3)"出口抵减内销产品应纳税

287

额"、"减免税款"年初至期末借方累计发生额(一般与期末借方余额相等,因为年初借方余额为零),取值后按照下述公式计算填报:

$$应交增值税 = 销项税额 - (进项税额 - 进项税额转出)$$
$$- 出口抵减内销产品应纳税额 - 减免税款 + 出口退税$$

计算方法二:

根据本期《增值税纳税申报表(一般纳税人适用)》(以"国家税务总局公告 2018 年 15 号"版式为例)"销项税额"(第 11 栏)、"进项税额"(第 12 栏)、"进项税额转出"(第 14 栏)、"免、抵、退应退税额"(第 15 栏)、"简易计税办法计算的应纳税额"(第 21 栏)、"按简易计税办法计算的纳税检查应补缴税额"(第 22 栏)、"应纳税额减征额"(第 23 栏)栏目"一般项目"列中"本年累计"列,按照下述公式计算填报:

$$应交增值税 = 销项税额 - (进项税额 - 进项税额转出 - 免、抵、退应退税额)$$
$$+ 简易计税办法计算的应纳税额$$
$$+ 按简易计税办法计算的纳税检查应补缴税额$$
$$- 应纳税额减征额$$

计算方法说明及填报要求:

(1)计算公式均体现权责发生制,本期发生的进项税额全部参与计算,相当于不设置留抵,同时也不抵扣会计账簿或增值税纳税申报表中上年年末留抵的进项税额,公式计算结果可以为负数。

(2)按照公式计算本指标后,不应再加增值税减免税额,因为这部分价值不再形成企业缴纳义务。

二、行政单位财务统计

固定资产原价指使用年限在一年以上,单位价值在规定标准以上,并在使用过程中基本保持原来物质形态的资产。包括房屋和建筑物、专用设备、一般设备、文物和陈列品、图书、其他固定资产等。根据部门决算"资产负债表"中固定资产有关项目的年末数填报。

本年收入合计指行政单位本年度取得的全部收入,包括财政拨款、上级补助收入、附属单位缴款和其他收入。根据部门决算"收入支出决算总表"中对应项目填报。

本年支出合计指行政单位本年度全部支出。根据部门决算"收入支出决算总表"中对应项目填报。

工资福利支出指单位开支的在职职工和编制外长期聘用人员的各类劳动报酬,以及为上述人员缴纳的各项社会保险费等。具体包括基本工资、津贴补贴、奖金、社会保障缴费、伙食费、伙食补助费和绩效工资等。根据部门决算"支出决算明细表"中对应项目填报。

商品和服务支出指单位购买商品和劳务的支出(不包括用于购置固定资产的支出、战略性和应急储备支出)。具体包括办公费、印刷费、咨询费、手续费、水费、电费、邮电费、取暖费、物业管理费、差旅费、因公出国(境)费用、维修(护)费、租赁费、会议费、培训费、公务接待费、专用材料费、装备购置费、专用燃料费、劳务费、委托业务费、工会经费、福利费、公务用车运行维护费、其他交通费用①及上述科目未包括的商品和服务支出。根据部门决算"支出决算明细表"中对应项目填报。

取暖费指单位取暖用燃料费、热力费、炉具购置费、锅炉临时工的工资、节煤奖以及由单位支付的在职职工和离退休人员宿舍取暖费等。根据部门决算"支出决算明细表"中的"商品和服务支出"的对应项目填报。

差旅费指单位工作人员出差的住宿费、旅费、伙食补助费、杂费,干部及大中专学生调遣费,调干家属旅费补助等。根据部门决算"支出决算明细表"中的"商品和服务支出"的对应项目填报。

因公出国(境)费用指单位工作人员公务出国(境)的住宿费、旅费、伙食补助费、杂费、培训费等支出。根据部门决算"支出决算明细表"中的"商品和服务支出"的对应项目填报。

劳务费指支付给单位和个人的劳务费用,如临时聘用人员、钟点工工资,稿费、翻译费,评审费等。根据部门决算"支出决算明细表"中的"商品和服务支出"的对应项目填报。

工会经费指单位按规定提取的工会经费。根据部门决算"支出决算明细表"中的"商品和服务支出"的对应项目填报。

福利费指单位按规定提取的福利费。根据部门决算"支出决算明细表"中的"商品和服务支出"的对应项目填报。

对个人和家庭的补助指政府用于对个人和家庭的补助支出。包括离休费、退休费、退职(役)费、抚恤金、生活补助、救济费、医疗费、助学金、奖励金、生产补贴、住房公积金、提租补贴、购房补贴和其他未包括在上述科目的对个人和家庭的补助等。根据部门决算"支出决算明细表"中对应项目填报。

抚恤金指按规定开支的烈士遗属、牺牲病故人员遗属的一次性和定期抚恤金,伤残人员的抚恤金,离退休人员等其他人员的各项抚恤金。根据部门决算"支出决算明细表"中的"对个人和家庭的补助"的对应项目填报。

生活补助指按规定开支的优抚对象定期定量生活补助费,退役军人生活补助费,行政单位职工和遗属生活补助,因公负伤等住院治疗、住疗养院期间的伙食补助费,长期赡养人员补助费,由于国家实行退耕还林禁牧舍饲政策补偿给农牧民的现金、粮食支出,对农村党员、复员军人以及村干部的补助支出,看守人员和犯人的伙食费、药费等。根据部门决算"支出决算明细表"中的"对个人和家庭的补助"的对应项目填报。

救济费指按规定开支的城乡贫困人员、灾民、归侨、外侨及其他人员的生活救济费,包括城市居民的最低生活保障费,随同资源枯竭矿山破产但未参加养老保险统筹的矿山所属集体企业退休人员按最低生活保障标准发放的生活费,农村五保供养对象、贫困户、麻风病人的生活救济费,精简退职老弱残职工救济费,福利、救助机构发生的收养费以及救助支出等。实物形式的救济也在此科目反映。根据部门决算"支出决算明细表"中的"对

---

① 2012年支出经济分类科目。

个人和家庭的补助"的对应项目填报。

助学金指各类学校学生助学金、奖学金、学生贷款、出国留学（实习）人员生活费，青少年业余体校学员伙食补助费和生活费补贴，按照协议由我方负担或享受我方奖学金的来华留学生、进修生生活费等。根据部门决算"支出决算明细表"中的"对个人和家庭的补助"的对应项目填报。

奖励金指政府各部门的奖励支出，如对个体私营经济的奖励、计划生育目标责任奖励、独生子女父母奖励等。根据部门决算"支出决算明细表"中的"对个人和家庭的补助"的对应项目填报。

生产补贴指各种对个人发放的生产补贴支出。如国家对农民发放的农机具购置补贴、良种补贴、粮食直补以及发放给残疾人的各种生产经营补贴。根据部门决算"支出决算明细表"中的"对个人和家庭的补助"的对应项目填报。

三、事业单位财务统计

固定资产原价指使用年限在一年以上，单位价值在规定标准以上，并在使用过程中基本保持原来物质形态的资产。包括房屋和建筑物、专用设备、一般设备、文物和陈列品、图书、其他固定资产等。根据部门决算"资产负债表"中固定资产有关项目的年末数填报。

本年收入合计指事业单位本年度取得的全部收入，包括财政拨款、上级补助收入、事业收入、经营收入、附属单位缴款和其他收入。根据部门决算"收入支出决算总表"中对应项目填报。

事业收入指事业单位开展专业业务活动及辅助活动取得的收入。根据部门决算"收入支出决算总表"中对应项目填报。

经营收入指事业单位在专业业务活动及辅助活动之外开展非独立核算经营活动取得的收入。根据部门决算"收入支出决算总表"中对应项目填报。

本年支出合计指事业单位本年度全部支出。根据部门决算"收入支出决算总表"中对应项目填报。

工资福利支出指单位开支的在职职工和编制外长期聘用人员的各类劳动报酬，以及为上述人员缴纳的各项社会保险费等。具体包括基本工资、津贴补贴、奖金、社会保障缴费、伙食费、伙食补助费和绩效工资等。根据部门决算"支出决算明细表"中对应项目填报。

商品和服务支出指单位购买商品和劳务的支出（不包括用于购置固定资产的支出、战略性和应急储备支出）。具体包括办公费、印刷费、咨询费、手续费、水费、电费、邮电费、取暖费、物业管理费、差旅费、因公出国（境）费用、维修（护）费、租赁费、会议费、培训费、公务接待费、专用材料费、装备购置费、专用燃料费、劳务费、委托业务费、工会经费、福利费、公务用车运行维护费、其他交通费用[①]及上述科目未包括的商品和服务支出。根据部门决算"支出决算明细表"中对应项目填报。

---

① 2012 年支出经济分类科目。

取暖费指单位取暖用燃料费、热力费、炉具购置费、锅炉临时工的工资、节煤奖以及由单位支付的在职职工和离退休人员宿舍取暖费等。根据部门决算"支出决算明细表"中的"商品和服务支出"的对应项目填报。

差旅费指单位工作人员出差的住宿费、旅费、伙食补助费、杂费,干部及大中专学生调遣费,调干家属旅费补助等。根据部门决算"支出决算明细表"中的"商品和服务支出"的对应项目填报。

因公出国(境)费用指单位工作人员公务出国(境)的住宿费、旅费、伙食补助费、杂费、培训费等支出。根据部门决算"支出决算明细表"中的"商品和服务支出"的对应项目填报。

劳务费指支付给单位和个人的劳务费用,如临时聘用人员、钟点工工资,稿费、翻译费,评审费等。根据部门决算"支出决算明细表"中的"商品和服务支出"的对应项目填报。

工会经费指单位按规定提取的工会经费。根据部门决算"支出决算明细表"中的"商品和服务支出"的对应项目填报。

福利费指单位按规定提取的福利费。根据部门决算"支出决算明细表"中的"商品和服务支出"的对应项目填报。

对个人和家庭的补助指政府用于对个人和家庭的补助支出。包括离休费、退休费、退职(役)费、抚恤金、生活补助、救济费、医疗费、助学金、奖励金、生产补贴、住房公积金、提租补贴、购房补贴和其他未包括在上述科目的对个人和家庭的补助等。根据部门决算"支出决算明细表"中对应项目填报。

抚恤金指按规定开支的烈士遗属、牺牲病故人员遗属的一次性和定期抚恤金,伤残人员的抚恤金,离退休人员等其他人员的各项抚恤金。根据部门决算"支出决算明细表"中的"对个人和家庭的补助"的对应项目填报。

生活补助指按规定开支的优抚对象定期定量生活补助费,退役军人生活补助费,事业单位职工和遗属生活补助,因公负伤等住院治疗、住疗养院期间的伙食补助费,长期赡养人员补助费,由于国家实行退耕还林禁牧舍饲政策补偿给农牧民的现金、粮食支出,对农村党员、复员军人以及村干部的补助支出,看守人员和犯人的伙食费、药费等。根据部门决算"支出决算明细表"中的"对个人和家庭的补助"的对应项目填报。

救济费指按规定开支的城乡贫困人员、灾民、归侨、外侨及其他人员的生活救济费,包括城市居民的最低生活保障费,随同资源枯竭矿山破产但未参加养老保险统筹的矿山所属集体企业退休人员按最低生活保障标准发放的生活费,农村五保供养对象、贫困户、麻风病人的生活救济费,精简退职老弱残职工救济费,福利、救助机构发生的收养费以及救助支出等。实物形式的救济也在此科目反映。根据部门决算"支出决算明细表"中的"对个人和家庭的补助"的对应项目填报。

助学金指各类学校学生助学金、奖学金、学生贷款、出国留学(实习)人员生活费,青少年业余体校学员伙食补助费和生活费补贴,按照协议由我方负担或享受我方奖学金的来华留学生、进修生生活费等。根据部门决算"支出决算明细表"中的"对个人和家庭的

"补助"的对应项目填报。

奖励金指政府各部门的奖励支出,如对个体私营经济的奖励、计划生育目标责任奖励、独生子女父母奖励等。根据部门决算"支出决算明细表"中的"对个人和家庭的补助"的对应项目填报。

生产补贴指各种对个人发放的生产补贴支出。如国家对农民发放的农机具购置补贴、良种补贴、粮食直补以及发放给残疾人的各种生产经营补贴。根据部门决算"支出决算明细表"中的"对个人和家庭的补助"的对应项目填报。

经营支出指事业单位在专业业务活动及辅助活动之外开展非独立核算经营活动发生的各项支出。根据部门决算"收入支出决算总表"中对应项目填报。

销售税金指事业单位提供劳务或销售产品应负担的税金及附加,包括营业税、城市维护建设税、资源税和教育费附加。根据实际情况计算填报。

第十节　劳动统计

劳动是进行社会生产的基本要素。劳动统计的研究对象是劳动经济现象,它从数量方面反映和研究社会再生产过程中的劳动经济现象。具体来说,劳动统计反映和研究在一定时间、地点和条件下,劳动力资源的配置,劳动力的使用,劳动力的再生产等方面的数量情况,为政府准确判断就业形势,制定和调整就业政策、工资政策,进行科学决策、精准施策提供可靠依据。劳动统计主要包括从业人员及工资总额统计、劳动力就业与失业统计等两部分内容。

从业人员及工资总额的统计调查单位为法人单位,包括统计上认定的视同法人单位的产业活动单位。采用全面调查与抽样调查相结合的方法搜集资料。从业人员统计以"谁发工资谁统计(劳务派遣人员除外)"为基本原则,劳务派遣人员按照"谁用工谁统计"的原则统计。法人单位在本地区以外的产业活动单位其人员和工资应包含在法人单位中。

劳动力就业与失业统计以户为单位,采取抽样调查方法抽取部分城镇和乡村地域住户进行登记,既调查家庭户,也调查集体户。应在被抽中户中登记的人是调查时点居住在本户的人,包括本户人口中,已外出但不满半年的人。

一、从业人员及工资统计指标

(一)从业人员期末人数

1. 从业人员期末人数

指报告期最后一日在本单位工作,并取得工资或其他形式劳动报酬的人员数。该指标为时点指标,不包括最后一日当天及以前已经与单位解除劳动合同关系的人员,是在岗职工、劳务派遣人员及其他从业人员之和。从业人员不包括:(1)离开本单位仍保留劳动关系,并定期领取生活费的人员;(2)在本单位实习的各类在校学生;(3)本单位因劳务外包而使用的人员,如建筑业整建制使用的人员。

2. 在岗职工

指在本单位工作且与本单位签订劳动合同,并由单位支付各项工资和社会保险、住房公积金的人员,以及上述人员中由于学习、病伤、产假等原因暂未工作仍由单位支付工资的人员。在岗职工还包括:(1)应订立劳动合同而未订立劳动合同人员(如使用的农村户籍人员);(2)处于试用期人员;(3)编制外招用的人员,如临时人员;(4)派往外单位工作,但工资仍由本单位发放的人员(如挂职锻炼、外派工作等情况)。在岗职工不包括:(1)本单位使用的且由本单位直接支付工资的劳务派遣人员,应统计在本单位"劳务派遣人员"指标中;(2)本单位因劳务外包而使用的人员,由承包劳务的单位统计为在岗职工。

3. 劳务派遣人员

根据《中华人民共和国劳动合同法》规定,指与劳务派遣单位签订劳动合同,并被劳务派遣单位派遣到实际用工单位工作,且劳务派遣单位与实际用工单位签订《劳务派遣协议》的人员。注意:无论用工单位是否直接支付劳动报酬,劳务派遣人员均由实际用工单位填报,而劳务派遣单位(派出单位)不填报这些人员。

4. 其他从业人员

指在本单位工作,不能归入在岗职工、劳务派遣人员中的人员。此类人员是实际参加本单位生产或工作并从本单位取得劳动报酬的人员。具体包括:非全日制人员、聘用的正式离退休人员、兼职人员(包括利用课余时间打工的在校学生)等,以及在本单位中工作的外籍和港澳台地区人员。

5. 中层及以上管理人员

指在单位及其职能部门中担任领导职务并具有决策、管理权的人员。包括单位主要负责人或高级管理人员(包含同级别及副职)、单位内的一级部门或内设机构的负责人(包含同级别及副职),特大型单位可以包括一级部门内设的管理机构的负责人(包含副职)。具体包括中国共产党机关负责人、国家机关负责人、民主党派和工商联负责人、人民团体和群众团体、社会组织及其他成员组织负责人、基层群众自治组织负责人、企事业单位负责人。

6. 专业技术人员

指专门从事各种科学研究和专业技术工作的人员。从事本类职业工作的人员,一般都要求接受过系统的专业教育,具备相应的专业理论知识,并且按规定的标准条件评聘专业技术职务,以及未聘任专业技术职务,但在专业技术岗位上工作的人员。具体包括科学研究人员、工程技术人员、农业技术人员、飞机和船舶技术人员、卫生专业技术人员、经济和金融专业人员、法律、社会和宗教专业人员、教学人员、文学艺术、体育专业人员、新闻出版、文化专业人员、其他专业技术人员。

7. 办事人员和有关人员

指在国家机关、党群组织、企业、事业单位中从事行政业务、行政事务、行政执行、安全保卫和消防等工作的人员。具体包括办事人员、安全和消防人员、其他办事人员和有关人员。

8. 社会生产服务和生活服务人员

指从事商业批发零售、交通运输、仓储、邮政和快递、信息传输、软件和信息技术、住宿和餐饮以及金融、租赁和商务、生态保护、文化、体育和娱乐等社会生产服务与生活服务工作的人员。具体包括批发与零售服务人员、交通运输、仓储和邮政业服务人员、住宿和餐饮服务人员、信息传输、软件和信息技术服务人员、金融服务人员、房地产服务人员、租赁和商务服务人员、技术辅助服务人员、水利、环境和公共设施管理服务人员、居民服务人员、电力、燃气及水供应服务人员、修理及制作服务人员、文化、体育和娱乐服务人员、健康服务人员、其他社会生产和生活服务人员。

9. 生产制造及有关人员

指从事矿产开采,产品生产制造、工程施工和运输设备操作的人员及有关人员。具体包括农副食品加工人员、食品、饮料生产加工人员、烟草及其制品加工人员、纺织、针织、印染人员、纺织品、服装和皮革、毛皮制品加工制作人员、木材加工、家具与木制品制作人员、纸及纸制品生产加工人员、印刷和记录媒介复制人员、文教、工美、体育和娱乐用品制造人员、石油加工和炼焦、煤化工生产人员、化学原料和化学制品制造人员、医药制造人员、化学纤维制造人员、橡胶和塑料制品制造人员、非金属矿物制品制造人员、采矿人员、金属冶炼和压延加工人员、机械制造基础加工人员、金属制品制造人员、通用设备制造人员、专用设备制造人员、汽车制造人员、铁路、船舶、航空设备制造人员、电器机械和器材制造人员、计算机、通信和其他电子设备制造人员、仪器仪表制造人员、废弃资源综合利用人员、电力、热力、气体、水生产和配输人员、建筑施工人员、运输设备和通用工程机械操作人员及有关人员、生产辅助人员、其他生产制造及有关人员。

(二)从业人员平均人数

从业人员平均人数是指报告期内(年度、季度、月度)平均拥有的从业人员数。季度或年度平均人数按单位实际月平均人数计算得到,不得用期末人数替代。月平均人数是以报告月内每天实有的全部人数之和,除以报告月的日历日数。计算公式为:

$$月平均人数 = \frac{报告月内每天实有的全部人之数之和}{报告月的日历日数}$$

在计算月平均人数时,公休日与节假日的人数应按前一天的人数计算。

对新建立不满整月的单位(月中或月末建立),在计算报告月的平均人数时,以其建立后各天实有人数之和,除以报告期日历日数求得,而不能除以该单位建立的天数。

季度或年度平均人数按单位实际月平均人数计算得到。如年平均人数是以 12 个月的平均人数之和除以 12 求得,或以 4 个季度的平均人数之和除以 4 求得。计算公式为:

$$年平均人数 = \frac{报告年内 12 个月平均人数之和}{12}$$

或:

$$年平均人数 = \frac{报告年内 4 个季度平均人数之和}{4}$$

年内新成立的单位其年平均人数计算方法为:从实际开工之月起到年底的月平均人数相加除以 12 个月。计算公式为:

$$年平均人数 = \frac{开工之月平均人数 + \cdots + 12 月平均人数}{12}$$

(三)从业人员工资总额

从业人员工资总额指本单位在报告期内(季度或年度)直接支付给本单位全部从业人员的劳动报酬总额。包括计时工资、计件工资、奖金、津贴和补贴、加班加点工资、特殊情况下支付的工资,是在岗职工工资总额、劳务派遣人员工资总额和其他从业人员工资总额之和。工资总额不论是计入成本的还是不计入成本的,不论是以货币形式支付的还是以实物形式支付的,均应列入工资总额的计算范围。

工资总额是税前工资,包括单位从个人工资中直接为其代扣或代缴的个人所得税、住房公积金和社会保险基金等个人缴纳部分,以及房费、水费、电费等。工资总额应包含:

1. 基本工资,也可称为标准工资、合同工资、谈判工资。指本单位在报告期内(季度或年度)支付给本单位从业人员的按照法定工作时间提供正常工作的劳动报酬。各单位给个人确定的底薪可作为基本工资,包括工龄工资。基本工资不含定时、定额发放的各种奖金、各种津贴和补贴、加班工资,也不包括补发的上一季度或上一年度的基本工资。

2. 绩效工资,也可称为效益工资、业绩工资。指根据本单位利润增长和工作业绩定期支付给本单位从业人员的奖金;支付给本单位从业人员的超额劳动报酬和增收节支的劳动报酬。具体包括:值加班工资、绩效奖金、全勤奖、生产奖、节约奖、劳动竞赛奖和其他名目的奖金;以及某工作事项完成后的提成工资、年底双薪等。但不包括入股分红、股权激励兑现的收益和各种资本性收益。

3. 工资性津贴和补贴,指本单位制定的员工相关工资政策中,为补偿本单位从业人员特殊或额外的劳动消耗和因其他特殊原因支付的津贴,以及为保证其工资水平不受物价影响而支付的物价补贴。具体包括:补偿特殊或额外劳动消耗的津贴及岗位性津贴、保健性津贴、技术性津贴、地区津贴和其他津贴。如:过节费、通讯补贴、交通补贴、公车改革补贴、取暖补贴、物业补贴、不休假补贴、无食堂补贴、单位发放的可自行支配的住房补贴以及为员工缴纳的各种商业性保险等。上述各种项目包括货币性质和实物性质的报酬以及各种形式的充值卡、购物卡(券)等。

4. 其他工资,指上述基本工资、绩效工资、工资性津贴和补贴三类工资均不能包括的发给从业人员的工资,如补发上一年度的工资等。

在岗职工工资总额:指本单位在报告期内直接支付给本单位全部在岗职工的劳动报酬总额。在岗职工工资总额由基本工资、绩效工资、工资性津贴和补贴、其他工资四部分组成。工资总额不包括病假、事假等情况的扣款。

劳务派遣人员工资总额:指实际用工单位(派遣人员的使用方)在一定时期内为使用劳务派遣人员而付出的劳动报酬总额,包括用工单位负担的基本工资、加班工资、绩效工资以及各种津贴、补贴等,但不包括因使用派遣人员而支付的管理费用和其他用工成本。

其他从业人员工资总额:指本单位在报告期内直接支付给本单位其他从业人员的全

部劳动报酬。

（四）从业人员平均工资

从业人员平均工资:指本单位从业人员在报告期内平均每人所得的工资额。计算公式为:

$$从业人员平均工资 = \frac{从业人员工资总额}{从业人员平均人数}$$

在岗职工平均工资:指本单位在岗职工在报告期内平均每人所得的工资额。计算公式为:

$$在岗职工平均工资 = \frac{在岗职工工资总额}{在岗职工平均人数}$$

劳务派遣人员平均工资:指本单位劳务派遣人员在报告期内平均每人所得的工资额。计算公式为:

$$劳务派遣人员平均工资 = \frac{劳务派遣人员工资总额}{劳务派遣人员平均人数}$$

其他从业人员平均工资:指本单位其他从业人员在报告期内平均每人所得的工资额。计算公式为:

$$其他从业人员平均工资 = \frac{其他从业人员工资总额}{其他从业人员平均人数}$$

二、就业与失业统计主要指标

（一）就业人口的概念和范围

就业人员是指 16 岁及以上具有劳动能力,为获取劳动报酬或经营收益而从事各种生产和服务活动的人员。具体指在调查时点前一周(调查参考周)为取得收入而工作过 1 小时以上的 16 岁及以上人员,也包括有工作单位或工作岗位,但在调查参考周内暂时未工作的在职人员。

就业强调工作的目的性,就业工作是指为获取工资、实物报酬或经营收入、利润而从事的各种生产、经营和服务性活动。只要目的是为收入而工作,无论实际是否取得了收入,都属于就业工作。不以取得收入为目的的自给性生产或服务、义务劳动、公益性劳动或强制性劳动,不属于就业。

关于几种就业人员情况的界定:(1)平时主要在家做家务,有时也从事一些临时性工作(如干农活、打零工)的人,只要在调查参考周中,临时工作时间达到 1 小时,就算就业;(2)为取得收入,在校学生和退休人员在调查参考周从事了 1 小时以上工作,算就业;(3)有农村土地承包经营权的农民,在调查参考周从事农活或其他工作的时间超过 1 小时,算就业;(4)农闲期的农民,调查参考周未从事其他任何有收入的工作,不算就业;(5)调查参考周在本家庭成员或亲戚经营的公司、企业或生意中,从事没有报酬的生产或服务 1 小时以上,算就业。

（二）失业人口的概念和范围

失业人员是指 16 岁及以上有劳动能力,在调查参考周无工作,过去 3 个月以某种方式寻找工作并且能够工作的人员。失业人员要同时满足三个条件:(1)在调查参考周内未从事为取得报酬或经营收益的劳动,也没有处于就业定义中的暂时未工作状态;(2)在某一特定期间内(过去三个月)采取了某种方式寻找工作;(3)当前如有合适的工作机会可以在一个特定期间(两周)内应聘就业或从事自营职业。

（三）失业率

失业率与经济增长率、消费者价格指数和国际收支平衡状况构成四大宏观经济指标,是宏观调控的重要目标。按照资料来源,可分为调查失业率和登记失业率。

1. 调查失业率:是指通过劳动力调查或相关抽样调查推算得到的失业人数占全部劳动力(就业人数和失业人数之和)的百分比。

城镇调查失业率=城镇调查失业人数/(城镇就业人数+城镇调查失业人数)×100%

我国劳动力调查的就业人口和失业人口定义与国际劳工组织标准一致,调查失业率具有国际可比性。国家统计局自 2018 年 4 月起发布城镇月度调查失业率。

2. 登记失业率:是指通过行政记录获取的城镇登记失业人数与城镇就业人数和城镇登记失业人数之和的百分比。

城镇登记失业率=城镇登记失业人数/(城镇就业人数+城镇登记失业人数)×100%

其中,城镇登记失业人员是指在一定的劳动年龄内(年满 16 周岁及以上至依法享受基本养老保险待遇),有劳动能力,没就业而要求就业,且主动前往城镇就业服务机构进行失业登记的人。

调查失业率和登记失业率在调查对象、调查方法、指标定义和计算方法等方面均存在差异,其作用也不尽相同。调查失业率在全面、准确、及时反映我国宏观经济运行情况、劳动力市场资源配置状况、服务宏观管理和科学决策方面必不可少;登记失业率在政府制定出台就业政策、提供精准就业服务方面具有重要作用。

第十一节　人口统计

一、人口统计概述

人口统计是随着人类社会的发展和国家管理的需要而产生和发展的,是社会经济统计的重要组成部分。人口统计是指搜集、整理、分析有关人口现象数量,反映人口自然属性和社会属性状况及其变化工作的全过程。人口的自然属性表现为人口的出生、成长、衰老、死亡的生命过程;人口的社会属性表现为人口作为社会生活主体所具有的特征,如人们在为生存和发展而进行的物质生产过程中形成的生产关系,在社会生活的其他领域形成的政治关系、文化关系、民族关系、家庭关系等。

人口统计数据是反映一国国情、国力的重要数据。它为国家在生产、消费、文化教育、医疗卫生、公共福利、社会保险以及劳动力就业和失业等重大问题进行决策和制定计划时,提供必要的依据;也是一些国家确定立法机关的代表人数,计算合格的参加选举人数,设置政府编制人数和机构,分配财政经费等具体工作的重要依据。人口统计数据也是人口学、社会学、经济学、地理学等学术研究不可缺少的数据;是进行未来人口、家庭数量预测、编制生命表等项工作的重要依据。

我国是世界上人口最多的国家,这就要求我们在制定国民经济和社会发展计划,制定人口政策、就业政策、人口教育计划,进行国家行政管理和城乡规划等一切工作中都要从我国的这一基本国情出发。因此,进行人口统计调查,向各种统计用户提供人口统计资料,开展人口统计监督、统计分析和预测,对于我国具有特别重要的意义。我国现阶段人口统计的主要任务有:

1. 开展人口普查和经常性人口抽样调查,准确、及时、全面、系统地提供有关人口情况的统计数据;

2. 对国家人口政策执行情况进行统计监测;

3. 对人口及其与社会经济发展的关系进行分析,研究我国人口变化的特征和规律;

4. 对人口发展进行统计预测,为国家制定有关政策提供依据。

二、人口统计的调查方法及组织方式

(一)人口普查

根据联合国统计司《人口和住房普查原则与建议》的定义,人口普查是在某一个特定时间对某一国家或地区的所有人口进行的普遍的调查登记,包括对人口普查数据的搜集、整理、评估、分析和发布等全部过程。通过种调查,全面查清一个国家或地区人口的结构和分布情况;同时,还要查清这些人口的社会、经济、文化等特征。人口普查是当今世界各国广泛采用的搜集人口资料的一种最基本的科学方法,是提供全国基本人口数据的主要来源。从 1949 年至今,中国分别在 1953 年、1964 年、1982 年、1990 年、2000 年、2010 年与 2020 年进行过七次全国人口普查。(详见"统计实务"部分第二十一节"周期性普查")

(二)人口变动抽样调查方法及组织方式

1. 调查对象和登记原则

人口变动抽样调查的调查对象为抽中调查小区内具有中华人民共和国国籍的人。调查以户为单位进行,既调查家庭户,也调查集体户。应在抽中调查小区内各户登记的人包括:(1)调查年 10 月 31 日晚居住在本户的人;(2)户口在本户,调查年 10 月 31 日晚未居住在本户的人。

抽中调查小区内调查时点前一年死亡的人口也要登记相关项目。

2. 调查标准时点

人口变动抽样调查的标准时点为调查年 11 月 1 日 0 时。

3. 调查项目

调查项目根据政府和社会需要进行设计,人口变动抽样调查的主要项目有:

按户填报的项目:户编号、户别、应在本户登记的人数、本户调查标准时点前一年内的出生人口、本户调查标准时点前一年内的死亡人口、住宅类型、住房来源等项目。

按人填报的项目:姓名、公民身份号码、与户主关系、性别、出生年月、民族、调查时点居住地、户口登记地、在本市居住时间、离开户口登记地时间、离开户口登记地原因、土地承包权、一年前常住地、一年前常住地类型、是否识字、受教育程度、学业完成情况、上周工作情况、行业、职业、婚姻状况等项目。部分年份根据需要增加了专题调查模块,如2016和2017年增加生育模块:已婚育龄妇女填报的调查标准时点前一年内的生育情况、夫妇为独生子女情况、符合生育两孩时间、现在是否已怀孕、理想子女数、存活子女数、是否打算生育二孩、打算生育二孩时间等项目。

4. 抽样方法

以全国为总体,各省(自治区、直辖市)为子总体,按照多阶段、分层、整群、概率比例的方法进行抽样设计。调查小区为最终样本单位,全国约调查5000个调查小区,调查小区样本由国家统计局统一抽取下发。

5. 调查的组织实施

人口变动抽样调查在当地政府的领导下,以统计机构为主组织实施,并在基层组织的协助下,选派调查员到抽中的调查小区,进行入户登记。

调查指导员、调查员的选聘工作由县级统计机构负责,主要从政府统计系统和基层组织人员中选调,也可从社会招聘。各级统计机构负责对调查员的培训,以及对调查员工作的监督检查。

人口变动抽样调查采用调查员手持PDA摸底和入户填报的登记方式。入户登记完毕后,采取议查和个别访问的方法进行复查。

事后质量抽查的样本抽取由国家统计局负责,抽查工作由省级统计机构统一组织,对抽中的调查小区进行入户调查登记,开展数据采集工作。

三、人口统计综合汇总计算指标

人口总数:是在一定时点、一定地域范围内所有的有生命活动的个人的总和。它不分性别、不分年龄、不分民族,只要是有独立的生命活动的个人就包含在人口总数之内。

平均人口数:是反映一定时期人口规模平均水平的指标。平均人口数准确的计算方法应当是每一瞬间的人数相加,除以相应的日历时间。但在实际工作中,不可能取得瞬间的人口数字,因此一般只计算其近似值。在人口变化平稳的前提下,可以用年初人数和年末人数的算术平均数,或用年中人口数代替年平均人口数。

常住人口:指居住本地时间超过半年以上的人口。具体包括调查(普查)标准时点,居住在本乡镇街道,户口在本乡镇街道或户口待定的人;居住在本乡镇街道且离开户口登记所在的乡镇街道半年以上的人;户口在本乡镇街道且外出不满半年或在境外工作学习的人。

现有人口:是指在调查(普查)标准时点居住于某地域范围内的全部人口,不管其是否经常居住在该地域范围或者居住时间长短。包括外来暂住人口,不包括本地暂时外出的人口。

人口自然增长率:是指一定时期人口自然增加数与当期平均人口数之比,一般用"‰"表示。人口自然增加数是当期的出生人口减去死亡人口的净值。

人口年均增长率:也叫作人口平均增长速度,在两年以上的时期内,平均每年人口增长程度或增长速度。最常用的计算方法是几何平均数法,如果考虑到人口增长的连续性,也可以使用指数方程计算。

平均年龄:指在一个人口中,所有个体年龄的总和除以人数得到的年龄。它能反映人口年龄构成的一般状况。一般情况下,平均年龄小,标志着低龄人口在总人口中占的比例大;平均年龄大,标志着高龄人口在总人口中占的比例大。平均年龄的计算公式为:

$$平均年龄=\sum(各年龄组的组中值×各年龄组人口数)/总人口数$$

老年人口比例:是指在一定时点上,老年人口占总人口的比重,它是表明人口年龄构成的相对指标。一般用百分率表示。计算公式为:

$$老年人口比例=老年人口数/总人口数×100\%$$

少儿人口比例:是指在一定时点上,少年儿童人口占总人口的比重,它是表明人口年龄构成的相对指标。一般用百分率表示。计算公式为:

$$少儿人口比例=少年儿童人口数/总人口数×100\%$$

人口负担系数:也称抚养系数、抚养比,是指被抚养人口与15~64岁人口之比。可分为总抚养比、老年抚养比、少儿抚养比。总抚养比是指全部被抚养人口与15~64岁人口之比;老年抚养比是指65岁及以上老年人口与15~64岁人口之比;少儿抚养比是指0~14岁少年儿童人口与15~64岁人口之比。总抚养比=老年抚养比+少儿抚养比。

人口性别比:是指总人口中男性与女性之比,以女性人数为100,表示每100名女性所对应的男性人口数。人口性别比指标可按不同标志分组计算,如计算分年龄、民族、城乡、地区的性别比指标。总人口性别比和出生人口性别比是常用指标。

人口的民族构成:即汉族和各少数民族各占总人口的比重。

人口的文化教育程度构成:即具有各级文化程度的人口占总人口的比重。

一般文盲率:是指15岁及15岁以上人口中文盲人口所占的比重。

总迁移率:某一时期内,一个国家或地区的迁出人数与迁入人数之和与现有人数的比例,反映人口迁移的普遍程度。计算公式为:

$$总迁移率=(一定时期的迁入人口+迁出人口)/该时期的平均人口×100\%$$

净迁移率:一个地区在一定时间内迁入人口数与迁出人口数相抵后的差额占该地区现有人数的比例。计算公式为:

$$净迁移率=一定时期的迁入迁出人口差额/该时期的平均人口×100\%$$

人口的城乡分布:即城镇人口和乡村人口占总人口的比重。计算公式为:

城镇人口比重＝城镇人口/总人口×100%

乡村人口比重＝乡村人口/总人口×100%

人口密度:是用某一时期、某一地区的人口数与该地区面积之比,通常用每平方公里的人口数来表示。一个国家或地区的面积应包括领土范围全部陆地面积和水域面积,也包括无人居住地,如沙漠和森林。

出生人数:指在某一时期(一般为一年)出生之后有生命现象(如心脏跳动、有呼吸等)的全部活产婴儿数。包括了出生时有生命现象,但以后由于各种原因死亡的婴儿。

出生率:指一定时期内(一般为一年)的出生人数与该时期平均人口数之比,用千分率表示。计算公式为:

出生率＝年内出生人数/年平均人口数×1000‰

死亡人数:是指一定时期内(一般为一年),由于各种原因失去生命的人数之和,包括各年龄组、各种原因的死亡人数。该指标对于分析人口的增长,研究社会经济条件和医疗卫生条件对人口寿命的影响有重要作用。

死亡率:是指一定时期内(一般为一年),死亡人数与该时期平均人口数之比,用千分率表示。死亡率可以按死亡人口的年龄、性别等分别计算。死亡率的计算公式为:

死亡率＝年内死亡人数/年平均人口数×1000‰

婴儿死亡率:是指一定时期内(通常为一年)新出生的活产婴儿中,未满周岁死亡的婴儿人数所占的比例,一般用千分率表示。由于年内不满周岁死亡婴儿中,一部分是在本年度出生的,一部分是在上年度出生的,再加上在一年之中,人口出生密度差别很大,不便计算年平均数。所以在计算婴儿死亡率时,一般使用当年活产婴儿数或用2/3本年度出生婴儿数+1/3上年度出生婴儿数做分母。婴儿死亡率的计算公式为:

婴儿死亡率＝0~12个月的婴儿死亡数/(2/3本年度出生婴儿数+1/3上年度出生婴儿数)×1000‰

平均预期寿命:是指在一定的年龄别死亡率水平下,活到确切年龄X岁后平均还能继续生存的年数。0岁(即出生时)的平均预期寿命表示一批人出生后平均一生可活的年数。

平均初婚年龄:是指一定时期内,初次结婚的男性(或女性)的平均年龄。计算公式为:

平均初婚年龄＝期内初次结婚的男性(女)年龄总和/期内初次结婚的男性(女)人数

总和生育率:是指一定时期内各年龄别妇女生育率的合计数。表达为:假设有一批同时出生的妇女按照某时期的年龄别生育率度过整个育龄期,且在整个育龄期内无一死亡,平均每个妇女所生的孩子数量。该指标对于认识生育规律,评价人口形势,预测人口未来具有重要作用。

第十二节 科技创新统计

一、科技创新统计的基本概念

随着创新驱动发展战略深入贯彻实施,创新在我国现代化建设全局中的核心地位不断巩固,科技创新在党和国家事业发展全局中的地位得到历史性提升。我国科技创新统计坚持与国际接轨,坚持推进统计方法制度改革,是主要致力于对研发活动和创新活动的规模、结构等进行定量测定的专门统计。科技创新统计的主要任务是通过对研发活动和创新活动有关数据的收集、处理、分析,反映其规模、结构和布局的总体数量特征和关系,从而为评价和制定科技创新政策和发展规划提供依据。除研发统计和创新统计之外,我国科技创新统计还包括高技术产业统计、科技专业技术服务统计、科技推广和应用服务统计等等。

科技创新统计主要基本概念如下:

研究与试验发展(R&D):英文全称为"Research and Experimental Development",英文缩写为"R&D",中文简称为"研发"。指为增加知识存量(也包括有关人类、文化和社会的知识)以及设计已有知识的新应用而进行的创造性、系统性工作,包括基础研究、应用研究和试验发展三种类型。基础研究和应用研究统称为科学研究。R&D活动应当满足五个条件:新颖性、创造性、不确定性、系统性、可转移性(可复制性)。

基础研究:指一种不预设任何特定应用或使用目的的实验性或理论性工作,其主要目的是为获得(已发生)现象和可观察事实的基本原理、规律和新知识。基础研究的成果通常表现为提出一般原理、理论或规律,并以论文、著作、研究报告等形式为主。基础研究包括纯基础研究和定向基础研究。纯基础研究是不追求经济或社会效益,也不谋求成果应用,只是为增加新知识而开展的基础研究。定向基础研究是为当前已知的或未来可预料问题的识别和解决而提供某方面基础知识的基础研究。

应用研究:指为获取新知识,达到某一特定的实际目的或目标而开展的初始性研究。应用研究是为了确定基础研究成果的可能用途,或确定实现特定和预定目标的新方法。其研究成果以论文、著作、研究报告、原理性模型或发明专利等形式为主。

试验发展:指利用从科学研究、实际经验中获取的知识和研究过程中产生的其他知识,开发新的产品、工艺或改进现有产品、工艺而进行的系统性研究。其研究成果以专利、专有技术,以及具有新颖性的产品原型、原始样机及装置等形式为主。

创新:指调查单位推出了新的或有重大改进的产品或工艺,或采用了新的组织管理方式或营销方法。此处的"新"是指它们对本单位而言必须是新的,但对于其他单位或整个市场而言不要求一定是新的。创新可分为产品(服务)创新、工艺(流程)创新、组织(管理)创新和营销创新。产品(服务)创新和工艺(流程)创新统称为技术创新。

产品(服务)创新:指调查单位推出了全新的或有重大改进的产品。这里的"新"要体

302

现在产品的功能或特性上,包括技术规范、材料、组件、用户友好性等方面的重大改进;不包括产品仅有外观变化或其他微小改变的情况,也不包括直接转销。这里的产品既包括货物,也包括服务。对工业企业而言,货物方面创新的例子有新能源汽车、新功能手机等;服务方面创新的例子有新的保修服务,如显著延长的新产品保修期限等。对建筑业企业而言,货物方面创新的例子有功能或特性有重大改进的房屋、桥梁或配套的建筑构配件、建筑制品等;服务方面创新的例子有新形式的装修售后服务等。对服务业企业而言,货物方面创新的例子有新面世的盒装或下载版软件等;服务方面创新的例子有新型理财产品、显著改进的咨询服务、有突破进展的设计方案等。

工艺(流程)创新:指调查单位采用了全新的或有重大改进的生产方法、工艺设备或辅助性活动,其中辅助性活动是指企业的采购、物流、财务、信息化等活动。这里的"新"要体现在技术、设备、软件或流程上;不包括单纯的组织管理方式的变化。对工业企业而言,生产工艺方面创新的例子有采用新型自动化包装生产线替代人工包装等;对建筑业企业而言,施工工艺方面创新的例子有新工法、显著改进的工具等;对服务业企业而言,推出服务或产品的方法方面创新的例子有采用新型自动控制系统调配交通工具等。辅助性活动方面创新的例子有首次采用条形码追踪原材料走向、开发新的软件进行财务管理等。

组织(管理)创新:指调查单位采取了此前从未使用过的全新的组织管理方式,主要涉及单位的经营模式、组织结构或外部关系等方面,不包括单纯的合并或收购。应是企业管理层战略决策的结果。经营模式方面创新的例子有首次使用供应链管理、质量管理、信息共享制度等;组织结构方面创新的例子有首次使用机构设置、职责划分、权限管理、决策方式等;外部关系方面创新的例子有首次使用商业联盟、新式合作、外包或分包等。

营销创新:指调查单位采用了此前从未使用过的全新的营销概念或营销策略,主要涉及产品(服务)设计或包装、产品(服务)推广、产品(服务)销售渠道、产品(服务)定价等方面,不包括季节性、周期性变化和其他常规的营销方式变化。产品设计或包装方面创新的例子有对现有产品的创意设计、为特定消费群体推出饮料新口味等;产品推广方面创新的例子有首次使用新型广告媒体、全新品牌形象、推出会员卡等;产品销售渠道方面创新的例子有首次使用电子商务、直销、特许经营、独家零售等;产品定价方面创新的例子有首次使用自动调价、折扣系统等。

创新活动:指为实现创新而进行的科学、技术、组织、商业等各种活动的总称。具体包括:开展了产品(服务)或工艺(流程)创新活动,或实现了组织(管理)或营销创新。

产品(服务)或工艺(流程)创新活动:是研发活动以及为实现产品(服务)创新或工艺(流程)创新而进行的各种活动的总称。主要的产品(服务)或工艺(流程)创新活动包括内部研发活动、外部研发活动、获得机器设备和软件、从外部获取相关技术,以及相关的培训、设计、市场推介、可行性研究、测试、工装准备等活动。产品(服务)或工艺(流程)创新活动不仅包括成功的,也包括正在进行的和中止的;它本身可能具有新颖性,也可能并不新颖却是实现创新所必需。

二、科技创新统计的主要内容

R&D 人员:指报告期 R&D 活动单位中从事基础研究、应用研究和试验发展活动的人员。包括:(1)直接参加上述三类 R&D 活动的人员;(2)与上述三类 R&D 活动相关的管理人员和直接服务人员,即直接为 R&D 活动提供资料文献、材料供应、设备维护等服务的人员。不包括为 R&D 活动提供间接服务的人员,如餐饮服务、安保人员等。从事 R&D 活动的实际工作时间占制度工作时间不足 10% 的人员,不计入 R&D 人员。

R&D 人员中研究人员:指报告期内调查单位从事新知识、新产品、新工艺、新方法、新系统的构想或创造的专业人员及 R&D 项目(课题)主要负责人员和 R&D 机构的高级管理人员。研究人员一般应具备中级及以上职称或博士学历。从事 R&D 活动的博士研究生应被视作研究人员。

R&D 人员中全时人员:指报告期内调查单位从事 R&D 活动的实际工作时间占制度工作时间 90% 及以上的人员。

R&D 人员中非全时人员:指报告期内调查单位从事 R&D 活动的实际工作时间占制度工作时间 10%(含)-90%(不含)的人员。

R&D 人员折合全时当量:指报告期内调查单位 R&D 人员按实际从事 R&D 活动时间计算的工作量,以"人年"为计量单位。全时人员的全时当量计为 1 人年;非全时人员的全时当量按工作时间比例计为 0.1-0.9 人年;从事 R&D 活动的实际工作时间占制度工作时间不足 10% 的人员,不计算全时当量。

R&D 经费内部支出:指报告期调查单位内部为实施 R&D 活动而实际发生的全部经费,按支出性质分为日常性支出和资产性支出。不包括调查单位委托其他单位或与其他单位合作开展 R&D 活动而转拨给其他单位的全部经费。

R&D 经费内部支出中的日常性支出:报告期调查单位为实施 R&D 活动发生的、可在当期直接作为费用计入成本的支出,包括人员劳务费和其他日常性支出。其他日常性支出是指报告期调查单位为实施 R&D 活动而购置的原材料、燃料、动力、工器具等低值易耗品,以及各种相关直接或间接的管理和服务等支出。为 R&D 活动提供间接服务的人员费用包括在内。

日常性支出中人员劳务费(含工资):指报告期调查单位为实施 R&D 活动以货币或实物形式直接或间接支付给 R&D 人员的劳动报酬及各种费用,包括工资、奖金以及所有相关费用和福利。非全时人员劳务费应按其从事 R&D 活动实际工作时间进行折算。

R&D 经费内部支出中资产性支出:指报告期调查单位为实施 R&D 活动而进行固定资产建造、购置、改扩建以及大修理等的支出,包括土地与建筑物支出、仪器与设备支出、资本化的计算机软件支出、专利和专有技术支出等。对于 R&D 活动与非 R&D 活动(生产活动、教学活动等)共用的建筑物、仪器与设备等,应按使用面积、时间等进行合理分摊。

资产性支出中土地与建筑物支出:指报告期内调查单位为实施 R&D 活动而购置土地(例如测试场地、实验室和中试工厂用地)、建造或购买建筑物而发生的支出,包括大规模扩建、改建和大修理发生的支出。

资产性支出中仪器与设备支出:指报告期内调查单位为实施 R&D 活动而购置的、达到固定资产标准的仪器和设备的支出,包括嵌入软件的支出。

R&D 经费内部支出中政府资金:指报告期内调查单位 R&D 经费内部支出中来自于

各级政府财政的各类资金,包括财政科学技术支出和财政其他功能支出的资金用于 R&D 活动的实际支出。

R&D 经费内部支出中企业资金:指报告期内调查单位 R&D 经费内部支出中来自于企业的各类资金。对企业而言,企业资金指企业自有资金、接受其他企业委托开展 R&D 活动而获得的资金,以及从金融机构贷款获得的开展 R&D 活动的资金;对科研院所、高校等事业单位而言,企业资金是指因接受从企业委托开展 R&D 活动而获得的各类资金。

R&D 经费内部支出中境外资金:指报告期内调查单位 R&D 经费内部支出中来自境外(包括香港、澳门、台湾地区)的企业、研究机构、大学、国际组织、民间组织、金融机构及外国政府的资金。

R&D 经费内部支出中其他资金:指报告期内调查单位 R&D 经费内部支出中从上述渠道以外获得的用于 R&D 活动的资金,包括来自民间非营利机构的资助和个人捐赠等。

R&D 经费外部支出:指报告期内调查单位委托其他单位或与其他单位合作开展 R&D 活动而转拨给其他单位的全部经费。

R&D 项目(课题)数:R&D 项目(或课题)是进行 R&D 活动的基本组织形式,通常由 R&D 活动执行单位依据项目立项书或合同书等形式明确项目任务、目标、人员和经费等。R&D 项目(课题)数指调查单位在当年立项并开展研究工作、以前年份立项仍继续进行研究的研发项目(课题)数,包括当年完成和年内研究工作已告失败的研发项目(课题),但不包括委托外单位进行的研发项目(课题)数。

R&D 项目(课题)人员折合全时当量:指报告期内调查单位实际参加研发项目(课题)活动人员折合的全时当量。

R&D 项目(课题)经费内部支出:指报告期内调查单位内部进行研发项目(课题)研究和试制等的实际支出。包括劳务费、其他日常支出、固定资产购建费、外协加工费等,不包括委托或与外单位合作进行项目(课题)研究而拨付给对方使用的经费。

机构 R&D 人员:指报告期内独立研究机构及非独立科技机构内从事基础研究、应用研究和试验发展活动的人员。包括:(1)直接参加上述三类 R&D 活动的人员;(2)与上述三类 R&D 活动相关的管理人员和直接服务人员,即直接为 R&D 活动提供资料文献、材料供应、设备维护等服务的人员。不包括为 R&D 活动提供间接服务的人员,如餐饮服务、安保人员等。

机构 R&D 经费支出:指报告期内独立研究机构与非独立科技机构用于内部开展研发活动实际支出的费用。

机构仪器和设备原价:指独立研究机构与非独立科技机构报告期末固定资产中仪器和设备的原价(不包括长期闲置不用的仪器和设备)。

机构仪器和设备原价中进口:指独立研究机构与非独立科技机构报告期末固定资产中从国外购入的仪器和设备的原价(不包括长期闲置不用的仪器和设备)。

发表科技论文:指报告期内调查单位在学术刊物上以书面形式发表的最初的科学研究成果篇数。应具备以下三个条件:(1)首次发表的研究成果;(2)作者的结论和试验能被同行重复并验证;(3)发表后科技界能引用。

出版科技著作:指报告期内调查单位经过正式出版部门编印出版的论述科学技术问题的理论性论文集或专著以及大专院校教科书、科普著作的种数,但不包括翻译国外的著作的种数。由多人合著的科技著作,由第一作者所在单位统计。

专利申请数:指报告期内调查单位向国内外知识产权行政部门提出专利申请并被受理后,按规定缴足申请费,符合进入初步审查阶段条件的件数。专利是专利权的简称,是对发明人的发明创造经审查合格后,由专利主管部门依法授予发明人和设计人对该项发明创造享有的专有权,包括发明、实用新型和外观设计三种。

发明专利申请数:指报告期内调查单位向国内外知识产权行政部门提出发明专利申请并被受理后,按规定缴足申请费,符合进入初步审查阶段条件的件数。

专利授权数:指报告期内由国内外知识产权行政部门向调查单位授予专利权的件数。

发明专利授权数:指报告期内由国内外知识产权行政部门向调查单位授予发明专利权的件数。

有效发明专利数:指调查单位作为专利权人在报告期末拥有的、经国内外知识产权行政部门授权且在有效期内的发明专利件数。

拥有注册商标:指报告期末调查单位作为第一商标注册人拥有的、经境内外商标行政部门核准注册且在有效期内的商标件数,包括在境内和境外注册的商标件数。一件商标在境内外同时注册时只统计一件。

集成电路布图设计登记数:指报告期内调查单位向知识产权行政部门提出登记申请并被受理登记的集成电路布图设计的件数。

植物新品种权授予数:指报告期内调查单位向农业、林业行政部门(审批机关)提出申请并被授予植物新品种的项数。

形成国家或行业标准数:指报告期内调查单位在自主研发或自主知识产权基础上形成的国家或行业标准的项数。形成国家或行业标准须经有关部门批准。

新产品销售收入:指报告期内调查单位销售新产品实现的销售收入。新产品是指采用新技术原理、新设计构思研制、生产的全新产品,或在结构、材质、工艺等某一方面比原有产品有明显改进,从而显著提高了产品性能或扩大了使用功能的产品。新产品既包括经政府有关部门认定并在有效期内的新产品,也包括调查单位自行研制开发,未经政府有关部门认定,从投产之日起一年之内的新产品。

研究开发费用加计扣除减免税:指报告期内调查单位按有关政策和税法规定税前加计扣除的研究开发活动费用所得税,按当年税务部门实际减免的税额填报。

高新技术企业减免税:指报告期内高新技术企业按照国家有关政策依法享受的企业所得税减免额,按当年税务部门实际减免的税额填报。

有创新活动单位:指报告期内开展产品(服务)或工艺(流程)创新活动、或实现组织(管理)创新或营销创新的单位。

实现创新单位:指报告期内推出了新的或有重大改进的产品或工艺,或采用了新的组织管理方式或营销方法的调查单位,包括实现产品(服务)或工艺(流程)创新、或实现组织(管理)创新或营销创新的单位。

创新合作单位:指报告期内与其他企业或机构共同开展产品(服务)或工艺(流程)创新活动的调查单位。创新合作要求调查单位必须是积极主动参与的,不包括纯外包项目,双方不一定要取得商业利益。

三、科技创新统计调查方法及组织方式

科技创新统计采用全面调查和抽样调查等多种调查方法,并充分利用行政记录。

研发统计调查方法是对规模以上工业(包括采矿业,制造业,电力、热力、燃气及水生产和供应业),特、一级总承包、一级专业承包建筑业,规模以上服务业(包括交通运输、仓储和邮政业,信息传输、软件和信息技术服务业,租赁和商务服务业,科学研究和技术服务业,水利、环境和公共设施管理业,卫生和社会工作,文化、体育和娱乐业等)企业法人单位实施全面调查;对规模以下工业(包括采矿业,制造业,电力、热力、燃气及水生产和供应业),规模以下服务业(包括交通运输、仓储和邮政业,信息传输、软件和信息技术服务业,租赁和商务服务业,科学研究和技术服务业,水利、环境和公共设施管理业,卫生和社会工作,文化、体育和娱乐业等)企业法人单位实施抽样调查;对地级及以上独立核算的政府属科学研究与技术开发机构及科技信息与文献机构,其他科学研究和技术服务业事业单位,全日制普通高等学校及附属医院实施全面调查;对未在科技、教育部门报表统计范围内的三级甲等医院实施重点调查;对农、林、牧、渔业,金融业等行业的企业事业单位进行合理推算。

企业创新统计调查方法是对规模以上工业(包括采矿业,制造业,电力、热力、燃气及水生产和供应业)企业,特、一、二级总承包、专业承包建筑业企业,规模(限额)以上服务业(包括批发和零售业企业,交通运输、仓储和邮政业,信息传输、软件和信息技术服务业,租赁和商务服务业,科学研究和技术服务业,水利、环境和公共设施管理业)企业实施全面调查;对规模以下工业(包括采矿业,制造业,电力、热力、燃气及水生产和供应业)企业,规模以下服务业(包括交通运输、仓储和邮政业,信息传输、软件和信息技术服务业,租赁和商务服务业,科学研究和技术服务业,水利、环境和公共设施管理业)企业实施抽样调查。

科技创新统计调查由国家统计局组织协调,采用分工协作、条块结合的方式组织实施。各有关部门按下述分工组织调查,并按时向国家统计局报送国家统计调查制度所要求的综合资料。具体分工是:

1. 国家统计局负责管理和协调各部门的科技创新统计工作,并负责综合汇总及发布全社会的科技创新活动情况,同时负责组织实施农业、工业、建筑业及相关服务业企(事)业单位的科技创新活动情况调查;

2. 科学技术部负责非国防科工系统政府属独立法人科学研究与技术开发机构、科技信息与文献机构等单位及科学研究和技术服务业其他非企业法人单位的科技创新活动情况调查;负责提供科技论文收录情况、技术市场交易情况等数据;

3. 教育部负责全日制普通高等学校及附属医院的科技创新活动情况调查;

4. 国家国防科技工业局负责国防科技工业系统的科学研究与技术开发机构及科技信

息与文献机构的科技创新活动情况调查。

第十三节　社会统计

一、社会统计概述

社会统计和经济统计是宏观统计最基本的两大领域。社会统计反映和分析社会的总体发展状况和发展趋势,因此覆盖范围非常广泛,涉及社会运行、社会管理、社会环境等各方面,与人民群众的生活息息相关。

二、社会统计的主要内容

社会统计的主要内容是公共服务统计,其核心是政府行使公共服务和社会管理职能活动及成效的统计,以及政府公共服务支出统计。主要有教育统计、文化统计、卫生统计、体育统计、社会保障统计、公检法司统计、社会参与统计、妇女儿童发展监测、居民生活统计、环境保护统计等。

社会统计根据需要开展专项调查,并收集整合其他专业的统计调查数据,以获取分析和反映社会总体发展状况和发展趋势的相关统计信息。

三、社会统计的数据来源

(一)公共服务和社会管理活动统计和公共服务支出统计来源于各主管部门的行政管理记录。教育、文化、卫生、体育、社会保障、公安、司法等统计数据均从政府相关部门获得。

全国人大、全国政协、最高人民法院和最高人民检察院为社会统计提供相关数据。全国总工会、全国妇联和中国残联等社会团体的统计也是社会统计的重要来源。

(二)专项调查数据。包括政府统计系统和上述各部门开展的专项统计调查。

(三)人口统计、就业统计、住户调查数据是社会统计的重要数据来源。

(四)妇女儿童发展监测是按照国务院制定的《中国妇女发展纲要》和《中国儿童发展纲要》的要求,通过整理汇集各领域与妇女儿童发展相关的统计数据,完成纲要目标达标情况的统计监测。

四、社会统计的主要指标

(一)教育

学前三年毛入园率:指学前教育在园(班)幼儿数占 3-5 岁年龄组人口数(个别地区为 4-6 岁年龄组人口数)的百分比。计算公式为:

$$学前三年毛入园率 = 在园(班)幼儿数 / 3-5 岁年龄组人口数 \times 100\%$$

小学学龄儿童净入学率:指调查范围内已入小学学习的学龄儿童占校内外学龄儿童总数的比重。计算公式为:

小学学龄儿童净入学率＝已入学的小学学龄儿童数/校内外小学学龄儿童总数×100％

九年义务教育巩固率:指初中毕业班学生数占该年级入小学一年级时学生数的百分比。计算公式为:

九年义务教育巩固率＝初中毕业班学生数/该年级入小学一年级时学生数×100％

国家财政性教育经费:指学校(单位)取得的所有属于财政性质的经费。包括一般公共预算教育经费,政府性基金预算安排的教育经费,企业办学中的企业拨款,校办产业和社会服务收入用于教育的经费,其他属于国家财政性教育经费。其中,企业办学中的企业拨款是指中央和地方所属企业在企业营业外资金列支或企业自有资金列支,并实际拨付所属学校的办学经费;校办产业和社会服务收入用于教育的经费是指学校举办的校办产业和各种经营取得的收益及投资收益中用于补充教育经费的部分。

一般公共预算教育经费:指学校(单位)从同级财政部门取得的一般公共预算拨款。包括教育事业费、基本建设经费、教育费附加和其他经费。

(二)卫生

医疗卫生机构:指从卫生健康行政部门取得《医疗机构执业许可证》,或从民政、工商行政、机构编制管理部门取得法人单位登记证书,为社会提供医疗保健、疾病控制、卫生监督服务或从事医学科研和医学在职培训等工作的单位。医疗卫生机构包括医院、基层医疗卫生机构、专业公共卫生机构、其他医疗卫生机构。

卫生人员:指在医院、基层医疗卫生机构、专业公共卫生机构及其他医疗卫生机构工作的职工,包括卫生技术人员、乡村医生和卫生员、其他技术人员、管理人员和工勤人员。一律按支付年底工资的在岗职工统计,包括各类聘任人员(含合同工)及返聘本单位半年以上人员,不包括临时工、离退休人员、退职人员、离开本单位仍保留劳动关系人员、本单位返聘和临聘不足半年人员。

执业(助理)医师:指《医师执业证》"级别"为"执业(助理)医师"且实际从事医疗、预防保健工作的人员,不包括实际从事管理工作的执业(助理)医师。执业(助理)医师类别分为临床、中医、口腔和公共卫生四类。

床位数:指年底固定实有床位(非编制床位),包括正规床、简易床、监护床、正在消毒和修理床位、因扩建或大修而停用的床位,不包括产科新生儿床、接产室待产床、库存床、观察床、临时加床和病人家属陪待床。

孕产妇死亡率:指年内每10万名孕产妇的死亡人数。孕产妇死亡指从妊娠期至产后42天内,由于任何妊娠或妊娠处理有关的原因导致的死亡,但不包括意外原因死亡者。按国际通用计算方法,"孕产妇总数"以"活产数"代替计算。

5岁以下儿童死亡率:指年内未满5岁儿童死亡人数与活产数之比,一般以"‰"表示。

新生儿死亡率:指年内新生儿死亡数与活产数之比。一般以"‰"表示。新生儿死亡指出生至 28 天以内(即 0-27 天)死亡人数。

卫生总费用:指一个国家或地区在一定时期内,为开展卫生服务活动从全社会筹集的卫生资源的货币总额,按来源法核算。它反映一定经济条件下,政府、社会和居民个人对卫生保健的重视程度和费用负担水平,以及卫生筹资模式的主要特征和卫生筹资的公平性合理性。

(三)体育

人均体育场地面积:指体育场地内可供开展训练、比赛和健身活动的有效面积与人口的比值,以"平方米/人"表示。在计算某地人均体育场地面积时,所依据的人口数量通常是指辖区内常住人口数量。

体育场地数量:指可供开展训练、比赛和健身活动的室内外体育场地的总和,以"万个"表示。室外体育场地按"个数"统计,室内体育场地按"空间"统计。

社会体育指导员:指不以收取报酬为目的,向公众提供传授健身技能、组织健身活动、宣传科学健身知识等全民健身志愿服务,并获得技术等级称号的人员。

公共体育场馆:指进行运动训练、运动竞赛及身体锻炼的专业性场所。本指标主要统计向社会提供免费或低收费开放公共服务的体育场、田径场(馆)、体育馆、游泳馆(跳水馆)、球类运动馆、综合馆、全民健身中心。

(四)社会服务

社区服务机构和设施:指面向全体城乡居民提供社区服务的机构和设施。原则上,城乡社区服务机构应能提供以公共服务为主体的综合性服务,城乡社区服务设施面积应能满足社区组织办公和社区综合服务所需,并配置多功能社区居民活动场所。在此基础上可根据社区居民的实际需求,重点强化若干类服务功能。社区服务机构和设施包括:(1)社区服务指导中心;(2)社区服务中心;(3)社区服务站;(4)社区专项服务机构和设施。

持证社会工作者:包括助理社会工作师、社会工作师、高级社会工作师,指参加全国社会工作者职业水平考试合格,并获得由人力资源社会保障部统一印制、人力资源社会保障部和民政部共同用印的《中华人民共和国社会工作者职业水平证书》的人员。

城市(农村)最低生活保障人数:城市(农村)最低生活保障人数指在报告期末纳入城市(农村)最低生活保障的居民数。最低生活保障是指国家对家庭人均收入低于当地政府公告的最低生活标准的人口给予一定现金资助,以保证该家庭成员基本生活所需的社会保障制度。

特困人员救助供养:指满足特困人员认定条件,纳入特困人员救助供养范围、享受特困人员救助供养待遇的对象。

结婚率:指某地区当年结婚对数占该地区年平均人口的比重。通常用千分比表示。计算公式为:

$$结婚率 = 当年结婚对数/年平均人口数 \times 1000‰$$

离婚率:指某地区当年离婚对数占该地区年平均人口的比重。通常用千分比表示。计算公式为:

离婚率＝当年离婚对数/年平均人口数×1000‰

（五）公共管理、社会保障和社会组织

公证（出证）：指公证处根据当事人申请，依照事实和法律，按照法定程序制作的，具有法律效力的司法证明文书。

青少年罪犯：指人民法院在报告期内判决发生法律效力的有罪判决中14周岁以上不满25周岁的罪犯。其中14周岁以上不满18周岁的罪犯为未成年罪犯。

城镇职工基本养老保险基金支出：指按照国家政策规定的开支范围和开支标准从职工基本养老保险基金中支付给参加职工基本养老保险的个人养老保险待遇支出，以及由于保险关系转移、上下级之间补助、上解等原因而发生的支出。

城乡居民基本养老保险基金支出：指按照国家政策规定的开支范围和开支标准从城乡居民基本养老保险基金中支付给参加城乡居民基本养老保险的个人养老保险待遇支出，参保人员跨统筹地区或跨制度流动而发生的支出，丧葬补助费以及个人账户余额结算等。

职工基本医疗保险参保人数：指参加职工基本医疗保险（实施统账结合和单建统筹基金）的职工人数和退休人数的合计。

失业保险参保人数：指报告期末城镇企业、事业单位职工参加失业保险的人数及按地方规定参加失业保险的其他人员人数之和。

工伤保险参保人数：指报告期末依据国家有关规定参加工伤保险的职工人数和有雇工的个体工商户的雇工数。

社会团体：指中国公民自愿组成，为实现会员共同意愿，按照其章程开展活动的非营利性社会组织。是在中华人民共和国境内组织的各种协会、学会、联合会、研究会、联谊全、促进会、商会等合法机构的总称。报告期末合法社团总数，即为年末实有社团机构数。

（六）资源环境统计

年平均气温：气温指空气的温度，我国一般以摄氏度为单位表示。气象观测的温度表是放在离地面约1.5米处通风良好的百叶箱里测量的，因此，通常说的气温指的是离地面1.5米处百叶箱中的温度。计算方法：月平均气温是将全月各日的平均气温相加，除以该月的天数而得。年平均气温是将12个月的月平均气温累加后除以12而得。

年平均相对湿度：相对湿度指空气中实际水气压与当时气温下的饱和水气压之比，通常以（％）为单位表示。其统计方法与气温相同。

全年日照时数：日照时数指太阳实际照射地面的时数，通常以小时为单位表示。其统计方法与降水量相同。

全年降水量：降水量指从天空降落到地面的液态或固态（经融化后）水，未经蒸发、渗透、流失而在地面上积聚的深度，通常以毫米为单位表示。计算方法：月降水量是将该全月各日的降水量累加而得。年降水量是将该年12个月的月降水量累加而得。

水资源总量：一定区域内的水资源总量指当地降水形成的地表和地下产水量，即地表径流量与降水入渗补给量之和，不包括过境水量。

地表水资源量：指河流、湖泊、冰川等地表水体中由当地降水形成的、可以逐年更新的动态水量,即天然河川径流量。

地下水资源量:指当地降水和地表水对饱水岩土层的补给量。

地表水与地下水资源重复计算量:指地表水和地下水相互转化的部分,即在河川径流量中包括一部分地下水排泄量,地下水补给量中包括一部分来源于地表水的入渗量。

供水总量:指各种水源工程为用户提供的包括输水损失在内的毛供水量。

地表水源供水量:指地表水体工程的取水量,按蓄、引、提、调四种形式统计。从水库、塘坝中引水或提水,均属蓄水工程供水量;从河道或湖泊中自流引水的,无论有闸或无闸,均属引水工程供水量;利用扬水站从河道或湖泊中直接取水的,属提水工程供水量;跨流域调水指水资源一级区或独立流域之间的跨流域调配水量,不包括在蓄、引、提水量中。

地下水源供水量:指水井工程的开采量,按浅层淡水、深层承压水和微咸水分别统计。城市地下水源供水量包括自来水厂的开采量和工矿企业自备井的开采量。

其他水源供水量:包括污水处理再利用、集雨工程、海水淡化等水源工程的供水量。

用水总量:指各类用水户取用的包括输水损失在内的毛水量。

农业用水:包括农田灌溉用水、林果地灌溉用水、草地灌溉用水、鱼塘补水和畜禽用水。

工业用水:指工矿企业在生产过程中用于制造、加工、冷却、空调、净化、洗涤等方面的用水,按新水取用量计,不包括企业内部的重复利用水量。

生活用水:包括城镇生活用水和农村生活用水。城镇生活用水由居民用水和公共用水(含第三产业及建筑业等用水)组成;农村生活用水指居民生活用水。

人工生态环境补水:仅包括人为措施供给的城镇环境用水和部分河湖、湿地补水,而不包括降水、径流自然满足的水量。

化学需氧量(COD):测量有机和无机物质化学分解所消耗氧的质量浓度的水污染指数。

工业废水治理设施数:指报告期内企业用于防治水污染和经处理后综合利用水资源的实有设施(包括构筑物)数,以一个废水治理系统为单位统计。附属于设施内的水治理设备和配套设备不单独计算。已经报废的设施不统计在内。

工业废水治理设施处理能力:指报告期内企业内部的所有废水治理设施实际具有的废水处理能力。

工业废水治理设施运行费用:指报告期内企业维持废水治理设施运行所发生的费用。包括能源消耗、设备维修、人员工资、管理费、药剂费及与设施运行有关的其他费用等。

二类水质海域面积:符合国家海水水质标准中二类海水水质的海域,适用于水产养殖区、海水浴场、人体直接接触海水的海上运动或娱乐区、以及与人类食用直接有关的工业用水区。

三类水质海域面积:符合国家海水水质标准中三类海水水质的海域,适用于一般工业用水区。

四类水质海域面积:符合国家海水水质标准中四类海水水质的海域,仅适用于海洋港口水域和海洋开发作业区。

劣四类水质海域面积:劣于国家海水水质标准中四类海水水质的海域。

工业二氧化硫排放量:指报告期内企业在燃料燃烧和生产工艺过程中排入大气的二氧化硫总质量。工业中二氧化硫主要来源于化石燃料(煤、石油等)的燃烧,还包括含硫矿石的冶炼或含硫酸、磷肥等生产的工业废气排放。

工业氮氧化物排放量:指报告期内企业在燃料燃烧和生产工艺过程中排入大气的氮氧化物总质量。

工业烟(粉)尘排放量:指报告期内企业在燃料燃烧和生产工艺过程中排入大气的烟尘及工业粉尘的总质量之和。

工业废气治理设施数:指报告期末企业用于减少在燃料燃烧过程与生产工艺过程中排向大气的污染物或对污染物加以回收利用的废气治理设施总数,以一个废气治理系统为单位统计。包括除尘、脱硫、脱硝及其它的污染物的烟气治理设施。已报废的设施不统计在内。锅炉中的除尘装置属于"三同时"设备,应统计在内。

工业废气治理设施处理能力:指报告期末企业实有的废气治理设施的实际废气处理能力。

工业废气治理设施运行费用:指报告期内维持废气治理设施运行所发生的费用。包括能源消耗、设备折旧、设备维修、人员工资、管理费、药剂费及与设施运行有关的其他费用等。

一般工业固体废物产生量:指当年全年调查对象实际产生的一般工业固体废物的量。一般工业固体废物系指未被列入《国家危险废物名录》(2016 版)或者根据国家规定的《危险废物鉴别标准》(GB5085)、《固体废物浸出毒性浸出方法》(GB5086)及《固体废物浸出毒性测定方法》(GB/T 15555)鉴别方法判定不具有危险特性的工业固体废物。

一般工业固体废物综合利用量:指当年全年调查对象通过回收、加工、循环、交换等方式,从固体废物中提取或者使其转化为可以利用的资源、能源和其他原材料的固体废物量(包括当年利用的往年工业固体废物累计贮存量)。如用作农业肥料、生产建筑材料、筑路等。综合利用量由原产生固体废物的单位统计。

一般工业固体废物处置量:指当年全年调查对象将工业固体废物焚烧和用其他改变工业固体废物的物理、化学、生物特性的方法,达到减少或者消除其危险成分的活动,或者将工业固体废物最终置于符合环境保护规定要求的填埋场的活动中,所消纳固体废物的量(包括当年处置的往年工业固体废物累计贮存量)。

危险废物产生量:指当年全年调查对象实际产生的危险废物的量。危险废物指列入国家危险废物名录或者根据国家规定的危险废物鉴别标准和鉴别方法认定的,具有爆炸性、易燃性、易氧化性、毒性、腐蚀性、易传染性疾病等危险特性之一的废物。包括利用处置危险废物过程中二次产生的危险废物的量。按《国家危险废物名录》(2016)填报。

危险废物综合利用和处置量:综合利用量指当年全年调查对象从危险废物中提取物质作为原材料或者燃料的活动中消纳危险废物的量。包括本单位利用或委托、提供给外单位利用的量。处置量指当年全年调查对象将危险废物焚烧和用其他改变工业固体废物的物理、化学、生物特性的方法,达到减少或者消除其危险成分的活动,或者将危险废物最终置于符合环境保护规定要求的填埋场的活动中,所消纳危险废物的量。处置量包括处置本单位或委托给外单位处置的量。

自然保护区:指对有代表性的自然生态系统、珍稀濒危野生动植物物种的天然分布区、水源涵养区、有特殊意义的自然历史遗迹等保护对象所在的陆地、陆地水体或海域,依法划出一定面积进行特殊保护和管理的区域。以县及县以上各级人民政府正式批准建立的自然保护区为准。风景名胜区、文物保护区不计在内。

湿地:指天然或人工、长久或暂时性的沼泽地、泥炭地或水域地带,包括静止或流动、淡水、半咸水、咸水体,低潮时水深不超过 6 米的水域以及海岸地带地区的珊瑚滩和海草床、滩涂、红树林、河口、河流、淡水沼泽、沼泽森林、湖泊、盐沼及盐湖。

耕地面积:指经过开垦用以种植农作物并经常进行耕耘的土地面积。包括种有作物的土地面积、休闲地、新开荒地和抛荒未满三年的土地面积。

林业用地面积:指用来发展林业的土地,包括郁闭度 0.20 以上的乔木林地以及竹林地、灌木林地、疏林地、采伐迹地、火烧迹地、未成林造林地、苗圃地和县级以上人民政府规划的宜林地面积。

草地面积:指牧区和农区用于放牧牲畜或割草,植被盖度在 5% 以上的草原、草坡、草山等面积。包括天然的和人工种植或改良的草地面积。

森林面积:包括郁闭度 0.2 以上的乔木林地面积和竹林面积,国家特别规定的灌木林地面积、农田林网以及村旁、路旁、水旁、宅旁林木的覆盖面积。

人工林面积:指由人工播种、植苗或扦插造林形成的生长稳定,(一般造林 3-5 年后或飞机播种 5-7 年后)每公顷保存株数大于或等于造林设计植树株数 80% 或郁闭度 0.20 以上(含 0.20)的林分面积。

森林覆盖率:指以行政区域为单位森林面积占区域土地总面积的百分比。计算公式:

$$森林覆盖率 = \frac{森林面积}{土地总面积} \times 100\%$$

活立木总蓄积量:指一定范围土地上全部树木蓄积的总量,包括森林蓄积、疏林蓄积、散生木蓄积和四旁树蓄积。

森林蓄积量:指一定森林面积上存在着的林木树干部分的总材积,以立方米为计算单位。它是反映一个国家或地区森林资源总规模和水平的基本指标之一。它说明一个国家或地区林业生产发展情况,反映森林资源的丰富程度,也是衡量森林生态环境优劣的重要依据。

造林面积:指在宜林荒山荒地、宜林沙荒地、无立木林地、疏林地和退耕地等其它宜林地上通过人工措施形成或恢复森林、林木、灌木林的过程。

人工造林:指在宜林荒山荒地、宜林沙荒地、无立木林地、疏林地和退耕地等其他宜林地上通过播种、植苗和分殖来提高森林植被覆被率的技术措施。

飞播造林:通过飞机播种,并辅以适当的人工措施,在自然力的作用下使其形成森林或灌草植被,提高森林植被覆被率或提高森林植被质量的技术措施。包括荒山飞播造林和飞播营林。

封山育林:对宜林地、无立木林地、疏林地或低质低效有林地、灌木林地或新造林地实施封禁并辅以人工促进手段,使其形成森林或灌草植被或提高林分质量的一项技术措施。包括无林地和疏林地封育、有林地和灌木林地封育、新造林地封育。

退化林修复:为改善林分的活力和结构,有效遏制防护林退化,提高林分质量和恢复森林功能,对结构失调和稳定性降低、功能退化甚至丧失且自然更新能力弱的林分采取的结构调整、树种替换、补植补播、嫁接复壮等森林经营措施。

更新造林:指在采伐迹地、火烧迹地、林中空地上通过人工造林重新形成森林的过程。包括通过松土除草、平茬或断根复壮、补植补播、除蘖间苗等措施促进目的树种幼苗幼树生长发育的人工促进天然更新。

天然林保护工程:是我国林业的"天"字号工程、一号工程,也是投资最大的生态工程。具体包括三个层次:全面停止长江上游、黄河上中游地区天然林采伐;大幅度调减东北、内蒙古等重点国有林区的木材产量;同时保护好其他地区的天然林资源。主要解决这些区域天然林资源的休养生息和恢复发展问题。

退耕还林还草工程:是我国林业建设上涉及面最广、政策性最强、工序最复杂、群众参与度最高的生态建设工程。主要解决重点地区的水土流失问题。

三北和长江流域等重点防护林体系建设工程:三北和长江中下游地区等重点防护林体系建设工程,是我国涵盖面最大、内容最丰富的防护林体系建设工程。具体包括三北防护林四期工程、长江中下游及淮河太湖流域防护林二期工程、沿海防护林二期工程、珠江防护林二期工程、太行山绿化二期工程和平原绿化二期工程。主要解决三北地区的防沙治沙问题和其他区域各不相同的生态问题。

京津风沙源治理工程:环北京地区防沙治沙工程,是首都乃至中国的"形象工程",也是环京津生态圈建设的主体工程。虽然规模不大,但是意义特殊。主要解决首都周围地区的风沙危害问题。

滑坡:指斜坡上不稳定的岩土体在重力作用下沿一定软面(或滑动带)整体向下滑动的物理地质现象。地表水和地下水的作用以及人为的不合理工程活动对斜坡岩、土体稳定性的破坏,经常是促使滑坡发生的主要因素。在露天采矿、水利、铁路、公路等工程中,滑坡往往造成严重危害。

崩塌:指陡坡上大块的岩土体在重力作用下突然脱离母体崩落的物理地质现象。它可因多裂隙的岩体经强烈的物理风化、雨水渗入或地震而造成,往往毁坏建筑物,堵塞河道或交通路线。

泥石流:指山地突然爆发的包含大量泥沙、石块的特殊洪流称为泥石流,多见于半干旱山地高原地区。其形成条件是地形陡峻,松散堆积物丰富,有特大暴雨或大量冰融水的流出。

地面塌陷:指地表岩、土体在自然或人为因素作用下向下陷落,并在地面形成塌陷坑(洞)的一种动力地质现象。由于其发育的地质条件和作用因素的不同,地面塌陷可分为:岩溶塌陷、非岩溶塌陷。

突发环境事件:指突然发生,造成或可能造成重大人员伤亡、重大财产损失和对全国或者某一地区的经济社会稳定、政治安定构成重大威胁和损害,有重大社会影响的涉及公共安全的环境事件。

年末道路长度:指年末道路长度和与道路相通的广场、桥梁、隧道的长度,按车行道中心线计算。在统计时只统计路面宽度在 3.5 米(含 3.5 米)以上的各种铺装道路,包括开放型工业区和住宅区道路在内。

城市桥梁:指为跨越天然或人工障碍物而修建的构筑物。包括跨河桥、立交桥、人行天桥以及人行地下通道等。包括永久性桥和半永久性桥。

城市排水管道长度:指所有排水总管、干管、支管、检查井及连接井进出口等长度之和。

全年供水总量:指报告期供水企业(单位)供出的全部水量。包括有效供水量和漏损水量。

用水普及率:指城市用水人口数与城市人口总数的比率。计算公式:

$$用水普及率 = 城市用水人口数/城市人口总数 \times 100\%$$

城市污水日处理能力:指污水处理厂(或处理装置)每昼夜处理污水量的设计能力。

供气管道长度:指报告期末从气源厂压缩机的出口或门站出口至各类用户引入管之间的全部已经通气投入使用的管道长度。不包括煤气生产厂、输配站、液化气储存站、灌瓶站、储配站、气化站、混气站、供应站等厂(站)内的管道。

全年供气总量:指全年燃气企业(单位)向用户供应的燃气数量。包括销售量和损失量。

燃气普及率:指报告期末使用燃气的城市人口数与城市人口总数的比率。计算公式为:

$$燃气普及率 = 城市用气人口数/城市人口总数 \times 100\%$$

城市供热能力:指供热企业(单位)向城市热用户输送热能的设计能力。

城市供热总量:指在报告期供热企业(单位)向城市热用户输送全部蒸汽和热水的总热量。

城市供热管道长度:指从各类热源到热用户建筑物接入口之间的全部蒸汽和热水的管道长度。不包括各类热源厂内部的管道长度。

生活垃圾清运量:指报告期内收集和运送到垃圾处理厂(场)的生活垃圾数量。生活垃圾指城市日常生活或为城市日常生活提供服务的活动中产生的固体废物以及法律行政规定的视为城市生活垃圾的固体废物。包括:居民生活垃圾、商业垃圾、集市贸易市场垃圾、街道清扫垃圾、公共场所垃圾和机关、学校、厂矿等单位的生活垃圾。

生活垃圾无害化处理率:指报告期生活垃圾无害化处理量与生活垃圾产生量比率。在统计上,由于生活垃圾产生量不易取得,可用清运量代替。计算公式为:

$$生活垃圾无害化处理率 = \frac{生活垃圾无害化处理量}{生活垃圾产生量} \times 100\%$$

年末运营车数:指年末公交企业(单位)用于运营业务的全部车辆数。以企业(单位)固定资产台账中已投入运营的车辆数为准。

城市绿地面积:指报告期末用作园林和绿化的各种绿地面积。包括公园绿地、防护绿地、生产绿地、附属绿地和其他绿地面积。

公园绿地:指向公众开放的,以游憩为主要功能,有一定的游憩设施和服务设施,同时兼有健全生态,美化景观,防灾减灾等综合作用的绿化用地。

(七)人民生活

居民可支配收入:指居民可用于最终消费支出和储蓄的总和,即调查户可以用来自由支配的收入。可支配收入既包括现金,也包括实物收入。按照收入的来源,可支配收入包含四项,分别为:工资性收入、经营净收入、财产净收入、转移净收入。计算公式为:

$$可支配收入 = 工资性收入 + 经营净收入 + 财产净收入 + 转移净收入$$

其中:

$$经营净收入 = 经营收入 - 经营费用 - 生产性固定资产折旧 - 生产税$$
$$财产净收入 = 财产性收入 - 财产性支出$$
$$转移净收入 = 转移性收入 - 转移性支出$$

基础资料取自国家统计局组织开展的住户收支与生活状况调查。

居民储蓄存款余额:指某一时点城乡居民存入银行及农村信用社的储蓄金额,包括城镇居民储蓄存款和农民个人储蓄存款,不包括居民的手存现金和工矿企业、部队、机关、团体等单位存款。

居民消费价格指数:是反映一定时期内城乡居民所购买的生活消费品价格和服务项目价格变动趋势和程度的相对指数,是对城市居民消费价格指数和农村居民消费价格指数进行综合汇总计算的结果。利用居民消费价格指数,可以观察和分析消费品的零售价格和服务价格变动对城乡居民实际生活费支出的影响程度。

人均住房建筑面积:指按家庭常住人口计算的平均每人居住的住宅建筑面积。

人均旅游消费支出:指居民平均每人在旅游方面的支出。

人均生活用电量:指居民家庭人均生活用电量。

城市私人机动车保有量:指在公安交通部门注册登记的私人机动车的数量。

恩格尔系数:19世纪德国统计学家恩格尔根据统计数据,对消费结构的变化得出一个规律:一个家庭收入越少,家庭收入中(或总支出中)用来购买食物的支出所占的比例就越大,随着家庭收入的增加,家庭收入中(或总支出中)用来购买食物的支出则会下降。推而广之,一个国家越穷,每个国民的平均收入中(或平均支出中)用于购买食物的支出所占比例就越大,随着国家的富裕,这个比例呈下降趋势。

恩格尔定律是根据经验资料提出的,它是在假定其他一切变量都是常数的前提下才适用的,因此在考察食物支出在收入中所占比例的变动问题时,还应当考虑城市化程度、食品加工、饮食业和食物本身结构变化等因素的影响。只有达到相当高的平均食物消费水平时,收入的进一步增加才不对食物支出发生重要的影响。

恩格尔系数是根据恩格尔定律得出的比例数,是表示生活水平高低的一个指标。其计算公式如下:恩格尔系数 = 食物支出金额/总支出金额×100% 除食物支出外,衣着、住房、日用必需品等的支出,也同样在不断增长的家庭收入或总支出中,所占比重上升一段时期后,呈递减趋势。联合国粮农组织根据测算提出了划分贫困和富裕的参考标准:恩格尔系数大于 59% 为绝对贫困,50%~59% 为勉强度日,40%~50% 为小康水平,30%~40% 为富裕,30% 以下为非常富裕。

基尼系数:基尼系数是意大利经济学家基尼于 1922 年提出的,可用于定量测定收入分配差异程度,是国际上用来综合考察居民内部收入分配差异状况的一个重要分析指标。其经济含义是:在全部居民收入中,用于进行不平均分配的那部分收入占总收入的百分比。基尼系数最大为"1",最小为"0"。前者表示居民之间的收入分配绝对不平均,即 100% 的收入被一个单位的人全部占有了;而后者则表示居民之间的收入分配绝对平均,即人与人之间收入完全平等,没有任何差异。但这两种情况只是在理论上的绝对化形式,在实际生活中一般不会出现。因此,基尼系数的实际数值只能介于 0~1 之间。

目前,国际上用来分析和反映居民收入分配差距的方法和指标很多。基尼系数由于给出了反映居民之间贫富差异程度的数量界线,可以较客观、直观地反映和监测居民之间的贫富差距,预报、预警和防止居民之间出现贫富两极分化,因此得到世界各国的广泛认同和普遍采用。按照国际惯例,基尼系数在 0.2 以下表示居民之间收入分配"高度平均",0.2~0.3之间表示"相对平均",在 0.3~0.4 之间为"比较合理",同时,国际上通常把 0.4 作为收入分配贫富差距的"警戒线",认为 0.4~0.6 为"差距偏大",0.6 以上为"高度不平均"。

(八)人口就业

指标详见"统计实务"部分第二十一节"人口统计"。

第十四节　文化产业统计

一、文化产业统计的基本概念

文化产业统计是随着文化体制改革和发展的需要而产生和发展的,是政府综合统计的重要组成。文化产业统计是应用统计的方法对文化产业活动进行定量测定,其主要任务是通过搜集、处理、分析有关文化产业活动的数据,反映文化产业活动的规模、结构和布局的总体数量特征和关系,为深化文化体制改革、制定文化产业政策和发展规划提供基础依据,为推进社会主义文化强国建设提供信息服务。

文化及相关产业概念,是用于统计上的正规表述,体现了统计的规范性和严谨性。由于国情和文化背景的差异,世界各国和国际组织根据自身实际及发展需要,对文化产业的概念有着不同的阐述和理解。国家统计局 2004 年颁布的《文化及相关产业分类》中,首次界定了我国的文化及相关产业的概念,是指"为社会公众提供文化、娱乐产品和服务的活动,以及与这些活动有关联的活动的集合"。在 2012 年分类标准修订时把这一定义完善为"为社会公众提供文化产品和文化相关产品的生产活动的集合"。在《文化及相关产业分类(2018)》中,继续沿用这一定义。

根据《文化及相关产业分类(2018)》的规定,文化及相关产业的行业范围包括:

1. 以文化为核心内容,为直接满足人们的精神需要而进行的创作、制造、传播、展示等文化产品(包括货物和服务)的生产活动。具体包括新闻信息服务、内容创作生产、创意设计服务、文化传播渠道、文化投资运营和文化娱乐休闲服务等活动。

2. 为实现文化产品的生产活动所需的文化辅助生产活动和中介服务、文化装备生产和文化消费终端生产(包括制造和销售)等活动。

这一行业范围的确定,是从外延上对文化及相关产业的概念进一步规定,同时也将全部文化生产活动划分为文化核心领域和文化相关领域。

二、文化产业统计的主要内容

(一)综合汇总指标

法人单位数:指在《文化及相关产业分类》规定的行业范围内并认定为文化及相关产业的法人单位的数量。

营业收入:指文化企业经营主要业务和其他业务所确认的收入总额。包括"主营业务收入"和"其他业务收入"。

非企业单位支出(费用):指文化非企业单位在业务活动中发生的各项资产耗费和损失等支出情况。

资产总计:指文化企业过去的交易或者事项形成的、由企业拥有或者控制的、预期会给企业带来经济利益的资源。资产一般按流动性分为流动资产和非流动资产。其中流动资产可分为货币资金、交易性金融资产、应收票据、应收账款、预付款项、其他应收款、存货等;非流动资产可分为长期股权投资、固定资产、无形资产及其他非流动资产等。

年末资产:指文化非企业单位占有或者使用的,能以货币计量的经济资源。包括流动资产、固定资产、债权和其他权利。

文化及相关产业增加值:指国家(或地区)所有常住单位一定时期内进行文化及相关产业生产活动的最终成果。在核算上有两种方法即生产法和收入法。生产法是从生产的全部货物和服务总产品价值中,扣除生产过程中投入的中间货物和服务价值得到增加价值。收入法又称分配法,是从常住单位从事生产活动形成收入的角度来核算生产活动最终成果的方法,由劳动者报酬、生产税净额、固定资产折旧和营业盈余四个部分组成。

(二)财务状况指标

财务状况指标是文化产业统计的基础指标,主要是为满足反映文化产业单位的资产、收支和经营状况等,以及测算文化产业增加值的需要。按照文化调查单位类型及所执行的会计制度,分为三类:

1. 文化企业财务指标。包括营业收入、主营业务收入、主营业务成本、主营业务税金及附加、费用合计、营业利润、利润总额、应付职工薪酬、应交增值税、固定资产原价和资产总计等。

2. 文化事业财务指标。包括本年收入合计、财政拨款、事业收入、经营收入、本年支出、工资福利支出、商品和服务支出、对个人和家庭的补助、经营支出、销售税金、固定资产原价和资产总计等。

3. 文化社团财务指标。包括本年收入合计、捐赠收入、会费收入、本年费用合计、业务活动成本、人员费用、日常费用、税费、管理费用、固定资产折旧、净资产变动额、固定资产原价和资产总计等。

(三)业务活动指标

业务活动指标是指在规定的行业范围内企事业单位所从事的主要业务活动的指标,旨在反映文化产业主要业务活动的状况和规模。

1. 文化艺术类

艺术表演场馆基本情况:指由文化部门主办或实行行业管理(经文化市场行政部门审批或已申报登记并领取相关许可证),有观众席、舞台、灯光设备,公开售票、专供文艺团体演出的文化活动场所的基本情况。包括机构数、从业人员数、坐席数、演出场次和观众人次等。

艺术表演团体基本情况:指由文化部门主办或实行行业管理(经文化市场行政部门审批或已申报登记并领取相关许可证),专门从事表演艺术等活动的各类专业艺术表演团体(含民间职业剧团,不包括群众业余文艺表演团体)的基本情况。包括机构数、从业人员数、演出场次和国内演出观众人次等。

群众文化机构基本情况:指专门从事群众文化活动的群众文化场馆(包括综合性文化中心和群众艺术馆)的基本情况。包括机构数、从业人员数、举办展览次数和组织文艺活动次数等。

公共图书馆基本情况:指文化部门主办的面向社会服务的图书馆的基本情况。包括机构数、从业人员数、总藏量、总流通人次、书刊文献外借册次和发放借书证数等。

总藏量:指公共图书馆已编目的古籍、图书、期刊和报纸的合订本、小册子、手稿,以及缩微制品、录像带、录音带、光盘等视听文献资料数量之和。

博物馆基本情况:指综合类、历史类、艺术类、自然类、科学类的博物馆和展览馆,其他类博物馆,革命纪念馆,历史名人纪念馆的基本情况。包括机构数、从业人员数、文物藏品数、基本陈列展览数和参观人次等。

藏品:指文博机构根据收藏品的文化属性、自然属性等情况,所划分的文物藏品、标本藏品、模型藏品(含具有收藏、展示价值的雕塑、绘画等艺术作品)和复制品藏品的总和。本指标所统计的藏品是指报告期末已经整理并登记入账的藏品数。

档案馆基本情况:指归口中央或地方各级档案行政管理部门直接管理的,按行政区划或历史时期设置的,收集和管理所辖范围内多种门类档案的档案馆的基本情况。包括国家综合档案馆、国家专门档案馆、部门档案馆、企业档案馆和事业单位档案馆的馆数和专职人员数。国家综合档案馆还包括馆藏档案、照片档案、开放档案和利用档案等卷(张)数。

娱乐场所基本情况:指文化行政部门依据相关规定管理并发放《娱乐场所经营许可

证》的,以营利为目的,并向公众开放、消费者自娱自乐的歌舞、游艺场所及其他娱乐场所的基本情况。包括机构数、从业人员数。

网吧场所基本情况:指文化行政部门依据相关规定管理并发放《网络文化经营许可证》的,通过计算机等设备向公众提供互联网上网服务的营业性娱乐文化服务场所的基本情况。包括机构数、从业人员数。

互联网宽带接入端口数:指用于接入互联网用户的各类实际安装运行的接入端口数。

互联网上网人数:指报告期内使用过互联网的6周岁及以上中国居民人数。

2. 出版发行类

版权合同登记数:指根据国际条约和中国有关法律法规,申请人到著作权行政管理部门登记著作权质权等各类授权合同数量。包括图书、期刊、音像制品、电子出版物、软件、电影和电视节目等。

作品自愿登记数:指作者、其他享有著作权的公民、法人或者非法人单位和专有权所有人及其代理人,自愿到著作权行政管理部门登记应予以保护作品的数量。包括文字、音乐、曲艺、舞蹈、美术、摄影和影视等。

出版物基本情况:指图书、期刊、报纸、音像制品和电子出版物等的基本情况。包括出版种数、总印数、出版物进出口的数量和金额等。

出版物印刷厂产量:指出版物印刷企业的图书、期刊、报纸和其他出版物黑白印刷产量。

出版物购进(销售):指全国新华书店系统、出版社自办发行单位出版物总购进(销售)数量。计量单位为亿册(张、份、盒)。

版权输出和引进:指以受版权保护的作品的财产权为标的物,与国外的出版单位等相关机构进行的交易行为。包括图书、录音制品、录像制品、电子出版物、软件、电影、电视节目和其他等版权输出和引进的项数。

3. 广播影视类

广播(电视)节目综合人口覆盖率:指根据国家广电总局制定的《广播电视人口覆盖率统计技术标准和方法》进行统计调查的,在对象区内能接收到由中央、省、地市或县通过无线、有线或卫星等各种技术方式转播的各级广播(电视)节目的人口数占全国总人口数的百分比。

有线广播电视实际用户数:指通过广播电视有线传输网收看电视节目的家庭用户数。包括接收模拟信号和接收数字信号的有线电视用户数,不包括宾馆、单位、写字楼等集体用户。

数字电视实际用户数:指通过广播电视有线传输网收看数字信号电视节目的家庭用户数。

全年广播(电视)节目制作时间:指广播电视节目制作机构全年自采、自编、自录的及合作制作、加工制作的各类广播(电视)节目(包括直播节目)的总时长。

公共广播(电视)节目套数:指经国家广电总局批准的、广播电视播出机构开办的不向听众收取收听(收看)费用,以为大众提供公共广播(电视)服务为主要目的,用固定频率(频道)播出,并编有整套自办节目时间表的广播(电视)节目套数。

全年公共广播(电视)节目播出时间:指广播电视播出机构自办节目频率(频道)内公

共节目全年播出的时间(含节目重复播出时间)。

电影基本情况:指反映电影综合发展的基本情况。包括电影故事片厂的数量、故事影片生产数量、电影院线及其银幕数和电影票房收入等。

(四)就业人员指标

就业人员指标旨在反映文化产业就业人员的数量、素质和结构情况,也是文化产业发展的重要分析指标。主要包括就业人员总数及其分性别、年龄、文化程度等情况。

从业人员期末人数:指报告期末最后一日 24 时在本单位工作,并取得工资或其他形式劳动报酬的人员数。

(五)补充指标

补充指标旨在从不同的角度反映文化产业发展的外部动力及其在经济社会发展中的作用。

一般公共预算文化旅游体育与传媒支出:指国家一般公共预算中用于文化、文物、旅游、体育、新闻出版广播影视等领域的支出。根据政府的不同职权,划分为中央财政支出和地方财政支出。

文化及相关产业固定资产投资额:指属于《文化及相关产业分类》行业范围内,以货币形式表现的在一定时期内全社会建造和购置固定资产的工作量以及与此有关的费用的总称。反映不同投资主体对文化产业发展的影响和预期。

居民人均文化娱乐消费支出:指居民人均用于文化和娱乐方面的支出,包括文娱耐用消费品、其他文娱用品和文化娱乐服务支出。

文化产品进出口总额:指实际进出我国国境的文化产品总金额。按照《我国文化产品进出口统计目录》(2015 年修订)标准,进出口的类别分为出版物、工艺美术品及收藏品、文化用品和文化专业设备。

三、文化产业统计单位及统计范围

(一)单位认定

文化产业单位认定是开展文化产业统计工作的前提和基础。认定工作由国家统计局组织实施,依据《文化及相关产业分类》所规定的行业范围,在国家统计联网直报平台中,按行业小类对全部年(定)报单位进行文化活动属性的甄别和认定。其中对仅有部分内容属于文化及相关产业的带"＊"行业,需通过"关键字词"与"主营业务活动"和"单位详细名称"进行匹配认定。认定结果经全国交叉联审最终确定后,在国家统计联网直报平台的调查单位基本情况表中进行标识,直接把单位认定结果运用到工作实际中,完成文化产业有关数据的汇总和测算。

(二)调查单位库

自 2012 年 12 月开始,国家统计局正式启动了文化产业调查单位库的建设工作。首先根据统计系统全国基本单位名录库及相关部门所管理的单位名录信息,完成对文化及相关产业法人单位的核查、认定和整合,并据此生成文化及相关产业法人调查单位库。其次借助 2013 年和 2018 年两次全国经济普查,对通过普查采集到的全部法人单位、产业活动单位和个体经营户的文化活动属性进行甄别和认定,建立完成包括产业活动单位和个体经营户在内的全部文化及相关产业调查单位库。在此基础上,建立和完善维护机制,每年对法人调查单位库进行及时更新。

目前,文化及相关产业法人调查单位库收录了《文化及相关产业分类(2018)》所规定行业范围内的全部法人单位,包括从事文化服务业的各类企事业单位,从事文化制造业的各类工业企业,以及从事文化批发和零售业的各类企业,共涉及156个国民经济行业小类。主要内容包括:组织机构代码、单位详细名称、法定代表人、联系方式、开业时间、行业类别、主营业务活动、登记注册类型、控股情况、隶属关系、机构类型、营业状态等调查单位基本信息,以及从业人员、营业收入、主营业务收入和资产总计等调查单位主要经营指标。

(三)统计范围

现行《文化及相关产业综合统计制度》的统计范围包括:《文化及相关产业分类(2018)》所规定的《国民经济行业分类》(GB/T4754-2017)中的156个行业小类、并在国家统计局联网直报平台的调查单位基本情况表中标识为文化及相关产业的全部法人单位。

非经济普查年份仅包括规模以上法人单位,规模以下法人单位的主要指标数据统一进行推算。规模以上法人单位是指在分类标准所规定行业范围内,年主营业务收入在2000万元及以上的工业企业;年主营业务收入在2000万元及以上的批发企业或主营业务收入在500万元及以上的零售企业;年营业收入在1000万元及以上的服务业企业(其中交通运输、仓储和邮政业,信息传输、软件和信息技术服务业,水利、环境和公共设施管理业的营业收入在2000万元及以上,居民服务、修理和其他服务业以及文化、体育和娱乐业的年营业收入在500万元及以上)。

经济普查年份则包括上述行业范围的全部法人单位、产业活动单位和个体经营户。

(四)调查方法和组织方式

国家统计局组织开展文化产业单位认定工作,并在最终认定结果的基础上,根据《文化及相关产业综合统计制度》规定的统计范围,对国家统计联网直报平台上规模以上工业企业、限额以上批发和零售业企业、规模以上服务业企业全面调查取得的数据进行过录、综合汇总和统一推算,生产出文化产业主要指标数据。对《固定资产投资统计年报制度》和《住户收支和生活状况调查方案》收集到的有关文化数据,进行综合汇总。全部数据经质量评估后通过联网直报平台反馈各地统计部门。

业务活动统计主要由各文化主管部门负责开展,并依据《部门综合统计报表制度》报送国家统计局。

第十五节　住户调查

住户调查是以住户及其家庭成员为调查对象,以家庭和个人的生产、生活活动为主要调查内容的一类调查,因调查对象群体庞大,一般采用抽样调查方式组织实施。在统计工作实践中,狭义上的住户调查一般是指住户收支与生活状况调查,主要调查反映城乡居民的收支和生活状况,是国家统计局最早开展的调查项目之一,距今已有近 70 年的历史;广义上的住户调查除住户收支与生活状况调查之外,还包括脱贫县农村住户监测调查、农民工监测调查、农民工市民化监测调查、农户固定资产投资调查、退耕还林(草)监测调查等调查。以下谈论均为狭义的住户调查,即住户收支与生活状况调查。

住户调查主要目的包括全面、准确、及时了解全国和各地区城乡居民收入、消费及其他生活状况,客观监测居民收入分配格局和不同收入层次居民的生活质量,更好地满足研究制定城乡统筹政策和民生政策的需要,为国民经济核算和居民消费价格指数权重提供基础数据等。

2013 年以前,住户调查为两项独立开展的农村住户调查和城镇住户调查。农村住户调查始于 1954 年的"农民家计调查",城镇住户调查始于 1955 年的"职工家庭生活调查",两项调查中间都曾两次中断。1984 年,国家统计局分别设立了农村社会经济调查队和城市社会经济调查队后,城乡住户调查获得了长足发展,调查方法、调查内容逐渐与国际接轨,分别形成了比较完整系统的城乡住户调查体系。2013 年开始,国家统计局实施了城乡一体化住户调查改革,在全国统一抽选了 16 万户城乡居民家庭,开展住户收支与生活状况调查,实现了城乡住户调查的"五个统一",即统一调查指标,统一抽样方法,统一调查过程,统一数据处理,统一数据发布。

一、住户调查的对象

住户调查对象为中华人民共和国境内的住户,既包括城镇住户,也包括农村住户;既包括以家庭形式居住的住户,也包括以集体形式居住的住户。无论户口性质和户口登记地,中国公民均以住户为单位,在常住地参加本调查。

这里的"住户"与"家庭"概念不同,它是指居住在一个住宅内,共同分享生活开支或收入的一群人。居住在同一房间内、不共同分享生活开支的人群,每个人都视为一个住户。住家保姆、住家家庭帮工视为单独的住户。

根据居住的状态,可将住户分为家庭居住户和集体居住户。家庭居住户指的是以家庭成员关系为主,居住在同一住宅内共同生活的住户。集体居住户指的是相互没有家庭成员关系,居住在同一房间内,不共同分享生活开支,独立生活的住户。如在工棚、工厂的集体宿舍以及在工作地居住的集体居住户,每个人都视为一个住户。

二、住户调查的主要内容

分省住户调查内容主要包括居民现金和实物收支情况、住户成员及劳动力从业情况、居民家庭食品和能源消费情况、住房和耐用消费品拥有情况、家庭经营和生产投资情况、社区基本情况以及其他民生状况等。

(一)住户成员及劳动力从业情况

1. 住户成员

指居住在一个住宅内,所有与本住户分享生活开支或收入的人员。共同分享生活开支指共同享用生活必需品,如一起吃饭、一起分享生活设施、一起安排支出用途等。

还包括:

(1)由本住户供养的在外学生(包括大中专学生和研究生);

(2)未分家的农村外出从业人员和随迁家属,无论其外出时间长短;

(3)轮流居住的老人;

(4)因探亲访友、旅游、住医院、培训或出差等原因临时外出的人员。

不包括:

(1)寄宿者、住家保姆和住家家庭帮工;

(2)已分家的子女、出嫁人员、挂靠人员;

(3)本住户不再供养的在外学生(包括大中专学生和研究生);

(4)调查时点已应征入伍者;

(5)调查时点的劳教劳改人员。

2. 常住成员

指住户成员中,经常在家居住或者调查期内居住时间超过一半的人员,以及本住户供养的学生。常住成员是住户收支的调查对象。

3. 从业人员

被调查者只要在调查期(一般为季度)内从事过任何以获取报酬或经营收入为目的的生产经营和社会经济活动,不管时间长短,均应计算为从业过的人员。从事过农业生产经营活动或者临时性的以获取报酬或经营收入为目的的劳动,都应计算为“从业过”。家庭成员在本地自家经营的摊位、商店、门市部和工厂劳动,即使没有任何收入,也应视为“从业过”。正式办理了离休、退休手续的人为取得收入而从事了工作,也视为“从业过”。只要是为了取得收入,无论实际是否取得了收入,均应计算为“从业过”。

不以取得收入为目的的义务劳动和公益性劳动不属于“从业”。仅在自己家中从事无收入的家务劳动也不属于“从业”。

(二)居民可支配收入和消费支出情况

1. 可支配收入

指调查户调查期内获得的、可用于最终消费支出和储蓄的总和,即调查户可以用来自由支配的收入。可支配收入既包括现金,也包括实物收入。按照收入的来源,可支配收入包含四项,分别为:工资性收入、经营净收入、财产净收入、转移净收入。计算公式为:

$$可支配收入 = 工资性收入 + 经营净收入 + 财产净收入 + 转移净收入$$

2. 工资性收入

指就业人员通过各种途径得到的全部劳动报酬和各种福利,包括受雇于单位或个人、从事各种自由职业、兼职和零星劳动得到的全部劳动报酬和福利。

工资指就业人员通过劳动从单位或雇主获取的各种现金报酬,包括按周、按月或按其他间隔定期发放的计时计件劳动报酬;按月、按季度或按年度发放的奖金;按月或其他间隔发放的住房补贴、交通补贴、车改补贴、通讯补贴、冬季取暖费和防暑降温费等;定期或不定期发放的过节费、相当于现金的通用购物卡等;因加班、夜班、在周末或其他私人时间工作而获得的加班工资或专门津贴;因到外地工作、或在不满意的或危险的环境下工作而获得的津贴;在国外工作的出国津贴等;根据国家法律、法规和政策规定,因病、工伤、产假、计划生育假、婚丧假、事假、探亲假、定期休假、停工学习、执行国家或社会义务等原因按计时或计件工资标准的一定比例支付的工资;根据激励制度,与企业整体业绩挂钩而给付的专项奖金或现金奖励;在工作岗位上获得的佣金、赏金或小费。

工资应包括各种扣款,如工作单位代扣的应由个人承担的养老保险、医疗保险、失业保险和住房公积金;以及单位在工资中代扣的房租、水费、电费、托儿费、医疗费、借款等,同时把所扣除的各项费用分别计入相应的消费支出或转移性支出中。工资按照收付实现制计算,只要是在调查期内实际得到的工资,无论该工资是补发还是预发,都应归为本期得到的工资收入。本调查期内应得但因拖欠等原因未得到的工资不应计入。

工资不包括因员工或员工家属大病、意外伤害、意外死亡等原因支付给员工或其遗属的抚恤金和困难补助金,应该将其列入转移性收入中的社会救济和补助收入。

实物福利指单位或雇主免费或低价提供给员工的各种实物产品和服务折价。实物福利既包括单位或雇主免费或低价提供的各种实物产品,如米面、植物油、牛奶、水果、糕点、床上用品、日用杂品、手机、自行车、家用电器及配件等;也包括单位或雇主免费或低价提供的各种服务,如免费或低价提供的工作餐(不包括公务招待或出差中的餐饮消费)、住宿、上下班交通工具、停车场、幼儿园、娱乐、健身、旅游和医疗保健服务,以及单位缴纳的水电费、取暖费、物业费、职工子女入学的教育赞助费等。由个人先行付款消费,后由单位或雇主给予报销的款额也视为实物福利。实物福利还包括单位或雇主自身生产过程所生产的货物与服务,如铁路或航空公司提供给员工的免费旅程,采矿企业提供给员工的免费煤炭等。实物福利的估价遵循以下原则:如果产品或服务是单位或雇主购买的,则采用购买者价格对其进行估价;如果产品或服务是单位或雇主自己生产的,则采用生产者价格对其进行估价。如果产品或服务是免费提供给职工的,则实物福利的价值就是所提供产品或服务的全部价值;如果产品或服务是以低于市场价格的价格提供给职工的,则实物福利的价值就是所提供的产品或服务的市场价值与实际支付额之间的差值。

实物福利不包括单位或雇主为雇员能够完成工作所给予的实物产品或服务。如雇员为接手新的工作岗位或应雇主的要求,把家搬到本国其他地区或国外所支付的旅费、搬迁费或其他相关费用的报销;如发给雇员的用于工作的服装、工具、设备或其他产品。

其他指就业人员获取的、除工资以外的其他现金劳动报酬以及单位缴纳的各种社会保障费。包括因裁员得到的一次性辞退金;股份制企业派发或奖励给员工的股票和期权;调动工作的安家费;根据国务院发布的有关规定颁发的创造发明奖、自然科学奖和科学技术进步奖以及支付给运动员、教练员的奖金;个人从事自由职业如写作、翻译、设计等(含兼职或零星劳动)得到的稿费、翻译费、设计费、讲课费、咨询费等劳动报酬。

3. 经营净收入

指住户或住户成员从事生产经营活动所获得的净收入,是全部经营收入中扣除经营费用、生产性固定资产折旧和生产税之后得到的净收入。计算公式为：

经营净收入 = 经营收入 − 经营费用 − 生产性固定资产折旧 − 生产税

4. 财产净收入

指住户或住户成员将其所拥有的金融资产、住房等非金融资产和自然资源交由其他机构单位、住户或个人支配而获得的回报并扣除相关的费用之后得到的净收入。财产净收入包括利息净收入、红利收入、储蓄性保险净收益、转让承包土地经营权租金净收入、出租房屋净收入、出租其他资产净收入和自有住房折算净租金等。财产净收入不包括转让资产所有权的溢价所得，这应该计入"非收入所得"。

利息净收入指利息收入扣除该住户或个人付给债权方的生活性借贷款利息支出后得到的净值。

利息收入是指按照双方事先约定的金融契约条件，借出金融资产（存款、债券、贷款和其他应收账款）的住户或个人从债务方得到的本金之外的附加额。利息收入是应得收入，包括各类定期和活期存款利息、债券利息、个人借款利息等，银行代扣的利息所得税也包括在内。利息与红利的差异：利息一般是预先约定的，与企业的经营状况无关，而红利的多少与企业的经营效益直接有关，一般不预先约定。

红利收入指住户或个人作为股东将其资金交由公司支配或处置而有权获得的收益。包括股票发行公司按入股数量定期分配的股息、年终分红以及从集体财产入股或其他投资分配得到的股息和红利。股票买卖结算后获得的收益（含亏损）不包含在内，应计入"非收入所得"。

储蓄性保险净收益指住户或个人参加储蓄性保险，扣除缴纳的保险本金及相关费用后，所获得的保险净收益。不包括保险责任人对保险人给予的保险理赔收入。

转让承包土地经营权租金净收入指住户将拥有经营权或使用权的土地转让给其他机构单位或个人获得的补偿性收入扣除相关成本支出后得到的净收入。也包括从其他机构单位或个人获得的实物形式的收入。

出租房屋净收入指住户将自有住房出租给其他机构单位或个人得到的租金回报再扣除相关的维护成本之后得到的净收入。

出租其他资产净收入指住户将除住房之外的其他资产，包括各种有形资产和无形资产（如生产经营用房、机械设备、专利、专有技术、商标商誉等），交由其他机构单位或个人使用而获得的回报再扣除相关成本支出后得到的净收入。

自有住房折算净租金指现住房产权为自有住房（含自建住房、自购商品房、自购房改住房、自购保障性住房、拆迁安置房、继承或获赠住房）的住户为自身消费提供住房服务的折算价值扣除折旧后得到的净租金。自有住房折算净租金的计算方法为：

自有住房年度折算净租金 = 自有住房年度折算租金 − 购建房年度分摊成本

自有住房年度折算租金主要是依据自有住房的市场估值和使用年限进行折算，而购建房年度分摊成本是按照购建房的价格和相应的年折旧率进行计算。由于大多数的农村区域并不存在住房交易市场，难以对其进行估值，一般就认为农村居民的房屋市场价值等

327

同于当年的建房价格,折算后的净租金为零。因此,在实际操作中仅针对城镇居民计算自有住房折算净租金。需要注意,自有住房折算净租金是一种实物收入。

其他财产净收入指住户所得的除上述以外的其他财产性收入扣除相关的维护成本之后得到的净收入。如通过在国外购买的土地、矿产等自然资源获得的财产净收入等。

5. 转移净收入

计算公式为:

$$转移净收入 = 转移性收入 - 转移性支出$$

转移性收入指国家、单位、社会团体对住户的各种经常性转移支付和住户之间的经常性收入转移。包括养老金或退休金、社会救济和补助、政策性生产补贴、政策性生活补贴、经常性捐赠和赔偿、报销医疗费、住户之间的赡养收入,以及本住户非常住成员寄回带回的收入等。

转移性收入不包括住户之间的实物馈赠。

养老金或离退休金指根据国家有关文件规定或合同约定,在劳动者年老或丧失劳动能力后,根据他们对社会、单位所做的贡献和所具备的享受养老保险资格或退休条件,按月以货币形式或实物产品及服务给予的待遇,主要用于保障因年老或疾病丧失劳动能力的劳动者的基本生活需要。包括离退休人员的养老金或离退休金、生活补贴,农民享有的新型农村养老保险金,城镇居民享有的社会养老保险金,国家或地方政府给予城镇无保障老人的养老金,因工致伤离退休人员的护理费,退休人员异地安家补助费、取暖补贴、医疗费、旅游补贴、书报费、困难补助以及在原工作单位所得的各种其他收入,相当于现金的购物卡券也包含在内。也包括发给的实物和购买指定物品的票证、购物卡券,应同时计入相应的实物产品和服务项目中。

社会救济和补助指国家、机关企事业单位、社会团体和个人对各类特殊家庭、人员提供的特别津贴。包括国家对享受城镇居民最低生活保障待遇的家庭发放的最低生活保障金、对农村五保户发放的五保救助金、国家和社会及机构单位对特殊困难家庭给予的困难补助、扶贫款、救灾款、国家或机构单位向由于失去工作能力或意外死亡等原因而失去工作的职工或其遗属定期发放的抚恤金等。也包括发给的实物和购买指定物品的票证、购物卡券,应同时计入相应的实物产品和服务项目中。

政策性生产补贴指国家为扶持农业等行业进行的相关生产补贴,如农业支持保护补贴、购置和更新大型农机具补贴、退耕还林还草补贴、畜牧业补贴、非农生产经营补贴等。

政策性生活补贴指根据国家的有关规定,中央财政、各级地方财政给予家庭的相关政策性生活补贴。包括家电下乡和以旧换新等家电补贴、能源补贴、给农村寄宿制中小学生的生活补贴;也包括其他低价或免费提供的实物产品和服务,如廉租房等。

报销医疗费指参加新型农村合作医疗、城镇职工基本医疗保险、(城镇)居民基本医疗保险、城乡居民大病保险的居民在购买药品、进行门诊治疗或住院治疗之后,从社保基金或单位报销的医疗费。报销医疗费属于一种实物收入。报销医疗费包括使用社保卡进行医疗服务付费时直接扣减的、由社保基金支付的部分。从商业医疗保险获得报销的医疗费不包括在内。

外出从业人员寄回带回收入指在外(含国外)工作的本住户非常住成员寄回、带回的收入。无论是以现金、汇款、转账、银行卡共享等任何形式寄回、带回的收入,都应计入。

赡养收入指亲友因赡养和抚养义务经常性给予住户及其成员的现金和实物收入。

其他经常转移收入指住户从除上述各项转移性收入以外得到的其他经常性转移收入。如经常性捐赠收入、经常性赔偿收入、失业保险金、亲友搭伙费等。

经常性捐赠收入指住户从他人、组织、社会团体处得到的经常性捐献或赠送收入。这种捐赠收入带有义务性和经常性,不包括遗产及一次性馈赠收入、婚丧嫁娶礼金所得、压岁钱等。捐赠收入与赡养收入的区别:赠送是对本住户的成员无赡养义务的其他住户或个人给本住户及其成员的现金。本住户成员内部间的捐赠收入和捐赠支出均不必记账。

经常性赔偿收入指住户及其成员因受到财产损失、人身伤害、精神损失得到的国家、单位、个人定期支付的经常性赔偿,不包括一次性赔偿所得。

转移性支出指调查户对国家、单位、住户或个人的经常性或义务性转移支付。包括缴纳的税款、各项社会保障支出、赡养支出、经常性捐赠和赔偿支出以及其他经常转移支出等。

个人所得税指调查对象被扣缴的工资薪金所得、对企事业单位的承包经营承租经营所得、个体工商户的生产经营所得、劳务报酬所得、稿酬所得、特许权使用费所得、利息股息红利所得、财产租赁所得、财产转让所得、偶然所得、经国务院财政部门确定征税的其他所得等个人所得的税款。生产税、消费税不在其内。

社会保障支出指调查户家庭成员参加国家法律、法规规定的社会保障项目中由单位和个人共同缴纳的保障支出。包括养老保险、医疗保险、失业保险、工伤保险、生育保险以及其他社会保障支出。

外来从业人员寄给家人的支出指从业人员寄回带回其户口登记地家庭的支出。

赡养支出指调查户因赡养和抚养义务而付给亲友的经常性现金和定期的实物支出。现金赡养支出应按实际发生的金额计算,不论是从报告期收入中开支的,还是从银行存款、手存现金以及其他所得中开支的,均应包含在内。

其他经常转移支出指除缴纳的税款、社会保障支出、赡养支出以外的其他经常性转移支出。如经常性捐赠支出;经常性赔偿支出;各种罚款,如交通罚款;政府部门向居民提供服务收取的服务费,如迁户口的办理费、办理身份证费;缴纳工会费、党费、团费以及学会团体组织费等。

经常性捐赠支出指调查户赠予他人的经常性和带有义务性的现金支出,包括向寺庙的经常性捐献、定期资助贫困学生或贫困地区的款项、个人对公共设施建设的各类捐款,如解困基金、水利基金、防洪基金等。但不包括以商品或服务方式给予他人的价值额。婚丧嫁娶礼金支出及一次性馈赠支出如压岁钱、探望病人给予的礼金等不含在内。经常性捐赠支出应按实际发生的金额计算,不论是从报告期收入中开支的,还是从银行存款、手存现金以及其他所得中开支的,均应包括在内。

经常性赔偿支出指调查户向因受到财产损失、人身伤害、精神损失的国家、单位、个人定期支付的赔偿支出,不包括一次性赔偿支出。

6. 消费支出

指住户用于满足家庭日常生活消费需要的全部支出,包括用于消费品的支出和用于服务性消费的支出。根据用途不同,消费支出可划分为食品烟酒、衣着、居住、生活用品及服务、交通通信、教育文化娱乐、医疗保健、其他用品及服务八大类。根据来源不同,消费支出可划分为现金消费支出、实物消费支出(含自产自用、来自单位、来自政府和其他社会组织)。

(三)家庭经营和生产投资情况

1. 农业经营基本情况

包括家庭实际经营土地情况、土地种植情况、主要农业生产性固定资产数量、期末农业生产性固定资产原价、期内农业生产性固定资产投资及资金来源等。

2. 非农产业固定资产投资情况

包括期末非农产业固定资产原价、期内非农产业固定资产投资及资金来源等。

(四)住房和耐用消费品拥有情况

1. 住户现住房情况

包括建筑面积、居住空间样式、主要建筑材料、房屋来源、住房外道路路面情况等。

2. 生活设施状况

包括是否有管道供水、主要饮用水来源、是否存在饮用水困难、住宅内厕所状况、主要取暖设备状况、主要炊用和取暖能源状况等。

3. 耐用消费品拥有情况

指住户拥有家用汽车、摩托车、电冰箱、洗衣机、热水器、空调、彩色电视机、照相机、计算机、中高档乐器、固定电话和移动电话等耐用消费品的数量。

(五)社区基本情况

调查自然村(居委会)和行政村的基础设施和公共服务的基本情况,包括交通通讯便利性、饮水安全、供暖供气、健身器材、医疗条件、安保等方面。

三、住户调查组织

住户调查由两部分组成。一是分省住户调查,以省、自治区、直辖市(以下简称省)为总体进行抽样,主要目的是准确反映全国及分省居民收支水平、结构、增长速度,收入分配格局以及政策对居民生活状况的影响;二是分市县住户调查,以市、地、州、盟(以下简称市)及以县、区、县级市、旗(以下简称县)为总体进行抽样,主要目的是准确反映分市县居民收支水平和增长速度,满足政府对市县管理的需要。

国家统计局统一领导住户调查,负责制定调查方案,组织调查实施,监督调查过程,审核、处理、汇总调查数据,发布全国和分省城乡居民收入、消费和生活状况数据。

国家统计局各调查总队按照住户调查方案规定,负责组织分省住户调查工作,并按照《国家统计局关于加强和改进分市县住户调查工作的通知》(国统字〔2011〕110 号)、《国家统计局关于进一步规范分市县住户调查有关事项的通知》（国统字〔2016〕181号）文件和住户调查方案要求,牵头负责本地区分市县住户调查工作,省级统计局积极配合做好调查制度布置以及数据发布等相关工作。

四、住户调查方法

（一）抽样目标

以省为总体的分省住户调查抽样目标是:在95%的置信度下,分省居民及分省分城乡居民人均可支配收入、消费支出的抽样误差控制在3%以内（个别人口较少的省在5%以内）,收入四大项和消费八大类数据的抽样误差控制在5%以内。由此汇总生成的全国居民及分城乡居民人均可支配收入和消费支出的抽样误差控制在1%以内,收入四项和消费八大类数据的抽样误差控制在3%以内。

以市或县为总体的分市县住户调查抽样目标是:在95%的置信度下,分市居民人均可支配收入和消费支出的抽样误差基本控制在5%以内,分县居民人均可支配收入和消费支出的抽样误差基本控制在15%以内。

（二）样本量的确定和分配

分省住户调查的样本量,根据各省人口规模、居民收支的差异程度和分城乡收支数据抽样精度要求,综合考虑调查经费情况、各省调查力量配置情况和调查组织方式等因素确定。省内市区层与县域层、层内各区县的样本量分配主要考虑人口规模、收支差异和最低样本量要求等进行分配。分市县住户调查要达到规定的抽样精度,以市为总体,需要1000户左右样本;以县为总体,需要200户左右样本。

在人力不足的情况下,简单增加样本量会弱化调查辅导和数据审核,增加非抽样误差,因此各市县可综合考虑收支差异、精度要求和调查能力,最少保证各县区分城乡样本量在50户以上。全国住户调查样本量共计40万户,其中,分省住户调查样本16万户,分市县住户调查样本24万户。

（三）抽样方法

1. 分省住户调查样本的抽选方法

以省为总体,综合采用分层、多阶段、与人口规模大小成比例（PPS）和随机等距抽样相结合的方法抽选村级单位、确定调查小区、抽选样本住户。

每个省分市区和县域两层分别进行抽样。市区层包括所有市辖区,在每个市辖区内采用二阶段抽样,即每个区抽选村级单位并确定调查小区、抽中的调查小区内抽住户;县域层包括县和县级市,采用三阶段抽样,即从县域层中抽调查县、调查县抽选村级单位并确定调查小区、抽中的调查小区内抽住户。部分县域个数较小的省（自治区、直辖市）不再区分市区层和县域层,在每个区县内直接抽选村级单位并确定调查小区。

2. 分市县住户调查样本的抽样方法

以市或县为抽样总体,在有分省住户调查样本的区县,采用分层、随机的方法,补充抽选分市县住户调查扩充的村级单位,抽出村级单位后,使用与分省住户调查样本相同的抽样方法,确定调查小区和抽选住户。分省调查样本和分市县补充调查样本共同构成分市县调查样本。在没有分省住户调查样本的县,使用与分省住户调查样本相同的抽选方法,抽选分市县住户调查所需要的村级单位并确定调查小区、抽选住户。

（四）周期内样本轮换

样本调查小区的设计使用周期为 5 年,抽中的调查小区周期内保持不变,调查小区内的样本住户每 3 年或 2 年进行轮换。

（五）数据采集方式

住户调查采用日记账和问卷调查相结合的方式采集基础数据。其中,居民现金收入与支出、实物收入与支出等内容主要使用记账方式采集。住户成员及劳动力从业情况、住房和耐用消费品拥有情况、家庭经营和生产投资情况、社区基本情况及其他民生状况等资料使用问卷调查方式采集。为了提高调查配合度、减轻调查负担、增强抗干扰能力、改进调查效率,国家统计局使用住户调查应用系统,推广电子化数据采集方式。

调查基础数据包括样本信息、调查户记账数据和问卷调查数据。由市县调查统计机构负责组织开展基础数据采集,并初步审核。

（六）数据处理方式

全国、省、市、县各级汇总结果根据分户基础数据、采用加权汇总方式生成。各级汇总权数由国家统计局统一制定。国家统计局根据分省调查样本数据和相应权数汇总生成全国和分省数据。各调查总队根据分市县调查样本数据和相应权数汇总生成分市县数据。

（七）数据质量控制

住户调查实行全过程质量控制。国家统计局建立全过程质量控制制度,规范方案设计,科学抽选样本,认真组织培训,严格流程管理,加强监督检查。每个季度随机抽取6000 个调查户进行电话回访,对调查样本代表性进行评估和校准,对基础数据进行审核分析,对各地住户调查专业工作的各个环节进行量化考核。各级调查统计部门要加强调查基础工作,加强对调查过程的各个环节监督检查,及时、独立上报数据。

第十六节　价格统计

价格统计是国民经济统计工作的重要组成部分,综合运用各种科学的统计调查方法,系统地调查、收集和整理主要商品(货物和服务)的价格数据,编制价格指数,从不同侧面反映国民经济运行情况。编制的价格指数主要包括居民消费价格指数、工业生产者价格指数、新建商品住宅销售价格指数、二手住宅销售价格指数等。

一、居民消费价格统计调查

居民消费价格,是指城乡居民购买并用于日常生活消费的商品和服务项目的价格。居民消费价格调查的任务是调查、搜集和整理这些商品和服务项目的价格,并编制居民消费价格指数(consumer price index,简称 CPI),以反映一定时期内居民所消费商品及服务项目的价格水平变动趋势和程度。编制居民消费价格指数的目的,是了解全国各地价格变动的基本情况,分析研究价格变动对社会经济和居民生活的影响,满足各级政府制定政策和计划、进行宏观调控的需要,并为国民经济核算提供参考依据。

(一)调查对象及调查内容

调查对象为商场(店)、超市、农贸市场、服务网点和互联网电商等。

调查内容是城乡居民购买并用于日常生活消费的商品和服务项目的价格。商品和服务项目是根据全国城乡居民家庭消费支出调查资料以及居民消费结构和习惯确定,按用途划分为8个大类,268个基本分类,包括食品烟酒、衣着、居住、生活用品及服务、交通通信、教育文化娱乐、医疗保健、其他用品及服务。

(二)价格指数的编制单位

国家统计局负责全国居民消费价格指数的编制及相关工作,并组织、指导省(区、市)调查总队开展消费价格统计调查工作。国家统计局省(区、市)调查总队负责统一组织、实施本省(区、市)范围内的消费价格统计调查工作。全国各调查市、县按照统一的调查制度开展消费价格调查工作。

(三)报告期和调查频率

报告期为月度。一般性商品(服务)每月调查2次价格;部分服务项目每月调查3次价格;对于与居民生活密切相关、价格变动比较频繁的商品,每5天调查1次价格;由国家或地方统一定价的一些商品(服务)或价格相对稳定的商品(服务),每月调查1次价格。

(四)调查实施

1. 调查市(县)的抽选方法

按照大中小兼顾以及地区分布合理原则,采用分层随机抽样的方法确定。首先,按照城镇规模将全国所有省(区、市)的城镇划分为三层:大中城市(地级和地级以上的城市)、县级市、县城(镇)。第二,按各层人口占全省(区、市)人口的比例来分配每层的样本量。第三,以各市(县)年人均收入为标志从高到低排队,然后将各市(县)的人口数累计起来,依据所需调查市(县)的数量进行等距抽样。

为增强各地区价格指数的代表性,部分省(区)需要增加调查市、县时,经报国家统计局批准同意,可参照抽样调查原则,结合当地实际情况,适当增选一定数量的中、小城市和县进行调查。

2. 价格调查点的抽选方法

各市、县调查队在对当地消费市场进行摸底调查、掌握市场的基本情况(经营品种、销售额等指标)基础上,将各种类型的商场(店)、超市、农贸市场、服务网点等以销售额(成交额或经营规模)为标志,从高到低排队,依据所需调查点的数量进行等距抽样。选择经营品种齐全、销售额大的商场(店)、超市、农贸市场、服务网点等作为价格调查点。

特大城市和大城市必须选择5个以上农贸市场和3个以上综合型超市作为价格调查点;中等城市必须选择3个以上农贸市场和2个以上综合型超市作为价格调查点;小城市和县必须选择2个以上农贸市场和1个以上综合型超市作为价格调查点。对于同一规格品,原则上特大城市和大城市必须选择3个以上价格调查点,中等城市必须选择2个以上价格调查点,小城市和县必须选择1个以上价格调查点。设区的城市原则上要求每个区有 1 个农贸市场和 1 个超市。

对于一些规格等级复杂多变的商品,各地必须根据实际情况,适当多选几个价格调查点作为辅助调查点。

对于本地没有销售的某些商品(服务),例如汽车、飞机票等,可采集相邻城市相应商品(服务)的价格。

3. 代表规格品的选择原则

基本分类下的代表规格品,由各地根据当地商品或服务销售量大小及居民消费结构等情况选定,全国统一的规格品除外。每一基本分类的代表规格品数量原则上不能少于制度规定的最低标准,可根据当地实际情况适当增加。鉴于地区间的差异,各地可将具有地方特色的商品或服务项目,列入 268 个基本分类项中相应的"其他"项。

代表规格品的选定必须遵循以下原则:(1)选择消费量较大的消费项目;(2)价格变动趋势和变动程度有较强的代表性,即选中规格品与未选中规格品的价格变动特征愈相关愈好;(3)在市场销售份额大体相等的情况下,同一基本分类的规格品之间,性质差异愈大愈好,价格变动特征的相关性愈低愈好;(4)生产和销售前景较好;(5)选中的工业消费品必须是合格产品,工业产品包装上必须有注册商标、产地、规格等级等标识。

如果规格品失去代表性或已被市场淘汰,必须立即进行更换,选择其他有代表性的规格品进行替代。

鉴于市场上的商品进货渠道多,货源不稳定,在确定调查商品的代表规格品时,必须征求市场有关部门的主管业务人员和价格工作人员的意见。

(五)价格调查方法

通过手持数据采集器,采用定人、定点、定时的方法直接调查,或者由选中的调查对象协助填报。在保证价格准确的前提下,经国家统计局审定,各地可通过相关政府部门发布的通知、公告等文件,以及部分企业、单位公开发布的收费信息资料和被调查单位的电子数据进行采价,也可从互联网采集特定商品和服务价格。

如果商品的挂牌价格与实际成交价格不一致,必须调查采集实际成交价格。对规格等级复杂多变的商品,如果固定价格调查点无货,可以不受所选价格调查点的限制,采用辅助价格调查点的价格代替。如果辅助价格调查点也无货,可用其他商店或农贸市场同种代表规格品的价格替代。对服装、电器等更新换代较快的商品,必须及时与销售人员和有关人员沟通,全面了解情况,按照规定的程序,准确确定可比规格品价格,确保其价格变动幅度符合该类别商品价格变动趋势。

(六)权数

计算居民消费价格指数所用的权数,是每一种商品或服务项目在居民所有消费商品和服务总支出中所占的比重,是反映各调查项目的价格变动对总指数变动影响程度的指标。基期年份的权数根据基期年份的居民家庭住户调查资料及相关统计资料整理得出,同时辅以典型调查数据或专家评估予以补充和完善。本轮计算居民消费价格指数的固定基期确定在 2020 年。

市权数主要根据城市居民家庭消费支出调查资料、人口资料整理计算;县权数主要根据农村居民家庭消费支出调查资料和人口资料整理计算。

省(区)权数根据城市和农村权数、人口资料,按城市和农村居民消费支出金额计算。

国家权数,根据各省(区、市)城市、农村的权数以及人口资料,按各省(区、市)城市、农村居民消费支出金额计算。

(七)价格指数的计算方法

1. 代表规格品平均价格的计算

代表规格品的月度平均价采用简单算术平均方法计算,首先计算规格品在一个调查点的平均价格,再根据各个调查点的价格算出月度平均价。

$$P_i = \frac{1}{m} \sum_{j=1}^{m} \left(\frac{1}{n} \sum_{k=1}^{n} P_{ijk} \right) = \frac{1}{m} \sum_{j=1}^{m} P_{ij}$$

其中,P_{ijk} 为第 i 个规格品在第 j 个价格调查点的第 k 次调查的价格;P_{ij} 为第 i 个规格品第 j 个调查点的月度平均价格;m 为调查点的个数,n 为调查次数。

2. 基本分类指数的计算

代表规格品价格变动的相对数为 $G_{ti} = P_{ti} / P_{(t-1)i} \times 100\%$

G_{ti} 为第 i 个代表规格品在报告期(t)价格与上期($t-1$)价格对比的相对数。

根据所属代表规格品价格变动相对数,采用几何平均法计算各基本分类的月环比指数,计算公式为:

$$K_i = \sqrt[n]{G_{t1} \times G_{t2} \times \cdots \times G_{tn}} \times 100\%$$

其中,G_{t1},G_{t2},$\cdots$,G_{tn} 分别为第 1 个至第 n 个规格品在第 t 期与上期价格对比的相对数。

3. 各类定基指数的计算

$$L_t = L_{t-1} \times \frac{\sum P_t Q_{2020}}{\sum P_{t-1} Q_{2020}}$$

其中,t 为报告期;$t-1$ 为报告期的上一时期;L 为定基指数;$P_t Q_{2020}$ 为固定篮子商品和服务的金额;$P_t Q_{2020} = P_{t-1} Q_{2020} \times K_i$。

4. 全省(区)指数的计算

全省(区)指数根据全省(区)城市和农村指数按城乡居民消费支出数据加权平均计算。

5. 全国指数的计算

全国城市(农村)指数根据各省(区、市)指数按各地居民消费支出数据加权平均计算。全国指数根据全国城市和农村指数按城乡居民消费支出数据加权平均计算。

6. 指数的换算方法

$$I_{环比} = \frac{报告期(月)定基指数}{上期(月)定基指数} \times 100\%$$

335

$$I_{\text{同比}} = \frac{\text{报告期(月)定基指数}}{\text{上年同期(月)定基指数}} \times 100\%$$

$$I_{\text{年度}} = \frac{\text{本年各月定基指数的简单算术平均数}}{\text{上年各月定基指数的简单算术平均数}} \times 100\%$$

二、工业生产者价格统计调查

（一）调查目的

工业生产是社会再生产的重要组成部分。在我国，工业部门是国民经济中所占比重较高的生产部门，其发展速度、规模、效益以及生产结构的调整直接影响着国民经济的发展。

工业生产者价格包括工业企业产品第一次出售时的出厂价格和企业作为中间投入的原材料、燃料、动力购进价格（以下简称工业生产者购进价格）。工业生产者价格调查的目的在于及时、准确、科学地反映各工业行业产品价格水平及其变化趋势和变动幅度，为国民经济核算、宏观经济分析和调控、理顺价格体系等提供科学、准确的依据。

（二）调查任务

1. 调查工业生产者出厂价格及购进价格。

2. 编制全国、各省（区、市）的工业生产者出厂价格总指数及各种分类指数，工业生产者购进价格总指数及各种分类指数，反映工业生产者出厂价格和购进价格的变化趋势和变动幅度。

3. 为国民经济核算提供分行业的价格指数。

4. 结合工业经济情况和相关经济活动，开展统计分析，及时反映工业生产及市场中的新情况、新问题，为各级党政领导和管理部门宏观决策提供服务。

5. 向社会发布工业生产者价格信息，为社会公众提供咨询服务。

（三）调查方式、调查日期和调查内容

1. 工业生产者价格调查采用重点调查与典型调查相结合的调查方法。根据代表性原则，抽选年主营业务收入 2000 万元以上的企业作为调查对象，经国家统计局审定，可酌情补充部分年主营业务收入 2000 万元以下的企业。

2. 工业生产者价格调查实行月报，调查日期为调查月的 5 日和 20 日。

3. 工业生产者价格调查内容包括报告月调查日的工业生产者出厂价格和购进价格及相应的基期价格。

企业上报的报表包括报告期单价和上月平均单价，产品报告期单价为报告月 5 日、20 日两次所采单价的简单算术平均值。对于报表中的产品代码、产品名称、质量特征等内容都要认真填报。

工业生产者出厂价格统计调查 41 个工业行业大类，207 个工业行业中类，666 个工业行业小类的工业产品。根据我国工业企业产品的实际销售情况，从《统计用产品分类目录》中选定了有代表性的工业产品，并将其划分为 1310 个基本分类。

工业生产者购进价格调查项目由上述出厂调查目录的大部分和部分农副产品两部分

组成,确定为 852 个基本分类。

各省、自治区、直辖市执行全国统一的分类标准。详见《工业生产者出厂价格调查目录》和《工业生产者购进价格调查目录》。

(四)调查资料的上报方式、上报内容和上报时间

工业生产者价格调查资料的上报采取联网直报方式,严格按照国家统计调查制度各报表规定的调查内容、上报时间报送数据。具体时间要求如下:基层定报表的报送时间一般为月末;省级统计机构数据审核验收、上报截止时间一般为月后 4 日左右。

综合定报采用网络传输,报送时间一般为月后 4 日左右。

(注:遇节假日报送时间略有调整。)

(五)工业生产者价格指数的编制方法

1. 代表产品的选择原则

编制工业生产者价格指数,是以一组代表产品的价格变动来反映全部产品的价格变化趋势和变动幅度。选择代表产品应遵循以下原则:

(1)按工业行业选择基本分类和代表产品。各个主要工业大类行业(其他采矿业除外)和重点中类行业,一般应选择足够的基本分类和代表产品,以使价格指数较好地反映各行业工业生产者价格变化情况。

(2)选择对国计民生影响大的产品。一般来看,销售产值大的产品对国计民生影响就大,因此都应选择为代表产品。

(3)选择生产较为稳定的产品。一旦被选为代表产品,就要连续调查一个时期。所以选择代表产品时一定要考虑其生产的稳定性,试生产、经济寿命短的产品不应被选为代表产品。

(4)选择有发展前景的产品。部分产品如电子产品、生物制品、新材料等,尽管其当期销售产值较小,但它是有前途的产品,随着时间的推移,就会占有市场,所以要将这样的产品选为代表产品。而部分产品尽管一时销售产值较大,但已是国家明令淘汰或是将被市场淘汰的,则不应选为代表产品。

(5)选择具有地方特色的产品。一些产品具有地方特色,也可以被选为调查项目。

工业生产者价格调查目录由国家统计局制订,调查目录中基本分类及以上分类一般五年修订一次。编制指数的地区要根据本地区的经济结构、产品结构等情况,从上述调查目录中抽选调查一些在本地区有代表性的基本分类,并在未来五年内保持相对稳定。

2. 代表企业的选择原则

对于每个代表产品,每个地区要尽可能选择多个企业进行填报。在选择代表企业时,应遵循以下原则:

(1)按工业行业选择调查企业。调查企业要合理分布,不能遗漏,也不能过于集中。就编制指数的地区来讲,原则上调查企业应覆盖当地的重点中类行业。

(2)优先选择大型企业。同时,也可以适当选择一些其他企业,使工业生产者价格指数更加准确、全面地反映客观实际。

(3)选择生产稳定的企业作为调查对象。应通过邮件、传真、电话、走访等方式关注

调查企业的生产经营状况,在其失去代表性后及时进行更换。

3. 权数的确定

权数是衡量调查"商品篮子"中每个调查行业重要性的指标。由于每个调查产品在工业经济中的地位和作用不同,其价格变动对全部工业生产者价格指数的影响程度也有所不同。为合理反映价格变化的平均趋势,工业生产者价格指数是根据每个调查产品的价格指数加权平均计算而得出的。所以,在计算工业生产者价格指数时,要科学、合理地确定权数。

(1)基本分类及以上分类一般五年调整一次。在五年期间,若出现产品结构变动较大,以致影响"商品篮子"代表性的情况时,可进行合理修正。

(2)权数资料来源

工业生产者出厂价格统计中,小类及小类以上的权数资料来源于工业统计中分行业销售产值数据资料;基本分类的权数资料来源于独立的工业生产者出厂价格权数专项调查。工业生产者购进价格统计中,大类权数资料主要参考分行业的投入产出数据,其他分类的权数资料来源于独立的工业生产者购进价格权数专项调查。一般情况下,工业生产者价格权数调查每五年进行一次,2021 至 2025 年以 2020 年为基期计算价格指数。基本分类以下不设置权数。

4. 工业生产者价格指数的计算

省(区、市)指数汇总方法:

(1)基本分类指数的计算

①代表产品月环比指数的计算

根据该代表产品下所属代表规格品价格变动相对数,采用几何平均法计算,计算公式为:

$$K_i = \sqrt[n]{G_{i1} \times G_{i2} \times \cdots \times G_{in}} \times 100\%$$

其中:$G_{i1}, G_{i2}, \cdots, G_{in}$ 分别为 i 代表产品下第一个至第 n 个规格品报告期(t)价格与上期($t-1$)价格对比的相对数。

②基本分类月环比指数的计算

$$J_i = \sqrt[n]{K_1 \times K_2 \times \cdots \times K_n} \times 100\%$$

其中:$K_1, K_2, \cdots, K_n$ 分别为第 i 个基本分类下第一个至第 n 个代表产品的月环比价格指数。

③基本分类定基指数的计算

$$I = J_i^1 \times J_i^2 \times \cdots \times J_i^t \times 100\%$$

其中:$J_i^1, J_i^2, \cdots, J_i^t$ 分别表示第 i 个基本分类基期至报告期间各期的月环比指数。

(2)各类定基指数的计算

$$L_t = L_{t-1} \times \frac{\sum P_t Q_{2020}}{\sum P_{t-1} Q_{2020}}$$

其中: L 为定基指数;P_tQ_{2020} 为固定篮子产品的金额;$P_tQ_{2020}=P_{t-1}Q_{2020}\times J_i$;$t$ 为报告期;$t-1$ 为报告期的上一期。

全国指数根据各省(区、市)指数加权平均计算。

5. 指数的换算方法

$$I_{环比} = \frac{报告期定基指数}{上期定基指数} \times 100\%$$

$$I_{同比} = \frac{报告期定基指数}{上年同期定基指数} \times 100\%$$

三、房地产价格统计调查

(一)调查目的

全面了解和掌握相关城市新建住宅和二手住宅销售价格及其变动情况,为做好国民经济核算和房地产市场调控工作、满足社会公众需要提供基础统计信息。

(二)调查任务

按月调查和收集相关城市新建住宅和二手住宅销售价格、面积、金额等相关基础资料并计算价格指数。

(三)调查城市和调查范围

调查城市包括直辖市、省会城市、自治区首府城市(不含拉萨市)和计划单列市(共35个),以及唐山、秦皇岛等其他 35 个城市(以下简称"其他 35 个城市")。

调查范围为 70 个大中城市的市辖区,不包括县。

(四)调查方法和调查内容

1. 新建住宅销售价格的调查方法与内容

70 个大中城市新建住宅销售价格、面积、金额等资料直接采用当地房地产管理部门的网签数据。

新建住宅交易的网签数据内容,主要包括:住宅所在项目(楼盘)名称、项目地址、幢号、总层数、所在层数、住宅结构、建筑面积、成交总价(合同金额)、签约时间等。

2. 二手住宅销售价格的调查方法与内容

(1)二手住宅销售价格的调查方法

二手住宅销售价格调查为非全面调查,采用重点调查与典型调查相结合的方法,按照房地产经纪机构上报、房地产管理部门提供与调查员实地采价相结合的方式收集基础数据。

为保证二手住宅价格调查的科学性和可靠性,在选取房地产经纪机构和住宅样本时遵循以下原则:

一是选取房地产经纪机构要注重代表性。为保证调查资料的可靠性和连续性,要统筹考虑各种因素,选择规模大、实力强、营业额占当地总营业额比重较大、经营状况比较稳定的房地产经纪机构,并尽量兼顾内资、港澳台商投资、外商投资等不同注册登记类型。选取的房地产经纪机构的总营业额一般应占当地二手住宅总营业额的 75% 以上。房地产经纪机构应按规定内容和要求填报调查表。

二是各城市按照具体情况划分统计单位(包括但不限于客商圈、片区、街道、住宅小区或社区及房地产经纪机构下辖门店等),要综合考虑住宅类型、区域、地段、结构等统计口径的一致性。

(2)二手住宅销售价格的调查内容

成交住宅所在统计单位名称、位置、住宅类型、住宅所在区域、住宅所在地段、本月销售面积、本月销售金额、上月销售均价、本月销售均价等。

(五)指标设置

1. 新建商品住宅

设置 90 平方米及以下、90~144 平方米、144 平方米以上三个基本分类。

2. 二手住宅

设置 90 平方米及以下、90~144 平方米、144 平方米以上三个基本分类。

(六)新建商品住宅销售价格指数的计算方法

1. 各城市基本分类月环比价格指数

计算步骤与方法:第一,计算某一新建商品住宅项目 90 平方米及以下、90~144 平方米、144 平方米以上三个基本分类的环比指数;第二,加权计算全市三个基本分类的环比指数。

具体计算过程为:

(1)计算各项目各基本分类(90 平方米及以下、90~144 平方米、144 平方米以上商品住宅)本月及上月平均价格。

本月及上月平均价格计算公式为:

$$p_t^{i,j} = \frac{Yt^{i,j}}{Q_t^{i,j}} \text{ 和 } p_{t-1}^{i,j} = \frac{Y_{t-1}^{i,j}}{Q_{t-1}^{i,j}}$$

其中:$Yt^{i,j}$、$Y_{t-1}^{i,j}$ 为第 i 个项目第 j 基本分类 t 期(本月)、$t-1$ 期(上月)销售金额;$Q_t^{i,j}$、$Q_{t-1}^{i,j}$ 第 i 个项目第 j 基本分类 t 期(本月)、$t-1$ 期(上月)销售面积。

(2)计算各项目各基本分类月环比价格指数

①连续性销售项目和新开项目环比价格指数的计算

连续性销售项目是指,该项目本月和上月对应分类都有成交记录;新开项目是指,该项目本月第一次进入市场销售(当月之前连续三个月或以上没有成交,当月有成交的在售项目也视为新开项目)。

对于新开项目,需对上月该项目各分类平均价格进行增补,具体增补方法如下:如果新开项目附近区域存在可比在售项目,则按照该可比项目对应分类成交价格增补新开项目上月价格;如果没有,则根据区域、地段、价格同质可比原则,选取与该项目位置属同一级别区域的相似项目,按照其对应分类成交价格增补新开项目上月价格;如果上述项目都不存在,则根据该项目附近区域内本月二手住宅交易价格变动幅度或有关价格数据变动幅度进行增补。

连续性销售项目和新开项目基本分类环比指数。

$$H_{i,j} = \frac{p_t^{i,j}}{p_{t-1}^{i,j}}$$

其中：$p_{t-1}^{i,j}$ 为第 i 个项目第 j 基本分类 $t-1$ 期(上月)平均价格(对于新开项目则为增补的平均价格)；$p_t^{i,j}$ 为 t 期(本月)平均价格。

②间断性销售项目环比价格指数的计算

间断性销售项目是指,由于市场供求变化等原因导致该项目当月有交易,对应分类上月没有交易,而在上月之前的两个月内曾经有交易的项目。

对于该类项目,依据项目上月之前两个月内离本月最近的各分类成交数据计算各分类平均价格,再利用下列计算公式计算基本分类环比价格指数：

$$H_{i,j} = \sqrt[n]{\frac{P_t^{i,j}}{P_0^{i,j}}}$$

其中：$P_t^{i,j}$ 表示第 i 个项目第 j 基本分类 t 期(本月)平均价格；$P_0^{i,j}$ 表示距离本月最近的对应基本分类平均价格；n 为距离本月的月份个数。

(3)计算全市基本分类月环比价格指数

$$R_{t,t-1}^{j} = \frac{\sum_{i=1}^{n} H_{i,j} w_t^{i,j}}{\sum_{i=1}^{n} w_t^{i,j}}$$

其中：$H_{i,j}$ 为第 i 个项目第 j 基本分类环比价格指数；$w_t^{i,j}$ 为第 i 个项目第 j 基本分类 t 期权数；n 为该基本分类中包含项目的个数。

2. 各城市基本分类以上类别价格指数

(1)定基价格指数的计算公式(注：以 2020 年为基期,即以 2020 年平均价格为基期价格、2020 年销售面积为基期销售面积)

$$L_t = L_{t-1} \times \frac{\sum P_t Q_{2020}}{\sum P_{t-1} Q_{2020}}$$

其中：P_t 表示当月各分类平均价格,Q_{2020} 表示 2020 年各分类销售面积；L_t、L_{t-1} 分别为本月和上月定基价格指数；$\dfrac{\sum P_t Q_{2020}}{\sum P_{t-1} Q_{2020}}$ 为环比指数。

(2)月环比价格指数的计算公式

$$本月环比价格指数 = \frac{L_t}{L_{t-1}} = \frac{本月定基价格指数}{上月定基价格指数} \times 100\%$$

（3）月同比价格指数的计算公式

$$本月同比价格指数 = \frac{L_t}{L_{t-12}} = \frac{本月定基价格指数}{上年同月定基价格指数} \times 100\%$$

（七）二手住宅销售价格指数的计算方法

1. 各城市基本分类月环比价格指数

（1）计算各基本分类中选中的二手住宅的环比指数

$$H_{i,j} = \frac{p_t^{i,j}}{p_{t-1}^{i,j}}$$

其中：$p_t^{i,j}$ 为第 j 基本分类中第 i 个统计单位 t 期（本月）价格；$p_{t-1}^{i,j}$ 为 $t-1$ 期（上月）价格。

（2）计算全市基本分类环比价格指数

$$R_{t,t-1}^{j} = \frac{\sum_{i=1}^{n} H_{i,j} w_t^{i,j}}{\sum_{i=1}^{n} w_t^{i,j}}$$

其中：$H_{i,j}$ 为第 j 基本分类中第 i 个统计单位环比价格指数；$w_t^{i,j}$ 为第 j 基本分类中第 i 个住宅所代表住宅类型的 t 期（本月）权数；n 为该基本分类中包含住宅的个数。

2. 各城市二手住宅销售基本分类以上类别价格指数的计算方法同各城市新建商品住宅基本分类以上类别价格指数。

第十七节　采购经理调查

采购经理指数（purchasing managers' index，简称 PMI）是国际通行的宏观经济监测重要指标之一，能够及时反映一个国家或地区经济运行的景气状况，被称为经济变化的"晴雨表"和"风向标"。为了编制中国采购经理指数，加强对国民经济活动的监测与预警能力，为国家宏观决策和企业生产经营提供参考依据和咨询建议，国家统计局先后于 2005年、2007 年将制造业采购经理调查、非制造业采购经理调查纳入国家统计调查制度。

一、采购经理调查基本情况

采购经理调查属于定性调查，简单易行，科学合理，快速及时，目前全球已有 50 多个国家和地区开展此项调查，且问卷设计、调查方法、发布方式等基本一致，调查结果具有国际可比性。我国采购经理调查基本情况如下：

（一）调查范围及对象

调查范围为制造业和非制造业法人单位以及视同法人的产业活动单位。涉及《国民经济行业分类》（GB/T4754-2017）中制造业的 31 个行业大类；非制造业的 43 个行业大类。调查对象为企业的采购经理或主管运营负责人。

（二）调查内容

调查内容主要包括企业采购经理或主管运营负责人对企业生产、订单、采购、价格、库存、人员、供应商配送、市场预期等情况的判断，以及企业生产经营和采购过程中遇到的主要问题及建议。

（三）调查方法

调查采用成比例概率抽样方法，以行业大类为层，行业样本量按其增加值比重分配，层内样本使用与企业主营业务收入成比例的概率抽取。

（四）调查频率及方式

调查频率为每月一次，数据采集方式采用联网直报。

二、PMI 的基本概念

PMI 是一套通过对企业采购经理的月度调查统计汇总、编制而成的综合性指标体系，具有先行性特性，涵盖企业采购、生产、流通等各个环节，能够方便、及时地反映经济景气变化的趋势和范围。

PMI 取值范围在 0 至 100% 之间，50% 为扩张与收缩的临界点；高于 50%，表示经济活动比上月有所扩张；低于 50%，表示经济活动比上月有所收缩。PMI 与临界点的距离，表示扩张和收缩的程度。

三、PMI 的编制方法

PMI 采用国际通行的编制方法，即分类指数为扩散指数法，综合指数为加权合成指数法。PMI 编制大致分为三个流程：分类指数计算、综合指数计算、季节调整。

（一）分类指数计算

制造业和非制造业 PMI 指数体系中的各分类指数均采用扩散指数计算方法，即正向回答的企业个数百分比加上回答不变的百分比的一半。以制造业生产指数为例，对全部调查企业中回答"本月主要产品的生产量与上月相比变化情况"的填报结果进行汇总，将回答比上月"增加"的企业个数百分比与回答比上月"持平"的企业个数百分比的一半相加，即得到生产指数。计算公式如下：

$$DI = \text{"增加"选项百分比} \times 1 + \text{"持平"选项百分比} \times 0.5$$

（二）综合指数计算

制造业 PMI 是一个综合指数，由新订单、生产、从业人员、供应商配送时间、原材料库存 5 个分类指数分别按 30%、25%、20%、15% 和 10% 的权重，加权计算而成。其中，供应商配送时间指数为逆指数，在合成制造业 PMI 综合指数时进行逆向运算。计算公式如下：

$$\text{制造业 PMI} = \text{新订单指数} \times 30\% + \text{生产指数} \times 25\% + \text{从业人员指数} \times 20\% + (100 - \text{供应商配送时间指数}) \times 15\% + \text{原材料库存指数} \times 10\%$$

由于非制造业采购经理调查开展时间较短，目前尚没有国际通行的非制造业 PMI 综合指数编制方法,世界上包括我国在内的大多数国家均使用商务活动指数反映非制造业经济发展的总体变化情况。

（三）季节调整

PMI 是月度环比指标,会受到节假日、气候、生产周期等季节因素影响,这些影响往往会掩盖时间序列短期的基本变动趋势,为了剔除此影响,保证月度数据之间的可比性,国家统计局按照国际通行方法对指数进行了季节调整。

四、PMI 的主要作用

PMI 是一个综合性指数体系,由分类指数和综合指数构成。综合指数反映经济发展的概貌,各分类指数反映经济活动中的各个环节变化情况,相互补充、相互说明。PMI 的应用主要体现在以下三个方面:一是为宏观经济决策服务。PMI 时效性较强,对宏观经济具有突出的预测预警作用,能够灵敏地捕捉经济发展的拐点,为宏观决策提供重要参考依据;二是监测经济内部结构变化趋势。通过对 PMI 各细分指数的分析,从行业、规模和生产经营各环节等不同侧面了解经济变化情况和特点;三是辅助企业经营决策。企业可以通过 PMI 了解整体经济和行业发展的运行态势,及时调整生产计划,制定符合企业长期发展要求的战略规划。

第十八节　　财政统计 *

一、财政与财政统计

在一国社会经济发展过程中,政府具有重要的作用,突出表现在提供公共产品和弥补市场缺陷。财政是政府发挥作用的主要手段之一,即通过强制的无偿的财政收入、支出直接作用于国民经济,进行收入分配、资源配置和稳定经济,影响经济过程。在国民经济统计中考察政府的作用,主要是就其财政收支活动进行统计,分析财政与国民经济的数量关系。

政府财政包括两个对应存在的方面。一个方面是以税收、收费等形式和渠道聚集当期所创造的一部分收入形成财政收入,另一个方面是将这些收入在全社会范围内以不同方式加以使用,形成财政支出。在一"收"一"支"过程中,财政参与了全社会范围内的收入分配以及资金等资源的重新配置。

财政统计的主要任务是就财政收入、财政支出以及财政收支平衡状况加以统计,反映一国财政收支在一定时间、空间条件下所达到的规模,所形成的结构,收支平衡与否的程度,以及财政收支在动态上的变化。进而,财政统计还应将财政放到整个国民经济中加以研究,将财政收支过程与财政的基本功能联系在一起,设置指标反映和分析财政与国民经济发展的关系。

二、财政收入统计

按照国际通行标准看,政府财政收入是指增加政府权益的交易活动,包括税收、社会保障缴款、赠予和其他收入(主要指罚没收入以及其他杂项收入)。政府土地出让行为没有增加政府权益,只是政府资产存在形式的改变,因而不计入政府财政收入。财政收入是政府通过财政各环节向国民经济各部门、单位和个人筹集的资金的总称,或者说是政府财政参与国民经济分配过程所取得的总收入。财政收入是政府参与国民收入分配的主要形式,是政府履行职能的财力保障。

从财政管理渠道看,财政收入包括一般公共预算收入、政府性基金收入(不包括国有土地出让金收入)、社会保险基金收入、国有资本经营收入。

一般公共预算收入又称预算收入,是指纳入财政预算的收入,即列入财政基本收支计划、要实施统一管理的财政收入。一般公共预算收入总额是财政统计的基本指标,用以反映国家预算集中的财政收入总量。按照《2019 年政府收支分类科目》,一般公共预算收入分为税收收入、非税收入、债务收入和转移性收入,税收收入是一般公共预算收入的主体,主要包括增值税、消费税、营业税、企业所得税、个人所得税、资源税、城市维护建设税、房产税、印花税、城镇土地使用税、土地增值税、车船税、船舶吨税、车辆购置税、关税、耕地占用税、契税、烟叶税和其他税收收入;非税收入包括专项收入、行政事业性收费收入、罚没收入、国有资本经营收入、国有资源有偿使用收入、捐赠收入、政府住房基金收入和其他收入;债务收入包括中央政府债务收入和地方政府债务收入;转移性收入包括返还性收入、一般性转移支付收入、专项转移支付收入、上解收入、上年结余收入、调入资金、债务转贷收入、接受其他地区援助收入和动用预算稳定调节基金。

政府性基金收入,是指各级人民政府及其所属部门根据法律、国家行政法规和中共中央、国务院有关文件的规定,为支持某项事业发展,按照国家规定程序批准,向公民、法人和其他组织征收的具有专项用途的资金。包括各种基金、资金、附加和专项收费。它主要包括农网还贷资金收入铁路建设基金收入、民航发展基金收入、海南省高等级公路车辆通行附加费收入、港口建设费收入、旅游发展基金收入、国家电影事业发展专项资金收入、国有土地收益基金收入、农业土地开发资金收入、国有土地使用权出让收入、大中型水库移民后期扶持基金收入、大中型水库区基金收入、三峡水库库区基金收入、中央特别国债经营基金收入、中央特别国债经营基金财务收入、彩票公益金收入、城市基础设施配套费收入、小型水库移民扶助基金收入、国家重大水利工程建设基金收入、车辆通行费、核电站乏燃料处理处置基金收入、可再生能源电价附加收入、船舶油污损害赔偿基金收入、废弃电器电子产品处理基金收入、污水处理费收入、彩票发行机构和彩票销售机构的业务费用、其他政府性基金收入。

社会保险基金收入,是指为了保障保险对象的社会保险待遇,按照国家法律、法规,由缴费单位和缴费个人分别按缴费基数的一定比例缴纳以及通过其他合法方式筹集的专项资金。社会保险基金是国家为举办社会保险事业而筹集的,用于支付劳动者因暂时或永久丧失劳动能力或劳动机会时所享受的保险金和津贴的资金。社会保险基金收入包括企业职工基本养老保险基金收入、失业保险基金收入、职工基本医疗保险基金收入、工伤保险基金收入、生育保险基金收入、新型农村合作医疗基金收入、城镇居民基本医疗保险基金收入、城乡居民养老保险基金收入、机关事业单位基本养老保险基金收入、城乡居民基本医疗保险基金收入、其他社会保险基金收入。

国有资本经营预算收入,是国家以所有者身份对国有资本实行存量调整和增量分配而发生的各项收入,主要包括利润收入、股利、股息收入、产权转让收入、清算收入、其他国有资本经营预算收入。

在收入总额统计基础上,可以分别计算各组收入在财政收入中所占有的比重,反映财政收入的结构状况。以2019年为例,我国政府财政收入为291750亿元,其中一般公共预算收入为190390亿元,占65.3%;政府性基金收入为13838亿元(不包括国有土地出让金收入),占4.7%;社会保障基金收入为83550亿元,占28.6%;国有资本经营预算收入为3972亿元,占1.4%。这表明,目前一般公共预算收入构成政府财政收入的主体。

三、财政支出统计

财政支出是国家为了实现其职能的需要,将财政收入在社会经济各方面进行分配使用的总数额。通过财政支出额,可以反映一国财政支出的规模和水平。

财政支出总额统计与财政收入总额统计在概念和方法上具有一定的对应性。按照我国当前的财政管理体制,财政支出包括一般公共预算支出、政府性基金支出、社会保险基金支出和国有资本经营支出,以一般公共预算支出为主。

从支出的功能看,一般公共预算支出可以分为一般公共服务支出、外交支出、国防支出、公共安全支出、教育支出、科学技术支出、文化旅游体育与传媒支出、社会保障和就业支出、卫生健康支出、节能环保支出、城乡社区支出、农林水支出、交通运输支出、资源勘探信息等支出、商业服务业等支出、金融支出、援助其他地区支出、自然资源海洋气象等支出、住房保障支出、粮油物资储备支出、灾害防治及应急管理支出、预备费、其他支出、转移性支出、债务还本支出、债务付息支出和债务发行费用支出。

从支出的经济分类看,一般公共预算支出可以分为机关工资福利支出、机关商品和服务支出、机关资本性支出(一)、机关资本性支出(二)、对事业单位经常性补助、对事业单位资本性补助、对企业补助、对企业资本性支出、对个人和家庭的补助、对社会保障基金补助、债务利息及费用支出、债务还本支出、转移性支出、预备费及预留和其他支出。

在分组的基础上,可以分别计算各项支出占财政总支出的比重,分析财政支出的构成。

四、财政收支统计分析

在实际工作中,围绕财政收支所进行的统计分析主要包括两个方面:财政收支平衡状况分析,财政收支与国民经济关系分析。

首先看财政收支平衡状况统计分析方法。

财政收支的平衡性要求一时期的财政收入与财政支出之间在数额上应该保持大体的

对等关系。反映一时期财政收支平衡状况,首先需要计算财政收支差额指标,计算公式为:

$$财政收支差额 = 财政收入-财政支出$$

当财政收入大于财政支出时,该指标数额为正值,表明当年的财政结余数额;财政收入小于财政支出时,该指标数额为负值,在帐面上会以红字标识,因此称为财政赤字。

要反映一时期财政收支平衡的程度,需要结合财政收入或支出总额计算财政收支差率指标。计算公式为:

$$财政收支差率 = 财政收支差额 / 财政收入 \times 100\%$$

结合具体财政实践来看,绝对的财政收支平衡是不存在的,在每个时期,总会存在一个或大或小、或正或负的收支差额,财政管理的目标并非保持财政收支的绝对平衡,而是要将财政收支差额控制在一定比率范围之内。而且,在特定时期,如果政府意欲以积极的财政政策来刺激经济,那么,就有可能在财政收入允许范围之外扩大财政支出,这时就会出现较大的财政赤字。

下面看财政与国民经济关系的统计分析方法。

财政收入来源于社会经济活动成果,财政支出又用于各种社会经济活动,因此,财政与整个国民经济关系的分析要分别从财政收入与财政支出两个方面进行。

在总量层次上考察财政收入与国民经济的关系,需要计算有关指标反映国家财力集中程度,通常是计算财政收入占国内生产总值的比重,以反映国家财政集中收入的相对规模。计算公式为:

$$国家财力集中程度=财政收入总额/国内生产总值$$

在动态变化上考察财政收入与国民经济的关系,要看财政收入增长是否与整个国民经济增长态势相协调。为此可以用二者各自的增长速度进行对比,计算财政收入对国民经济的弹性系数,考察与国内生产总值每增长1%所对应的财政收入增长率;也可以通过二者各自的增长额进行对比,计算财政收入对国民经济的边际倾向,考察国内生产总值每增加一单位所影响的财政收入的增加额。计算公式为:

$$财政收入弹性系数 = 财政收入增长速度/国内生产总值增长速度$$
$$财政收入边际倾向 = 财政收入增加额/国内生产总值增加额$$

财政支出与国民经济的关系,也有大体相同的两个思路。在总量分析层次,主要是计算财政支出额占国内生产总值的比重指标,来观察财政支出规模与国民经济发展相适应的程度,反映财政分配的规模、财政分配对国民经济的影响程度。在动态分析层次上,主要是考察财政支出增长是否与整个国民经济增长态势相协调,为此要计算财政支出对国民经济的弹性系数和边际倾向。相关计算公式如下:

$$财政支出占 GDP 比重=财政支出额/国内生产总值\times100\%$$
$$财政支出弹性系数 = 财政支出增长速度/国内生产总值增长速度$$
$$财政支出边际倾向 = 财政支出增加额/国内生产总值增加额$$

第十九节 金融统计 *

一、金融活动与金融统计

金融活动是指与货币、货币流通、信用等直接相关的经济活动,比如现金的流通,货币资金的借贷与清偿,有价证券的发行和流通,外汇资金的买卖等。在市场经济的条件下,金融活动的主要功能是通过各种间接和直接的融资形式实现货币资金在国民经济各部门、各单位之间的分配。这种分配不同于财政的强制性和无偿性,是按照市场规则在交换的形式下发生的,比如支付现金是为了获得所需要的商品,到银行储蓄是为了得到利息,购买股票是为了分得红利和赚取股票买卖价差。正是在个人追逐利益的行为过程中,在宏观上实现了货币资金在国民经济各部门之间的流动和分配。

要了解金融活动过程,需要注意这样几个要点。

第一,金融活动是围绕不同金融工具发生的,包括现金、存款和贷款、债券、股票、保险等,由此形成现金的发放和回笼、存款的存入和兑取、贷款的发放和回收、债券的发行与兑付、股票的发行与买卖、保险交费和保险赔付,等等。

第二,金融机构在金融活动中具有重要的中介作用。从发生方式看,金融活动包括直接金融与间接金融两个类别。直接金融是在资金供应者和需求者之间直接实现资金流动的金融活动,比如股票和债券的发行和买卖;以金融机构为中心而实现的金融活动就是间接金融,比如存款贷款、保险活动等,它一头连接资金供应者,一头连接资金需求者,为资金的流动提供了桥梁。最重要的金融机构是银行,包括中央银行(我国称为人民银行)、各种商业银行,围绕银行发生的金融活动被称为信贷活动,其次还有保险公司、投资公司、租赁公司等。

第三,围绕金融活动的发生形成了金融市场。根据金融活动的领域,金融市场可以区分为债券市场、股票市场、外汇市场、保险市场等。

金融统计的任务就是要设置相应的统计指标描述一时期的金融活动。以不同类型金融活动为对象,着眼于金融活动的不同侧面,金融统计包括以下方面:银行信贷统计,货币供应与市场流通统计,金融市场统计。

二、银行信贷统计

银行信贷是银行的主要业务,一方面它凭借信用以存款和债券等方式吸收来自各经济单位的闲置资金,形成银行信贷资金的来源;另一方面则要将资金贷放给具有资金需求的各经济单位,由此体现了信贷资金的运用。在特定时期来看,信贷资金来源与运用应该保持平衡。银行信贷统计的任务就是要以整个银行体系(包括中央银行、专业银行和其他银行)为主体,反映筹集和运用信贷资金的规模和构成,分析信贷资金收支的平衡状况。

银行信贷资金来源包括各项存款,金融债券,卖出回购资产,借款及非银行业金融机构拆入,流通中货币,应付及暂收款,各项准备金,所有者权益和其他。上述各项资金来源数额的总和就是银行信贷资金来源总量,这是一个时点总量指标,或者说是一个资金余额指标,表明在特定时点上(比如某年年末)银行所拥有的、可以使用的资金总量。

进一步看,银行信贷资金的最主要来源是各项存款,具体分为境内存款和境外存款,其中境内存款包括住户存款、非金融企业存款、机关团体存款、财政性存款和非银行业金融机构存款等。因此,在统计银行信贷资金总量时,常常要就存款总量及其变化情况加以统计,常用的统计指标主要有:存款余额、存款余额变动额、存款收支发生额,在此基础上可以计算存款平均余额指标。

银行信贷资金运用包括各项贷款,债券投资、股权及其他投资,买入返售资产,存放非银行业金融机构款项、金银占款、中央银行外汇占款,应收及预付款、投资性房地产、固定资产。上述各种资金运用项目数额的合计总额代表了银行信贷资金运用总量,和信贷资金来源总量一样,信贷资金运用总量也是一个时点总量指标,表现为特定时点上的余额,反映银行信贷资金的运用规模。

在实际情况中,各项贷款是银行信贷资金最主要的运用去向。因此有必要对银行贷款总量加以重点统计,常用的指标包括贷款发放余额、贷款累计发放额、贷款平均余额、贷款累计回收额等。银行信贷资金来源和资金运用去向相比较,结果可以反映银行信贷资金平衡状况,即信贷资金来源和运用之间的平衡,基本统计方法和工具是编制一时期期末的银行信贷资金来源与运用平衡表。表中,资金来源和资金运用各项目被分别左右顺序列示,根据账面记录的平衡关系,信贷资金来源总量等于资金运用总量。进一步要通过"流通中的货币"的变化反映信贷资金来源与运用的平衡。

将信贷资金来源与运用所形成的差额称为信贷收支差额。如果当期有货币净投放,意味着当期信贷资金收入小于支出,表现为付差(或称贷差),其差额是由货币投放来弥补的;如果当期有货币净回笼,意味着信贷资金收入大于支出,表现为收差(或称借差),其差额通过回笼货币而达到消解。由此可以看出,银行信贷资金平衡实质上就是货币流通量的供求平衡问题,即实际供应的货币流通量与国民经济生产流通所需要的货币量是否相适应。货币流通量过多或者过少,都是信贷资金不平衡的表现。

近年来,我国金融总量快速扩张,金融结构多元发展,金融产品和融资工具不断创新,证券、保险类机构对实体经济资金支持力度显著加大,商业银行表外业务对贷款业务表现出明显的替代效应。人民币贷款已不能完整反映金融与经济的关系,也不能全面反映实体经济的融资规模。为了全面反映金融与经济关系以及金融对实体经济资金支持,中国人民银行于2011年推出了一个新的更大口径的统计指标即社会融资规模。社会融资规模是指一定时期内(每月、每季或每年)实体经济从金融体系获得的全部资金总额,是增量概念。这里的金融体系为整体金融的概念,从机构看,包括银行、证券、保险等金融机构;从市场看,包括信贷市场、债券市场、股票市场、保险市场以及中间业务市场等。具体看,社会融资规模主要包括人民币贷款、外币贷款、委托贷款、信托贷款、未贴现的银行承兑汇票、企业债券、政府债券、非金融企业境内股票融资、保险公司赔偿、投资性房地产和其他融资11项指标。随着我国金融市场发展和金融创新深化,实体经济还会增加新的融资渠道,如私募股权基金、对冲基金等。未来条件成熟,可会将其计入社会融资规模。

三、货币供应和货币流通统计

几乎所有的金融活动都与货币有关。货币统计一般关注两个问题:货币供应状况,货币流通状况。

货币供应,是指一个国家在一定时点上所拥有的货币总量。货币不仅仅表现为现金通货,货币供应总量统计也不只是现金总量统计。按照不同的统计范围和不同的统计口径,可以将货币供应分为以下四个层次加以统计。

（一）M_0

通货净额或现金,是指流通中以现金形式存在的货币。它最具流动性,最为活跃,可以随时作为流通手段和支付手段投入流通过程。M_0是货币供应量的第一层次,是货币供应量的基础指标。

（二）M_1

M_0+居民及企事业单位的活期存款,被称为狭义货币供应量(简称货币),是货币供应量统计的第二层次。活期存款虽然不是现实的流通手段和支付手段,但可以随时从银行中提取出来转化为现实的流通货币,因此M_1的流通性和灵活程度也较高。

（三）M_2

M_1+准货币,在准货币中包括居民、企事业单位及财政的各种储蓄、定期存款以及其他存款(如证券公司客户保证金)。M_2是较广义的货币供应量,处于货币供应量的第三层次。由于其中所包括的定期存款常常具有长期性,一般不太可能随时提取,因此M_2的流通性和灵活程度较差。

（四）M_3

M_0+各类银行机构及非银行金融机构的各种存款的总和,是广义的货币供应量,我国目前尚未在M_3这一层次计量货币供应量。

货币流通是伴随各种交易所发生的货币运动。我国的货币流通主要有两种形式,一是现金流通,即以现金交易进行的货币收付过程;二是非现金流通即转账结算,是指交易双方在通过各自的银行账户进行转账结算过程中所发生的货币收支活动。一般来说,统计考察货币流通最主要的指标就是货币流通量和货币流通速度。

货币流通量是指市场上实际流通的货币总量。目前我国货币流通量统计实际就是针对流通中的现金量,即M_0进行统计,通常又称之为市场货币供应量。这是一个时点指标,实际工作中往往计算报告期末的货币流通总量。该指标的数值可以直接从中国人民银行总行的综合信贷计划执行表"流通中的货币"项目获得。计算公式为:

$$期末市场货币流通量=期初市场货币流通量 + 本期现金投放总额$$
$$-本期现金回笼总额$$

式中,现金投放与回笼分别指银行将现金从业务库投放到市场上和现金从市场回到银行业务库的数量。

流通中的货币需求量不仅取决于货币的实际数量,而且还取决于货币的流通速度。就同样数量的货币而言,流通速度快就意味着货币实际需求量较小;反之则表明实际需求量较大。货币流通速度有两种表达方式,第一是指在一定时期内平均每单位货币作为流通手段在流通过程(从银行—市场—银行)中的周转次数;第二是指每单位货币在一定时期内完成一次流通过程平均所需的时间。在实际工作中,货币流通速度可以通过现金归行速度来表示,是指平均每单位流通中的货币在一定时期内返回银行的次数,或每单位货币从银行投入流通又返回银行平均所需要的时间(天数)。计算公式:

现金归行次数=当期银行现金收入合计额/期内货币平均流通量

现金归行天数=当期货币平均流通量×当期日历天数/当期银行现金收入总额

四、金融市场统计

金融市场是进行货币资金借贷和金融工具、金融服务买卖的场所,其主要功能是通过各种金融工具的使用,将储蓄与投资活动联系在一起,由此实现社会资源的优化配置。结合现实应用来看,金融市场主要包括信贷市场、证券市场、票据市场、外汇市场、黄金市场、信托市场、保险市场、同业拆借市场、存单市场等。

金融市场统计的范围较广,一切资金融通和金融工具的买卖活动均可以包括在金融市场统计之内。通常比较关注的统计内容包括利率统计、债券股票统计和汇率统计。

(一)利率统计

在金融市场上,只要发生资金借贷活动,使用资金者都需要支付利息。利率就是利息和本金之间的比率,代表每使用单位资金所应支付的报酬。

利率统计是金融市场统计的主要内容之一。由于金融市场可以分为各种性质不同、作用不同以及交易对象不同的市场类型,因此,金融市场上就会形成不同的利率。利率按其内容可以分为政府债券利率、商业票据利率等;按照借贷关系,可以分为存款利率、贷款利率等;按期限长短,可以分为年利率、月利率等。

(二)债券股票统计

证券市场是金融市场的一个重要组成部分。在证券市场上,可以通过发行债券、股票等各种证券形式吸收国内外长期资金,提供政府和企业所需要的财政资金和长期资金,此外,还可进行各种债券、股票交易。这些都构成了债券股票统计的内容,具体包括债券、股票的发行价格,债券的交易价格,股票市价,股票成交量,股票价格指数等。

(三)汇率统计

外汇市场是经营外汇买卖的场所,外汇市场统计以货币汇率统计为主要内容。货币汇率是指各国货币之间的兑换比率,从银行买卖角度它可以分为买入汇率、卖出汇率、中间汇率和现钞汇率;按汇兑方式,可以分为电汇汇率、信汇汇率和票汇汇率;按外汇交易的期限,可以分为即期汇率和远期汇率;按汇率管制的程度,可以分为官方汇率和市场汇率;按汇价变动情况,可以分为固定汇率、浮动汇率、联合浮动汇率和中心汇率;按买卖对象,可以分为同业汇率和商业汇率。

汇率统计主要包括三类指标,即年平均汇率、时点平均汇率和汇率指数。这些指标可以从不同角度反映了汇率水平和变动情况。

第二十节 对外经济贸易统计*

对外经济贸易统计主要包括货物贸易统计、服务贸易统计、利用外资统计、对外直接投资统计和对外经济合作统计等内容。

一、货物贸易统计

(一)统计概念

进出口货物贸易统计又称海关统计,是海关依法对进出口货物贸易的统计,是国民经济统计的组成部分,是国家制定对外经济贸易政策、进行宏观经济调控的重要依据,也是研究我国对外经济贸易发展和国际经济贸易关系的重要资料。

(二)统计范围

货物贸易统计包括实际进出我国关境并引起我国物质资源存量变化的货物。列入海关统计的进出口货物包括对外贸易实际进出口货物,来料加工装配进出口货物,国家间、联合国及国际组织无偿援助物资和赠送品,华侨、港澳台同胞和外籍华人捐赠品,租赁期满归承租人所有的租赁货物,进料加工进出口货物,边境地方贸易及边境地区小额贸易进出口货物,中外合资企业,中外合作经营企业,外商独资经营企业进出口货物和公用物品,到、离岸价格在规定限额以上的进出口货样和广告品(无商业价值、无使用价值和免费提供出口的除外),从保税仓库提取在中国境内销售的进口货物,以及其他进出口货物。

(三)统计原则

按照联合国关于国际货物贸易统计的原则,一国的进出口货物贸易统计应记录所有因进、出该国经济领土而引起该国物质资源存量增加或减少的货物。列入我国进出口货物贸易统计的货物须同时具备两个条件:一是实际进出关境,即跨越我国的经济领土;二是改变我国的物质资源存量。我国进出口货物分为列入海关统计和不列入海关统计的进出口货物两类,其中不列入海关统计的进出口货物分为单向统计货物和不统计货物两类。海关统计的原始资料是经海关确认的进出口货物报关单及其他有关单证。

(四)主要统计指标

1. 进出口总额:指以货币表示的一定时期内一国全部实际进出口商品的总金额,也就是同一时期的进口总额与出口总额之和。

2. 商品编码及品名:凡列入海关统计的货物,其编码应依照《中华人民共和国海关统计商品目录》(简称《海关统计商品目录》)的归类原则和海关总署所作出的归类决定进行归类统计。1980–1991 年,《海关统计商品目录》以联合国制定的《国际贸易标准分类》第二次修订本(SITC, Rev. 2)为基础编制。自 1992 年起,改为以世界海关组织制定的《协调制度》(HS)为基础编制。品名是《海关统计商品目录》所列编码对应的商品名称。

3. 统计数量:海关统计数量是商品的实物量统计,用以反映实际进出口商品的规模和发展变化情况。

4. 进出口统计价格:进口货物的价格按到岸价格(CIF 型值)统计,出口货物的价格按离岸价格(FOB 型值)统计。到岸价格包括货价、货物运抵中国关境内输入地点起卸前的包装费、运费、保险费和其他劳务费等费用。离岸价格不包括货物离开中国关境后运费、保险费和其他费用。统计价格分别以人民币和美元计价。如果成交价格为其他货币,则根据国家外汇管理部门公布的各种外币对美元的折算率以及海关征税使用的中国人民银行折算价,分别折算成美元值和人民币值。

5. 进出口国别(地区):进口货物统计原产国(地区),出口货物统计最终目的国(地区)。

原产国(地区):指进口货物生产、开采或加工制造的国家(地区)。对经过两个以上国家(地区)加工制造的进口货物,则以最后一个对货物进行经济上可以视实质性加工的国家(地区)作为该货物的原产国。原产国确实不详时,按"国别不详"统计。

最终目的国(地区):指出口货物已知的消费、使用或进一步加工制造国家(地区),包括直接使用或进行加工的国家(地区)。最终目的地国不能确定时,按货物出口时尽可能预知的最后运往国(地区)统计。

6. 贸易方式:贸易方式是买卖双方转让商品所有权时所采用的交易方式,亦称货物的贸易性质,贸易方式统计可以反映各种贸易方式的进出口情况及其在对外贸易中所占的比重。我国海关统计的进出口货物的贸易方式主要以海关的监管方式为基础进行分组。

二、服务贸易统计

(一)统计概念

根据联合国《2010 国际服务贸易统计手册》对"国际服务贸易"的解释,包含常住者与非常住者之间传统意义上的服务进出口交易,同时也包含外国控股、在本土设立的企业提供的服务,即外国附属机构统计(FATS)。

(二)统计范围

服务贸易统计包括服务进出口统计和外国附属机构统计。按照世界贸易组织的《服务贸易总协定》,服务贸易有四种供应模式,即跨境提供、境外消费、商业存在和自然人移动。服务进出口统计涵盖跨境提供、境外消费和自然人移动三种模式,外国附属机构服务贸易统计针对商业存在模式。

(三)主要统计指标

1. 服务进出口总额:是以货币表示的一定时期内一国或地区常住单位与非常住单位之间相互提供服务的总金额。常住单位向非常住单位提供服务称为服务出口,常住单位从非常住单位获得服务称为服务进口。

2. 我国外国附属机构统计的主要指标为企业数量、服务业企业销售收入、就业人数。

三、利用外资统计

（一）统计概念

利用外资是指外国及港澳台地区的法人和自然人在中国内地地区以现金、实物、无形资产、股权等方式进行的投资。利用外资统计的基本任务是及时、准确、全面的反映全国吸收外商投资情况，对国家批准的外商投资协议、合同和实际执行情况，以及由此产生的经济效益和已设立外商投资企业运营等方面的情况，进行系统的统计调查、统计分析，实行统计监督。对国家和各级政府部门经济管理和宏观决策提供统计信息、统计咨询、数据共享，并对对外交流提供服务。

（二）统计对象与范围

利用外资统计对象是在我国境内设立的外商投资企业、合作开发项目等。利用外资统计的范围包括外商直接投资和外商其他投资。外商投资，指国外及港澳台地区的法人和自然人在中国内地地区以现金、实物、无形资产、股权等方式进行投资。

（三）主要统计指标

1. 新设立企业个数：是指报告期内新设立的外商投资企业家数、新生效的合作开发项目个数。

2. 实际使用外资金额：是指合同外资金额的实际执行数，外方投资者根据外商投资企业的合同（章程）的规定实际缴付的出资额和企业投资总额内外方投资者以自己的境外自有资金实际直接向企业提供的贷款。

3. 外商直接投资：是指国外及港澳台地区投资者在非上市公司中的全部投资及在单个外国投资者所占股权比例不低于10%的上市公司中的投资。

4. 外商其他投资：指除外商直接投资以外其他方式吸收的外资，主要包括：对外发行股票、国际租赁、补偿贸易、加工装配（包括来料加工、来料装配等）。

四、对外直接投资统计

（一）统计概念

对外直接投资是指境内投资者以控制国（境）外企业的经营管理权为核心的经济活动，体现在一经济体通过投资于另一经济体而实现其持久利益的目标。

对外直接投资统计是对外经济贸易统计的重要组成部分。通过对外直接投资统计调查，将我国企业和其他经济组织在境外的直接投资情况加以汇总和整理，并根据统计资料进行分析研究，可以客观准确地反映我国对外直接投资的状况和成果，为政府制定有关对外经济政策提供可靠依据。

（二）统计对象与范围

对外直接投资统计的对象包括境内投资者通过直接投资方式在境外拥有或控制10%或以上投票权或其他等价利益的各类公司型和非公司型的境外直接投资企业（以下简称境外企业）。境外企业按设立的方式主要分为境外子公司、联营公司和分支机构。

1. 子公司：境内投资主体拥有该境外企业50%以上的股东或成员表决权，并具有该

354

境外企业行政、管理或监督机构主要成员的任命权或罢免权。

2. 联营公司:境内投资主体拥有该境外企业 10%-50% 的股东或成员表决权。

3. 分支机构:即境内投资主体在国(境)外的非公司型企业。境内投资主体在国(境)外的常设机构或办事处、代表处视同分支机构。

(三)主要统计指标

1. 对外直接投资额:指境内投资主体在报告期内直接向其境外企业实现的投资,包括股权投资、收益再投资以及债务工具三部分。

金融业的对外直接投资仅包括股权投资和收益再投资。

(1)股权投资:指境内投资者在其境外分支机构投入的股本金,或在其境外子公司和联营公司的股份。

股权:等于报告年度末境外企业资产负债表中"股本"项乘以中方所占投资份额(或股权比重),当期股权的减少记作当期负流量。

新增股权:等于报告年度境外企业股本增加额乘以中方股权份额,其中包括境内投资者当年实际缴付的股本和由投资收益转增的股本。股权增加额为该企业年末、年初资产负债表"股本"项目相减之差。

(2)收益再投资:指境外子公司或联营公司未作为红利分配但应归属于境内投资者的利润部分,以及境外分支机构未汇给境内投资者的利润部分。

当期收益再投资:等于报告年度境外企业资产负债表中按中方股权比例计算的未分配利润期末数与期初数的差额,当期利润再投资为负数记入当期负流量。

收益再投资:等于报告年度境外企业资产负债表中按中方股权比例计算的未分配利润期末数,未分配利润期末数为负数不计入对外直接投资存量。

(3)债务工具:指境内投资者和境外子公司、分支机构以及联营公司之间的债务交易等,包括境内投资者与境外子公司、联营公司和分支机构的借贷款、应收和应付款项、债务证券等。境内投资者与境外成员企业间的贷款往来亦纳入此范畴。

境内投资者当期提供给境外子公司、联营公司、分支机构、境外成员企业贷款记作当期对外直接投资流量和存量的增加;境外子公司、联营公司、境外成员企业归还当期或以前年度境内投资者记作当期对外直接投资的负流量,同时应调减当期存量。

2. 反向投资额:境外企业对境内投资主体持股比例低于 10% 的投资。

3. 当期对外直接投资总额:等于报告期境外企业新增股权加上当期收益再投资,加上对境内投资者的新增债务工具(包括贷款、应收款等)。

4. 当期对外直接投资流量:等于当期对外直接投资总额,减去当期境外企业对境内投资者的反向投资。

5. 年末对外直接投资总额:等于报告期境外企业资产负债表中按中方投资比例计算的股本期末数加上按中方投资比例计算的未分配利润期末数,加上期末对境内投资者的债务工具(指投资者对境外企业提供贷款、应收款等)。

6. 年末对外直接投资存量:等于年末对外直接投资总额减去境外企业累计对境内投资者的反向投资。

五、对外经济合作统计

对外经济合作统计包括对外承包工程业务统计和对外劳务合作统计。

（一）对外承包工程业务统计

根据《对外承包工程管理条例》，对外承包工程是指中国的企业或其他单位承包境外建设工程的活动。

对外承包工程项目分为十一大类：一般建筑项目、工业建设项目、制造加工设施建设项目、水利建设项目、废水（物）处理项目、交通运输建设项目、危险品处理项目、电力工程建设项目、石油化工项目、通讯工程项目、其他。

（二）对外劳务合作统计

对外劳务合作是指组织劳务人员赴其他国家或地区为国外的企业或机构工作的经营性活动。对外劳务合作项目的人员行业一级分类执行国民经济行业分类（GB/T4754－2011），二级细类根据业务情况划分。

（三）主要统计指标

1. 新签合同额：指企业在报告期内签订的合法有效的对外承包工程项目合同的金额。

2. 完成营业额：指企业在报告期内完成的以货币形式表现的工作量。

3. 设计咨询：指新签合同额和完成营业额中企业承担地形地貌测绘，抵制资源普查与勘探，建设区域规划，工程设计、生产工艺、技术资料和工程技术咨询，工程项目的可行性考察、研究和评估，工程监理，技术指导等部分的金额。

4. 外派人数：指企业在报告期内派往国（境）外执行对外承包工程项目的人数。

5. 派出人数：指企业在报告期内派往国（境）外执行对外劳务合作项目的人数。

6. 雇用所在国各类劳务人数：指报告期内企业为执行国（境）外对外承包工程、设计咨询项目所雇用的项目所在国家（地区）的项目管理、施工、后勤等各类劳务人员的数量。

第二十一节　周期性普查

一、人口普查

新中国成立以来，我国共开展了七次全国人口普查，为我国研究制定人口政策和经济社会发展规划提供了重要依据，同时也记录了新中国人口统计制度方法发展与改革的历史进程。

（一）目的与意义

世界各国都把掌握准确的人口数量、人口素质、人口结构和人口分布等情况，作为科学治国和宏观决策的基础。通过人口普查，可以全面了解我国人口和住户的性别、年龄、民族、国籍、受教育程度、行业、职业、迁移流动、社会保障、婚姻生活、死亡、住房情况等基本情况。这些信息将在各级政府制定政策中发挥重要的作用,并且最终会使每个参与普查的人受益。

开展全国人口普查将为完善人口发展战略和政策体系,促进人口长期均衡发展,科学制定国民经济和社会发展规划,推动经济高质量发展,开启全面建设社会主义现代化国家新征程,提供科学准确的统计信息支持。

（二）普查时点与对象

人口普查标准时间,就是规定一个时间点,无论普查登记在哪一天进行,登记的人口及其各种特征都是反映那个时间点上的情况。国务院于 2010 年 5 月 24 日颁布《全国人口普查条例》,于 2010 年 6 月 1 日起施行。《全国人口普查条例》规定,全国人口普查每 10 年进行一次,在尾数逢"0"的年份实施,标准时点为普查年度的 11 月 1 日零时。

人口普查对象是指被普查登记的人。《全国人口普查条例》规定,人口普查对象为普查标准时间在中华人民共和国境内的自然人以及在中华人民共和国境外但未定居的中国公民,不包括在中华人民共和国境内短期停留的境外人员。

（三）方法与内容

普查采用全面调查的方法,以户为单位进行登记。普查采用按现住地登记的原则,每个人必须在现住地进行登记。普查登记采用普查员入户询问、当场填报,或由普查对象自主填报等方式进行。人口普查登记前,普查员、普查指导员应当对普查小区的人口状况进行摸底,明确普查登记的范围、绘制普查小区图、编制普查小区《户主姓名底册》,根据《户主姓名底册》进行入户登记,并参考部门行政记录等资料进行比对复查,做到不重不漏、准确无误。普查登记完成后,国家统计局统一组织人口普查数据的事后质量抽查工作。

人口普查的主要内容是不断变化的,第七次全国人口普查登记的主要内容包括:姓名、公民身份号码、性别、年龄、民族、受教育程度、行业、职业、迁移流动、婚姻生育、死亡、住房情况等。

（四）组织与实施

人口普查工作按照全国统一领导、部门分工协作、地方分级负责、各方共同参与的原则组织实施。

国务院统一领导全国人口普查工作,研究决定人口普查中的重大问题。地方各级人民政府按照国务院的统一规定和要求,领导本行政区域的人口普查工作。

在人口普查工作期间,各级人民政府设立有统计机构和有关部门组成的人口普查机构,负责人口普查的组织实施工作。

（五）资料公布

《全国人口普查条例》规定,人口普查汇总资料,除依法应当保密的外,应当予以公布。全国和各省、自治区、直辖市主要人口普查数据,由国家统计局以公报形式公布。地方各级人民政府统计机构公布本行政区域主要人口普查数据,应当报经上一级人民政府统计机构核准。

二、农业普查

新中国成立以来,我国分别于 1996 年、2006 年和 2016 年先后开展了三次全国农业普查。2006年8月国务院颁布《全国农业普查条例》,规定每10年进行一次农业普查,并明确了开展农业普查的基本原则和要求,将农业普查纳入到法制化发展轨道。

（一）目的与意义

农业普查的目的是全面掌握我国农业、农村、农民基本情况,为国家研究制定经济社会发展战略、规划、政策和科学决策提供依据,并为农业生产经营者和社会公众提供统计信息服务。

农业普查是一项全面了解农业、农村、农民的重大国情、国力调查。通过普查,查清我国农业、农村、农民基本情况,服务于科学制定"三农"政策。通过普查,为常规统计调查提供基础,确保"三农"统计在普查之后能持续提供全面、及时、准确的统计数据服务。

（二）普查时点与对象

农业普查指标分为时期指标和时点指标,《全国农业普查条例》第八条规定,农业普查标准时点为普查年度的12月31日24时。普查时期指标的标准时期是普查年度的1月1日至12月31日。不论哪天对普查对象进行普查登记,都要严格掌握普查的标准时间,不可将登记时的情况误登为标准时点的情况。

全国农业普查的行业范围包括农、林、牧渔业及农林牧渔业辅助活动;对象为我国境内的全部农业生产经营者,包括农业生产经营户和农业生产经营单位,以及村民委员会和乡镇人民政府。

为了满足普查任务的需要,历次农业普查在普查对象上都进行了扩展,第一次农业普查增加了非农乡镇企业;第二次农业普查取消了非农乡镇企业,但涵盖了农村的全部住户;第三次农业普查将农村住户限定为有确权(承包)土地(耕地、园地、林地、草地、畜禽养殖地、渔船等)的住户,增加了农作物种植地块为遥感测量对象。

（三）方法与内容

农业普查登记方式为普查员现场登记。现场登记一般在普查年份次年的1至3月进行,持续约3个月。全国各地同时开始农业普查的入户登记工作,数百万普查工作人员对全国2亿多个农户、数百万农业生产经营单位、数十万个行政村和乡镇进行逐个查点和填报。普查登记完毕后,各级农业普查机构依照数据质量审查规则,逐表逐项地进行审查,对发现的问题,再次入户核对,据实纠正。全国农业普查领导小组办公室统一组织、独立开展事后质量抽样调查工作。

普查登记前,必须完成普查员的选聘与培训、普查区的划分、基础数据的收集、清查摸底、数据采集与处理环境等各项准备工作;普查登记过程中,按照《全国农业普查登记工作细则》的要求,由县级农普办统一组织辖区内乡镇(街道)、村(居委会)农业普查机构工作人员和普查指导员、普查员,依法开展普查登记工作。以第三次全国农业普查为例,通过互联网实时采集、上报数据,因此各级农业普查机构要将普查登记阶段的数据采集与审核工作同步展开,对数据质量全程跟踪检查。

根据农业普查条例的规定,普查内容包括农业生产条件、农业生产经营活动、农业土地利用、农村劳动力及就业、农村基本设施、农村社会服务、农民生活、以及乡镇、村民委员会和社区环境等。对于每次普查的内容,国务院农业普查领导小组办公室可以根据社会经济发展情况对普查内容进行调整。第三次全国农业普查共计 645 个统计调查指标,主要包括农业从业者、土地利用和流转、农业新型经营主体、农业现代化、农业生产能力和结构、粮食安全、农产品销售与农村市场建设、村级集体经济与资产、乡村治理、乡镇社会经济发展、农民生活、农村贫困、主要农作物种植空间分布情况等 13 个方面。

（四）组织与实施

农业普查是一次大规模的国情国力调查,普查对象复杂、涉及范围广、部门多,组织协调难度大,须在国务院统一领导下进行。国务院设立由一名主管农业或统计的副总理任组长、由国家发展改革委、农业农村部、财政部、中宣部、国家统计局等十多个部门负责人任成员的国务院全国农业普查领导小组,统一负责农业普查的领导工作。建立国务院农业普查领导小组办公室,设在国家统计局,具体负责农业普查日常工作的组织和协调。

各省、地、县也相应设置了由一名政府业务主管负责人任组长的农业普查领导小组,成立了办事机构农业普查办公室。乡（镇）设置了农业普查办公室。村民委员会设置了农业普查小组,分别负责农业普查的组织领导和具体实施。

（五）数据发布及应用

按农业普查条例的要求,农业普查汇总资料,除依法予以保密的外,应当及时向社会公布。全国农业普查数据和各省、自治区、直辖市的主要农业普查数据,由国务院农业普查领导小组办公室审定并会同国务院有关部门公布。地方普查办公室发布普查公报,应当报经上一级普查办公室核准。

历次农业普查都及时发布了普查公报,并公开出版了普查资料。第三次农业普查还提供了全国及分省农普主要数据及经过脱敏处理的微观样本数据。

普查数据应用于常规统计,历次普查都开展了全国及分省的主要粮食和畜禽产品数据的衔接工作,并对相应年份的农林牧渔业总产值、增加值进行了调整。

三、经济普查

经济普查是一项重大的国情国力调查,与人口普查、农业普查组成三大周期性全国普查项目。经济普查是对我国境内从事第二产业和第三产业的全部法人单位、产业活动单位和个体经营户进行的一项全面调查,每五年进行一次,分别在逢 3、逢 8 的年份实施,目前我国已在 2004 年①、2008 年、2013 年和 2018 年分别开展了四次全国经济普查。

（一）目的与意义

《全国经济普查条例》规定,经济普查的目的,是为了全面掌握我国第二产业、第三产业的发展规模、结构和效益等情况,建立健全基本单位名录库及其数据库系统,为研究制定国民经济和社会发展规划,提高决策和管理水平奠定基础。

为宏观调控提供可靠依据。经济普查进一步摸清了我国第二产业和第三产业的"家底",全面掌握了反映我国社会经济发展全貌的大量基础信息,能够为国家科学制定国民

---

① 2003 年国家统计局、国家发展改革委员会、财政部联合印发《关于调整国家普查项目和周期安排的通知》,将定于 2003 年进行的第二次全国第三产业普查推迟,与原计划在 2005 年开展的第四次全国工业普查和 2006 年开展的第三次全国基本单位普查合并,同时将建筑业纳入普查范围,在 2004 年开展第一次全国经济普查。

经济和社会发展中长期规划以及年度计划提供全面的参考依据。

为常规统计提供必要条件。通过经济普查,可以摸清我国各类单位的基本情况,完善覆盖国民经济各行业的基本单位名录库、基础信息数据库和统计电子地理信息系统,为开展常规统计调查、其他大型调查、统计基层基础工作以及统计数据分析和解读工作提供不可或缺的基础条件。

为国民经济核算提供全面翔实的基础数据。经济普查是涉及经济活动最广泛的统计调查,调查范围包括从事第二产业和第三产业的所有经济活动,全面系统的法人单位、产业活动单位和个体经营户数据,为全国和地区 GDP 核算提供了非常翔实的资料。

为地区、企业和个人生产经营提供信息参考。经济普查除了可以为地方政府履行经济调节和市场监管等各项职责、进行科学决策提供基础统计数据资料外,还能为企业提供行业发展信息,为社会公众了解社会经济发展情况,积极参与国家事务提供信息服务。

(二)对象与范围

经济普查的对象是在我国境内从事第二产业和第三产业的全部法人单位、产业活动单位和个体经营户。法人单位、产业活动单位和个体经营户按照《统计单位划分及具体处理办法》和普查规定的单位划分及具体处理规定进行界定。

根据《国民经济行业分类》(GB/T4754-2017),经济普查具体行业范围包括:采矿业,制造业,电力、热力、燃气及水生产和供应业,建筑业,批发和零售业,交通运输、仓储和邮政业,住宿和餐饮业,信息传输、软件和信息技术服务业,金融业,房地产业,租赁和商务服务业,科学研究和技术服务业,水利、环境和公共设施管理业,居民服务、修理和其他服务业,教育,卫生和社会工作,文化、体育和娱乐业,公共管理、社会保障和社会组织等。

各类经济普查对象应当按照经济普查机构和经济普查人员的要求,及时提供与经济普查有关的资料,如实、按时填报经济普查表,不得虚报、瞒报、拒报、迟报经济普查数据。各级经济普查机构和经济普查人员要严格按照《统计法》《统计法实施条例》《全国经济普查条例》及相关规定组织开展工作,不得篡改经济普查资料、编造虚假数据、不得擅自发布经济普查数据,不得对外提供、泄露经济普查取得的能够识别或者推断单位或个人身份的资料,或者将其用于经济普查以外的目的。

(三)方法与内容

在经济普查登记前,首先要对辖区内全部法人单位、产业活动单位和从事第二、三产业的个体经营户进行摸底或全面清查,明确普查对象,确定各类普查对象填报的普查表种类及填报方式。在经济普查登记时,对法人单位和产业活动单位采用全面调查的方式,对个体经营户采用抽样调查的方式采集普查数据。

经济普查的主要内容根据当时国家经济工作重点进行适当调整。第四次全国经济普查的主要内容包括单位基本情况、组织结构、人员工资、财务状况、能源生产与消费、生产能力、生产经营和服务活动、固定资产投资情况、研发活动、信息化和电子商务交易情况等。

普查的标准时点为普查年度 12 月 31 日。普查登记时,时点指标填写普查年度 12 月

31 日数据,时期指标填写普查年度 1 月 1 日-12 月 31 日数据。

（四）组织与实施

经济普查按照"全国统一领导、部门分工协作、地方分级负责、各方共同参与"的原则组织实施。

国务院成立全国经济普查领导小组及其办公室。全国经济普查领导小组负责普查组织和实施中重大问题的研究和决策,普查领导小组办公室设在国家统计局,负责普查的具体组织实施和协调。地方各级人民政府设立相应的普查领导小组及其办公室,按照国务院经济普查领导小组及其办公室的统一规定和要求,具体组织实施当地的普查工作。国务院和地方各级人民政府有关部门设立经济普查机构,负责完成国务院和本级地方人民政府普查领导小组办公室指定的经济普查任务。

（五）资料应用

经济普查获得了大量真实、可靠、丰富、翔实的二、三产业信息,是一笔宝贵的信息财富。按照《全国经济普查条例》规定,各级经济普查机构应当按照国家规定发布经济普查公报,地方各级经济普查机构发布经济普查公报应当经上一级经济普查机构核准。除发布普查公报外,经济普查资料开发应用包括编辑出版普查年鉴,撰写普查系列分析报告,组织开展普查课题研究,全面更新覆盖国民经济各行业的统计基本单位名录库、基础信息数据库、统计电子地理信息系统等。

第二十二节　基本单位统计*

基本单位包括我国境内从事经济和社会活动的所有法人单位、产业活动单位(分支机构)和个体经营户。

基本单位统计是统计系统一项重要的基础性工作,主要是及时掌握全国基本单位的增减变动情况,做好单位基本信息数据库(基本单位名录库)的维护更新工作,为统计调查提供调查单位名录和抽样框,对提高统计数据质量,改进统计调查方法,具有十分重要的意义。

一、基本单位统计范围、内容、原则和方法

基本单位统计范围是辖区内所有新增和变更的从事经济和社会活动的法人单位和产业活动单位(分支机构)。个体经营户统计在经济普查年度进行全面调查;在非经济普查年度,考虑到个体经营户数量巨大、变动频繁、全面调查成本高,主要以抽样调查方式开展。

基本单位统计内容主要包括统一社会信用代码、单位详细名称、单位地址、联系方式、行业类别、登记注册类型及其他分类属性指标等。

基本单位统计原则主要是按单位所在地进行统计。建筑业法人单位在其注册地进行统计。

基本单位统计方法是：

（一）各级名录库主管机构定期获取同级编制、民政、税务和其他有关行政主管部门新增、变更、注销单位行政登记资料，省级名录库主管机构定期获取同级市场监管部门新增、变更、注销单位行政登记资料；根据单位活动所在地，将单位逐级分解到下一级名录库主管机构直至县级。

（二）地方各级名录库主管机构根据单位活动所在地，按照统计分类标准和基本单位统计报表制度要求，对新增、变更和注销单位开展调查。

（三）根据调查获取的单位名录信息，通过信息管理系统平台，维护更新统计基本单位名录库。

二、基本单位统计主要指标

（一）统一社会信用代码

统一社会信用代码指按照《国务院关于批转发展改革委等部门法人和其他组织统一社会信用代码制度建设总体方案的通知》（国发〔2015〕33 号）规定，由赋码主管部门给每一个法人单位和其他组织颁发的在全国范围内唯一的、终身不变的法定身份识别码。

（二）单位详细名称

单位详细名称指经有关部门批准正式使用的单位全称。

（三）法定代表人（单位负责人）

法定代表人（单位负责人）指依照法律或者法人组织章程规定，代表法人行使职权的负责人。

（四）单位所在地区划及详细地址

单位所在地区划及详细地址指单位主要经营地所处的详细地址及区划代码等。

（五）单位注册地址区划及详细地址

单位注册地址区划及详细地址指单位在审批登记部门登记注册的地址及区划代码。

（六）联系方式

联系方式包括固定电话、移动电话、传真电话、邮政编码、电子信箱和网址等能够与单位取得联系的信息。

（七）行业类别

行业类别指根据其从事的社会经济活动性质，按照《国民经济行业分类》（GB/T 4754－2017），对各类单位进行的分类。

（八）机构类型

机构类型分为企业、事业单位、机关、社会团体、民办非企业单位、基金会、居委会、村委会、农民专业合作社、农村集体经济组织和其他组织机构。

（九）登记注册类型

登记注册类型指企业或企业产业活动单位的登记注册类型，依据在市场监管部门登记注册的类型填写。机关、事业单位和社会团体及其他组织的登记注册类型，依据主要经费来源和管理方式，根据实际情况，比照《关于划分企业登记注册类型的规定》确定。

（十）企业控股情况

企业控股情况指根据企业实收资本中某种经济成分的出资人的实际投资情况，或出资人对企业资产的实际控制、支配程度进行分类。具体分为国有控股、集体控股、私人控股、港澳台商控股、外商控股和其他六类。

（十一）成立时间

成立时间指单位登记注册成立或行政管理部门批准成立的具体年月。

（十二）开业时间

开业时间指企业在市场监管部门登记注册，经过一系列筹建工作，正式开始投入运营的具体年月。

（十三）运营状态

运营状态指企业（单位）的经济活动状态，包括以下几类：正常运营、停业（歇业）、筹建、当年关闭、当年破产、当年注销、当年撤（吊）销、其他。

（十四）执行会计标准类别

执行会计标准类别分为执行企业会计准则制度、政府会计准则制度、民间非营利组织会计制度和其他四种情况。

（十五）从业人员期末人数

从业人员期末人数指报告期末最后一日在本单位工作，并取得工资或其他形式劳动报酬的人员数。该指标为时点指标，不包括最后一日当天及以前已经与单位解除劳动合同关系的人员，是在岗职工、劳务派遣人员及其他从业人员之和。

（十六）营业收入

营业收入指企业从事销售商品、提供劳务和让渡资产使用权等生产经营活动形成的经济利益流入。包括"主营业务收入"和"其他业务收入"。

（十七）企业集团情况

企业集团是指以资本为主要联结纽带的母子公司为主体，以集团章程为共同行为规范的母公司、子公司、参股公司及其他成员企业或机构共同组成的具有一定规模的企业法人联合体。企业集团不具有企业法人资格。

（十八）归属法人单位情况

归属法人单位情况反映产业活动单位与其归属的法人单位的关系。主要包括产业活动单位所归属的法人单位的统一社会信用代码、单位名称、详细地址，以及法人单位所在地区的行政区划代码。

统 计 法 规

第一章　统计法基础知识

第一节　统计法的基本含义

统计法是调整统计活动中发生的各类社会关系的行为规范的总称,它是由国家制定的关于统计活动的行为准则。具体地说,统计法规定了政府统计活动的组织实施机关及其工作人员以及国家机关、企业事业单位和其他组织、个体工商户、个人等统计调查对象在统计活动中所形成的社会关系,包括统计机构、统计人员的职责、职权,统计调查对象的权利、义务,违法不履行职责、义务应承担的法律责任等。

统计法有狭义和广义之分。狭义的统计法仅指《中华人民共和国统计法》。广义的统计法是指统计法律制度,包括统计法律、统计行政法规、统计地方性法规、统计规章和统计规范性文件。统计法不是各类统计法律制度的简单罗列,而是一个有机的体系。在我国有权制定统计法律制度的主体包括:全国人大及其常委会、国务院及其有关部门、具有立法权的地方人大及其常委会、具有立法权的地方政府及其有关部门。统计法作为我国行政法的一个组成部分,有自己特定的调整对象、原则、特点和作用,是一门独立的分支学科。

第二节　统计法的特点

统计法作为规范统计活动的法律制度,与其他法律制度相比,具有以下两个特点:一是调整对象具有特殊性和复杂性。统计法调整对象的特殊性是与其他部门法相比而言的,这也是统计法之所以区别于其他部门法的根本所在。例如,会计法以人们在财务会计活动中所形成的社会关系为调整对象;金融法以人们在货币流通和使用活动中所发生的社会关系为调整对象;而统计法则是以统计活动中形成的社会关系为其调整对象。统计法调整对象的复杂性是指,统计法所调整的社会关系既有纵向的管理关系,也有横向的指导关系;既有统计机构内部的管理关系,也有统计机构对调查对象的管理关系,还有对属于民间统计调查的涉外调查的管理关系。因为统计工作覆盖面广,涉及社会生活的各个领域,因此统计活动中产生的社会关系也十分复杂;二是规范的内容具有专业性。统计法的专业性是指统计法律制度中包含着大量关于统计工作的技术性规范,如统计调查制度、统计标准等,这些规范是统计法律制度的重要组成部分。

第三节　统计法的立法目的

《统计法》第一条明确了立法目的,规定:为了科学、有效地组织统计工作,保障统计资料的真实性、准确性、完整性和及时性,发挥统计在了解国情国力、服务经济社会发展中的重要作用,促进社会主义现代化建设事业发展,制定本法。这就明确指出,统计法的立法目的主要表现在以下方面:

一、科学、有效地组织统计工作

制定统计法,就是要通过设立法律制度,保障统计方法科学、统计过程严谨、统计行为规范、统计工作高效,使有限的统计投入获得最大的统计产出。第一,统计法明确了统计的基本任务,《统计法》第六条赋予了统计机构、统计人员依法独立行使统计调查、统计报告、统计监督的职权,《统计法》第七条要求国家机关、企业事业单位和其他组织以及个体工商户和个人等统计调查对象依法履行真实、准确、完整、及时提供统计调查所需资料义务等,使科学、有效组织开展统计工作于法有据;第二,《统计法》第三条确定了国家建立集中统一的统计系统,实行统一领导、分级负责的统计管理体制。以法律的形式为统计工作的现代化从体制上、组织上提供了保障;第三,统计法对统计工作的科学化、信息化提出了明确要求。《统计法》第五条明确规定国家加强统计科学研究,健全科学的统计指标体系,不断改进统计调查方法,提高统计的科学性;国家有计划地加强统计信息化建设,推进统计信息搜集、处理、传输、共享、存储技术和统计数据库体系的现代化。《统计法》第十八条规定,县级以上人民政府统计机构根据统计任务的需要,可以在统计调查对象中推广使用计算机网络报送统计资料。统计信息化建设对于加速我国统计现代化的进程,进一步提高统计的科学性、准确性、及时性、全面性和使用的方便性,提高统计服务经济社会科学发展的能力,实现统计信息的全社会共享,促进统计信息的国际交流具有十分重要的意义;第四,统计法对统计标准的科学化提出了明确要求。《统计法》第十七条规定,国家制定统一的统计标准,保障统计调查采用的指标含义、计算方法、分类目录、调查表式和统计编码等的标准化;国家统计标准由国家统计局制定,或者由国家统计局和国务院标准化主管部门共同制定;国务院有关部门可以制定补充性的部门统计标准,报国家统计局审批;部门统计标准不得与国家统计标准相抵触。这样就保证了统计调查中采用的指标含义、计算方法、分类目录、调查表式和统计编码等方面的标准化,为提高统计数据的统一性和可比性创造了条件;第五,统计法规范了政府统计行为。对统计调查项目的制定、审批备案、组织实施、统计执法检查等基本统计生产环节和主要业务流程,在权限和程序等方面都作出明确具体的规定,对政府统计机构、统计人员依法履行职责过程中可能出现的各种违法行为都规定了非常严格的法律责任,保护了公民、法人和其他组织的合法权益,为科学、有效组织开展统计工作提供了基本遵循;第六,统计法为建设一支具备现代统计专业知识的队伍提出了明确要求。《统计法》第三十一条规定,国家实行统计专业技术职务资格考试、评聘制度,提高统计人员的专业素质,保障统计队伍的稳定性;统计人员应当具备与其从事的统计工作相适应的专业知识和业务能力。同时要求,县级以上人民政府统计机构和有关部门,应当加强对统计人员的专业培训和职业道德教育。

二、保障统计资料的真实性、准确性、完整性和及时性

制定统计法,根本目的就是要保障统计资料的真实性、准确性、完整性和及时性,这也是统计工作的根本要求。一是明确了有关负责人和统计人员在统计活动中的基本准则。《统计法》第六条规定,地方各级人民政府、政府统计机构和有关部门以及各单位的负责人不得自行修改统计机构和统计人员依法搜集、整理的统计资料,不得以任何方式要求统计机构、统计人员及其他机构、人员伪造、篡改统计资料,不得对依法履行职责或者拒绝、抵制统计违法行为的统计人员打击报复;统计人员不得伪造、篡改统计资料,不得以任何方式要求任何单位和个人提供不真实的统计资料,不得有其他违反本法规定的行为;二是进一步完善统计数据质量责任制度。统计调查对象应当按照国家有关规定设置原始记录、统计台账,建立健全统计资料的审核、签署、交接、归档等管理制度;统计资料的审核、签署人员应当对其审核、签署的统计资料的真实性、准确性和完整性负责;统计人员应当坚持实事求是,恪守职业道德,对其负责搜集、审核、录入的统计资料与统计调查对象报送的统计资料的一致性负责;三是强化了统计数据质量监督检查和责任追究制度。《统计法》第三十七条规定,地方人民政府、政府统计机构或者有关部门、单位的负责人对本地方、本部门、本单位发生的严重统计违法行为失察的,应当依法承担法律责任。这些规定,彰显了国家进一步强化统计数据质量管理的决心和信心,对保障统计数据的真实性、准确性、完整性和及时性将发挥重要的作用。

三、发挥统计在了解国情国力、服务经济社会发展中的重要作用,促进社会主义现代化建设各项事业的发展

制定统计法,主要目的是发挥统计在了解国情国力、服务经济社会发展中的重要作用,促进社会主义现代化建设各项事业的发展,这也是统计工作的主要目的。国情国力是指一个国家经济社会发展的基本情况和实力。统计法为通过统计工作了解国情国力提供法律制度保障。统计在服务经济社会发展中的重要作用主要体现在:准确及时揭示经济社会发展规模、结构、速度、效益,为中央实施宏观调控和科学决策、为各地各部门实施科学管理、为社会公众参与经济社会活动提供数据支撑;通过深入研究经济社会发展的数量特征,发现突出问题,分析主要矛盾,揭示发展规律,为各项决策和管理提供咨询建议;通过监测经济社会运行情况,准确预测预判运行趋势,为促进经济社会健康发展提供预警参考。

第二章　基本统计法律规范

　　根据法律规范效力的不同,我国现行的统计法律规范主要包括以下五种形式:统计法律、统计行政法规、统计地方性法规、统计行政规章和统计规范性文件。

第一节　统计法律

　　这里的"法律"指的是狭义的法律,专指由全国人民代表大会及其常委会制定颁布的规范性法律文件,其效力仅次于宪法。

　　统计法律,即指由全国人大常委会制定的关于统计方面的规范性法律文件。我国目前的统计法律是指《中华人民共和国统计法》。《统计法》于 1983 年 12 月 8 日由第六届全国人大常委会第三次会议通过,自 1984 年 1 月 1 日起施行。1996 年 5 月 15 日第八届全国人大常委会第十九次会议通过了关于修改《统计法》的决定,对《统计法》进行了修正。2009 年 6 月 27 日第十一届全国人大常委会第九次会议对《统计法》进行了修订,2010 年 1 月 1 日起施行。

　　统计法律具有两个鲜明特点:一是统计法律所规定的内容是统计工作中的一些根本性问题,包括统计管理体制、统计机构和统计人员的设置及基本职责、统计调查项目管理、统计资料公布等;二是统计法律在统计法律制度中具有最高的法律效力,是制定统计行政法规、地方性统计法规、统计规章、统计规范性文件的依据。统计行政法规、地方性统计法规及统计规章、统计规范性文件均不得与统计法律相抵触。

第二节　统计行政法规

　　《中华人民共和国宪法》第八十九条规定,国务院有权根据宪法和法律,制定行政法规,发布决定和命令。行政法规是国家最高行政机关国务院制定的有关国家行政管理的规范性法律文件的总称,其法律地位和效力仅次于宪法和法律。统计行政法规是由国务院制定的规范性法律文件,其法律地位和效力次于统计法律,高于其他统计法律制度,如《中华人民共和国统计法实施条例》。《统计法实施条例》是根据《统计法》的规定对《中华人民共和国统计法实施细则》进行修改,经国务院常务会议审议颁布的。国务院于 1987 年 1 月 19 日批准《统计法实施细则》,2000 年 6 月 2 日进行修订,2005 年 12 月 16 日再次进行修改,2017 年 4 月 12 日国务院以 681 号令颁布《统计法实施条例》。除《统计法实施条例》外,我国现行的统计行政法规还有《全国人口普查条例》《全国经济普查条例》《全国农业普查条例》《关于统计报表管理的暂行规定》等。

第三节　统计地方性法规

根据《中华人民共和国宪法》《中华人民共和国地方各级人民代表大会和地方各级人民政府组织法》《中华人民共和国立法法》的有关规定,省、自治区、直辖市人民代表大会及其常委会在不同宪法、法律、行政法规相抵触的前提下,可以制定和颁布地方性法规报全国人民代表大会常务委员会和国务院备案;设区的市的人民代表大会及其常委会根据本市的具体情况和实际需要,在不同宪法、法律、行政法规和本省、自治区的地方性法规相抵触的前提下可以制定地方性法规,报省、自治区的人民代表大会常务委员会批准后施行,并由省、自治区的人民代表大会常务委员会报全国人民代表大会常务委员会和国务院备案。统计地方性法规,是由上述有地方立法权的地方人民代表大会及其常委会制定和发布,并于本地方实施的统计规范性法律文件。统计地方性法规的效力低于统计法律和统计行政法规,不得与统计法律、统计行政法规相抵触。目前我国 31 个省(区、市)和部分设区的市都制定了统计地方性法规。

第四节　统计行政规章

统计行政规章,是指国务院各部门和各省、自治区、直辖市人民政府及设区的市的人民政府所制定的有关统计的规范性法律文件。统计行政规章的效力低于统计法律和统计行政法规。统计行政规章分为两类:一是统计部门规章,即由国务院各部门制定的统计行政规章,目前主要有:原监察部、人力资源社会保障部、国家统计局制定的《统计违法违纪行为处分规定》,国家统计局制定的《部门统计调查项目管理办法》《涉外调查管理办法》《统计执法监督检查办法》《统计调查证管理办法》《统计执法证管理办法》等。国务院其他部门根据本部门统计工作实际,也制定了一些统计部门规章;二是统计地方政府规章,即设区的市的人民政府所制定的统计行政规章。

第五节　统计规范性文件

统计规范性文件是指对公民、法人和其他组织的权利义务关系产生影响的统计法律规范,其效力低于统计法律、统计行政法规、统计地方性法规和统计行政规章。目前统计规范性文件主要有:国家统计局公布的《企业统计信用管理办法》《统计从业人员统计信用档案管理办法》《国家统计局统计执法"双随机"抽查办法(试行)》《国家统计局政府信息公开指南》等。

第三章　统计法的基本原则

统计法的基本原则是以实现统计法既定任务和特定功能为目的的基本法律思想,是统计法基本精神的体现,是统计法所调整的统计法律关系的集中反映,是贯穿于整个统计法律规范、对各项统计法律制度和所有统计法律规范起统率作用的准则。它反映的是统计活动最基本的要求,对各种统计活动均具有重要的指导意义;它是统计法的基础,又是统计法区别于其他法律的依据。

第一节　统一统计原则

统计从本质上讲是按照通用的方法、依据统一的标准、通过统一的行动来计数的过程。离开了统一性也就不能成为统计,特别是在现代社会要对数以万计的调查对象进行计数必须有统一的方案支撑。统计法是用来规范统计活动的,是统计实践的系统总结和制度规定,其整个立法过程和内容都贯穿着统一性的原则。如《统计法》规定,国家建立集中统一的统计系统,实行统一领导、分级负责的统计管理体制,国家制定统一的统计标准,县级以上人民政府统计机构按照国家有关规定,定期公布统计资料等等,都是统一性的具体体现。

第二节　独立统计原则

统计的生命在于真实,真实的根基在于独立。联合国《统计组织手册》将独立性作为统计机构必须坚持的一系列基本价值观和原则的第一条。联合国统计委员会通过的《官方统计基本原则》明确规定,公众对官方统计系统完整性的基本信任和对统计数字的信心,在很大程度上取决于对作为任何一个力求了解自己并尊重其成员权利的社会之基础的基本价值观和原则的尊重,在这方面,统计机构的专业独立性和问责制至关重要。我国统计法律制度充分体现了独立统计这一原则。《统计法》第六条规定,统计机构和统计人员依照本法规定独立行使统计调查、统计报告、统计监督的职权,不受侵犯。在《统计法》《统计法实施条例》《全国人口普查条例》《全国经济普查条例》《全国农业普查条例》中,有许多条款都对维护统计调查独立性做出了明确规定,并对违背这一规定的行为给出了严厉的惩戒措施。

第三节　科学统计原则

联合国统计委员会通过的《官方统计基本原则》规定,为了保持对官方统计的信任,统计机构应基于严格的专业考虑,包括科学原则和职业道德,确定统计数据的收集、处理、储存、公布方法和程序。科学统计原则始终贯穿于统计立法过程中。如《统计法》第五条规定,国家加强统计科学研究,健全科学的统计指标体系,不断改进统计调查方法,提高统计的科学性。国家有计划地加强统计信息化建设,推进统计信息搜集、处理、传输、共享、存储技术和统计数据库体系的现代化。《统计法》第十三条规定,统计调查项目的审批机关应当对调查项目的必要性、可行性、科学性进行审查。《统计法实施条例》对这些规定进行了具体化。

第四节　规范统计原则

统计调查过程和行为的规范是统计数据可靠性的前提,失去了规范性,统计数据就很难说是可靠的,不可靠也就很难让人信任,也就失去了可信性。统计法将规范性作为立法的一个重要原则,在许多条款里都予以体现。如《统计法》第十四条规定,统计调查应当按照统计调查制度组织实施,统计调查制度应当对调查目的、调查内容、调查方法、调查对象、调查组织方式、调查表式、统计资料的报送和公布等作出规定。严格按照统计法律规定制定统计调查制度并按照制度组织实施统计调查,确保了统计调查过程和行为的规范性,为提高统计调查的可靠性、可信性建立了扎实的法制保障。

第五节　如实统计原则

只有按照客观现实的实际情况采集、审核、报送、处理数据,做到实际情况是什么就统计什么,才能真实地反映现实状况。保障统计资料的真实准确,首先是基础资料要真实准确。统计法将如何获取真实的基础资料作为基本的立法原则。如《统计法》第七条规定,国家机关、企业事业单位和其他组织以及个体工商户和个人等统计调查对象,必须依照本法和国家有关规定,真实、准确、完整、及时地提供统计调查所需的资料。《统计法》第二十九条规定,统计机构、统计人员应当依法履行职责,如实搜集、报送统计资料。统计法律制度对不如实提供、搜集、报送统计资料的行为提出了严厉的惩戒措施。

第六节　公共统计原则

　　政府统计是由公共资源支撑的调查活动,获得的各类统计资料是现代社会重要的公共产品,必须取之于民、用之于民。为了使这一理念得到充分落实,统计法律制度中有许多条款体现了公共统计原则。如《统计法》第二十六条规定,县级以上人民政府统计机构和有关部门统计调查取得的统计资料,除依法应当保密的外,应当及时公开,供社会公众查询。《统计法》第二十三条、第二十四条规定,县级以上人民政府统计机构按照国家有关规定,定期公布统计资料;县级以上人民政府有关部门统计调查取得的统计资料,由本部门按照国家有关规定公布。在《统计法实施条例》和全国人口、经济、农业普查条例中,也对统计资料的公布作出了更加具体的规定。

第七节　诚信统计原则

　　国际统计学会《职业道德宣言》提出,尊重他人的隐私以及对他人的保密承诺;尊重数据来源所在的群体,并保护他们不因数据误用受到伤害;不应妨碍或不当损害他人的工作。《官方统计基本原则》规定,统计机构为统计汇编收集的个体数据,不论涉及自然人还是法人,都应严格保密,而且只用于统计目的。统计调查要想调查对象予以积极支持配合,就必须体现出对调查对象的尊重,体现出对调查对象个体信息的保护。《统计法》在2009年修改时突出了诚信统计原则,明确规定统计调查中获得的能够识别或者推断单个统计调查对象身份的资料,任何单位和个人不得对外提供、泄露,不得用于统计以外的目的。《统计法》第九条规定,统计机构和统计人员对在统计工作中知悉的国家秘密、商业秘密和个人信息,应当予以保密。这是各级政府、各级统计机构和各部门对社会公众的庄严承诺,也是我们从调查对象那里获得真实准确统计资料的前提。统计法律制度对违背诚信原则的行为都给予了严厉惩戒。

第八节　国家统计优先原则

　　政府统计中包括国家统计、部门统计、地方统计。国家统计主要是指组织实施国家统计调查项目及其国家统计调查制度的活动。部门统计主要是指组织实施部门统计调查项目及其部门统计调查制度的活动。地方统计主要是指组织实施地方统计调查项目及其地方统计调查制度的活动。统计法律制度制定中始终坚持国家统计优先原则。如《统计法》第十一条第三款规定,国家统计调查项目、部门统计调查项目、地方统计调查项目应当明确分工,相互衔接,不得重复。第二十三条第二款规定,国家统计数据以国家统计局公布的数据为准。《统计法实施条例》第六条规定,部门统计调查项目、地方统计调查项目的主要内容不得与国家统计调查项目的内容重复、矛盾。这些规定充分体现了国家统计优先的原则。

第九节　统计违法必惩原则

统计法律制度对所有违背法律规范、不履行法定职责和法律义务的统计违法行为都规定了惩戒措施。如《统计法》第六章法律责任中第三十七条至第四十五条,《统计法实施条例》第七章法律责任的全部十二个条款等都对统计违法行为的惩戒作出了具体规定,轻则给予批评教育、警告,重则给予罚款处罚,对于有关责任人由纪检监察机关或任免机关给予警告直至开除的处分,涉嫌犯罪的由司法机关依法追究刑事责任。

第四章　统计管理体制

第一节　统计管理体制概述

一、统计管理体制的基本含义及分类

统计管理体制,是指国家组织管理政府统计工作的体系和制度。具体地说,它是国家对政府统计组织、统计管理机构中各层次、各部分之间的隶属关系、职责范围、管理方式等一系列问题制度化、法律化的表现形式。科学的统计管理体制的确立,有利于统计职能的有效发挥,有利于促进统计工作的发展,有利于确保统计信息的准确性、真实性和统计监督的客观性、独立性。

目前,国际上的统计管理体制有两种基本形式,一是集中型;二是分散型。集中型的统计管理体制,是指中央一级的统计工作基本上集中在国家统计机构进行,其他主管部门一般不负责统计工作,国家统计机构对全国的统计工作实行集中统一的领导。集中型统计管理体制的优点在于:第一,可以最大限度地避免重复调查,节约调查经费,减轻统计调查对象的负担;第二,独立于各主管部门的统计机构负责统计工作,较易做到客观、公正,能有效避免主管部门的行政干扰;第三,易于建立统一的统计指标体系和统计标准体系。分散型的统计管理体制,是指中央一级的统计工作分散在各主管部门进行,各主管部门为实施管理所需的统计资料基本上由其所属的统计机构提供。分散型的统计管理体制优点在于:统计工作与主管部门结合密切,对客观情况的变化反应及时,主管部门认为必要的统计调查可以及时进行。

二、我国统计管理体制的发展演变

新中国成立初期,在中央人民政府政务院财政经济委员会设有统计处。1952年8月7日,中央人民政府决定成立国家统计局,统一领导全国的统计工作。国家统计局颁布的一切统计制度、方法、表式等,各地方、各部门及各公私企业都必须遵照执行。随后,各地方、各部门也都先后成立了统计机构,从此开始实行"统一领导,分级管理"的统计管理体制。

1958-1976年,我国统计工作和统计管理体制经历了曲折的发展。1958年,全国出现大跃进局面,浮夸风蔓延,统计工作受到严重冲击。1962年4月4日,针对当时的浮夸现象,为了加强和改进统计工作,党中央、国务院做出了《关于加强统计工作的决定》,即"四四决定",提出实行"一垂三统"的统计管理体制,国家统计系统在统计业务上垂直领导,

在编制、干部、经费上统一管理。这一更加集中的统计管理体制在当时是非常必要的。但是,一场席卷全国的"文化大革命",使这一体制刚刚开始实施,还没有完全走上正轨便夭折了。1966年开始的十年"文化大革命",给我国统计工作带来严重破坏,政府统计机构被撤销,大批统计干部被解散,统计工作几乎中断。

1977年以后,尤其是党的十一届三中全会以来,我国进入了改革开放和社会主义现代化建设新的历史时期,统计工作也进入新的发展阶段。1978年3月,国务院批准恢复国家统计局。此后国务院分别于1979年10月和1984年1月发布了《关于加强统计工作充实统计机构的决定》和《关于加强统计工作的决定》,明确了"统一领导,分级负责"的统计管理体制。1983年12月颁布、1996年第一次修订、2009年第二次修订的《中华人民共和国统计法》将这一统计管理体制法律化。

第二节　我国现行统计管理体制的主要内容

《统计法》第三条规定,国家建立集中统一的统计系统,实行统一领导、分级负责的统计管理体制。主要表现在:

一、统一领导

统一领导主要体现在以下几个方面:

(一)国家统计局统一组织领导和协调全国统计工作。《统计法》规定,国务院设立国家统计局,依法组织领导和协调全国的统计工作。这为国家统计局管理全国统计工作提供了法律依据。

(二)垂直管理国家统计局各级调查队。《统计法》规定,国家统计局根据工作需要设立的派出调查机构,承担国家统计局布置的统计调查等任务。《国务院办公厅关于印发国家统计局直属调查队管理体制改革方案的通知》(国办发〔2005〕14号)明确规定,国家统计局各级调查队是国家统计局的派出机构,国家统计局对各级调查队实行垂直管理。中央组织部《关于国家统计局各级调查队党组织设置和干部管理有关问题的通知》(组通字〔2005〕26号)和国家统计局、中央机构编制委员会办公室、国家发展和改革委员会、财政部、人事部《关于印发国家统计局直属调查队管理体制改革实施方案的通知》(国统字〔2005〕158号)明确了各级国家调查队机构、编制、干部、经费、业务由国家统计局统一管理。

(三)统一领导统计调查业务。《统计法实施条例》规定,县级以上地方人民政府统计机构受本级人民政府和上级人民政府统计机构的双重领导,在统计业务上以上级人民政府统计机构的领导为主。乡、镇人民政府"在统计业务上受上级人民政府统计机构领导"。这就确保了国家统计局对各地统计调查业务的统一领导。

(四)统一指导部门统计业务。《统计法》规定,县级以上人民政府有关部门"在统计业务上受本级人民政府统计机构的指导"。

（五）统一组织管理全国统计工作的监督检查。《统计法》规定，国家统计局组织管理全国统计工作的监督检查，查处重大统计违法行为。

二、分级负责

分级负责主要表现在以下几个方面：

（一）地方各级统计机构设立、人员编制、干部管理由地方政府负责。《统计法》规定，县级以上地方人民政府设立独立的统计机构，乡、镇人民政府设置统计工作岗位，配备专职或者兼职统计人员，依法管理、开展统计工作，实施统计调查。

（二）各级人民政府负责保障统计工作开展所需的条件。《统计法》规定，国务院和地方各级人民政府、各有关部门应当加强对统计工作的组织领导，为统计工作提供必要的保障。这些保障包括办公用房、办公设施、人员配备、行政经费、业务经费等。

（三）各级统计机构对自己组织实施的统计调查活动负责。《统计法实施条例》规定，县级以上人民政府统计机构和有关部门应当完成国家统计调查任务，执行国家统计调查项目的统计调查制度，组织实施本地方、本部门的统计调查活动。

第五章　统计机构与统计人员

第一节　统计机构的设置及其职责

统计机构是指各级人民政府及其有关部门中从事统计调查、统计数据加工整理、统计分析预测、统计信息咨询和统计协调管理等活动的组织。它是完成统计任务的组织保障。

一、统计机构的设置

依据统计法律法规规定,我国已经建立起了由国家统计局及其直属调查队、地方人民政府统计机构、部门统计机构三部分组成的统计组织体系。

(一)国家统计局及其直属调查队

《统计法》第二十七条第一款规定,国务院设立国家统计局,依法组织领导和协调全国的统计工作。这为国家统计局的设立提供了法律依据。《国务院办公厅关于印发国家统计局主要职责内设机构和人员编制规定的通知》对国家统计局的职能、内设机构和编制都作出了规定。

《统计法》第二十七条第二款规定,国家统计局根据工作需要设立的派出调查机构,承担国家统计局布置的统计调查等任务。这为国家统计局直属调查队的设立提供了法律依据。《国务院办公厅关于印发国家统计局直属调查队管理体制改革方案的通知》,国家统计局、中央编办、国家发展改革委、财政部和原人事部联合印发的《国家统计局直属调查队管理体制改革实施方案》,这两个文件对国家统计局各级调查队的设立作出规定。目前,国家统计局在各省(区、市)和新疆生产建设兵团设有 32 个国家调查总队,在 15 个副省级城市和 333 个市(地、州、盟、新疆兵团师级单位)设有正处级国家调查队,在 887 个县(市、区、旗)设有正科级国家调查队。

(二)地方人民政府统计机构

《统计法》第二十七条第三款规定,县级以上地方人民政府设立独立的统计机构,乡、镇人民政府设置统计工作岗位,配备专职或者兼职统计人员,依法管理、开展统计工作,实施统计调查。这为地方各级人民政府统计机构的设立提供了法律依据。目前,全国 31 个省(区、市)和新疆生产建设兵团以及所有市(地、州、盟、新疆兵团师级单位)都设立了独立的统计局,绝大部分县(市、区、旗)也设立了独立的统计机构,乡镇(街道)一般设有专职或兼职统计员。实践中,在一些乡镇(街道)也设有乡镇统计站(所)等统计机构。

(三)部门统计机构

《统计法》第二十八条规定,县级以上人民政府有关部门根据统计任务的需要设立统计机构,或者在有关机构中设置统计人员,并指定统计负责人,依法组织、管理本部门职责范围内的统计工作,实施统计调查,在统计业务上受本级人民政府统计机构的指导。这为各级人民政府有关部门统计机构的设立提供了法律依据。

部门统计机构,包括国务院各部门、授权的行业协会和地方政府各部门设立的统计机构。目前,国务院各部门大多设有统计机构,一些设有司级统计机构,如人民银行、海关总署,大部分在有关司级机构内设立统计机构;没有设立统计机构的也配备了专职统计人员,并指定了统计工作负责人。机械工业、商业、物流与采购、轻工业、电力等联合会,以及石化、建材、煤炭、有色、钢铁、纺织、食品等协会也都配备了相应的统计人员。省级人民政府有关部门也根据统计调查任务情况设有统计机构或配备统计人员。

二、统计机构的职责

《中共中央关于全面推进依法治国若干重大问题的决定》明确指出,完善行政组织和行政程序法律制度,推进机构、职能、权限、程序、责任法定化,行政机关要坚持法定职责必须为、法无授权不可为。《统计法》及其《统计法实施条例》对各级人民政府、政府统计机构及其有关部门的法定职责职权和统计调查对象的权利义务都做出了明确规定。《统计法》规定,国务院应当加强对统计工作的组织领导,为统计工作提供必要的保障;审批重大的国家统计调查项目,备案国家统计调查项目,统一领导重大国情国力普查,设立国家统计局,对地方各级人民政府、国家统计局和国务院有关部门执行统计法的情况实施监督。

(一)国家统计局的职责

在我国,国家统计局行使中央统计机构的职责职权,《统计法》《统计法实施条例》授予国家统计局的职责职权主要包括:

1. 依法组织领导和协调全国的统计工作。拟定统计法律法规草案,制定统计部门规章和规范性文件,统一制定全国统计改革发展规划,统一制定全国统计政策,统一发布全国统计政令,统一协调指导监督全国统计工作等。

2. 组织实施国家统计调查。制定国家统计调查项目,或者和国务院有关部门共同制定国家统计调查项目,同时制定该项目的统计调查制度;按照统计调查制度组织实施国家统计调查。

3. 建立健全国民经济核算体系。县级以上人民政府有关部门应当及时向本级人民政府统计机构提供国民经济核算所需的财务资料、财政资料及其他资料。

4. 管理统计调查项目及其制度。备案统计调查对象属于本部门管辖系统的部门统计调查项目,审批统计调查对象超出本部门管辖系统的部门统计调查项目,审批由省级人民政府统计机构单独制定或者和有关部门共同制定的地方统计调查项目;同时,一并审批或者备案该项目的统计调查制度。

5. 制定或者和国务院标准化主管部门共同制定国家统计标准。

6. 审批国务院有关部门制定的补充性部门统计标准,部门统计标准不得与国家统计标准相抵触。

7. 公布国家统计数据。国家统计局统计调查取得的全国性统计数据和分省、自治区、直辖市统计数据,由国家统计局公布或者由国家统计局授权其派出的调查机构或者省级人民政府统计机构公布。国家统计数据以国家统计局公布的数据为准。

8. 开展统计分析。依据国家统计调查取得的资料,参考各部门统计调查取得的相关资料和部门行政记录,结合对各地经济社会发展情况调研,对全国经济社会发展及运行情况进行剖析,提出有针对性的政策建议和咨询意见,是国家统计局的基本职责。

9. 实施统计监督,包括监测经济社会发展运行情况,评估监控各地统计数据,监督检查统计工作。

10. 管理国家统计调查资料。对在统计工作中知悉的国家秘密、商业秘密和个人信息予以保密,按照国家有关规定建立统计资料的保存、管理制度,妥善保管统计调查中取得的统计资料。

11. 建立统计调查资料共享机制,实现和有关部门统计调查取得的资料共享。

12. 组织管理全国统计工作的监督检查。检查政府机关、企事业单位和其他组织以及个体工商户、公民等统计调查对象遵守统计法的情况,检查地方各级人民政府、政府统计机构和有关部门遵守执行统计法的情况,检查统计调查各方执行统计调查制度、国家统计标准、国家统计政令情况,依法查处统计违法行为等。

13. 查处重大统计违法行为。重大统计违法行为一般是指严重的统计造假、弄虚作假,严重违背国家统计政令,严重违背国家统计调查制度,在重大国情国力普查中发生的统计造假作假,拒绝、抵制对统计工作的监督检查等行为。

(二)国家调查队的职责

《统计法》第二十七条规定,国家统计局根据工作需要设立的派出调查机构,承担国家统计局布置的统计调查等任务。按照统计法律法规的规定,国家统计局各级调查队的职责职权主要包括:

1. 完成国家统计调查任务,执行国家统计调查项目的统计调查制度。

2. 按照国家有关规定,定期公布其组织实施统计调查所取得的统计资料;经国家统计局授权公布分省、自治区、直辖市统计数据。

3. 对所调查的经济社会发展及运行情况进行剖析,提出有针对性的政策建议和咨询意见。

4. 实施统计监督,包括:监测所调查经济社会发展运行情况,审核下级调查队及其调查对象报送或提供统计数据的质量。

5. 管理其组织实施统计调查所取得的资料,包括:对在统计工作中知悉的国家秘密、商业秘密和个人信息应当予以保密,按照国家有关规定建立统计资料的保存、管理制度,妥善保管统计调查中取得的统计资料。

6. 建立健全统计信息共享机制,实现和有关部门共享政府统计调查取得的资料。

7. 依法查处其组织实施的统计调查活动中发生的统计违法行为。

(三)地方人民政府统计机构的职责

地方统计局既是地方政府主管统计工作的职能部门,也是承担国家统计调查以及上级地方政府统计调查的业务部门。《统计法》规定,地方人民政府统计机构依法管理、开展统计工作,实施统计调查。法律法规授予地方统计机构的职责职权主要包括:

1. 依法管理统计工作。依据国家统计法律法规规章和规范性文件、统计地方性法规和统计地方政府规章,结合本地区实际,制定本地区统计规范性文件;依据全国统计改革发展规划、国家统计政策、全国统计政令,结合本地区实际,制定本地区统计改革发展规划、本地区统计政策;协调指导本地区统计工作。具有立法权的地区的统计局,还有拟定统计地方性法规草案和统计地方政府规章草案的职责职权。

2. 完成国家统计调查任务,执行国家统计调查项目的统计调查制度。

3. 组织实施地方统计调查。制定地方统计调查项目及其统计调查制度,报国家统计局或者省级统计机构审批,组织开展地方统计调查。

4. 管理地方统计调查项目及其制度。由省级以下人民政府统计机构单独制定或者和有关部门共同制定的统计调查项目及其统计调查制度,报省级人民政府统计机构审批;由县级以上地方人民政府有关部门制定的统计调查项目及其统计调查制度,报本级人民政府统计机构审批。

5. 按照国家有关规定,定期公布其组织实施统计调查所取得的统计资料,经上级统计机构授权公布上级统计机构组织实施的统计调查取得的统计资料。

6. 开展统计分析,对本地区经济社会发展及运行情况进行剖析,提出有针对性的政策建议和咨询意见。

7. 实施统计监督,监测本地区经济社会发展运行情况,审核下级统计机构及其调查对象报送或提供统计数据的质量。

8. 管理本地区统计调查资料,对在统计工作中知悉的国家秘密、商业秘密和个人信息应当予以保密,按照国家有关规定建立统计资料的保存、管理制度,妥善保管统计调查中取得的统计资料。

9. 建立健全本地区统计信息共享机制,实现统计机构和有关部门共享政府统计调查取得的资料。

10. 依法查处本行政区域内发生的统计违法行为。但是,国家统计局派出的调查机构组织实施的统计调查活动中发生的统计违法行为,由组织实施该项统计调查的调查机构负责查处。

(四)部门统计机构的职责

按照统计法律法规规定,部门统计机构、统计人员在组织实施统计活动时具有下列职责职权:

1. 依法管理本部门统计工作。

2. 完成国家统计调查任务。

3. 执行国家统计标准。

4. 拟定统计调查项目及其统计调查制度。

5. 组织实施统计调查,国务院有关部门组织实施部门统计调查项目及其统计调查制度,地方政府有关部门组织实施本部门制定的地方统计调查项目及其统计调查制度。

6. 公布本部门组织实施的统计调查取得的统计资料。

7. 开展统计分析。

8. 实施统计监督。

9. 管理本部门组织实施的统计调查所取得的资料。

第二节　县级以上人民政府统计机构及其统计人员的职权

按照统计法律法规的规定,县级以上人民政府统计机构及其统计人员独立行使统计调查、统计报告、统计监督的职权不受侵犯,这些职权主要表现在以下方面。

一、统计调查权

《统计法》第七条、第三十条规定,统计调查对象必须依照本法和国家有关规定,真实、准确、完整、及时地提供统计调查所需的资料;统计人员进行统计调查时,有权就与统计有关的问题询问有关人员,要求其如实提供有关情况、资料并改正不真实、不准确的资料。《统计法实施条例》第十九条规定,县级以上人民政府统计机构、有关部门和乡、镇统计人员,应当对统计调查对象提供的统计资料进行审核。按照这些法律法规规定,统计机构、统计人员的统计调查权包括:

(一)布置统计调查任务。通过制定统计调查项目及其调查制度向调查对象布置统计调查任务,统计调查对象应当无条件地提供统计调查所需资料。

(二)询问权。向调查对象以及调查涉及的机构、单位和人员了解调查情况,询问提供资料情况。

(三)审核权。审核统计调查对象提供统计资料的真实性、准确性、完整性。

(四)要求权。要求调查对象及其调查涉及的机构、单位和人员如实反映情况,真实、准确、完整、及时提供调查所需的统计资料,要求其改正不真实、不准确的资料,补充不完整的统计资料。

二、统计报告权

县级以上人民政府统计机构及其统计人员有权将统计调查所取得的资料加以整理、分析,向各级党委政府以及社会各界提供统计报告,报告统计调查结果、分析研究成果。

三、统计检查权

《统计法》第三十五条规定,县级以上人民政府统计机构在调查统计违法行为或者核查统计数据时,有权采取下列措施:

(一)发出统计检查查询书,向检查对象查询有关事项。

(二)要求检查对象提供有关原始记录和凭证、统计台账、统计调查表、会计资料及其他相关证明和资料。

（三）就与检查有关的事项询问有关人员。

（四）进入检查对象的业务场所和统计数据处理信息系统进行检查、核对。

（五）经本机构负责人批准，登记保存检查对象的有关原始记录和凭证、统计台账、统计调查表、会计资料及其他相关证明和资料。

（六）对与检查事项有关的情况和资料进行记录、录音、录像、照相和复制。

四、行政惩戒权

在《统计法》《统计法实施条例》的法律责任部分，授予县级以上人民政府统计机构对统计违法行为具有通报、警告、没收违法所得、罚款等惩戒权，对重大国情国力普查中有统计违法行为的个人具有批评教育权。

五、处分建议权

《统计法》第四十三条规定，县级以上人民政府统计机构查处统计违法行为时，认为对有关国家工作人员依法应当给予处分的，应当提出给予处分的建议；该国家工作人员的任免机关或者监察机关应当依法及时作出决定，并将结果书面通知县级以上人民政府统计机构。统计法律法规规定，统计违法行为涉嫌犯罪的，县级以上人民政府统计机构应当将案件移送司法机关、监察机关处理。

第六章　统计行政许可制度

　　行政许可是指行政机关应行政相对人的申请,通过颁发许可证、执照等形式,依法赋予行政相对人从事某种活动的法律资格或实施某种行为的法律权利的行政行为。

　　根据《统计法》第四十九条第二款和《统计法实施条例》第五十二条规定,统计行政许可项目有两项:涉外调查机构资格认定和涉外社会调查项目审批。其中涉外调查机构资格认定属于依法赋予行政相对人从事涉外调查工作的法律资格的行政行为,涉外社会调查项目审批是指依法赋予行政相对人实施特定涉外调查项目的法律权利的行为。

第一节　涉外调查机构资格认定制度

一、涉外调查机构资格认定的法律依据

　　《统计法实施条例》第五十二条第一款规定,中华人民共和国境外的组织、个人需要在中华人民共和国境内进行统计调查活动的,应当委托中华人民共和国境内具有涉外统计调查资格的机构进行。涉外统计调查资格应当依法报经批准。统计调查范围限于省、自治区、直辖市行政区域内的,由省级人民政府统计机构审批;统计调查范围跨省、自治区、直辖市行政区域的,由国家统计局审批。

　　国家统计局于2004年10月13日以国家统计局令第7号公布的《涉外调查管理办法》对涉外调查机构的资格认定制度作了明确规定。该《办法》将涉外调查机构定义为"依法取得涉外调查许可证的机构"。其中第十条、第十一条、第十三条以及第十四条第二款,对涉外调查许可证的受理机关、申请条件、申请材料以及审批程序等作出了明确规定。

二、涉外调查机构资格认定机关

　　根据《涉外调查管理办法》第十条规定,国家统计局和省、自治区、直辖市人民政府统计机构负责对申请涉外调查许可证的机构进行资格认定。其中,申请涉外调查许可证的机构,调查范围跨省、自治区、直辖市行政区域的,向国家统计局提出;调查范围限于省、自治区、直辖市行政区域内的,向所在省、自治区、直辖市人民政府统计机构提出。

三、申请涉外调查许可证应当符合的条件*

　　《涉外调查管理办法》第十一条规定了申请涉外调查许可证的机构应当具备的条件。

具体包括以下几个方面:依法成立,具有法人资格;经营范围或业务范围包含市场调查或者社会调查内容;具有熟悉国家有关涉外调查管理规定的人员;具备与所从事涉外调查相适应的调查能力;在申请之日前一年内开展三项以上调查项目,或者调查营业额达到三十万元;有严格、健全的资料保密制度;在最近两年内无重大违法记录。

四、申请程序 *

申请涉外调查许可证,应当提交的文件包括涉外调查许可证申请表以及用以证明其符合申请条件的其他材料。

国家统计局或者省、自治区、直辖市人民政府统计机构应当自受理之日起二十日内,作出批准或者不批准的决定。逾期不能作出决定的,经本行政机关负责人批准,可以延长十日,并将延长期限的理由告知申请人。决定批准的,颁发涉外调查许可证;决定不批准的,应当书面通知申请人,并说明理由。

五、关于涉外调查许可证件的有关规定 *

《涉外调查管理办法》第十六条规定,涉外调查许可证应当注明调查机构的名称、登记类型、法定代表人或者主要负责人、住所和颁发机关、颁发日期、编号、许可范围、有效期等内容;涉外调查机构的名称、登记类型、法定代表人或者主要负责人、住所等发生变更的,应当向原颁发机关申请变更涉外调查许可证。

关于涉外调查许可证的有效期限,《涉外调查管理办法》第十八条、第十九条作了明确规定,涉外调查许可证的有效期为三年,涉外调查机构需要延续涉外调查许可证有效期的,应当在有效期届满三十日前向原颁发机关提出申请。逾期未提出的,将不再延续涉外调查许可证的有效期。终止涉外调查业务的,应当在终止业务后三十日内,向原颁发机关缴回涉外调查许可证。涉外调查许可证有效期届满的,应当在届满后三十日内,向原颁发机关缴回已过期的涉外调查许可证。

任何组织、个人不得伪造、冒用或者转让涉外调查许可证。

第二节　涉外社会调查项目审批制度

一、涉外社会调查项目的审批机关

《统计法实施条例》第五十二条第二款规定,涉外社会调查项目应当依法报经批准。统计调查范围限于省、自治区、直辖市行政区域内的,由省级人民政府统计机构审批;统计调查范围跨省、自治区、直辖市行政区域的,由国家统计局审批。

《涉外调查管理办法》第二十一条和第二十三条规定,国家统计局和省、自治区、直辖市人民政府统计机构负责对涉外社会调查项目的审批。涉外调查机构申请批准涉外社会调查项目,调查范围跨省、自治区、直辖市行政区域的,向国家统计局提出;调查范围限于省、自治区、直辖市行政区域内的,向所在省、自治区、直辖市人民政府统计机构提出。

二、申请涉外社会调查项目应当提交的文件 *

《涉外调查管理办法》第二十二条规定,涉外调查机构申请批准涉外社会调查项目时,应提交下列文件:涉外社会调查项目申请表;涉外调查许可证复印件;委托、资助、合作的合同复印件;调查方案,包括调查的目的、内容、范围、时间、对象、方式等;调查问卷、表格或者访谈、观察提纲;与调查项目有关的其他背景材料。

三、涉外社会调查项目的审批 *

《涉外调查管理办法》第二十三条、第二十四条对涉外社会调查项目的审批作出了具体规定:国家统计局或者省、自治区、直辖市人民政府统计机构应当自受理之日起二十日内,作出批准或者不批准的决定。逾期不能作出决定的,经本行政机关负责人批准,可以延长十日,并将延长期限的理由告知申请人。决定批准的,发给涉外社会调查项目批准文件;决定不批准的,应当书面通知申请人,并说明理由。

经批准的涉外社会调查项目,不得擅自变更;需要变更的,涉外调查机构应当就变更部分向原批准机关提出申请。审批机关应当依据第二十三条第二款的规定作出批准或者不批准变更的决定。

经批准进行的涉外社会调查,应当在调查问卷、表格或者访谈、观察提纲首页显著位置标明并向调查对象说明下列事项:涉外调查许可证编号;调查项目的批准机关、批准文号;本调查为调查对象自愿接受的调查。

任何组织、个人不得伪造、冒用或者转让涉外社会调查项目批准文件。

第三节　涉外调查的监督检查和法律责任

一、涉外调查的监督检查机关

根据《涉外调查管理办法》第四条规定,国家统计局会同国务院有关部门负责对全国的涉外调查实施监督管理。县级以上地方各级人民政府统计机构会同同级人民政府有关部门负责对本行政区域内的涉外调查实施监督管理。

二、涉外调查的检查方式

《统计法实施条例》第五十三条规定,国家统计局或者省级人民政府统计机构对涉外统计违法行为进行调查,有权采取统计法第三十五条规定的措施。即统计机构在开展涉外调查执法检查时,可以采取发出检查查询书,要求检查对象提供相关证明和资料,询问有关人员,检查业务场所和统计数据处理系统,登记保存有关证明和资料,对有关资料进行照相、复制、记录检查情况等措施。

三、涉外调查的法律责任

《统计法实施条例》第五十四条规定,对违法从事涉外统计调查活动的单位、个人,由国家统计局或者省级人民政府统计机构责令改正或者责令停止调查,有违法所得的,没收违法所得;违法所得50万元以上的,并处违法所得1倍以上3倍以下的罚款;违法所得不足50万元或者没有违法所得的,处200万元以下的罚款;情节严重的,暂停或者取消涉外统计调查资格,撤销涉外社会调查项目批准决定;构成犯罪的,依法追究刑事责任。

《涉外调查管理办法》第三十一条、第三十二条明确了涉外调查管理中的主要违法行为。第三十一条规定的违法行为包括:(一)未通过取得涉外调查许可证的机构进行涉外调查的;(二)未取得涉外调查许可证进行涉外调查的;(三)伪造、冒用、转让涉外调查许可证、涉外社会调查项目批准文件的;(四)使用已超过有效期的涉外调查许可证从事涉外调查的;(五)超出许可范围从事涉外调查的。第三十二条规定的违法行为包括:(一)未经批准,擅自进行涉外社会调查的;(二)未经批准,擅自变更已批准的涉外社会调查项目的;(三)泄露调查对象商业秘密和个人隐私的;(四)强迫调查对象接受调查的;(五)冒用其他机构名义进行涉外调查的;(六)未建立涉外调查业务档案的;(七)拒绝接受管理机关检查的;(八)在接受管理机关检查时,拒绝提供情况和有关材料、提供虚假情况和材料的;(九)未标明、未向调查对象说明第二十六条规定事项的。对于以上违法行为,由国家统计局或者省级人民政府统计机构依法追究行政法律责任;构成犯罪的,依法追究刑事法律责任。

《涉外调查管理办法》第三十三条规定了涉外调查机构未依法申请变更涉外调查许可证、未按规定缴回涉外调查许可证等违法行为的法律责任。

《涉外调查管理办法》第三十四条、第三十五条规定了统计机构工作人员在涉外调查管理中玩忽职守、滥用职权,泄露知悉的商业秘密等违法行为的法律责任。

第七章　统计调查管理

　　统计调查是指统计部门按照法定的程序,依照科学的统计指标体系和科学的调查方法,有组织、有计划地向被调查者收集统计资料的活动。统计调查在整个统计工作中处于十分重要的地位。统计调查取得统计资料完整与否、准确与否,都将直接影响到以后各阶段的工作质量。因此,只有搞好统计调查,取得准确、及时、全面、系统的原始统计资料,才能进行科学的汇总与整理,才能开展统计分析工作,充分发挥统计信息、咨询、监督作用。《统计法》第二章就统计调查管理作出了明确规定,包括统计调查项目的分类、制定、审批和备案,统计调查制度的设计和主要内容,统计标准的制定管理和作用,统计调查方法的种类和应用等。

第一节　统计调查项目

　　实施统计调查,首先要立项。《统计法》对统计调查项目的设立、管理都作出了明确规定。

一、统计调查项目的分类

　　鉴于统计信息需求的多样化和政府统计调查主体的多元化,为了有效规范政府及其有关部门的统计行为,提高统计调查的整体效率和质量,在总结实践经验的基础上,《统计法》第十一条将统计调查项目分为国家统计调查项目、部门统计调查项目和地方统计调查项目三类,实行分类管理。其中:

　　国家统计调查项目,是指全国性基本情况的统计调查项目。全国性基本情况包括各项经济、社会、人口、资源、环境等方面的规模、结构、速度、效益等情况,结构既包括行业发展结构也包括地区发展结构。国家统计调查项目主要满足国家宏观调控和管理的需要。

　　部门统计调查项目,是指国务院有关部门的专业性统计调查项目。部门统计调查项目主要是为了满足部门依法履行职责和进行行业管理的需要,同时为国家决策和管理以及开展国民经济核算提供重要统计信息。

　　地方统计调查项目,是指县级以上地方人民政府及其部门的地方性统计调查项目。地方统计调查项目是在国家统计调查项目和部门统计调查项目基础上,地方政府及其部门为管理本地区经济社会活动,获取本地区经济社会发展规划所需补充性资料而设立的区域性统计调查项目。需要明确的是,地方统计调查项目既包括地方人民政府统计机构制定的统计调查项目,也包括地方人民政府有关部门制定的统计调查项目。地方统计调查项目与国家统计调查项目和部门统计调查相比,最主要的区别是具有地域性,只能在本行政区域内组织实施。

对统计调查项目实行分类管理是落实《统计法》立法目的,科学、有效地组织统计工作,保障统计资料的真实性、准确性、完整性和及时性,发挥统计在了解国情国力、服务经济社会发展中的重要作用,促进社会主义现代化建设事业发展的重要环节。为了有效维护正常的统计调查秩序,防止"数出多门",降低统计成本,减轻基层统计机构和统计调查对象的负担,《统计法》第十一条第三款规定,国家统计调查项目、部门统计调查项目、地方统计调查项目应当明确分工,互相衔接,不得重复;《统计法实施条例》第六条规定,部门统计调查项目、地方统计调查项目的主要内容不得与国家统计调查项目的内容重复、矛盾。各级人民政府、县级以上人民政府统计机构和有关部门应当依法加强协调与沟通,明确各自的分工,不断提高统计信息共享水平,避免重复统计,维护政府统计的公信力。

二、统计调查项目的制定、审批和备案

依照《统计法》规定,国家对统计调查项目实行分类管理。为了明确责任主体,《统计法》第十二条对国家统计调查项目、部门统计调查项目、地方统计调查项目的制定、审批和备案作出了明确规定。

国家统计调查项目的制定分为两种情况:一是由国家统计局单独制定;二是由国家统计局和国务院有关部门共同制定。其中重大的国家统计调查项目,如人口普查、经济普查和农业普查等,报国务院审批;其他调查项目,报国务院备案。

部门统计调查项目由国务院有关部门制定。统计调查对象属于本部门管辖系统的,报国家统计局备案。统计调查对象超出本部门管辖系统的,报国家统计局审批。所谓本部门管辖系统,按照《部门统计调查项目管理办法》的规定,是指本部门直属机构、派出机构和垂直管理的机构,省及省以下与部门对口设立的管理机构。

地方统计调查项目的制定分为三种情况:一是由县级以上地方人民政府统计机构单独制定;二是由县级以上地方人民政府有关部门单独制定;三是由县级以上地方人民政府统计机构和有关部门共同制定。其中,由省级人民政府统计机构单独制定或者和有关部门共同制定的,报国家统计局审批;由省级以下人民政府统计机构单独制定或者和有关部门共同制定的,报省级人民政府统计机构审批;由县级以上地方人民政府有关部门制定的,报本级人民政府统计机构审批。

同时,《统计法实施条例》第七条还明确了制定统计调查项目的要求,统计调查项目的制定机关(以下简称制定机关)应当就项目的必要性、可行性、科学性进行论证,征求有关地方、部门、统计调查对象和专家的意见,并由制定机关按照会议制度集体讨论决定。重要统计调查项目应当进行试点。

通过立法对国家统计调查项目、部门统计调查项目、地方统计调查项目的制定、审批和备案做出明确规定,有利于从制度和程序上加强国家统计调查项目、部门统计调查项目、地方统计调查项目之间的协调,明确各自的分工,避免重复。

三、统计调查项目的审批原则

近年来,随着经济社会的快速发展,人们对经济走势与市场变化非常关注,各类统计调查大量增加,如果存在重复交叉,不仅增加统计成本,同时也会加重基层统计机构和调查对象的负担。对统计调查项目进行审批,是《统计法》的一项重要制度设计,是我国对政府统计工作实施管理的一项重要内容,这样做是为了使公共资源得到更好的使用,维护正常的统计调查秩序。《统计法》第十三条对统计调查项目的审批原则作出了明确规定。

(一)必要性原则

主要审查该统计调查项目是否有明确的调查目的和资料用户,是否为公共管理和服务所必需,是否是政府及其有关部门履行职责、推动经济社会发展所必需;与其他统计调查项目是否重复;该统计调查项目需要的数据资料能否通过已有的行政记录加工获得等。

(二)可行性原则

主要审查该统计调查项目;申请单位是否具备实施该统计调查项目的能力;从技术上要获得准确的统计资料是否具有现实可行性;是否有相应的经费保障等。

(三)科学性原则

主要审查该统计调查项目拟定的统计指标体系、调查方法、样本量、调查组织方式、调查表式的设计等是否科学合理,这些制度方法能否客观、准确地反映经济社会发展的实际。

统计调查项目的审批机关应当依照《统计法实施条例》第八条、第十条、第十一条规定的程序进行项目审查,对符合法定条件的,应当批准,批准决定要以书面形式作出,并予公布;对不符合法定条件的,应当作出不予批准的书面决定,并说明理由。

四、统计调查制度的制定、审批和备案

统计调查制度是组织实施统计调查的一系列规范,是统计调查项目的核心内容,每一项统计调查都有其相应的调查制度。因此,《统计法》第十四条规定,制定统计调查项目,应当同时制定该项目的统计调查制度,并依照《统计法》第十二条的规定一并报经审批或者备案。

统计调查制度应当包括下列内容:

(一)调查目的,是指通过调查要实现的目标。

(二)调查内容,是指为了达到统计调查目的,需要搜集的统计调查对象的相关原始数据和资料等。

(三)调查方法,是指确定或选取统计调查对象的方法。经常被采用的统计调查方法有:普查、抽样调查、全面调查、重点调查等。

(四)调查对象,是指接受统计调查、履行提供统计资料义务的具体组织或个人,包括国家机关、企业事业单位和其他组织以及个体工商户和个人。

(五)调查组织方式,是指统计调查实施过程的组织管理方式,包括统计调查制度是由谁、通过什么方式进行布置,统计资料如何进行传输、处理、存储、共享等。

（六）调查表式，是指以表格等形式排列的需要填写报送的一系列统计指标及其说明，表现为两种：一种是调查对象填写报送的统计调查表，一般称作基层报表；另一种是统计机构填写报送的统计调查表，一般称作综合报表。

（七）统计资料的报送，包括报送的时间、报送的方式等。

（八）统计资料的公布，包括公布的主体、公布的程序、公布的时间、公布的方式等。

（九）统计信息的共享，包括共享的内容、方式、时限、渠道和责任。

制定统计调查制度，应当对上述内容作出明确规定。

统计调查制度一经批准或者备案即产生法律效力，统计调查应当按照经依法批准或者备案的统计调查制度组织实施。需要变更统计调查制度内容的，应当依照《统计法》第十四条规定报经原审批机关批准或者向原备案机关备案。未经批准，擅自变更统计调查制度的内容的，将依照《统计法》规定承担相应的法律责任。

五、统计调查表应当标明的内容

统计调查表，是指由统计机构根据统计调查的需要制发的用以对统计调查对象进行登记、搜集相关原始数据和资料，要求调查对象按照统一规定填报的表格或问卷。这些统计资料通过具体数据和相关信息反映出我国社会主义现代化建设的成就与不足，成为各级党委政府科学决策和管理经济社会事务的重要依据。

统计调查表应当根据《统计法》第十五条规定标明表号、制定机关、批准或者备案文号、有效期限等标志。未标明上述标志或者超过有效期限的统计调查表，统计调查对象有权拒绝填报；县级以上人民政府统计机构应当依法责令停止有关的统计调查活动。这为维护政府统计调查工作秩序，杜绝违法统计调查给社会带来的危害，有效维护统计调查对象的合法权益，提供了制度保障。

第二节　统计调查方法

一、统计调查方法的重大改革

长期以来，我国的统计调查方法体系，基本上是按照计划经济体制和分级管理的要求形成的。统计调查主要依靠全面统计报表采集统计数据，层层汇总，逐级上报。这种统计调查方法，不仅投入多，效益差，缺乏灵敏性，基层负担重，而且中间环节多，受到的干扰也越多，很难保证统计数据的准确性。尤其是在发展社会主义市场经济的条件下，经济结构日趋复杂，利益主体日趋多元化，依靠全面统计报表采集统计数据，统计信息失实的现象也越来越严重。

在总结我国多年统计调查实践经验和理论探索的基础上，按照建立社会主义市场经济体制的要求，借鉴国际上的成功做法，国家统计局对历史上形成的传统的统计调查方法体系进行了重大改革，1994 年 7 月 20 日国务院批转了国家统计局《关于建立国家普查制度改革统计调查体系的请示》,确定了以周期性普查为基础,以经常性抽样调查为主体的统计调查方法体系。1996 年 5 月 15 日和 2009 年 6 月 27 日,先后两次修订的《统计法》和 2017 年颁布的《统计法实施条例》均以法律法规的形式对统计调查方法进行了规定,肯定了统计调查方法的改革成果。统计实践证明,周期性普查、抽样调查、全面调查、重点调查及行政记录、大数据,都是科学合理、切实可行的统计调查方法。

二、统计调查方法

随着我国社会主义市场经济体制的建立和统计事业的发展,我国统计调查方法也得到进一步充实和完善。

（一）周期性普查

周期性普查即根据事先确定的周期(5 年或 10 年),通过逐个调查各个统计调查对象在一定时点上或一定时期内的社会经济活动情况,全面、系统地搜集整理和提供反映国情国力的统计数据的调查方法。实践证明,通过周期性普查取得的统计数据,具有全面、系统、准确、可靠的特点。但是普查的工作量大,需要投入大量的人力、物力和财力,不可能年年搞,只能每隔若干年进行一次。

（二）抽样调查

抽样调查即根据概率理论,从全体调查对象中随机抽取部分样本单位进行统计调查,获取样本单位数据,并据以推断总体情况的调查方法。经常性抽样调查具有社会投入少、调查效果好等特点。在我国已有相当部分的统计调查项目,如农产品产量调查、城乡住户调查等,都是通过抽样调查方法取得统计数据的。

（三）全面调查和重点调查

全面调查是对构成调查对象总体的所有单位一一进行的调查,能够掌握比较全面、完整的统计资料,了解总体单位的全貌。重点调查是在全体调查对象中选择部分重点单位进行调查,因而所取得的统计数据基本能够反映社会经济现象发展变化的基本趋势。

（四）行政记录

行政记录是指行政部门为实现管理、控制和服务等目的,通过办证、登记、审批等方式搜集并保存的关于自然人或其他社会实体的相关信息。对利用行政记录可以获得的统计资料,不要再通过其他统计调查方法获取,以减轻统计调查对象的负担。

上述统计调查方法各有所长和不足。搜集、整理统计资料,应当依照《统计法》第十六条规定,以周期性普查为基础,以经常性抽样调查为主体,综合运用全面调查和重点调查等方法,并充分利用行政记录,以有效发挥各类统计调查方法的总体优势,不断完善统计调查方法,提高我国统计的科学性。

鉴于重大国情国力普查涉及面广,工作量大,时间性强,需要社会各方面的大力支持与配合。为此,《统计法》第十六条第二款规定,重大国情国力普查,由国务院统一领导,国务院和地方人民政府组织统计机构和有关部门共同实施,以保障普查工作的顺利进行。

第三节　统计标准

一、统计标准的概念

统计标准是对统计调查中采用的指标含义、计算方法、分类目录、调查表式和统计编码等的统一规范,是确保统计数据真实准确、可比可靠的基石,是统计工作的基础。为此,《统计法》第十七条第一款规定,国家制定统一的统计标准,保障统计调查采用的指标含义、计算方法、分类目录、调查表式和统计编码等的标准化。其中,指标含义,是指该指标的内涵与外延,内涵说明该指标的规定性和与其他指标的区别;外延说明该指标包含的范围。计算方法,是指根据相关指标和相关基础资料计算某一指标的方法,包括计算原则、计算公式和有关折算系数等。分类目录,是指根据统计调查的需要,对统计客体所作的分类,如行业分类、职业分类、地区分类等,是进行统计调查资料分类整理的依据。调查表式,是指以表格等形式排列的需要填写报送的一系列统计指标及其说明。统计编码,是指统计分类、统计指标等的编号,是用于计算机汇总的标志,对于提高统计管理水平,建立统计数据库体系具有重要作用。

二、统计标准的制定

依照《统计法》第十七条第二、三款规定,统计标准根据其制定机关和适用范围的不同,分为两种,一是国家统计标准,二是部门统计标准。国家统计标准由国家统计局制定,或者由国家统计局和国务院标准化主管部门共同制定。国务院有关部门可以根据本部门统计工作的需要,在国家统计标准的基础上制定补充性的部门统计标准,报国家统计局审批。但是,部门统计标准不得与国家统计标准相抵触。依法明确统计标准的制定机关及其相互之间的关系,有利于维护统计标准的权威,提高统计数据质量。

三、统计标准的强制性

《统计法实施条例》第十五条规定,统计法第十七条第二款规定的国家统计标准是强制执行标准。各级人民政府、县级以上人民政府统计机构和有关部门组织实施的统计调查活动,应当执行国家统计标准。国家统计标准是在全国范围内强制执行的统计标准,对统计调查采用的指标含义、计算方法、分类目录、调查表式和统计编码等都做出了统一规定,这些都是组织实施统计调查必须遵循的基础性规范。国家统计标准一经制定发布,各级人民政府、县级以上人民政府统计机构和有关部门组织实施的所有统计调查,包括国家、部门、地方统计调查项目及其统计调查制度,都必须无条件的采用国家统计标准。

第四节　统计调查经费

统计工作的基本任务是对经济社会发展情况进行统计调查、统计分析,提供统计资料和统计咨询意见,实行统计监督。统计工作需要人力、物力和财力的支持,因此,离不开经费保障。政府统计由各级人民政府统计机构和有关部门组织实施,其经费保障只有依靠财政预算。而且,政府统计与现代国家管理密切相关,是一项长期的、经常性的工作,需要财政预算长期的、经常性的支持。因此,《统计法》第十九条第一款规定,县级以上人民政府应当将统计工作所需经费列入本级财政预算。

所谓财政预算,是指政府对于未来一定时期内的收入和支出的计划安排。依照我国预算法的规定,财政预算由政府编制,报本级人民代表大会审查批准,并按照批准后的预算执行。财政预算经本级人民代表大会批准后,非经法定程序,不得改变。将统计工作所需经费列入政府财政预算,从法律制度上保障了政府对统计工作的投入。县级以上人民政府应当依照本条规定,将统计工作所需经费列入本级财政预算。

重大国情国力普查一般是指全国性的人口普查、经济普查、农业普查等,与常规统计调查不同,重大国情国力普查不需要每年进行,而是按照国家规定的周期如 5 年或 10 年进行一次。全国性普查涉及面广,工作量大,时间性强,需要大量的人力、物力和财力支持,需要社会各方面的积极参与和配合。所以对重大国情国力普查,国务院都制定和颁布了相关的行政法规,对全国性普查工作做出全面部署,并对所需经费的落实做出具体安排。如第七次全国人口普查办法规定,人口普查所需经费,在保证高质量完成普查任务和厉行节约的原则下,由中央财政和地方财政共同负担。全国经济普查条例、全国农业普查条例规定,普查所需经费,由中央和地方各级人民政府共同负担,并列入相应年度的财政预算,按时拨付,确保到位。为了保证重大国情国力普查工作顺利进行,《统计法》第十九条第二款在总结实践经验的基础上,对重大国情国力普查经费的保障问题做了专门规定。一是明确重大国情国力普查所需经费由国务院和地方人民政府共同负担,并列入相应年度的财政预算;二是要求重大国情国力普查经费要按时拨付,确保到位。

第八章　统计督察*

　　为了构建防范和惩治统计造假、弄虚作假督察机制,推动各地区各部门严格执行统计法律法规,确保统计数据真实准确,根据《关于深化统计管理体制改革提高统计数据真实性的意见》《统计违纪违法责任人处分处理建议办法》等有关规定和《中华人民共和国统计法》《中华人民共和国统计法实施条例》等法律法规,2018年8月,中共中央办公厅、国务院办公厅印发《防范和惩治统计造假、弄虚作假督察工作规定》(以下简称《规定》),明确党中央、国务院授权国家统计局组织开展统计督察,监督检查各地区各部门贯彻执行党中央、国务院关于统计工作的决策部署和要求、统计法律法规、国家统计政令等情况。开展统计督察是党中央、国务院从党和国家事业发展全局高度对统计改革发展作出的重大战略部署,为完善统计体制、推动高质量发展、筑牢国家宏观调控与科学决策数据基础提供了扎实保障。

第一节　统计督察的指导思想

　　统计督察必须坚持以习近平新时代中国特色社会主义思想为指导,全面贯彻党的十九大和十九届历次全会精神,牢固树立政治意识、大局意识、核心意识、看齐意识,坚持和加强党的全面领导,坚持稳中求进工作总基调,坚持新发展理念,紧扣我国社会主要矛盾变化,按照高质量发展的要求,围绕统筹推进"五位一体"总体布局和协调推进"四个全面"战略布局,聚焦统计法定职责履行、统计违纪违法现象治理、统计数据质量提升,注重实效、突出重点、发现问题、严明纪律,维护统计法律法规权威,推动统计改革发展,为经济社会发展做好统计保障。

第二节　统计督察的对象和内容

一、统计督察的对象

　　《规定》第五条明确了统计督察的对象,是与统计工作相关的各地区、各有关部门。重点是各省、自治区、直辖市党委和政府主要负责同志和与统计工作相关的领导班子成员,必要时可以延伸至市级党委和政府主要负责同志和与统计工作相关的领导班子成员;国务院有关部门主要负责同志和与统计工作相关的领导班子成员;省级统计机构和省级政府有关部门领导班子成员。

二、统计督察的内容

统计督察的内容主要涉及党中央、国务院关于统计改革发展各项决策部署贯彻落实、统计法定职责履行、防范和惩治统计造假、弄虚作假责任制建立等方面。针对不同的督察对象，统计督察的内容也有所不同。

（一）对省级党委和政府、国务院有关部门开展统计督察

根据《规定》第六条，对省级党委和政府、国务院有关部门开展统计督察的内容包括：

1. 贯彻落实党中央、国务院关于统计改革发展各项决策部署，加强对统计工作组织领导，指导重大国情国力调查，推动统计改革发展，研究解决统计建设重大问题等情况；

2. 履行统计法定职责，遵守执行统计法律法规，严守领导干部统计法律底线，依法设立统计机构，维护统计机构和人员依法行使统计职权，保障统计工作条件，支持统计活动依法开展等情况；

3. 建立防范和惩治统计造假、弄虚作假责任制，问责统计违纪违法行为，建立统计违纪违法案件移送机制，追究统计违纪违法责任人责任，发挥统计典型违纪违法案件警示教育作用等情况；

4. 应当督察的其他情况。

对市级及以下党委和政府、地方政府有关部门，可以参照上述内容开展统计督察。

（二）对各级统计机构、国务院有关部门行使统计职能的内设机构开展统计督察

根据《规定》第七条，对各级统计机构、国务院有关部门行使统计职能的内设机构开展统计督察的内容包括：

1. 贯彻落实党中央、国务院关于统计改革发展各项决策部署，完成国家统计调查任务，执行国家统计标准和统计调查制度，组织实施重大国情国力调查等情况；

2. 履行统计法定职责，遵守执行统计法律法规，严守统计机构、统计人员法律底线，依法独立行使统计职权，依法组织开展统计工作，依法实施和监管统计调查，依法报请审批或者备案统计调查项目及其统计调查制度，落实统计普法责任制等情况；

3. 执行国家统计规则，遵守国家统计政令，遵守统计职业道德，执行统计部门规章和规范性文件，落实各项统计工作部署，组织实施统计改革，加强统计基层基础建设，参与构建新时代现代化统计调查体系，建立统计数据质量控制体系等情况；

4. 落实防范和惩治统计造假、弄虚作假责任制，监督检查统计工作，开展统计执法检查，依法查处统计违法行为，依照有关规定移送统计违纪违法责任人处分处理建议或者违纪违法问题线索，落实统计领域诚信建设制度等情况；

5. 应当督察的其他情况。

对国务院有关部门行使统计职能的内设机构开展统计督察的内容还包括：依法提供统计资料、行政记录，建立统计信息共享机制，贯彻落实统计信息共享要求等情况。

对地方政府有关部门行使统计职能的内设机构，可以参照上述内容开展统计督察。

第三节　统计督察的组织实施

一、组织实施主体

根据《规定》第四条,国家统计局负责统筹、指导、协调、监督统计督察工作,主要职责是制定年度督察计划,批准督察事项,审定督察报告,研究解决督察中存在的重大问题。国家统计局统计执法监督局承担统计督察日常工作。国家统计局通过组建统计督察组开展统计督察工作,统计督察组设组长、副组长,实行组长负责制,副组长协助组长开展工作。

二、组织实施要求

(一)对统计督察组的要求

《规定》第十七条对统计督察组及其工作人员提出了明确要求。统计督察组应当坚持实事求是,深入调查研究,全面准确了解情况,客观公正反映问题。统计督察工作人员应当严格遵守政治纪律、组织纪律、廉洁纪律、工作纪律等有关纪律要求,有下列情形之一的,视情节轻重,给予批评教育、组织处理或者党纪政务处分;涉嫌犯罪的,移送有关机关依法处理:

1. 对统计造假、弄虚作假问题瞒案不报、有案不查、查案不力,不如实报告统计督察情况,甚至隐瞒、歪曲、捏造事实的;

2. 泄露统计督察工作中知悉的国家秘密、商业秘密、个人信息及其工作秘密的;

3. 统计督察工作中超越权限造成不良后果的;

4. 违反中央八项规定精神,或者利用统计督察工作便利,谋取私利或者为他人谋取不正当利益的;

5. 有其他违反统计督察纪律行为的。

(二)对被督察地区、部门的要求

《规定》第十五条、第十六条对被督察地区、部门及有关人员提出了明确要求。被督察地区、部门应当支持配合统计督察工作。被督察地区、部门领导班子成员应当自觉接受统计督察监督,积极配合统计督察组开展工作。督察涉及的相关人员有义务向统计督察组如实反映情况。被督察地区、部门及其工作人员违反规定不支持配合甚至拒绝、阻碍和干扰统计督察工作的,应当视为包庇、纵容统计违纪违法行为,依照有关规定严肃处理。

第四节　统计督察的方式

根据《规定》第八条,统计督察主要采取的方式包括:

一、召开有关统计工作座谈会,听取被督察地区、部门遵守执行统计法律法规、履行统计法定职责等情况汇报;

二、与被督察地区、部门有关领导干部和统计人员进行个别谈话,向知情人员询问有关情况;

三、设立统计违纪违法举报渠道,受理反映被督察地区、部门以及有关领导干部统计违纪违法行为问题的来信、来电、来访等;

四、调阅、复制有关统计资料和与统计工作有关的文件、会议记录等材料,进入被督察地区、部门统计机构统计数据处理信息系统进行比对、查询;

五、进行遵守执行统计法律法规等情况的问卷调查,开展统计执法"双随机"抽查,赴被督察地区、部门进行实地调查了解;

六、经国家统计局批准的其他方式。

第五节　统计督察的程序

统计督察工作的开展严格按照一定程序进行,《规定》第九条、第十条对此进行了明确。具体包括:

一、制定方案。国家统计局根据具体任务组建统计督察组,确定统计督察组组长、副组长、成员,明确督察组及其成员职责。统计督察组根据其职责制定实施方案,明确督察目的、对象、内容、方式、期限等。

二、实地督察。统计督察组赴有关地区、部门督察前应当先收集了解督察对象有关统计工作的基本情况,并向被督察地区、部门送达统计督察通知书。统计督察组到达后应当向被督察地区、部门通报督察内容,严格按照督察实施方案开展督察。

三、报告情况。统计督察组实地督察结束后应当在规定时间内形成书面督察报告以及督察意见书,经与督察对象沟通后,向国家统计局报告督察基本情况,反映发现的统计违纪违法问题,提出处理建议。

国家统计局应当及时听取统计督察组的督察情况汇报,研究提出处理意见。对涉及有关国家工作人员涉嫌统计违纪违法、应当依纪依法给予处分处理的,按照有关规定办理。

第六节　统计督察意见反馈和整改落实

一、统计督察意见反馈

实地督察结束后,国家统计局组织统计督察组向被督察地区、部门反馈督察意见。根据《规定》第十一条,国家统计局应当及时向被督察地区、部门反馈相关督察情况,指出有关统计工作问题,有针对性地提出整改意见,将督察意见书提供给被督察地区、部门,并将督察报告以及督察意见书移交中央纪委国家监委、中央组织部。其中,对各省、自治区、直辖市党委和政府以及国务院有关部门的督察意见应当报经党中央、国务院同意后再反馈。统计督察情况应当以适当方式向社会公开。

二、统计督察整改落实

根据《规定》第十二条、第十三条,被督察地区、部门收到统计督察组反馈意见后,应当对存在的问题认真整改落实,并在 3 个月内将整改情况反馈国家统计局。国家统计局应当以适当方式监督整改落实情况。督察中发现统计违纪违法问题和线索的,按照《统计违纪违法责任人处分处理建议办法》有关规定办理。

第九章 统计执法监督检查

自 1983 年《统计法》颁布以来,统计执法工作逐步完善。2009 年修订的《统计法》专门增设监督检查一章,突出了统计监督检查的重要性。《统计执法监督检查办法》的颁布实施、修订完善,规范了执法监督检查工作程序,使执法监督检查工作在实体法和程序法方面均做到了有法可依,为统计执法监督检查工作的规范化奠定了基础。

第一节 统计执法监督检查的基本含义

统计执法监督检查是指县级以上人民政府统计机构依照法定的权限、程序和方式,对执行统计法律法规规章情况进行监督检查,以及对统计违法行为进行查处等各种活动的总称。统计执法监督检查是使统计法律法规规章和统计制度得以贯彻执行的重要措施,是实现依法统计、确保统计数据质量的有力手段。

统计执法监督检查具有四个基本特征:

一、统计执法监督检查是由国家依法授权的机关进行的

《统计法》第三十三条规定:"国家统计局组织管理全国统计工作的监督检查,查处重大统计违法行为。县级以上地方人民政府统计机构依法查处本行政区域内发生的统计违法行为。但是,国家统计局派出的调查机构组织实施的统计调查活动中发生的统计违法行为,由组织实施该项统计调查的调查机构负责查处。"可见,国家统计局及其派出的调查队、县级以上地方各级人民政府统计机构是国家依法授权的统计执法监督检查机关,依法具有统计执法监督检查权。但是,根据该条第三款的规定,法律、行政法规对有关部门查处统计违法行为另有规定的,从其规定。

二、统计执法监督检查是一种行政执法活动,具有严肃性、权威性和国家强制性

一方面,各级统计执法监督检查机关要忠于职守,正确地履行职责,认真做好对统计法律法规规章和统计制度贯彻执行情况的监督检查,不得随意放弃对各种统计违法行为的查处权。另一方面,各级统计执法监督检查机关在行使职权时,被检查单位和个人必须予以配合,不得干涉、阻挠或者拒绝检查。

三、统计执法监督检查是按照一定的权限、程序和方式进行的

首先,为了防止滥用检查权,保障被检查对象的合法权益,统计执法监督检查是按照

一定的权限进行的。《统计法》第三十三条第二款对县级以上地方各级人民政府统计机构和国家统计局派出的调查队在统计违法行为的查处权限上作了如下划分：县级以上地方人民政府统计机构依照本法规定查处本行政区域内发生的统计违法行为；国家统计局派出的调查机构组织实施的统计调查活动中发生的统计违法行为，由组织实施该项统计调查的调查机构负责查处。其次，各级政府统计机构必须严格按照法律法规规定的程序、方式进行执法监督检查，不能自行其是。

四、统计执法监督检查具有主动性

统计机构要通过开展统计调查、统计分析以及统计监督，完成《统计法》所规定的各项任务，需要通过执法监督检查创造良好的外部环境，保障统计工作科学有序的进行。这就决定了统计执法监督检查应该是积极的、主动的活动。统计执法监督检查，不仅要对已经发生的统计违法行为进行严肃查处，还要主动做好防患于未然的工作，通过开展"双随机"抽查，查找违法隐患，纠正违法行为，提高全社会的统计法律意识，预防、减少各种统计违法行为的发生。

第二节　统计执法监督检查机构和执法检查人员

建立健全统计执法监督检查机构，充实统计执法检查人员，是贯彻执行统计法律法规，加强统计法治建设的组织保证。

一、统计执法监督检查机构

统计执法监督检查机构是指国家统计局及其派出的调查队、县级以上地方各级人民政府统计机构设立的专门办理统计执法监督检查事项的内设机构。按照《统计执法监督检查办法》的要求，国家统计局统计执法监督局在国家统计局领导下，具体负责对全国统计执法监督检查工作的组织管理，指导监督地方统计机构和国家调查队统计执法监督检查机构工作，检查各地方、各部门统计法执行情况，查处重大统计违法行为。省级及市级统计执法监督检查机构在所属统计局或者国家调查队领导下，具体负责指导监督本地区、本系统统计执法监督检查工作，对本地区、本系统统计法执行情况的检查和查处统计违法行为。县级统计执法监督检查机构或者执法检查人员在所属统计局或者国家调查队领导下，依据法定分工负责本地区、本系统统计执法监督检查工作。

二、统计执法检查人员

统计执法检查人员是指由县级以上各级人民政府统计机构依法任命或批准的取得统计执法证并从事统计执法检查工作的人员。按照《统计执法监督检查办法》第十一条的要求，执法检查人员应当参加培训，经考试合格，取得由国家统计局统一颁发的统计执法证。《统计执法证管理办法》第四条规定，从事统计执法工作的人员应当持有统计执法证。未取得统计执法证的,不得从事统计执法工作。

三、统计执法监督检查机构和执法检查人员的主要职责

根据《统计执法监督检查办法》第十条的规定,统计执法监督检查机构和执法检查人员的主要职责是:

（一）起草制定统计法律法规规章和规范性文件;

（二）宣传、贯彻统计法律法规规章;

（三）组织、指导、监督、管理统计执法监督检查工作;

（四）依法查处统计违法行为,防范和惩治统计造假、弄虚作假;

（五）组织实施统计执法"双随机"抽查,受理、办理、督办统计违法举报;

（六）建立完善统计信用制度,建立实施对统计造假、弄虚作假的联合惩戒机制;

（七）监督查处涉外统计调查活动和民间统计调查活动中的违法行为;

（八）法律、法规和规章规定的其他职责。

四、政府统计机构在调查统计违法行为或者核查统计数据时,有权采取的措施

《统计法》第三十五条规定,县级以上人民政府统计机构在调查统计违法行为或者核查统计数据时,有权采取下列措施:

（一）发出统计检查查询书,向检查对象查询有关事项;

（二）要求检查对象提供有关原始记录和凭证、统计台账、统计调查表、会计资料及其他相关证明和资料;

（三）就与检查有关的事项询问有关人员;

（四）进入检查对象的业务场所和统计数据处理信息系统进行检查、核对;

（五）经本机构负责人批准,登记保存检查对象的有关原始记录和凭证、统计台账、统计调查表、会计资料及其他相关证明和资料;

（六）对与检查事项有关的情况和资料进行记录、录音、录像、照相和复制。

第三节 统计执法监督检查的对象

按照现行统计法律法规的有关规定,统计执法监督检查的对象主要有以下三类:

一、统计调查对象

《统计法》第七条规定:"国家机关、企业事业单位和其他组织以及个体工商户和个人等统计调查对象,必须依照本法和国家有关规定,真实、准确、完整、及时地提供统计调查所需的资料,不得提供不真实或者不完整的统计资料,不得迟报、拒报统计资料。"同时《统计法》第四十一条、第四十二条和第四十四条对调查对象不履行如上法律义务所要承担的法律后果做了明确规定。依据这些规定,有上报统计资料义务的统计调查对象是统计执法监督检查的对象,有义务接受统计执法监督检查机关所进行的执法监督检查。

二、地方人民政府、县级以上人民政府统计机构和有关部门

根据《统计法》第三十二条规定,县级以上人民政府及其监察机关对下级人民政府、本级人民政府统计机构和有关部门执行统计法的情况,实施监督。《统计法》第三十七条、第三十八条、第三十九条、第四十条对地方人民政府、县级以上人民政府统计机构和有关部门违法干预统计工作、不依法组织实施统计调查、不依法管理统计资料的行为规定了相应的法律责任。

《统计执法监督检查办法》第三条规定,国家统计局统计执法监督局在国家统计局领导下,检查各地方、各部门统计法执行情况,查处重大统计违法行为。省级及市级统计执法监督检查机构在所属统计局或者国家调查队领导下,对本地区、本系统统计法执行情况的检查和查处统计违法行为。县级统计执法监督检查机构或者执法检查人员在所属统计局或者国家调查队领导下,依据法定分工负责本地区、本系统统计执法监督检查工作。

三、涉外调查机构

《统计法》第四十九条和《统计法实施条例》第五十二条、第五十三条、第五十四条对在我国境内从事涉外调查的涉外调查机构的资格认定和管理、涉外调查项目的管理以及违法进行涉外调查所应承担的法律责任进行了规定。《涉外调查管理办法》对此进行了细化。根据《统计执法监督检查办法》第十四条的规定,依法开展涉外调查情况是统计执法监督检查的事项之一。因此,在我国境内从事涉外调查的涉外调查机构也是统计执法监督检查的对象之一。

第四节　统计执法监督检查的内容

统计执法监督检查是对现行统计法律法规执行情况的全面监督检查。根据《统计执法监督检查办法》第十四条的规定,统计执法监督检查事项包括:

一、地方各级人民政府、政府统计机构和有关部门以及各单位及其负责人遵守、执行统计法律法规规章和国家统计规则、政令情况;

二、地方各级人民政府、政府统计机构和有关部门建立防范和惩治统计造假、弄虚作假责任制和问责制情况;

三、统计机构和统计人员依法独立行使统计调查、统计报告、统计监督职权情况;

四、国家机关、企业事业单位和其他组织以及个体工商户和个人等统计调查对象遵守统计法律法规规章、统计调查制度情况;

五、依法开展涉外统计调查和民间统计调查情况;

六、法律法规规章规定的其他事项。

第五节　统计违法案件的查处 *

一、统计违法案件的查处机关及基本要求

（一）统计违法案件的查处机关

《统计执法监督检查办法》第二十六条对统计违法案件的查处机关做了明确规定,根据该条规定,国家统计局负责查处情节严重或影响恶劣的统计造假、弄虚作假案件,对国家重大统计部署贯彻不力的案件,重大国情国力调查中发生的严重统计造假、弄虚作假案件,其他重大统计违法案件。省级统计局依法负责查处本行政区域内统计造假、弄虚作假案件,违反国家统计调查制度以及重要的地方统计调查制度的案件。但是国家调查总队组织实施的统计调查中发生的统计造假、弄虚作假案件,违反国家统计调查制度案件,由组织实施统计调查的国家调查总队进行查处。市级、县级统计局和国家统计局市级、县级调查队,发现本行政区域内统计造假、弄虚作假违法行为的,应当及时报告省级统计机构依法查处;依法负责查处本行政区域内其他统计违法案件。

如果对具体案件的管辖发生争议的,根据有关法律规定,报请共同的上一级统计行政机关指定管辖。

（二）基本要求

查处统计违法案件应当做到事实清楚,证据确凿,定性准确,处理恰当,适用法律正确,符合法定程序。上述要求在《统计执法监督检查办法》第二十五条中做了明确规定。

一是事实清楚。事实是定案的基础,事实清楚,是对案件查处工作最基本的要求。所谓事实清楚,是指案件结论所认定的事实必须真实、具体、准确。《行政处罚法》第四十条规定,违法事实不清、证据不足的,不得给予行政处罚。

二是证据确凿。证据是查明案件事实、证明案件真实情况的一切客观事实依据。确凿的证据必须符合下列要求:证据必须真实,即认定案件所依据的证据都要符合客观情况;证据必须充分,要足以把案件中认定的事实证明清楚;证据必须与案件有内在的联系,证据之间不能有矛盾。

三是定性准确。定性准确就是在事实清楚、证据确凿的基础上,准确地认定案件事实的性质。它是正确处理案件的重要前提,要做到定性准确,必须以案件事实为基础,以统计法律、法规、规章为判断标准,具体问题具体分析,切不可主观臆断地确定案件的性质。

四是处理恰当。处理恰当就是依照统计法律、法规、规章的规定,给予统计违法者以轻重适度、恰如其分的裁定处理。处理是否得当,主要看是否符合统计法律、法规、规章的规定,是否是在对案件的性质、危害程度、违法情节轻重、责任大小进行全面分析的基础上所做的处理。

五是适用法律正确。适用法律正确就是案件的法律适用依据准确。对于法律适用要按照《立法法》的规定,遵循上位法优于下位法、新法优于旧法、特别法优于一般法的适法

原则。其次,法律依据要具体到"条、款、项、目",尤其要注意不得适用已经失效或者尚未生效的法律依据进行处罚,不得出现应当适用上位法却适用了下位法、引用法律条款错误、遗漏法律条款或者适用法律条款不具体不规范、适用依据进行处罚时违背一事不再罚原则等情况。

六是符合法定程序。符合法定程序也叫程序合法,就是查处统计违法案件必须按照法定的方法和步骤办理。查处统计违法案件既要做到实体合法,还要做到程序合法。《行政处罚法》实施后,对案件查处程序有了更加严格的规定。最基本的要求是,立案要符合法定条件,证据的收集要符合法定程序,案件的处理执行要按照法定步骤、要有法定依据等。

事实清楚、证据确凿、定性准确、处理恰当、适用法律正确、符合法定程序,相辅相成、相互联系、缺一不可。其中,事实清楚是定性处理的基础,证据确凿是认定案件事实的依据,定性准确是正确处理的关键,处理恰当是办案的结果和目的,适用法律正确、符合法定程序是处理恰当的前提保证。

二、统计违法案件查处的一般程序

(一)立案

立案是指统计行政机关对涉及统计违法行为人的有关材料进行审查、分析和研究,认为确有违法事实存在并依法需要追究法律责任的,决定进行调查处理,并办理批准手续的一种工作程序。

(二)调查

调查是指统计行政机关为了查明案件事实,依法进行调查询问和收集证据的活动。在这一阶段中,统计行政机关要通过调查、取证工作,掌握大量证据,查清统计违法行为的事实,进而确定违法责任人。可见,调查是统计违法案件查处工作的一个关键环节,直接决定着对案件的定性及其处理工作。

(三)处理

处理,是指案件调查工作结束后,统计执法机关在核准案件事实审查有关证据的基础上,以事实为根据,以法律为准绳,对案件做出处理决定并依法追究法律责任的活动。主要包括以下环节:

1. 案件审理

案件审理是指案件调查工作结束后,统计行政机关在核准案件事实、审查有关证据的基础上,以事实为根据,以法律为准绳,对案件做出处理决定并依法追究法律责任的活动。办案人员要通过审阅全部案件材料,吃透案情,掌握案件全貌。这是整个统计违法案件处理工作的关键性阶段。

2. 处罚事先告知

案件审理完毕,在正式作出行政处罚决定以前,行政机关应当履行统计行政处罚事先告知义务。告知义务,是指统计行政机关在做出行政处罚决定之前,应当对统计行政相对人履行的通告义务。《行政处罚法》第四十四条规定:"行政机关在作出行政处罚决定之前,应当告知当事人拟作出的行政处罚内容及事实、理由、依据,并告知当事人依法享有的陈述、申辩、要求听证等权利。"根据这一规定,只要是立案查处的统计违法案件,无论是案情复杂的大案要案,还是违法情节简单的一般案件,统计行政机关都要依法履行告知义务。统计行政机关履行告知义务应当在作出行政处罚决定之前。在作出行政处罚决定的同时或之后履行告知义务,均属未依法履行告知义务。

事先告知须以书面的形式作出,应载明以下内容:告知当事人拟作出的行政处罚内容及事实、理由、依据;告知当事人享有陈述权、申辩权,重大案件还要告知当事人享有听证权。

3. 听取当事人的陈述、申辩

与上述行政机关应当履行的告知义务相对应,在此阶段,当事人对案件的处理享有陈述权、申辩权。《行政处罚法》第七条规定,公民、法人或者其他组织对行政机关所给予的行政处罚,享有陈述权、申辩权。该法第四十五条进一步规定:当事人有权进行陈述和申辩。行政机关必须充分听取当事人的意见,对当事人提出的事实、理由和证据,应当进行复核;当事人提出的事实、理由或者证据成立的,行政机关应当采纳。行政机关不得因当事人陈述、申辩而给予更重的处罚。

如果统计行政机关及其执法人员在作出行政处罚决定之前,不依照《行政处罚法》第四十四条、第四十五条的规定向当事人告知拟作出的统计行政处罚内容及事实、理由、依据,或者拒绝听取当事人的陈述、申辩,则行政处罚决定不能成立。但是,当事人放弃陈述或者申辩权利的除外。

4. 听证

《行政处罚法》第六十三条规定:"行政机关拟作出下列行政处罚决定,应当告知当事人有要求举行听证的权利,当事人要求听证的,行政机关应当组织听证:(一)较大数额罚款;(二)没收较大数额违法所得、没收较大价值非法财物;(三)降低资质等级、吊销许可证件;(四)责令停产停业、责令关闭、限制从业;(五)其他较重的行政处罚;(六)法律、法规、规章规定的其他情形。"

听证制度,是《行政处罚法》确立的行政机关实施行政处罚的一项重要制度。依照《行政处罚法》的规定,对给予较大数额罚款的统计行政处罚案件,统计行政机关应当组织听证。关于组织听证的罚款额度标准,《行政处罚法》并未做出规定,留待各地、各部门予以明确。国家统计局制定的《统计执法监督检查办法》第三十六条规定:"县级以上人民政府统计机构作出对法人或者其他组织5万元以上罚款,对个体工商户作出2000元以上罚款的行政处罚决定前,应当告知处罚对象有要求举行听证的权利。处罚对象要求听证的,作出处罚决定的统计机构应当依法组织听证。"这个听证标准适用于县级以上人民政府统计机构处理的行政处罚案件,对于地方各级人民政府统计机构查处的案件,其听证标准还须依据地方性法规、规章的规定。

5. 作出处理决定

根据《统计执法监督检查办法》第三十四条的有关规定,统计违法案件审理终结,应当分别以下情况作出处理:

（1）违反统计法律法规规章证据不足，或者统计违法事实情节轻微，依法不应追究法律责任的，即行销案；

（2）违反统计法律法规规章事实清楚、证据确凿的，依法作出处理；

（3）违反统计法律法规规章和国家统计规则、政令，应当给予处分的，移送任免机关或者纪检监察机关处理；

（4）违反统计法律法规规章和国家统计规则、政令，被认定为统计严重失信的，按照国家有关规定进行公示和惩戒；

（5）涉嫌违反其他法律法规规定的，移交有关行政机关处理；

（6）涉嫌犯罪的，移送司法机关、监察机关处理。

6. 处罚决定的送达

根据《行政处罚法》第六十一条规定，行政处罚决定书应当在宣告后当场交付当事人；当事人不在现场的，行政机关应当在七日内依照《中华人民共和国民事诉讼法》的有关规定，将行政处罚决定书送达当事人。

根据《民事诉讼法》第八十五条至九十二条的规定，以送达方式的不同，可分为直接送达、留置送达、电子送达、委托送达、邮寄送达、转交送达和公告送达。

需要注意的是，根据《民事诉讼法》第八十四条的规定，送达诉讼文书必须有送达回证，由受送达人在送达回证上记明收到日期，签名或者盖章。

7. 处罚决定的执行

《行政处罚法》第六十七条规定，统计行政处罚决定依法做出后，当事人应当自收到行政处罚决定书之日起十五日内，到指定的银行或者通过电子支付系统缴纳罚款。银行应当收受罚款，并将罚款直接上缴国库。

《行政处罚法》第七十三条规定，当事人对行政处罚决定不服，申请行政复议或者提起行政诉讼的，行政处罚不停止执行，法律另有规定的除外。

《行政处罚法》第六十六条规定，当事人确有经济困难，需要延期或者分期缴纳罚款的，经当事人申请和行政机关批准，可以暂缓或者分期缴纳。

如果当事人逾期不履行行政处罚决定的，根据《行政处罚法》第七十二条规定，做出行政处罚决定的行政机关可以采取下列措施：一是到期不缴纳罚款的，每日按罚款数额的百分之三加处罚款，加处罚款的数额不得超出罚款的数额；二是根据法律规定，将查封、扣押的财物拍卖、依法处理或者将冻结的存款、汇款划拨抵缴罚款；三是根据法律规定，采取其他行政强制执行方式；四是依照《中华人民共和国行政强制法》的规定申请人民法院强制执行。

（四）结案

结案是整个统计违法案件查处工作的最后一个环节。县级以上人民政府统计机构作出的处理决定执行完毕后，应当写出结案报告。一般来说，结案报告内容包括：案件的来源；立案审批机关；案件的调查意见；案件的主要事实、性质及处理意见；案件有关责任人的基本情况及认错态度；案件处理决定落实情况等。

结案后，统计行政机关还应依法做好案件的立卷归档工作。

第十章　统计法律责任

《统计法》和《统计法实施条例》都各自专门设立了法律责任一章,明确了各种统计违法行为及其应当承担的法律责任。

第一节　统计行政处罚

一、统计行政处罚的基本含义及特征

在统计法律法规中,统计行政处罚是指县级以上人民政府统计机构依法对违反统计法律规范的行为给予的行政处罚。它是统计法律责任制度的重要组成部分。

统计行政处罚作为一种具体的统计行政行为,具有以下四个特点:

一是实施统计行政处罚的主体一般来说只能是县级以上人民政府统计机构。根据统计法律法规规定,对统计违法行为,只能由国家统计局及其派出的调查队和地方各级人民政府统计机构在法定职权范围内按照法定程序给予统计行政处罚,其他行政机关均不具有此权力,但法律、行政法规对有关部门查处统计违法行为另有规定的,从其规定。

二是被处罚的行为是违反统计法律规范的行为。即统计行政处罚的做出是以统计行政管理相对人的统计违法行为为前提的。

三是统计行政处罚属于行政责任范畴,只适用于统计行政违法,不适用于民事违法和刑事犯罪行为,不同于民事责任和刑事责任的追究。

四是被处罚的对象是实施了统计违法行为的统计行政管理相对人。

二、统计行政处罚的基本原则

统计行政处罚主要包括以下三个基本原则:

（一）统计行政处罚法定原则

统计行政处罚的法定原则,主要包括三个方面:

1. 统计行政处罚的依据必须是法定的,法无明文规定不处罚。公民、法人或者其他组织的行为,只有在统计法律法规规章明确规定应处罚、给予何种处罚时,才受统计法律规范规定的统计行政处罚;没有规定的,不受处罚。

2. 实施统计行政处罚的主体及其职权是法定的。在我国,行政处罚权是一项特定的行政权力,只有具有行政处罚权的行政机关、法律法规授权的具有管理公共事务职能的组织和行政机关依照法律、法规或者规章规定委托的组织才能行使行政处罚权,其他任何机

关、组织和个人均无权行使。

3. 统计行政处罚的程序是法定的。统计行政处罚法定原则，不仅要求实体合法，也要求程序合法。程序合法是实体合法的保障。县级以上人民政府统计机构在实施统计行政处罚时，如果违反法定程序构成重大且明显违法的，统计行政处罚无效。

(二)公正、公开的原则

所谓公正，就其词义来说，是指公平正直、没有偏私。所谓公开，就是不加隐蔽。公正原则，就是指在实施统计行政处罚时，要以事实为根据，以法律为准绳。要查明统计违法事实，以事实为根据，没有违法事实的，不得给予统计行政处罚。给予什么统计行政处罚，要以统计法为准绳，与统计违法行为的事实、性质、情节以及社会危害程度相当，不得滥罚。公开原则，是指做出统计行政处罚的规定要公开，要让社会公众知道，它是合法原则、公正原则的外在表现形式。统计行政处罚的全过程也应当是公开的、透明的。要坚持统计行政处罚公正、公开原则，除要求各级政府统计机构对被处罚者公平对待，一视同仁，建立完善的回避制度、听证制度、办案公开制度等相关制度外，最重要、最关键的是正确行使统计行政处罚自由裁量权。

(三)统计行政处罚与统计违法行为相适应的原则

统计行政处罚与统计违法行为相适应的原则即"过罚相当"的原则。在统计法律规范中，都明确规定了与统计违法行为相适应的处罚种类，统计执法检查机关在实施统计行政处罚时，应严格按照统计法律规范的规定执行，既不能对轻微的统计违法行为给予很重的或者较重的统计行政处罚，也不能对社会危害相当大的统计违法行为给予较轻的统计行政处罚或者不予处罚。

三、适用统计行政处罚的违法行为种类

统计法律法规对适用行政处罚的统计违法行为种类作了规定，包括以下四个方面：

(一)违反《统计法》及其实施条例有关规定的行为

《统计法》第四十一条、第四十二条和《统计法实施条例》第五十条、第五十四条规定，作为统计调查对象的国家机关、企业事业单位或者其他组织以及个体工商户发生的下列行为，应当受到行政处罚：

1. 拒绝提供统计资料或者经催报后仍未按时提供统计资料；

2. 提供不真实或者不完整的统计资料；

3. 拒绝答复或者不如实答复统计检查查询书；

4. 拒绝、阻碍统计调查、统计检查；

5. 转移、隐匿、篡改、毁弃或者拒绝提供原始记录和凭证、统计台账、统计调查表及其他相关证明和资料；

6. 迟报统计资料；

7. 未按照国家有关规定设置原始记录、统计台账。

其中，企业事业单位或者其他组织使用暴力或者威胁方法拒绝、阻碍统计调查、统计监督检查，拒绝、阻碍统计调查、统计监督检查且严重影响相关工作正常开展，提供不真

实、不完整的统计资料且造成严重后果或者恶劣影响,统计违法行为1年内被责令改正3次以上,属于统计违法情节严重行为。

另外,县级以上人民政府统计机构或者有关部门组织实施营利性统计调查的,或者单位、个人违法从事涉外统计调查活动的,也要依法受到行政处罚。

(二)违反《全国经济普查条例》有关规定的行为

《全国经济普查条例》第三十六条规定,在全国经济普查工作中,经济普查对象(个体经营户除外)发生的下列行为,应当受到行政处罚:

1. 拒绝或者妨碍接受经济普查机构、经济普查人员依法进行的调查;

2. 提供虚假或者不完整的经济普查资料;

3. 未按时提供与经济普查有关的资料,经催报后仍未提供。

(三)违反《全国农业普查条例》有关规定的行为

《全国农业普查条例》第三十九条规定,在全国农业普查工作中,农业普查对象发生的下列行为,应当受到行政处罚:

1. 拒绝或者妨碍普查办公室、普查人员依法进行调查;

2. 提供虚假或者不完整的农业普查资料;

3. 未按时提供与农业普查有关的资料,经催报后仍未提供;

4. 拒绝、推诿和阻挠依法进行的农业普查执法检查;

5. 在接受农业普查执法检查时,转移、隐匿、篡改、毁弃原始记录、统计台账、普查表、会计资料及其他相关资料。

(四)违反《全国污染源普查条例》有关规定的行为

《全国污染源普查条例》第三十九条规定,在污染源普查工作中,单位和个体经营户发生的下列行为,应当受到行政处罚:

1. 迟报、虚报、瞒报或者拒报污染源普查数据;

2. 推诿、拒绝或者阻挠普查人员依法进行调查;

3. 转移、隐匿、篡改、毁弃原材料消耗记录、生产记录、污染物治理设施运行记录、污染物排放监测记录以及其他与污染物产生和排放有关的原始资料。

四、统计行政处罚措施

《行政处罚法》第九条规定的行政处罚种类有6种:警告、通报批评;罚款、没收违法所得、没收非法财物;暂扣许可证件、降低资质等级、吊销许可证件;限制开展生产经营活动、责令停产停业、责令关闭、限制从业;行政拘留;法律、行政法规规定的其他行政处罚。

根据这一规定,结合统计法律法规有关规定,我国统计行政处罚的种类有:

(一)警告

警告(属申诫罚的一种)是指行政机关对公民、法人或者其他组织违反行政管理法律规范行为的谴责和警示,其目的是通过对违法行为人一种精神上的惩戒,以申明其有违法行为,并使其以后不再违法,否则就要受到更严厉的处罚。

《统计法》《统计法实施条例》《全国经济普查条例》《全国农业普查条例》《全国污染源普查条例》等对统计调查对象违背统计法律法规行为都设立了警告这一行政处罚。

（二）通报批评

通报批评（属申诫罚的一种）是行政机关在一定范围内对违法行为人的违法事实予以公布，以导致其声誉或信誉受到损害，既教育违法者，又广泛教育他人的一种行政处罚措施。通报批评同样属于行政处罚中的申诫罚，与警告的区别在于效果不同，警告是行政机关对行政相对人的行为予以及时纠正和警示，通报批评是对行政相对人的违法事实予以公布，对其声誉、信誉造成损害。

统计法律法规对地方人民政府、政府统计机构等相关单位和责任人设立了通报（即通报批评）这一行政处罚。

（三）罚款

罚款（属财产罚的一种）是指行政机关强迫违法行为人缴纳一定数额的货币，从而依法损害或者剥夺行为人某些财产权的一种处罚。罚款就是依法对行为人财产权的剥夺，不管行为人是否侵犯了他人的财产权利，只要违反了法律法规，危害了行政管理秩序，就可以依法予以罚款。

罚款适用的统计违法主体与警告不完全一致。罚款只适用于作为统计调查对象的企业事业单位、其他组织、个体工商户，不适用于国家机关。

统计法关于罚款额度的规定，分两种情况：一是在立法中规定具体的数额。如《统计法》第四十一条规定，政府统计机构对有统计违法行为的企业事业单位或者其他组织，依法可以处最高 20 万元的罚款；二是不在立法中规定具体数额，而是规定一个倍数，以违法所得为基准，确定罚款额度。如《统计法实施条例》第五十四条规定，国家统计局或者省级人民政府统计机构对违法从事涉外统计调查活动的单位、个人，若违法所得超过 50 万元的，可以处违法所得 1 倍以上 3 倍以下的罚款。

在具体的罚款额度上，统计法根据违法主体的不同，规定了不同的罚款数额。如违反《统计法》第四十一条所列统计违法行为之一的企业事业单位或者其他组织，可以由县级以上人民政府统计机构或者国家统计局派出的调查队处 20 万元以下的罚款；根据该条规定，具有同样违法行为的个体工商户，则处以 1 万元以下的罚款。

（四）没收违法所得

没收违法所得（属财产罚的一种）是指行政机关依法将行为人通过违法行为获取的财产收归国有的处罚形式。违法所得，是行为人通过违法手段获取的财产。对违法所得的没收，本质上是一种追缴，而不是违法行为人因实施违法行为所付出的代价。

没收违法所得主要适用于以下情况：县级以上人民政府统计机构或者有关部门组织实施营利性统计调查的；单位、个人违法从事涉外统计调查活动的（《统计法实施条例》第四十一条、第五十四条）。

第二节 统计政务处分

在统计法律法规中,处分是指对有统计违法行为的公职人员实施的警告、记过、记大过、降级、撤职、开除等政务处分,由政府统计机构将案件和处分建议移送任免机关、监察机关,由任免机关、监察机关依法依规实施。统计政务处分是统计法律责任中一种主要的行政责任,在整个统计法律责任制度中占有非常重要的地位。统计法律规范对可以适用政务处分的统计违法行为种类做出了规定。

一、统计政务处分的适用对象

《统计违法违纪行为处分规定》第二条规定了统计政务处分的适用对象:有统计违法违纪行为的单位,其负有责任的领导人员和直接责任人员,以及有统计违法违纪行为的个人,应当承担纪律责任。属于下列人员的,由任免机关或者监察机关按照管理权限依法给予处分:一是行政机关公务员;二是法律、法规授权的具有公共事务管理职能的事业单位中经批准参照《中华人民共和国公务员法》管理的工作人员;三是行政机关依法委托的组织中除工勤人员以外的工作人员;四是企业、事业单位、社会团体中由行政机关任命的人员。此外,法律、行政法规、国务院决定和国务院监察机关、国务院人力资源和社会保障部门制定的处分规章对统计违法违纪行为的处分另有规定的,从其规定。

二、可以给予政务处分的统计违法行为

《统计法》《统计法实施条例》对哪些统计违法行为应当给予处分做了规定。按照违法行为的种类和性质,应当依法给予处分的统计违法行为包括:

(一)地方人民政府、政府统计机构或者有关部门、单位及其负责人的统计违法行为

依据《统计法》和《统计法实施条例》,地方人民政府、政府统计机构或者有关部门、单位及其负责人的下列行为为统计违法行为,应当依法给予处分:

1. 侵犯统计机构、统计人员独立行使统计调查、统计报告、统计监督职权,或者采用下发文件、会议布置以及其他方式授意、指使、强令统计调查对象或者其他单位、人员编造虚假统计资料。

2. 自行修改统计资料、编造虚假统计数据。

3. 要求统计机构、统计人员或者其他机构、人员伪造、篡改统计资料。

4. 对本地方、本部门、本单位发生的严重统计违法行为失察。

5. 本地方、本部门、本单位大面积发生或者连续发生统计造假、弄虚作假。

6. 本地方、本部门、本单位统计数据严重失实,应当发现而未发现。

7. 发现本地方、本部门、本单位统计数据严重失实不予纠正。

8. 拒绝、阻碍统计监督检查或者转移、隐匿、篡改、毁弃原始记录和凭证、统计台账、统计调查表及其他相关证明和资料。

9. 对依法履职或者拒绝、抵制统计违法行为的统计人员打击报复。

（二）统计机构、统计人员的统计违法行为

依据《统计法》和《统计法实施条例》，统计机构、统计人员的下列行为为统计违法行为，应当依法给予处分：

1. 伪造、篡改统计资料。

2. 要求统计调查对象或者其他机构、人员提供不真实的统计资料。

3. 未经批准擅自组织实施统计调查。

4. 组织实施营利性统计调查。

5. 违法制定、审批或者备案统计调查项目。

6. 未执行国家统计标准。

7. 未执行统计调查制度。

8. 未经批准擅自变更统计调查制度的内容。

9. 未按照统计调查制度的规定报送有关资料。

10. 泄露国家秘密。

11. 泄露统计调查对象的商业秘密、个人信息或者提供、泄露在统计调查中获得的能够识别或者推断单个统计调查对象身份的资料。

12. 未按照规定公布经批准或者备案的统计调查项目及其统计调查制度的主要内容。

13. 违法公布统计资料。

14. 未按照国家有关规定和已批准或者备案的统计调查制度公布部门统计调查取得的统计数据。

15. 违法公布国家统计局统计调查取得的全国性统计数据和分省、自治区、直辖市统计数据。

16. 造成统计资料毁损、灭失。

17. 未依法受理、核实、处理对统计违法行为的举报。

18. 包庇、纵容统计违法行为。

19. 向有统计违法行为的单位或者个人通风报信，帮助其逃避查处。

20. 泄露对统计违法行为的举报情况。

21. 拒绝、阻碍对统计工作的监督检查和对统计违法行为的查处工作。

22. 拒绝、阻碍统计监督检查或者转移、隐匿、篡改、毁弃原始记录和凭证、统计台账、统计调查表及其他相关证明和资料。

（三）统计调查对象的统计违法行为

依据《统计法》和《统计法实施条例》，统计调查对象的下列行为为统计违法行为，应当对属于国家工作人员的直接负责的主管人员和其他直接责任人员依法给予处分：

1. 提供不真实或者不完整的统计资料。

2. 拒绝提供统计资料或者经催报后仍未按时提供统计资料。

3. 迟报统计资料。

4. 拒绝、阻碍统计调查、统计检查。

5. 拒绝答复或者不如实答复统计检查查询书。

6. 转移、隐匿、篡改、毁弃或者拒绝提供原始记录和凭证、统计台账、统计调查表及其他相关证明和资料。

7. 未按照国家有关规定设置原始记录、统计台账。

8. 作为统计调查对象的个人在重大国情国力普查活动中拒绝、阻碍统计调查，或者提供不真实或者不完整的普查资料。

9. 企业事业单位或者其他组织，使用暴力或者威胁方法拒绝、阻碍统计调查、统计监督检查，拒绝、阻碍统计调查、统计监督检查且严重影响相关工作正常开展，提供不真实、不完整的统计资料且造成严重后果或者恶劣影响，统计违法行为1年内被责令改正3次以上，属于统计违法情节严重行为。

（四）任何单位、任何个人的统计违法行为

依据《统计法实施条例》，任何单位、任何个人违反国家有关规定对外提供尚未公布的统计资料或者利用尚未公布的统计资料谋取不正当利益的，应当依法给予处分。

另外，《全国人口普查条例》《全国经济普查条例》《全国农业普查条例》等行政法规也规定了应当依法给予处分的统计违法行为。

三、适用于统计违法行为的处分措施

《统计违法违纪行为处分规定》针对不同统计违法行为的性质、情节和造成的后果，分别规定了不同的处分措施。具体情况如下：

（一）针对地方、部门以及企业、事业单位、社会团体的领导人员发生的自行修改统计资料、编造虚假数据的行为，强令、授意本地区、本部门、本单位统计机构、统计人员或者其他有关机构、人员拒报、虚报、瞒报或者篡改统计资料、编造虚假数据的行为，对拒绝、抵制篡改统计资料或者对拒绝、抵制编造虚假数据的人员和揭发、检举统计违法违纪行为的人员进行打击报复的行为，处分规定第三条规定，对责任人给予记过或者记大过处分；情节较重的，给予降级或者撤职处分；情节严重的，给予开除处分。同时还规定，对打击报复行为的责任人，应当从重处分。

（二）针对地方、部门以及企业、事业单位、社会团体的领导人员，对本地区、本部门、本单位严重失实的统计数据，应当发现而未发现或者发现后不予纠正，造成不良后果的行为，处分规定第四条规定，对责任人给予警告或者记过处分；造成严重后果的，给予记大过或者降级处分；造成特别严重后果的，给予撤职或者开除处分。

（三）针对各级人民政府统计机构、有关部门及其工作人员在实施统计调查活动中，发生强令、授意统计调查对象虚报、瞒报或者伪造、篡改统计资料的行为，参与篡改统计资料、编造虚假数据的行为，处分规定第五条规定，对有关责任人员，给予记过或者记大过处分；情节较重的，给予降级或者撤职处分；情节严重的，给予开除处分。

（四）针对各级人民政府统计机构、有关部门及其工作人员在实施统计调查活动中，发生故意拖延或者拒报统计资料的行为，以及明知统计数据不实，不履行职责调查核实，

造成不良后果的行为,处分规定第六条规定,对有关责任人员,给予警告、记过或者记大过处分;情节较重的,给予降级处分;情节严重的,给予撤职处分。

（五）针对统计调查对象在接受调查时发生的虚报、瞒报统计资料,伪造、篡改统计资料,拒报或者屡次迟报统计资料,以及拒绝提供情况、提供虚假情况或者转移、隐匿、毁弃原始统计记录、统计台账、统计报表以及与统计有关的其他资料的行为,情节较重的,处分规定第七条规定,对有关责任人员,给予警告、记过或者记大过处分;情节严重的,给予降级或者撤职处分;情节特别严重的,给予开除处分。

（六）针对违反国家规定的权限和程序公布统计资料,造成不良后果的行为,处分规定第八条规定,对有关责任人员,给予警告或者记过处分;情节较重的,给予记大过或者降级处分;情节严重的,给予撤职处分。

（七）针对泄露属于国家秘密的统计资料的行为和未经本人同意泄露统计调查对象个人、家庭资料的行为,以及泄露统计调查中知悉的统计调查对象商业秘密的行为,造成不良后果的,处分规定第九条规定,对有关责任人员,给予警告、记过或者记大过处分;情节较重的,给予降级或者撤职处分;情节严重的,给予开除处分。

（八）针对包庇、纵容统计违法违纪行为的,处分规定第十条规定,对有关责任人员,给予记过或者记大过处分;情节较重的,给予降级或者撤职处分;情节严重的,给予开除处分。

第三节　其他法律责任

一、其他行政法律责任

根据统计法律法规的有关规定,对统计违法行为可以采取的行政法律责任措施还包括以下两种:责令改正、批评教育。

（一）责令改正

在统计法律法规中,责令改正是指县级以上人民政府统计机构责令统计违法单位、个人停止或者纠正统计违法行为,严格依法组织实施统计调查、提供统计资料、接受统计监督检查的过程,体现着统计行政执法处罚与教育相结合的原则。一般情况下,县级以上人民政府统计机构查实统计违法行为时,应当向统计违法单位、个人单独下达责令改正文书或者在给予警告、罚款的处罚决定书中同时责令其改正。

（二）批评教育

在统计法律法规中,批评教育是一种具有训诫性质的统计行政法律责任形式,不是一般意义上对错误行为提出意见和教育指导。批评教育只适用于在重大国情国力普查活动中拒绝、阻碍统计调查,或者提供不真实或者不完整的普查资料的个人,由政府统计机构实施,目的是消除和惩戒调查对象在重大国情国力普查活动中拒绝、阻碍统计调查,或者提供不真实或者不完整的普查资料的违法行为,教育警示调查对象,使调查对象支持和配合重大国情国力普查活动。

二、统计违法行为的刑事法律责任

刑事法律责任,是指依照刑事法律规定,行为人实施刑事法律规范所禁止的行为必须承担的法律后果。

《统计法》并未针对每种具体的违法行为,规定"依法追究刑事责任",而是在第四十七条统一规定为:"违反本法规定,构成犯罪的,依法追究刑事责任。"同时,《统计法实施条例》第五十一条也规定,统计违法行为涉嫌犯罪的,县级以上人民政府统计机构应当将案件移送司法机关处理。按照《刑法》《统计法》《统计法实施条例》,下列统计违法行为涉嫌犯罪,应当依法追究刑事法律责任:

1. 地方人民政府、政府统计机构或者有关部门、单位的负责人对依法履行职责或者拒绝、抵制统计违法行为的统计人员打击报复的统计违法行为,构成犯罪的,对应《刑法》第二百五十五条予以处理。根据该条规定,公司、企业、事业单位、机关、团体的领导人,对依法履行职责、抵制违反会计法、统计法行为的会计、统计人员实行打击报复,情节恶劣的,处三年以下有期徒刑或者拘役。

2. 泄露统计调查对象的商业秘密、个人信息或者提供、泄露在统计调查中获得的能够识别或者推断单个统计调查对象身份的资料的统计违法行为,构成犯罪的,对应《刑法》第二百五十三条之一予以处理。根据该条规定,违反国家有关规定,向他人出售或者提供公民个人信息,情节严重的,处三年以下有期徒刑或者拘役,并处或者单处罚金;情节特别严重的,处三年以上七年以下有期徒刑,并处罚金。违反国家有关规定,将在履行职责或者提供服务过程中获得的公民个人信息,出售或者提供给他人的,依照前款的规定从重处罚。窃取或者以其他方法非法获取公民个人信息的,依照第一款的规定处罚。单位犯前三款罪的,对单位判处罚金,并对其直接负责的主管人员和其他直接责任人员,依照各该款的规定处罚。

3. 统计机构、统计人员泄露国家秘密的违法行为,对应《刑法》第三百九十八条予以处理。根据该条第一款的规定,国家机关工作人员违反保守国家秘密法的规定,故意或者过失泄露国家秘密,情节严重的,处三年以下有期徒刑或者拘役;情节特别严重的,处三年以上七年以下有期徒刑。

4. 拒绝、阻碍统计调查、统计检查的统计违法行为,构成犯罪的,对应《刑法》第二百七十七条第一款予以处理。根据该条规定,以暴力、威胁方法阻碍国家机关工作人员依法执行职务的,处三年以下有期徒刑、拘役、管制或者罚金。

5. 在统计调查中伪造、变造、买卖国家机关公文、证件、印章;伪造公司、企业、事业单位、人民团体印章;伪造、变造、买卖居民身份证、护照、社会保障卡、驾驶证等依法可以用于证明身份的证件,对应《刑法》第二百八十条予以处理。根据该条规定,伪造、变造、买卖或者盗窃、抢夺、毁灭国家机关的公文、证件、印章的,处三年以下有期徒刑、拘役、管制或者剥夺政治权利,并处罚金;情节严重的,处三年以上十年以下有期徒刑,并处罚金。伪造公司、企业、事业单位、人民团体的印章的,处三年以下有期徒刑、拘役、管制或者剥夺政治权利,并处罚金。伪造、变造、买卖居民身份证、护照、社会保障卡、驾驶证等依法可以用于证明身份的证件的,处三年以下有期徒刑、拘役、管制或者剥夺政治权利,并处罚金;情节严重的,处三年以上七年以下有期徒刑,并处罚金。

6. 利用虚假统计资料骗取物质利益,构成犯罪的,对应《刑法》第二百六十六条予以处理。根据该条规定,诈骗公私财物,数额较大的,处三年以下有期徒刑、拘役或者管制,并处或者单处罚金;数额巨大或者有其他严重情节的,处三年以上十年以下有期徒刑,并处罚金;数额特别巨大或者有其他特别严重情节的,处十年以上有期徒刑或者无期徒刑,并处罚金或者没收财产。本法另有规定的,依照规定。

7. 利用统计调查危害国家安全、损害社会公共利益或者进行欺诈活动的违法行为,构成犯罪的,对应《刑法》中危害国家安全罪和危害公共安全罪的规定,依法追究刑事责任。

第十一章　统计行政复议和诉讼制度[*]

第一节　统计行政复议

一、统计行政复议的基本含义

统计行政复议,是指公民、法人或者其他组织认为县级以上人民政府统计机构的具体行政行为侵犯其合法权益,向有关行政机关提出行政复议申请,行政机关受理行政复议申请并作出行政复议决定的活动。

统计行政复议具有以下几个特征:

(一)统计行政复议是行政机关的活动。统计行政复议机关只能是具有行政职权的行政机关,而不能由立法机关和司法机关行使行政复议的职权。在我国,统计行政复议机关为上一级人民政府统计机构或者本级人民政府。

(二)统计行政复议是上级行政机关对下级统计行政机关进行层级监督的活动。统计行政复议权以复议机关与做出引起争议的具体统计行政行为的统计行政机关之间存在行政隶属或业务领导关系为前提,是行政复议机关对下级统计行政执法机关进行层级监督的体现。

(三)统计行政复议以引起行政争议的具体统计行政行为为审查对象。统计行政复议的客体只能是统计行政争议,即统计行政机关与管理相对人之间因为统计行政管理活动产生的争议,同时,统计行政争议的内容是双方当事人对某一具体统计行政行为存在不同看法,从而通过行政复议的途径来处理。

(四)统计行政复议由不服具体统计行政行为的利害关系人依法提出申请而启动。一方面,有权申请统计行政复议的只能是不服具体统计行政行为的利害关系人;另一方面,只有不服具体统计行政行为的利害关系人提出复议申请,才能引起统计行政复议。只要利害关系人的统计行政复议申请符合法律规定,统计行政复议机关就应当受理。

(五)统计行政复议必须严格按照法定程序进行。法定程序的内容包括:统计行政管理相对人提出统计行政复议申请,必须属于法定的行政复议范围,在法定申请期限内,并向法定的行政复议机关提出;统计行政复议机关对统计行政复议申请,应当依法审查并做出处理;在受理统计行政复议申请后,要依法审理并按期做出行政复议决定等。

二、统计行政复议的范围和管辖

（一）统计行政复议的范围

统计行政复议范围，是指公民、法人或者其他组织可以申请统计行政复议的事项的范围。统计行政复议范围，也可以理解为统计行政复议机关对哪些统计行政行为具有行政复议审查权，或者统计行政机关的哪些具体行政行为可以引起统计行政复议。

根据我国统计法律法规和《行政复议法》的规定，能够引起统计行政复议的范围有如下具体统计行政行为：

一是行政处罚。包括警告、罚款、没收违法所得等。

二是行政许可。如对符合法定条件的当事人不颁发或者不在法定期限内颁发涉外调查许可证的行为，对符合法定条件的涉外社会调查项目不予批准或者不在法定期限内予以批准的行为等。

三是被认为行政侵权的其他具体统计行政行为。

公民、法人或者其他组织可以自知道该具体行政行为之日起60日内提出行政复议申请，但是法律规定的申请期限超过60日的除外。

（二）统计行政复议的管辖

统计行政复议管辖，从形式上看，是指复议机关受理统计行政复议案件的权限分工。它要解决的问题是：哪一级哪一个复议机关受理哪些统计行政复议案件。统讦行政复议管辖权的确定有以下几种情况：

一是对县级以上地方各级人民政府统计机构做出的具体行政行为不服，申请统计行政复议的，其复议管辖权的确定由申请人选择。申请人既可以向本级人民政府申请复议，也可以向上一级人民政府统计机构申请复议。

二是对县级以上地方各级人民政府统计机构和其他行政机关以共同的名义做出的具体行政行为不服的，其复议管辖权属它们的共同上一级行政机关，一般为本级人民政府。

三是对国家统计局派出的各级调查队做出的具体行政行为不服的，复议管辖根据《统计法》第四十六条规定执行。具体分两种情况：当事人对国家统计局在省、自治区、直辖市派出的调查机构做出的行政处罚决定不服的，向国家统计局申请行政复议；对国家统计局派出的其他调查机构做出的行政处罚决定不服的，向国家统计局在该派出机构所在的省、自治区、直辖市派出的调查机构申请行政复议。

四是对国家统计局的具体行政行为不服的，向国家统计局申请行政复议。如果对国家统计局的复议决定不服，可以向人民法院提起行政诉讼，也可以向国务院申请裁决。

三、统计行政复议的程序

统计行政复议程序包括以下几个环节：申请、受理、审查、决定和执行。

（一）申请

统计行政复议的申请，是指统计行政管理相对人即公民、法人或其他组织认为统计行政机关的具体行政行为侵犯其合法权益，引发行政争议，而依法向复议机关提出复议请求,要求统计复议机关对该具体行政行为进行审查并做出处理的行为。行政复议的申请可以是书面的,也可以是口头的。

（二）受理

统计行政复议中的受理,是指复议机关基于相对人的申请,认为符合法律规定的申请条件,决定受理并准备审查的行为。复议机关在接到复议申请后,应对其内容进行审查以决定是否受理。审查内容包括申请人是否合格,复议请求是否具体明确,复议申请是否符合复议范围,是否超过法定申请期限,本机关是否具有管辖权,申请人是否已向人民法院起诉等。

（三）审查

统计行政复议的审查,是指复议机关对该案件的事实、证据、法律适用及争论的焦点等进行审查的过程。这是统计行政复议的关键阶段。

统计行政复议,原则上采取书面审查的办法,但是若申请人提出要求或者复议机关负责法制工作的机构认为有必要时,也可以向有关组织和人员调查情况,听取申请人、被申请人和第三人的意见。

在审查范围上,复议机关既不受复议申请人复议请求范围的限制,也不受原具体统计行政行为内容范围的限制,而应以全面审查为原则。

（四）决定

统计行政复议决定,是指复议机关经过对统计行政复议案件的审查,根据事实和法律,就被申请复议的具体统计行政行为做出的相应决定。主要包括以下几种情况:

一是维持决定。此种决定是指复议机关做出维持原具体统计行政行为的决定。对被申请复议的具体统计行政行为,复议机关认为事实清楚,证据确凿,适用法律、法规、规章和具有普遍约束力的决定、命令正确,符合法定程序和内容适当的,由复议机关做出维持该具体行政行为的复议决定。

二是履行决定。此种决定是指复议机关责令被申请复议的统计行政机关在一定期限内履行法定职责的决定。主要适用于被申请复议的统计行政机关拒不履行或延期履行法定职责的不作为行为。如对符合法定条件的当事人不颁发或者不在法定期限内颁发涉外调查许可证的行为,对符合法定条件的涉外社会调查项目不予批准或者不在法定期限内予以批准的行为。

三是撤销、变更或者确认违法决定。此种决定是指复议机关通过对被申请复议的具体统计行政行为的审查,认为作出该具体统计行政行为时,存在主要事实不清、证据不足、适用依据错误、违反法定程序、超越职权或者滥用职权、具体行政行为明显不当的情况,从而依法作出撤销、变更该具体统计行政行为,或者确认该具体行政行为违法。决定撤销或者确认该具体统计行政行为违法的,可以附带责令被申请的统计行政机关在一定期限内重新做出具体的统计行政行为。

四是撤销决定。此种决定是指复议机关对被申请复议的具体统计行政行为进行审查时,被申请人不依法提出书面答复、提交当初作出具体行政行为的证据、依据和其他有关材料,复议机关视为该具体行政行为没有证据、依据,做出撤销该具体行政行为的决定。

根据《行政复议法》的规定,复议机关应当在受理行政复议申请之日起 60 日内做出决定,法律另有规定的除外。情况复杂,不能在规定期限内做出行政复议决定的,经行政复议机关的负责人批准,可以适当延长,但最多不超过 30 日。

（五）执行

统计行政复议决定一经送达,即发生法律效力。被申请复议的统计行政主体应当履行复议决定。不履行或者无正当理由拖延履行行政复议决定的,行政复议机关或者有关上级行政机关应当责令其限期履行。

复议申请人逾期不起诉又不履行行政复议决定的,或者不履行最终裁决的行政复议决定的,按照下列规定分别处理:一是对于维持具体行政行为的行政复议决定,由作出具体行政行为的行政机关依法强制执行,或者申请人民法院强制执行;二是对于变更具体行政行为的行政复议决定,由行政复议机关依法强制执行,或者申请人民法院强制执行。

第二节　统计行政诉讼

一、统计行政诉讼的基本含义

统计行政诉讼,是指公民、法人或其他组织认为县级以上人民政府统计机构的具体行政行为侵犯其合法权益,依法向人民法院提起诉讼,由人民法院进行审理并做出裁判的活动。

统计行政诉讼有以下特征:

（一）统计行政诉讼中的双方当事人,被告只能是行使统计行政权力、做出引起纠纷的具体行政行为的统计行政机关,即国家统计局及其派出的调查队和县级以上地方人民政府统计机构,原告则是认为统计行政机关的具体行政行为侵犯其合法权益的公民、法人或者其他组织。

（二）统计行政诉讼所要解决的是统计行政争议。

（三）统计行政诉讼的起因是相对人对具体统计行政行为不服,持有异议,认为侵犯了其合法权益。

（四）统计行政诉讼是在人民法院的主持下进行的。统计行政诉讼是一种司法审查制度,是司法行为,与统计行政复议有本质上的不同。

根据《行政诉讼法》规定,公民、法人或者其他组织对具体统计行政行为不服,可以申请统计行政复议,对统计行政复议不服的,再向人民法院提起诉讼;也可直接向人民法院提起诉讼。

二、统计行政诉讼的范围

根据我国现行法律、法规的规定,引起统计行政诉讼的具体统计行政行为有三类:

一是统计行政处罚行为:主要是警告、罚款、没收违法所得等。

二是统计行政许可行为,如对符合法定条件的当事人不颁发或者不在法定期限内颁发涉外调查许可证的行为,对符合法定条件的涉外社会调查项目不予批准或者不在法定期限内予以批准的行为等。

三是统计行政机关的其他具体行政行为。只要相对人认为该具体统计行政行为侵犯了其合法权益,又符合《行政诉讼法》第十二条的有关规定,就可以依法提起统计行政诉讼。

三、统计行政诉讼的原则

统计行政诉讼由人民法院主持,按照《行政诉讼法》的规定,应遵循的基本原则主要有:

（一）人民法院独立行使审判权的原则;

（二）以事实为根据,以法律为准绳的原则;

（三）合议、回避、公开审判和两审终审的原则;

（四）行政诉讼双方当事人法律地位平等的原则;

（五）适用本民族语言文字进行诉讼的原则;

（六）辩论的原则;

（七）人民检察院对行政诉讼进行法律监督的原则;

（八）人民法院就行政机关的具体行政行为进行合法性审查的原则。

四、统计行政诉讼的管辖

统计行政诉讼的管辖是指人民法院之间受理第一审统计行政案件的职权分工。包括两方面的含义:一方面,对于审判机关来说,它确定了同级人民法院之间审理统计行政案件的具体分工,明确了上下级人民法院之间受理第一审统计行政案件的权限划分;另一方面,对于当事人来说,则是发生争议后到哪一级的哪一个法院去起诉或应诉的问题。

根据《行政诉讼法》的规定,统计行政诉讼案件的管辖有以下几种情况:

（一）对地方各级人民政府统计机构做出的具体行政行为不服的,向该统计机构所在地的基层人民法院提起诉讼。

（二）对地方各级人民政府统计机构做出的具体行政行为不服且经过行政复议后,复议机关决定维持原行政行为的,可以向做出原具体行政行为的统计机构所在地的基层人民法院起诉,也可以向复议机关所在地基层人民法院起诉;其中,国家统计局为复议机关的,可以向复议机关所在地中级人民法院提起诉讼。

（三）对地方各级人民政府统计机构做出的具体行政行为不服且经过行政复议后,复议机关改变原行政行为的,向复议机关所在地基层人民法院起诉;其中,国家统计局为复议机关的,向复议机关所在地中级人民法院提起诉讼。

（四）对地方各级人民政府统计机构做出的具体行政行为不服且提起行政复议后,复议机关在法定期限内未作出复议决定的,可以向作出原行政行为的行政机关所在地基层人民法院起诉原行政行为,也可以向复议机关所在地基层人民法院起诉复议机关不作为。

（五）对国家统计局做出的具体行政行为不服的,或者对国家统计局做出的具体行政行为不服且经过行政复议后仍不服的,向国家统计局所在地中级人民法院提起诉讼。

五、统计行政应诉

统计行政应诉,是指统计行政机关接到人民法院的统计行政诉讼应诉通知后,在人民法院的组织下所参加的一系列诉讼活动的总称。

人民法院在立案之日起五日内,将起诉状副本发送被告。统计行政机关在接到人民法院的行政应诉通知和原告的起诉书副本后,应做好以下应诉工作:

一是确定应诉人员。统计行政机关接到起诉书副本后应确定出庭应诉人员。统计局局长、调查队队长是各级人民政府统计机构的法定代表人,应出庭应诉,也可以委托一至二名代理人代理诉讼。

二是提交答辩状。应在收到起诉状副本之日起十五日内向人民法院提交答辩状和作出具体行政行为的证据和所依据的规范性文件。

三是到庭应诉。统计行政机关的应诉人员在接到传票传唤后,应当根据传票上的要求准时到庭应诉。

四是执行。对维持具体行政行为的判决、裁定、调解书,统计行政机关对不履行又不上诉的对方当事人,可以依法申请人民法院强制执行;对撤销或者变更具体行政行为的判决、裁定、调解书,统计行政机关应及时履行,或者在法定期限内提出上诉。